GEORG WILHELM FRIEDRICH HEGEL

Wissenschaft der Logik

Erster Band
Die objektive Logik

Erstes Buch

Nach dem Text
G. W. F. Hegel · Gesammelte Werke
Band 11

FELIX MEINER VERLAG
HAMBURG

GEORG WILHELM FRIEDRICH HEGEL

Das Sein
(1812)

Neu herausgegeben von
HANS-JÜRGEN GAWOLL

Mit einer Einleitung von
FRIEDRICH HOGEMANN und
WALTER JAESCHKE

FELIX MEINER VERLAG
HAMBURG

PHILOSOPHISCHE BIBLIOTHEK BAND 375

Die vorliegende Ausgabe beruht auf dem Text der kritischen Edition G. W. F. Hegel, Gesammelte Werke, Band 11, herausgegeben von Friedrich Hogemann und Walter Jaeschke (1978). Die Verwendung des Textes der kritischen Edition erfolgt mit freundlicher Genehmigung der Rheinisch-Westfälischen Akademie der Wissenschaften, Düsseldorf.

CIP-Kurztitelaufnahme der deutschen Bibliothek

Hegel, Georg Wilhelm Friedrich:
Wissenschaft der Logik : [d. vorliegende Ausg. beruht auf d. Text d. krit. Ed. G. W. F. Hegel, Gesammelte Werke, hrsg. von Friedrich Hogemann u. Walter Jaeschke (1978)] / Georg Wilhelm Friedrich Hegel. – [Neuausg.]. – Hamburg : Meiner
  (Philosophische Bibliothek ; ...)
Bd. 1. Hegel, Georg Wilhelm Friedrich: Die objektive Logik.
Buch 1. Hegel, Georg Wilhelm Friedrich: Das Sein. – 1986

Hegel, Georg Wilhelm Friedrich:
Die objektive Logik : nach d. Text G. W. F. Hegel, Gesammelte Werke, Bd. 11 / Georg Wilhelm Friedrich Hegel. – Hamburg : Meiner
  (Wissenschaft der Logik / Georg Wilhelm Friedrich Hegel ; Bd. 1)
  (Philosophische Bibliothek ; ...)
Buch 1. Hegel, Georg Wilhelm Friedrich: Das Sein. – 1986

Hegel, Georg Wilhelm Friedrich:
Das Sein : (1812) / Georg Wilhelm Friedrich Hegel. Neu hrsg. von Hans-Jürgen Gawoll. Mit e. Einl. von Friedrich Hogemann u. Walter Jaeschke. – Hamburg : Meiner, 1986.
  (Die objektive Logik / Georg Wilhelm Friedrich Hegel ; Buch 1)
  (Wissenschaft der Logik / Georg Wilhelm Friedrich Hegel ; Bd. 1)
  (Philosophische Bibliothek ; Bd. 375)
  ISBN 3-7873-0630-7
NE: 3. GT

© Felix Meiner Verlag GmbH, Hamburg 1986. Alle Rechte an dieser Ausgabe, auch die des auszugsweisen Nachdrucks, der fotomechanischen Wiedergabe und der Übersetzung, vorbehalten. Dies betrifft auch die Vervielfältigung und Übertragung einzelner Textabschnitte durch alle Verfahren wie Speicherung und Übertragung auf Papier, Transparente, Filme, Bänder, Platten und andere Medien, soweit es nicht §§ 53 und 54 URG ausdrücklich gestatten. Satz: Dingwort-Druck GmbH, Hamburg. Einband: Himmelheber, Hamburg. Printed in Germany.

INHALT

Einleitung.
  Von Friedrich Hogemann und Walter Jaeschke IX
Editorische Hinweise. Von Hans-Jürgen Gawoll XLVII
Literaturverzeichnis IL

Georg Friedrich Wilhelm Hegel

Wissenschaft der Logik
Erster Band. Die objektive Logik

Vorrede 3
Einleitung 9
Logik. Über die allgemeine Einteilung derselben 29

ERSTES BUCH. DAS SEIN 33

Womit muß der Anfang der Wissenschaft gemacht
werden? 35
Allgemeine Einteilung des Seins 45

ERSTER ABSCHNITT. Bestimmtheit (Qualität) 47

Erstes Kapitel. Sein 47

A. [Sein] 47
B. Nichts 48
C. Werden 48
  [1.] Einheit des Seins und Nichts 48
    Anmerkung 1 48
    Anmerkung 2 55
    Anmerkung 3 60
    Anmerkung 4 61
  2. Momente des Werdens 63
  3. Aufheben des Werdens 64
    Anmerkung 64

Zweites Kapitel. Das Dasein 66

A. Dasein als solches 66
  1. Dasein überhaupt 66
  2. Realität 67
    a) Anderssein 67
    b) Sein-für-Anderes und Ansichsein 69
    c) Realität 70
    Anmerkung 71
  3. Etwas 74
B. Bestimmtheit 75
  1. Grenze 76
  2. Bestimmtheit 79
    a) Bestimmung 79
    b) Beschaffenheit 80
    c) Qualität 81
    Anmerkung 81
  3. Veränderung 82
    a) Veränderung der Beschaffenheit 83
    b) Sollen und Schranke 84
    Anmerkung 86
    c) Negation 86
    Anmerkung 87
C. (Qualitative) Unendlichkeit 89
  1. Endlichkeit und Unendlichkeit 89
  2. Wechselbestimmung des Endlichen
    und Unendlichen 91
  3. Rückkehr der Unendlichkeit in sich 94
    Anmerkung 95

Drittes Kapitel. Das Fürsichsein 98

A. Fürsichsein als solches 98
  1. Fürsichsein überhaupt 99
  2. Die Momente des Fürsichseins 99
    a) das Moment seines Ansichseins 99
    b) Für eines sein 100
    Anmerkung 100
    c) Idealität 101
  3. Werden des Eins 104

- B. Das Eins 105
  - 1. Das Eins und das Leere 105
    - Anmerkung 106
  - 2. Viele Eins (Repulsion) 108
    - Anmerkung 109
  - 3. Gegenseitige Repulsion 111
- C. Attraktion 113
  - 1. Ein Eins 113
  - 2. Gleichgewicht der Attraktion und Repulsion 115
    - Anmerkung 118
  - 3. Übergang zur Quantität 125

ZWEITER ABSCHNITT. Größe (Quantität) 127
  - Anmerkung 128

Erstes Kapitel. Die Quantität 129
- A. Die reine Quantität 129
  - Anmerkung 1 130
  - Anmerkung 2 132
- B. Kontinuierliche und diskrete Größe 141
  - Anmerkung 142
- C. Begrenzung der Quantität 144

Zweites Kapitel. Quantum 145
- A. Die Zahl 145
  - Anmerkung 1 149
  - Anmerkung 2 150
- B. Extensives und intensives Quantum 154
  - 1. Unterschied derselben 154
  - 2. Identität der extensiven und intensiven Größe 158
    - Anmerkung 159
  - 3. Veränderung des Quantums 162
- C. Quantitative Unendlichkeit 163
  - 1. Begriff derselben 163
  - 2. Der unendliche Progreß 165
    - Anmerkung 1 167
    - Anmerkung 2 173
  - 3. Unendlichkeit des Quantums 177
    - Anmerkung 181

Drittes Kapitel. Das quantitative Verhältnis 212

A. Das direkte Verhältnis 213
B. Das umgekehrte Verhältnis 216
C. Potenzenverhältnis 220
    Anmerkung 222

DRITTER ABSCHNITT. Das Maß 224

Erstes Kapitel. Die spezifische Quantität 226

A. Das spezifische Quantum 227
B. Die Regel 229
   1. Die qualitative und quantitative Größen-
      Bestimmtheit 229
   2. Qualität und Quantum 231
   3. Unterscheidung beider Seiten als Qualitäten 234
      Anmerkung 236
C. Verhältnis von Qualitäten 238

Zweites Kapitel. Verhältnis selbständiger Maße 242

A. Das Verhältnis selbständiger Maße 243
   1. Neutralität 243
   2. Spezifikation der Neutralität 244
   3. Wahlverwandtschaft 249
      Anmerkung 251
B. Knotenlinie von Maßverhältnissen 254
    Anmerkung 258
C. Das Maßlose 261

Drittes Kapitel. Das Werden des Wesens 265

A. Die Indifferenz 265
B. Das Selbständige als umgekehrtes Verhältnis seiner
    Faktoren 266
    Anmerkung 228
C. Hervorgehen des Wesens 272

Anmerkungen des Herausgebers 277

Personenverzeichnis 319

EINLEITUNG

Einleitungen in die *Wissenschaft der Logik* gibt es entschieden zu wenige und zugleich zwar nicht zu viele, aber doch weit mehr, als man gemeinhin erwarten sollte. Als Hegel im Jahre 1812 das erste Buch seiner *Wissenschaft der Logik* – *Das Sein* – erscheinen ließ, stellte er an den Beginn eine Vorrede, die sich zwar nicht – wie die Vorrede in der *Phänomenologie des Geistes* – auf das gesamte System bezieht, aber auch nicht speziell auf die *Seinslogik*, sondern auf die *Wissenschaft der Logik* als ganze. Ihr folgte eine Einleitung, ebenfalls in die Logik als ganze, und schließlich der Abschnitt »Womit kann der Anfang der Wissenschaft gemacht werden?«, der die Funktion einer Einleitung insbesondere in die *Lehre vom Sein* hat. Der zweiten Ausgabe der *Logik* (1832) stellte Hegel nochmals eine Vorrede voran, die aber nicht speziell auf Probleme der zweiten Ausgabe zugeschnitten ist, sondern inhaltlich ebenso für die erste Ausgabe passend gewesen wäre. Und mit all diesen Vorreden und Einleitungen ist die wichtigste und umfangreichste noch gar nicht genannt: die *Phänomenologie des Geistes*. Sie war ursprünglich als Einleitung in das System der Wissenschaft geplant und hatte insbesondere die Aufgabe, in die erste eigentliche Disziplin des Systems – die Logik – einzuführen, und zwar in der Form einer Erhebung des Bewußtseins auf den Standpunkt des absoluten Wissens, der das Medium der hier anschließenden *Logik* ist.

Sosehr Hegel sich aber dieser Aufgabe einer Einleitung in die *Wissenschaft der Logik* gestellt hat, sowenig ist diese Aufgabe von der Literatur über die *Logik* ernstgenommen worden – von sehr wenigen Ausnahmen abgesehen. Trotz der seit Jahrzehnten intensiven Bemühungen um eine Erschließung dieses schwierigen Textes gibt es auch heute keine Einleitung in die *Logik*, die es vermöchte, historisch und systematisch an die Problemstellung dieses Werkes heranzuführen und den Leser auch bei der Lektüre zu unterstützen. Auch diese Einleitung in den ersten Teil der neuen Studienausgabe der *Logik* kann wenig mehr tun als nochmals auf das Desiderat einer Einleitung in die *Logik* aufmerksam zu machen und einige Hinweise auf die Entwicklungsgeschichte von Hegels Logikkonzeption und die Entstehungsgeschichte der *Wissenschaft der Logik* zu geben (I) sowie einen Blick auf die schwierigen Probleme der Struktur und der Methode dieses Werkes zu werfen (II).

I. Zur Entwicklungsgeschichte der Logikkonzeption und zur Entstehung der Wissenschaft der Logik

Athene ist, nach dem Mythos, in voller Rüstung dem Haupte des Zeus entsprungen. Für die *Wissenschaft der Logik* läßt sich nicht sagen, daß sie in ihrer ausgearbeiteten Gestalt dem Haupte ihres Schöpfers entstiegen sei – auch wenn in der Literatur zur *Logik* noch immer die Tendenz vorherrscht, die mythische Weise des Entspringens auch auf die Entstehung der *Wissenschaft der Logik* zu übertragen. Hegel hat jedoch lange Jahre (1801–1812) benötigt, um die *Seinslogik* in der hier vorgelegten »ursprünglichen« Fassung auszuarbeiten, und nochmals einige Jahre für die *Wesenslogik* (1813) und die *Begriffslogik* (1816). Und auch danach hat er die Arbeit an der Logik keinesfalls als abgeschlossen erachtet: Es folgten Darstellungen der Logik in den drei Fassungen der *Enzyklopädie der philosophischen Wissenschaften im Grundrisse* (Heidelberg 1817, 1827 und 1830) und schließlich die Vorlesungen, die Hegel in Heidelberg (1817) und vor allem in jedem der insgesamt dreizehn Sommersemester seiner Berliner Jahre gehalten hat. Der Beitrag der Vorlesungen zur Entwicklungsgeschichte der Logik läßt sich zur Zeit zwar noch nicht endgültig abschätzen; man wird aber kaum fehlgehen, wenn man den Schwerpunkt der Vorlesungen nicht in einer weiteren systematischen Ausarbeitung der Logik sieht, sondern in ihrem Charakter als Teilbereich der akademischen Lehre. Daß Hegel aber auch die inhaltliche Ausgestaltung der Logik weiterhin als Aufgabe ansah, geht aus seiner Neubearbeitung der *Logik* in den letzten Lebensjahren hinreichend klar hervor. Er ist jedoch nur noch dazu gekommen, das erste Buch – *Das Sein* – in einer neuen Fassung vorzulegen.

Zu Beginn dieser langen Entwicklungsgeschichte der Logik-Konzeption hatte Hegel nicht erwartet, daß es zwölf

Jahre dauern sollte, bis das erste Buch zur Publikationsreife gediehen war. Im ersten Semester seiner Jenaer Dozententätigkeit, im Wintersemester 1801/02, hatte er über Logik und Metaphysik zu lesen begonnen, und schon die Vorlesungsankündigungen für das Sommersemester 1802 enthalten den Hinweis auf ein Buch, das unter demselben Titel – *Logik und Metaphysik* – erscheinen sollte. Als Publikationstermin war allerdings nicht das Sommersemester geplant, sondern – wenn man dem Druckauftragsbuch des Verlags Cotta folgt – die Michaelismesse des Jahres 1802. Auch in der Ankündigung für das folgende Semester, das Wintersemester 1802/03, geht Hegel noch davon aus, daß das Buch in kürzester Frist erscheinen werde, und der Verlag ändert den geplanten Termin in »Ostern 1803«. Dies ist zugleich das letzte Zeugnis für den frühen Buchplan zur Logik. Hegel hat jedoch nicht von seinen Publikationsabsichten überhaupt Abschied genommen: Er kündigt für das Sommersemester 1803 sogar ein Buch an, das nun das gesamte System umfassen sollte. Erst nachdem dieser Plan sich in zunächst unerwarteter Weise in der *Phänomenologie des Geistes* (Bamberg 1807) realisiert hatte und Hegel nach Bamberg (1807) und schließlich nach Nürnberg (1808) übergesiedelt war, finden sich wieder briefliche Erwähnungen eines Buchplans zur Logik. Konkret werden diese Hinweise aber erst Ende des Jahres 1811: Am 10. Oktober schreibt Hegel an Immanuel Niethammer, er hoffe, seine Arbeit über die Logik »nächste Ostern ans Licht treten lassen zu können«. Er scheint damals noch an eine Publikation der gesamten Logik gedacht zu haben. Anfang Februar 1812 war es dann jedoch offenkundig, daß der entstehende Band noch nicht die subjektive Logik, die *Lehre vom Begriff,* enthalten werde, und Hegel zweifelte nun auch daran, ob wenigstens noch die *Lehre vom Wesen* in diesem ersten Teil erscheinen könne. Um diese Zeit muß dann die Entscheidung gefallen sein, die *Seinslogik* getrennt zu veröffentlichen, denn sie erschien bereits in den letzten April- oder in den ersten Maitagen des Jahres 1812. Der Druck der *Wesenslogik* dauerte noch das ganze Jahr 1812; er war im Dezember beendet, doch erschien der Band mit der Jahresangabe 1813. Die Veröffentlichung der *Begriffslogik* zog sich jedoch noch erheblich länger hin. Im Dezember hatte Hegel noch auf ein Erscheinen zu Ostern

1813 gehofft – doch es dauerte noch bis zum Herbst 1816, bis die Logik in ihrer vollständigen Form vorlag.[1]

Dieser lange Prozeß vom ersten Buchplan des Jahres 1802 bis zur schließlichen Publikation in den Jahren 1812–1816 steht sicherlich in Zusammenhang mit den wenig günstigen Bedingungen, unter denen die Arbeit an der Logik seit Hegels Weggang aus Jena Ende 1806 stand. Auch die erhebliche Vergrößerung des Umfangs hat zum verspäteten Erscheinen beigetragen – dies zeigt sich insbesondere im Jahre 1812, als die ursprüngliche Absicht der Veröffentlichung der Logik in *einem* Buch zugunsten der Dreiteilung aufgegeben werden mußte. Entschieden wichtiger als diese beiden äußerlichen Gesichtspunkte ist es jedoch, daß auch die Konzeption der Logik sich in diesen Jahren gewandelt – und mehrfach gewandelt – hat. Hegel selbst hat diese Wandlungen für so erheblich gehalten, daß er in der Mitte der Entstehungszeit – am 20. Mai 1808 – in einem Schreiben an Immanuel Niethammer sagen konnte, daß er zur Logik »in Jena kaum den Grund gelegt« habe und daß sie erst »jetzt zu werden anfängt«.[2] Leider lassen sich die einzelnen Stadien der Entwicklungsgeschichte der Logik – die »Grundlegung«, d. h. die Erarbeitung des Prinzips der Logik, wie auch die Ausführung dieses Prinzips in den Bamberger und Nürnberger Jahren – nicht mehr lückenlos belegen. Über weite Strecken hinweg fehlen die Quellen ganz, oder sie fließen nur recht spärlich. Gleichwohl lassen sich auch an den überlieferten

---

[1] Die Nachweise für die in diesem Absatz herangezogenen Quellen sowie eine detailliertere Schilderung der Entstehungsgeschichte der *Wissenschaft der Logik* finden sich im Editorischen Bericht zu Hegel: *Wissenschaft der Logik*. Bd 2. Herausgegeben von Friedrich Hogemann und Walter Jaeschke. Hamburg 1981. Gesammelte Werke. Bd 12. 321–326.

[2] Siehe *Briefe von und an Hegel*. Herausgegeben von Johannes Hoffmeister. Hamburg 1952 ff. Bd 1. 230. – Auch ein späterer Bericht von Hegels Jenaer Schüler und Berliner Nachfolger Georg Andreas Gabler spricht davon, daß die Logik am Ende der Jenaer Zeit »noch nicht mehr als den Keim und die einstweilige Grundlage seiner späteren ausführlichen Logik« gebildet habe. Siehe *Dokumente zu Hegels Jenaer Dozententätigkeit (1801–1807)*. Herausgegeben von Heinz Kimmerle. In: Hegel-Studien. 4 (1967).

Materialien Einsichten gewinnen – nicht nur in die Chronologie der Entstehung eines Buches, sondern auch in die systematischen Entscheidungen, aus denen allmählich die Gestalt der *Wissenschaft der Logik* erwachsen ist, und in die Gründe und Intentionen dieser Entscheidungen. Eine solche entwicklungsgeschichtliche Betrachtung kann sicherlich die Probleme nicht schlechthin lösen, die die *Wissenschaft der Logik* aufgibt. Sie kann jedoch einen Beitrag zu ihrer Lösung liefern – ähnlich wie auch die Interpretation der *Logik* im Kontext der Philosophiegeschichte.

Eine Analyse von Hegels Jenaer Entwürfen zur Logik und Metaphysik macht das zitierte abwertende Urteil Hegels über seine früheren Ansätze begreiflich. »Kaum den Grund gelegt« heißt aber beides: soeben noch den Grund gelegt, aber nur den Grund gelegt und die Wissenschaft nicht auch durchgeführt zu haben. Dies läßt vermuten, daß auch das Prinzip der späteren Logik noch nicht am Beginn der Jenaer Jahre feststehe, und dies trifft auch zu.

Strenggenommen wird dieses Prinzip in Hegels Jenaer Logik noch gar nicht greifbar – man muß es aus seinem Manuskript zur *Naturphilosophie und Philosophie des Geistes*[3] und den späteren Arbeiten erschließen: das Prinzip des sich selbst denkenden Begriffs, der in einem immanenten und notwendigen, Logik und Metaphysik zugleich umfassenden Gange sich selbst in den einzelnen Bestimmungen des objektiven Gedankens expliziere und sich aus dieser Entwicklung zum höchsten Gedanken erhebe – zur absoluten Idee, die die Wahrheit und alle Wahrheit sei. In seinen ersten Jenaer Ansätzen war Hegel allerdings von durchaus anderen Ansichten ausgegangen, deren allmähliche Umformulierung und Herausbildung sich verfolgen läßt. Von der frühen Jenaer Zeit ab verläuft die Entwicklungsgeschichte der Logik – auch über kleinere Brüche hinweg – im wesentlichen kontinuierlich. Sie fügt sich zwar nicht dem später für die systematische Entfaltung der Denkbestimmungen aufgestellten Methodenideal des streng immanenten, von außen nichts

---

[3] Siehe *Hegel: Jenaer Systementwürfe III*. Unter Mitarbeit von Johann Heinrich Trede herausgegeben von Rolf-Peter Horstmann. Hamburg 1976. Gesammelte Werke. Bd 8.

hereinnehmenden Ganges, aber sie kommt ihm doch erstaunlich nahe. Als Movens dieser Entwicklungsgeschichte lassen sich die Unzulänglichkeiten, ja die Widersprüche in der jeweiligen Bestimmung der Inhalte und auch des Verhältnisses zwischen faktischer Durchführung der Wissenschaft und Hegels Methodenreflexion erkennen.

Das erste Stadium dieser Entwicklung repräsentieren die einschlägigen Partien von Hegels philosophischem Erstlingswerk, der Schrift über die *Differenz des Fichteschen und Schellingschen Systems der Philosophie* (1801)[4] und insbesondere die Fragmente zweier Vorlesungen aus dem Wintersemester 1801/02: der Vorlesung *Introductio in Philosophiam* und der Vorlesung *Logica et Metaphysica*. Fragmente dieser Vorlesungen hat bereits Karl Rosenkranz überliefert[5]. Die von ihm benutzten Materialien sind erst vor kurzem wieder aufgefunden und ediert worden.[6] Schon der Name der zweiten Vorlesung scheint eine Differenz zur *Wissenschaft der Logik* anzudeuten, da Hegel hier anscheinend noch von einer Getrenntheit von Logik und Metaphysik ausgeht. Ein solcher Schluß wäre zwar verfehlt, da Hegel auch noch in seinen späteren Vorlesungen den traditionellen Doppeltitel wählt, obgleich er die Trennung zwischen beiden Disziplinen längst aufgehoben hat. In der frühen Jenaer Vorlesung hingegen steht der Doppeltitel zugleich für die traditionelle Unterscheidung beider Wissenschaften. Die inhalt-

---

[4] Siehe *Hegel: Jenaer Kritische Schriften*. Herausgegeben von Hartmut Buchner und Otto Pöggeler. Hamburg 1968. Gesammelte Werke. Bd 4. 1–93, insbesondere 12 ff, bzw. die Studienausgabe *Hegel: Jenaer Kritische Schriften (I)*. Neu herausgegeben von Hans Brockard und Hartmut Buchner. Hamburg 1979. Philosophische Bibliothek 319 a. 1–116, insbesondere 10 ff.

[5] Siehe *Karl Rosenkranz: Georg Wilhelm Friedrich Hegel's Leben*. Berlin 1844. (Unveränderter photomechanischer Nachdruck Darmstadt 1963.) 179, 189–192.

[6] Siehe *Hegel: Schriften und Entwürfe (1799–1808)*. Herausgegeben von Manfred Baum und Kurt Rainer Meist. Hamburg 1986. Gesammelte Werke. Bd 5. 255–275. – Den beiden Herausgebern danken wir für die uns gewährte Einsicht in den umbrochenen Text.

liche Bestimmung beider und die Abgrenzung gegeneinander ist allerdings bereits hier eine andere als in der Tradition. Denn zum einen weist Hegel der Logik hier die Aufgabe zu, in das System der Wissenschaft einzuleiten. Dies geschieht, indem sie in einem ersten Teil die »allgemeinen Formen oder Geseze der Endlichkeit«, und in einem zweiten »die subjectiven Formen der Endlichkeit, oder das endliche Denken, den Verstand« betrachtet, und in einem dritten Teil die Aufhebung dieser beiden Formen zeigt und die »Fundamente eines wissenschafftlichen Erkennens« angibt – »die eigentlichen Gesetze der Vernunft, sofern sie in die Logik gehören«[7]. Die unter jene endlichen Formen fallenden Entgegensetzungen des Verstandes hätte Hegel an anderer Stelle – in der *Differenzschrift*[8] – nicht eigens als Antinomien bezeichnen müssen, um dadurch anzudeuten, daß es die von Kant in der *Kritik der reinen Vernunft* aufgestellten Antinomien sind, die hier einen ganz herausragenden Einfluß auf seine Konzeption nehmen – allerdings in einer grundsätzlich veränderten Auffassungsweise. Hegels Position unterscheidet sich in doppelter Weise von Kant: Zum einen sieht er das Antinomische keineswegs auf vier angebbare Formen des Widerstreits der reinen Vernunft begrenzt, sondern vielmehr als allgemeine Struktur der Aufstellung von Begriffen. Zum anderen – und dies ist entscheidend – führt Hegel diese Antinomien methodisch nur ein, um zu demonstrieren, daß sie sehr wohl überwindbar seien: daß die Entgegengesetzten Eins seien in der absoluten Identität, in der Idee des absoluten Wesens. Diese Idee ist einerseits Gegenstand der intellektuellen Anschauung. Sie ist aber auch Gegenstand der – vernünftigen – Erkenntnis. Für Hegel sind die Antinomien gerade nicht Formen des Widerstreits der Vernunft mit sich, wie für Kant, sondern Formen des Verstandes, der Reflexion. Solange Hegel auch selbst der Ansicht war, daß der Verstand die höchste Weise der Erkenntnis sei, hatte er auch nur die eine Möglichkeit gesehen, sich über die Sphäre der Entgegensetzung zu erheben: die Erhebung über die Philosophie in die Religion. So hatte er

---

[7] *Ebenda.* 273 f.
[8] Siehe *Hegel: Jenaer Kritische Schriften.* GW 4. 24 ff bzw. PhB 319 a. 25 ff.

noch am Ende seiner Frankfurter Jahre argumentiert,[9] und damit hatte er sich gleichzeitigen, in der Romantik unternommenen Versuchen eingereiht, ein Kernproblem der Philosophie dadurch aufzulösen, daß man die Philosophie selbst zwar nicht gerade preisgibt, aber doch zur untergeordneten, vorletzten Instanz erklärt. Mit dem Beginn seiner philosophischen Lehrtätigkeit hingegen sieht Hegel eben dies als ein Problem der Philosophie selbst an, und zwar als ein Problem, das der Philosophie auch auflösbar ist: indem sie eine Form der Erkenntnis aufzeigen kann, in der die Sphäre der Entgegensetzungen überwunden wird. Und erst damit finde die Philosophie eigentlich zu sich selbst. Dementsprechend ist auch der Teil der Philosophie zu bestimmen, dem diese Auflösung der Entgegensetzungen zufällt: Er ist ein Teil der Philosophie, da diese es ja selbst sein soll, die diesen entscheidenden Schritt vollzieht, und er steht doch vor der eigentlichen, der wahren Philosophie, die sich erst über der aufgelösten Entgegensetzung erheben kann. Da die Aufgabe dieser Erhebung auf den Standpunkt der eigentlichen Philosophie für Hegel in die Logik fällt, ist diese einerseits Einleitung in die Wissenschaft der Idee, deren erste Form dann die Metaphysik wäre. In den gleichzeitigen Vorlesungen zur Einleitung in die Philosophie dementiert Hegel jedoch diese Auffassung: Die Logik ist hier für ihn selbst schon die erste Form der »ausgedehnte(n) Wissenschafft der Idee«, und sie ist sogar noch mehr: Als Wissenschaft der Idee ist sie selbst bereits Metaphysik, und sie vernichtet »die falsche Metaphysik der Beschränkten philosophischen Systeme«. Der Fortgang von der so verstandenen Logik geschieht deshalb auch nicht etwa zur Metaphysik, sondern zur »Wissenschaft der Realität der Idee«.[10] Hier, in der *Einleitungs-Vorlesung*, spricht Hegel nicht davon, daß man von einer solchen – selbst bereits metaphysischen – Logik erst den Übergang zur eigentlichen Philosophie oder zur

---

[9] Siehe das Fragment *absolute Entgegensetzung gilt.*, das sog. *Systemfragment,* vom September 1800: In: *Hegel: Theologische Jugendschriften* nach den Handschriften der Kgl. Bibliothek in Berlin herausgegeben von Herman Nohl. Tübingen 1907. Insbesondere 348.

[10] Siehe *Hegel: Schriften und Entwürfe (1799–1808)*. GW 5. 263.

Metaphysik zu machen habe. Genau dies behauptet er aber in der *Logik-Vorlesung*. Die Logik erhält dort insgesamt eine mehr negative, gegen die Starrheit der endlichen Entgegensetzungen gerichtete Qualität zugesprochen, während Hegel es als Aufgabe der Metaphysik nennt, »das Princip aller Philosophie vollständig zu konstruiren«.[11] Er schwankt also nicht nur in der Entscheidung, ob er die Logik bereits zur Wissenschaft der Idee zählen oder sie – als Einleitung – in einen Vorhof der Wissenschaft verweisen solle. Diese Unsicherheit ist nur ein Ausdruck der anderen, ob die Logik bereits als Metaphysik aufzufassen sei oder nicht. Sofern sie von der Metaphysik strikt unterschieden wird, hat sie die Funktion einer der Wissenschaft der Idee externen Einleitung; sofern sie aber bereits als Metaphysik erscheint, ist sie die in das System selbst fallende Grundlegung des wissenschaftlichen Erkennens. Beide Aussagen lassen sich nicht zur Deckung bringen, und die spärlichen Fragmente erlauben nicht zu sehen, wie Hegel damals seine Konzeption ausgeführt habe. Erst daran ließe sich ablesen, ob die eine oder die andere Konzeption dieser frühesten Stufe besser gerecht werde oder ob Hegel sogar einen Weg gefunden habe, beide zu vereinbaren. Den erhaltenen Fragmenten zu Folge liegt das Proprium dieser frühesten Konzeption eben in der zunächst widersprüchlichen und später schrittweise geklärten Bestimmung des Verhältnisses von Logik und Metaphysik.

Die Wahrscheinlichkeit spricht allerdings für die Annahme, daß beide schon hier nicht strikt voneinander getrennt seien. Sie wird verstärkt durch einen Blick auf die jeweils der Metaphysik und der Logik zugeschriebenen Erkenntnisweisen. Allerdings wiederholt sich auch hier die Widersprüchlichkeit: Einerseits gibt Hegel die Differenz der Erkenntnisweise präzise an, andererseits dementiert seine Darstellung eben diese Trennung. Die Bestimmtheit von Logik und Metaphysik gegeneinander scheint methodisch abgesichert durch die klare Scheidung zwischen Reflexion und Spekulation, ja Hegel bezeichnet beide Disziplinen geradezu als systema reflexionis bzw. speculationis. Und doch ist die Zuordnung von Methode und Disziplin nicht so schematisch durchgeführt, und zwar in doppelter Weise nicht.

---

[11] *Ebenda*. 274.

Zum einen erfüllt der Begriff einer der Spekulation bloß entgegengesetzten Reflexion nicht die Methode der Logik, und zum anderen geht der Reflexionsbegriff auch gar nicht in dieser Entgegensetzung auf. Denn die Aufgabe der Logik besteht ja nicht nur in der Isolierung und Zuspitzung von Gegensätzen – sonst könnte sie die in ihr thematischen Formen der Endlichkeit ja nicht so, wie sie aus der Vernunft hervortreten, und als einen »Reflex des Absoluten« aufstellen. Die Reflexion muß – zumindest – geleitet werden durch eine Anschauung, die das Bild erfaßt, das die absolute Idee von sich entwirft.[12] Und auch die Spekulation, als das vernünftige Erkennen, das über die Entgegensetzung hinausgeht, muß bereits in der Logik am Werke sein – sonst könnte diese ja ihre eigentliche Aufgabe, die »Aufhebung« der Formen der Endlichkeit, nicht erfüllen. Hegel bestimmt die Spekulation deshalb – zumindest nach ihrer negativen Seite – als Organon bereits des dritten, abschließenden Teils der Logik. Nur durch das Zusammenwirken von Anschauung, Reflexion und Spekulation kann die so verstandene Logik ihre systematische Funktion wahrnehmen.

Es könnte scheinen, als ob gerade dieses Hinzutreten von Anschauung und Spekulation zur Reflexion diese letztere um so mehr auf die Funktion des bloßen Aufstellens von Gegensätzen fixieren würde. Doch dies ist nicht der Fall. Die ausschließlich trennende Reflexion wird vielmehr abgewertet als gemeine, isolierte, schlechte, und Hegel stellt ihr die vernünftige, philosophische, die »absolute Reflexion« entgegen: »das absolute Erkennen ist eben diese Reflexion welche in den Gegensatz auseinandergeht, aber ihn zurüknimmt, und absolut vernichtet«.[13] Die Logik müßte demnach differenzierter als derjenige Teil der Wissenschaft bestimmt werden, in dem die Reflexion – auf der Grundlage der ihr selbst vorausgesetzten Anschauung der Einen Idee – die im Absoluten aufgehobenen Gegensätze als Formen der Endlichkeit aufstellt, aber so, daß sie stets in der Einheit, unter dem Bild des Absoluten zusammengeschlossen bleiben und von der negativ-vernünftigen Spekulation aufgehoben werden, die von der absoluten Reflexion gar nicht

---

[12] *Ebenda.* 262 bzw. 272 f.
[13] *Ebenda.* 265.

unterschieden ist. Auch die einschlägigen Passagen der *Differenzschrift* stützen diese Ansicht.[14]

Wenn aber der Begriff der Logik so zu fassen ist, dann ist auch ihr Verhältnis zur Metaphysik nicht so äußerlich, wie es nach einigen der zitierten Wendungen den Anschein hat. Es ist das Mißverhältnis zwischen diesen programmatischen Aussagen und der – soweit die fragmentarisch erhaltenen Quellen zu sehen erlauben – wirklichen Durchführung von Logik und Metaphysik, das die Entwicklung beider Disziplinen in den folgenden Jahren bestimmt. Die nächste Stufe dieser Entwicklung bilden zwar die Manuskripte zum System der spekulativen Philosophie aus dem Jahre 1803/04. Von ihnen haben sich aber nur Fragmente zur Natur- und Geistesphilosophie erhalten.[15] Aus diesen müßten die Veränderungen in der Logik und in der Metaphysik erschlossen werden – was hier nicht geschehen kann. Einen sehr viel besseren Einblick bietet das Vorlesungsmanuskript aus dem nachfolgenden Wintersemester 1804/05. Auch hier unterscheidet Hegel noch zwischen Logik und Metaphysik, und er begründet diese Unterscheidung wiederum durch den Hinweis auf die differenten Methoden beider. Als Aufgabe der Logik bestimmt er es, durch »unsere« dem Gang der Logik selbst äußerliche Reflexion die Kategorien zu entwickeln und aufzuheben, und diese Bewegung der Reflexion – und nur sie – bezeichnet er hier als Dialektik.[16] Der Dialektikbegriff hat somit auf dieser Stufe der Systementwicklung noch eine sehr beschränkte Funktion. »Dialektik« bezeichnet auch hier, nach einer bereits mehrjährigen Entwicklungsgeschichte der Logik, noch längst nicht die Methode der spekulativen Philosophie überhaupt – auch wenn man ihr bereits eine größere Bedeutung zusprechen muß als Hegels eigene Metho-

---

[14] Siehe *Hegel: Jenaer Kritische Schriften.* GW 4. 12 ff. bzw. PhB 319 a. 10 ff.

[15] Siehe *Hegel: Jenaer Systementwürfe I.* Herausgegeben von Klaus Düsing und Heinz Kimmerle. Hamburg 1976. Gesammelte Werke. Bd 6.

[16] Siehe *Hegel: Jenaer Systementwürfe II.* Herausgegeben von Rolf-Peter Horstmann und Johann Heinrich Trede. Hamburg 1971. Gesammelte Werke. Bd 7.

denreflexion. Für ihn ist die Dialektik sogar aus der Metaphysik ausgeschlossen: An die Stelle des logischen Übergehens der Denkbestimmungen trete hier die absolute Sichselbstgleichheit als die Negation der Reflexion überhaupt.[17]

Anders als in der ersten Konzeption des Jahres 1801/02 wäre hier das Verhältnis von Metaphysik und Logik nicht in sich selbst widersprüchlich bestimmt – zumindest soweit sich dies in Anbetracht des Verlustes der Einleitung und der Anfangspassagen der Logik dieses Systementwurfs von 1804/05 beurteilen läßt. Doch wird auch hier die programmatische Abgrenzung der tatsächlichen Durchführung weder in methodischer noch in inhaltlicher Rücksicht gerecht. Zum einen läßt sich eigentlich nicht bestätigen, daß das Prinzip der Aufstellung der logischen Bestimmungen hier unsere, dem logischen Inhalt fremde Reflexion sei. Das wirkliche Prinzip ihrer Verknüpfung liegt – entgegen Hegels Ausführungen – auch hier schon in ihnen selbst. Ebenso fällt das Dialektische, das Widerspruchsprinzip, keineswegs nur in »unsere« Reflexion. Hegel selbst notiert mehrfach, daß ein Widerspruch, der zunächst nur »unserer« Reflexion anzugehören schien, nun gesetzt, als der Bestimmung des Begriffs selbst angehörig erkannt worden sei.[18] Der Widerspruch wird damit den Denkbestimmungen immanent. Hegel bricht hier mit dem, was er später an anderen Philosophien als eine zu große Zärtlichkeit für die Dinge beanstanden wird: daß der Widerspruch nur unserer Reflexion zukomme und nicht in den Gegenständen selbst enthalten sei – seien dies die Denkbestimmungen der Logik oder die Gegenstände der Natur- und Geistesphilosophie. Andererseits läßt sich auch die Argumentationsform der Metaphysik nicht präzise von der der Logik abgrenzen – eben wegen des Zurücktretens der Funktion »unserer« Reflexion gegenüber der den Begriffen immanenten Bewegung. Denn damit ist auch das Dialektische nicht so schlechthin aus der Metaphysik ausgeschlossen, wie Hegel vorgibt. Dafür zeugt insbesondere seine Behandlung der metaphysischen Grundsätze.

---

[17] Siehe *Hegel: Jenaer Schriften und Entwürfe.* GW 5. Insbesondere 127, 111
[18] *Ebenda.* u. a. 27.

Die Abgrenzung beider Disziplinen auf Grund ihres verschiedenen Methodenprinzips läßt sich deshalb schwerlich durchhalten. Zumindest ist die Differenz nicht so erheblich, daß sie nicht als Modifikation einer einzigen Methode der Aufstellung von Begriffen in verschiedenen Bereichen einer als Einheit entworfenen Logik und Metaphysik verstanden werden könnte. Und auch vom Inhalt her erweist sich die Abgrenzung als fragwürdig. Thema der Logik sind ja u. a. Quantität, Eins, Unendlichkeit, Substanz, Kausalität und Wechselwirkung – Bestimmungen, deren Ort traditionell die Metaphysik und nicht die Logik ist. Die Metaphysik hingegen, deren Inhalt in der Konzeption des Jahres 1801/02 etwas undurchsichtig geblieben war, hat hier zwar einen eindeutig bestimmten Inhalt erhalten: Vor den Themen der Metaphysik der Objektivität (mit den Gegenständen Seele, Welt, höchstes Wesen) und der Subjektivität (Theoretisches Ich, Praktisches Ich, Absoluter Geist) finden die Sätze der Identität, der Ausschließung eines Dritten und des Grundes ihren Platz. Der Haupteinwand gegen eine Einheit beider Disziplinen liegt dann nur noch darin, daß Hegel hier noch nicht über einen einheitlichen Methodenbegriff verfügt, als dessen Modifikation die noch verbliebenen Unterschiede der Begriffsbewegung in der Logik und in der Metaphysik sowie die Differenzen innerhalb beider Disziplinen verstanden werden könnten.

Soweit man erkennen kann, zieht Hegels nächster Ansatz – das Manuskript zur Natur- und Geistesphilosophie aus dem Jahre 1805/06 – die Konsequenzen aus diesen Gegebenheiten. Hegel dürfte zu diesem Zeitpunkt die Abgrenzung von Logik und Metaphysik gegeneinander aufgegeben und den Gedanken der Einheit – und auch einer einheitlichen Methode – der spekulativen Philosophie gefaßt und damit den »Grund« zur späteren Logik gelegt haben. Da er in diesem Jahre aber kein Manuskript zur Logik und Metaphysik ausgearbeitet hat, läßt sich diese Annahme nicht in der wünschenswerten Deutlichkeit erweisen. Daß Hegel hier diesen »Grund« gelegt haben dürfte, läßt sich nur aus einigen Andeutungen in der Natur- und Geistesphilosophie erschließen. Den deutlichsten Hinweis hierauf gibt eine am Ende der Geistesphilosophie stehende Systemskizze. Sie stellt die Philosophie – als die Wissenschaft in der

Form des Begriffs – der Religion entgegen, und als erste Disziplin der Philosophie nennt sie: »α) speculative Philosophie absolutes *Seyn,* das sich andres *(Verhältniß* wird) Leben und Erkennen – und wissendes Wissen, Geist, Wissen des Geistes von sich.«[19] Mit dieser Bestimmung des Inhalts der spekulativen Philosophie und der Aufhebung der getrennten Disziplinen zur Einheit von Logik und Metaphysik hat Hegel in der Tat den wichtigsten Schritt zur weiteren Ausarbeitung der *Wissenschaft der Logik* vollzogen. Zunächst allerdings ist dieses neue Prinzip demjenigen Teil der Wissenschaft zugutegekommen, an den die Logik ihre frühere Funktion der Einleitung in die Philosophie abgegeben hat: der *Phänomenologie des Geistes.* Sie setzt ebenfalls die Grundlegung der spekulativen Philosophie voraus. Deren Ausarbeitung ist jedoch nicht ihre Aufgabe und fällt erst in eine spätere Zeit.

Zunächst allerdings sind die Zeugnisse für die Ausarbeitung der Logik auf der Grundlage der neuen Konzeption recht spärlich. Für die erste Periode dieses neuen Abschnitts der Entwicklungsgeschichte gibt es nur zwei Belege: die beiden Fragmente *Zum Erkennen* und *Zum Mechanismus, Chemismus, Organismus und Erkennen.*[20] Wichtig sind sie insbesondere deshalb, weil sie die inhaltliche Ausgestaltung der vorhin zitierten Systemskizze belegen: Vor den Begriff des Lebens werden diejenigen Inhalte eingefügt, die in der *Wissenschaft der Logik* unter den Titel »Objektivität« gestellt werden. Sie haben aber nichts zu tun mit dem, was die Metaphysik des Jahres 1804/05 unter dem Titel Metaphysik der Objektivität behandelt hatte: mit der früheren metaphysica specialis. Die Thematik der Objektivität wächst der Logik also zu einem vergleichsweise frühen Zeitpunkt der Ausarbeitung zu. Dies kann man sagen, auch wenn die beiden Fragmente kein Datum tragen. Denn sowohl die äußeren Indizien (Papiersorte, Schriftbefund) als auch die inneren (unmittelbarer Übergang vom Chemismus und Organismus zum Lebensprozeß und zum Erkennen ohne die Zäsur einer selbständigen Ideenlehre, die sich dann in den

---

[19] Siehe *Hegel: Jenaer Systementwürfe III.* GW 8. 286.
[20] Siehe *Hegel: Wissenschaft der Logik.* Bd 2. GW 12. 257 f. sowie 259–298.

ersten Nürnberger Arbeiten findet) sprechen dafür, diese Fragmente in die Bamberger Zeit zu setzen. Daß er damals – »so viel sichs tun läßt«[21] – an seiner Logik arbeitete, ist ohnehin aus anderen, brieflichen Äußerungen Hegels bekannt.

Aus der zweiten, der Nürnberger Periode der Ausarbeitung der Logik sind mehrere Zeugnisse überliefert. Im unmittelbaren Zusammenhang der Arbeit an der Logik dürfte das Fragment *Zur Lehre von den Schlüssen* (1809) stehen, das eine Stufe in der Ausarbeitung der spekulativen Syllogistik bildet. Umfangreicher sind diejenigen Manuskripte Hegels, die im Zusammenhang seines Nürnberger Gymnasialunterrichts stehen: die Arbeiten zur Philosophischen Enzyklopädie für die Oberklasse, die Logiken für die Mittelklasse (1808/09 bzw. 1810/11), die Logik für die Unterklasse (1809/10) und die Begriffslehre für die Oberklasse (1809/10). Weitere Aufschlüsse geben einige Schülerhefte, die zum Teil auch Hegels eigenhändige Korrekturen und nachträgliche Erweiterungen tragen. Die Thematik dieser beiden zuletzt genannten Gruppen von Quellen ist zwar auf die Erfordernisse des Vortrags der Philosophie auf dem Gymnasium abgestellt. Dennoch erlauben diese Texte weitere Einblicke in die allmähliche Herausarbeitung einzelner Partien der Logik – insbesondere in die Urteils- und Schlußlehre, aber auch in die Architektur der Logik: die Zweiteilung in subjektive und objektive Logik, die parallel vorhandene Dreiteilung in Seins-, Wesens- und Begriffslogik oder die Stellung der Ideenlehre, die zunächst als ein drittes zu objektiver und subjektiver Logik erscheint und dann in die subjektive Logik integriert wird. Sie zeigen schließlich Hegels Überlegungen zum Inhalt dieser Ideenlehre – etwa zu der Frage, ob nicht auch der Idee des Schönen ein Platz in der Ideenlehre der Logik einzuräumen sei. Je geringer der zeitliche Abstand zwischen diesen Texten und der Veröffentlichung der *Wissenschaft der Logik* wird, desto geringer werden freilich auch die Differenzen. Gerade deshalb aber ist es zu bedauern, daß aus der zweiten Hälfte der Nürnberger Jahre bisher sehr wenige Quellen vorliegen, an denen sich die Herausarbeitung der Begriffslogik – die sich ja bis

---

[21] Vgl. Hegels Brief an I. Niethammer vom 8. Juli 1807, in: *Briefe von und an Hegel*. Bd 1. 176.

1815 oder gar bis zum Anfang des Jahres 1816 hingezogen hat – deutlicher erkennbar wäre. Insofern könnte die Kenntnis der Entwicklungsgeschichte der Logik in diesen Nürnberger Jahren noch manche Bereicherung erfahren, sei es durch neue Quellenfunde, sei es durch eine neue Edition der bisherigen Quellen. Zum Verständnis der einzelnen Methodenschritte der Logik tragen diese Quellen allerdings wenig bei, und es ist auch schwer, von ihnen aus den Schritt auf das Argumentationsniveau der *Wissenschaft der Logik* zu vollziehen, das – trotz der großen zeitlichen Nähe – das Niveau dieser Texte um ein vielfaches übertrifft.

II. Zur Konzeption der »Wissenschaft der Logik«

Hegel benennt die Disziplin, die sich ihm am Ende seiner Jenaer Schaffensperiode zu einer Einheit gefügt hat, die er in Bamberg und Nürnberg ausarbeitet und die schließlich in der *Wissenschaft der Logik* ihre gereifte Gestalt findet, in seinen Vorlesungsankündigungen, und zwar bis in seine letzten Lebensjahre hinein, mit dem der Tradition entnommenen Titel »Logik und Metaphysik«. Dieser Titel darf aber nicht darüber hinwegtäuschen, daß Hegels Logik eine Neuschöpfung ohne Analogon in der Tradition ist. Allerdings glaubt sich Hegel auf Kant berufen zu können, der bereits die Metaphysik zur Logik gemacht habe.[22]

Die *Wissenschaft der Logik* beginnt damit, daß sie an das Ergebnis der *Phänomenologie des Geistes,* das absolute Wissen, anknüpft. Stellt dieses die letzte und reichste Gestalt auf dem Wege des Geistes zum Wissen seiner selbst dar, so fällt es zu Beginn der *Wissenschaft der Logik* zu einer einfachen Unmittelbarkeit zusammen. Sie hat die Einheit des Subjektiven und des Objektiven zu ihrem Element. Indem diese Einheit sich bestimmt und entwickelt, treten ihre Elemente wieder an ihr hervor, aber nicht als selbständige, was das Auseinanderfallen

---

[22] Vgl. *Hegel: Wissenschaft der Logik.* Herausgegeben von Friedrich Hogemann und Walter Jaeschke. Hamburg 1978. Gesammelte Werke. Bd 11. 22.

dieser Einheit und ein Rückfall auf bereits überwundene Positionen bedeutete, sondern als Momente innerhalb ihrer selbst. Die Logik gliedert sich also in die Logik des Seins und in die Logik des Denkens, in die objektive und in die subjektive Logik. Die objektive Logik entspreche ihrem Inhalt nach teilweise der transzendentalen Logik Kants. Freilich habe Kant die Kategorien als Formen der endlichen Subjektivität begriffen. Mit diesen Worten deutet Hegel an, was er gegen den Kritizismus Kants und auch gegen die ihm nahestehende Wissenschaftslehre des frühen Fichte einzuwenden hat: beide hätten es nicht vermocht, sich von der Einseitigkeit des Subjektivismus zu befreien.[23] Es gelte aber, die Denkbestimmungen als Formen des absoluten Denkens zu begreifen. Darüber hinaus läßt Hegel die objektive Logik an die Stelle der »vormaligen *Metaphysik*«[24] treten, d. h. der Metaphysik, die in Deutschland vor dem Auftreten des Kantischen Kritizismus geherrscht hat. Diese habe in einem ersten Teil, der metaphysica generalis, die Lehre vom Ens abgehandelt; »Ens« ließe sich im Deutschen sowohl mit »Sein« als auch mit »Wesen« übersetzen. Damit hat Hegel die Unterteilung der objektiven Logik in die Lehre vom Sein und in die Lehre vom Wesen bereits vorgezeichnet. Weiterhin knüpft die objektive Logik an die metaphysica specialis der Schulphilosophie an. Indem Hegel ihre Fragestellungen ebenfalls in die objektive Logik integriert, gibt er zu erkennen, daß er die Unterscheidung, die diese Philosophie zwischen metaphysica generalis und metaphysica specialis getroffen hatte, nicht beibehält. Die metaphysica specialis habe die reinen Denkformen enthalten, wie sie auf Substrate der Vorstellung: Seele, Welt, Gott, angewandt worden seien. Hegel wendet gegen sie ein, sie habe es unterlassen, diese Formen frei von ihren Substraten, also allein ihre Natur und ihren Wert zu untersuchen und habe sich deshalb den gerechten Vorwurf zugezogen, sie ohne Kritik gebraucht zu haben.[25]

---

[23] Vgl. *ebenda.* 19.
[24] Siehe *ebenda.* 32.
[25] Vgl. *Hegel: Enzyklopädie der philosophischen Wissenschaften im Grundrisse (1830).* Herausgegeben von Friedhelm Nicolin und Otto Pöggeler. Hamburg 1969. PhB 33. §§ 28–30.

Die Logik des Seins umfaßt drei Abschnitte: Bestimmtheit (Qualität), Größe (Quantität) und Maß. Zu den Abweichungen dieser Anordnung der Kategorien von derjenigen der *Kritik der reinen Vernunft* äußert sich Hegel selbst. Daß Kant die Qualität hinter die Quantität stellt, betrachtet er als unbegründet; vielmehr müsse die Qualität der Quantität vorausgehen. Denn die Qualität als die Bestimmtheit mache die Sache zu dem, was sie ist; dagegen berühre eine quantitative Veränderung das Wesen einer Sache nicht. Zudem sei die Quantität die aufgehobene Qualität. Die Logik des Maßes setzt Hegel zu der dritten und vierten Abteilung der Kategorientafel der *Kritik der reinen Vernunft* in Beziehung, denn das Maß sei Relation, und zwar zwischen der Qualität und der Quantität; es könne aber auch als Modalität angesehen werden, da es keine Bestimmung des Inhalts, sondern nur die Beziehung des Inhalts auf das Denken ausdrücke.[26] Im Maß erweist sich die Qualität als die Wahrheit des Quantums. Jeglichem kommt sein Maß als eine wesentliche Bestimmung zu.[27] Ändert sich das Maß einer Sache, so ändert sie sich also selbst.

Jeder Region des Logischen eignet eine bestimmte Weise dialektischer Bewegtheit. Die beiden ersten Kategorien der Logik des Seins, das Sein und das Nichts, sind nur im Meinen gesondert zu erfassen; sie sind immer schon ineinander *übergegangen.*[28] Die dialektische Bewegungsform der übrigen Kategorien der Logik des Seins kennzeichnet Hegel als *Übergehen.*[29]

Mit der Kategorie des Wesens hat die Logik eine Gruppe von Kategorien erreicht, die in innigerer Weise miteinander verbunden sind als die der Logik des Seins. Zwar sind die seinslogischen Kategorien wie Etwas und Anderes, Endliches und Unendliches jeweils mit der anderen gesetzt und *gehen* auseinander hervor, *bringen* aber einander nicht *hervor*, d. h. setzen einander nicht. Daher sind sie einander zugeordnet, bewahren aber gleichwohl ihre Selbständigkeit. Anders die

---

[26] Vgl. *Hegel: WL.* GW 11. 42. 189.
[27] Vgl. *ebenda.* 192.
[28] Vgl. *ebenda.* 44.
[29] Vgl. *Hegel: Enzyklopädie (1830).* § 240.

Kategorien des Wesens. Der Grund beispielsweise *setzt* das durch ihn Begründete, die Ursache bringt die Wirkung hervor; keine dieser Kategorien vermag ohne die andere zu bestehen. Sie stehen zueinander im Verhältnis des *Scheinens in dem Entgegengesetzten*.[30] – Das Wesen scheint zuerst in sich selbst, d. h. seine erste Gestalt ist die *Reflexion*.[31] – Galt für die Lehre vom Sein der Satz: Das Sein ist das Wesen, so gilt für die Lehre vom Wesen: Das Wesen ist das Sein. Dieses Sein, zu dem sich das Wesen macht, ist das wesentliche Sein, die *Existenz,* das Existierende oder das Ding. Dieses zeigt sich zunächst als ein Unmittelbares. Indem es sich aber fortbestimmt, zeigt sich die Reflexion als sein Grund. Sie hebt seine Unmittelbarkeit auf, so daß es sich als ein Gesetztsein erweist. Das bedeutet, daß sich als die Wahrheit des Dinges die *Erscheinung* herausstellt.[32] – Als die Einheit des Wesens und der Existenz ergibt sich die *Wirklichkeit.* In ihr finden das bestimmungslose Bestehen des Wesens und die bestandlose Mannigfaltigkeit der Erscheinung ihre Wahrheit. In ihrer höchsten Gestalt ist sie das Absolute als Verhältnis zu sich selbst oder Substanz.[33]

Die objektive Logik vollzieht nichts anderes als die genetische Exposition des Begriffs.[34] Mit dem Begriff oder genauer: dem Begriff des Begriffs[35], ist die Thematik der subjektiven Logik angegeben. Sie umfaßt die Abschnitte »Subjektivität« – hier unterzieht Hegel die Formen der traditionellen Logik: Begriff, Urteil, Schluß, der spekulativen Betrachtung[36] – »Objektivität« mit der Exposition der Leitfäden neuzeitlicher Welterschließung: Mechanismus, Chemismus, Teleologie[37], und schließlich »Die Idee«. Dieser Abschnitt gipfelt in der absoluten Idee, die der

---

[30] Vgl. *ebenda.* sowie Hegel: Wissenschaft der Logik. Herausgegeben von Friedrich Hogemann und Walter Jaeschke. Hamburg 1985. Gesammelte Werke. Bd 21. 109 f.
[31] Vgl. *Hegel: WL.* GW 11. 243 ff.
[32] Vgl. *ebenda.* 323 ff.
[33] Vgl. *ebenda.* 369 ff.
[34] Vgl. *Hegel: WL.* GW 12. 11.
[35] Vgl. *ebenda.* 16.
[36] Vgl. *ebenda.* 31 ff.
[37] Vgl. *ebenda.* 127 ff.

einzige Gegenstand des spekulativen Denkens ist.[38] Die Bewegung der begriffslogischen Kategorien, die in einem noch innigeren Verhältnis als die wesenslogischen zueinander stehen, kennzeichnet Hegel als *Entwicklung;* in dieser Bewegungsform tritt am Allgemeinen hervor, was es implizit schon enthält: die Bestimmtheit, nämlich Besonderheit und Einzelheit[39].

Schon im ersten Satz der *Wissenschaft der Logik* gibt Hegel zu erkennen, welches Ereignis in der Geschichte der neueren Philosophie er als das entscheidende betrachtet: das Aufkommen der kritischen Philosophie Kants. Dies bestätigt er ausdrücklich in einer Fußnote, in der er bemerkt, er beziehe sich deshalb häufig auf die Kantische Philosophie, weil diese die Grundlage und den Ausgangspunkt der neueren Philosophie ausmache; dieses Verdienst bleibe ihr, gleich was man sonst an ihr auszusetzen finde.[40] Daß es Hegel damit nicht bei einer Absichtserklärung hat bewenden lassen, belegen allein schon die zahlreichen Verweise auf Werke Kants in der *Wissenschaft der Logik.* Sie geben einen ersten Hinweis darauf, welch große Bedeutung die produktive Aneignung Kants für den Hegel der Nürnberger Zeit gehabt hat. Daß Hegels Kant-Rezeption ein zentrales Problem der Hegel-Interpretation berührt, wird der zeitgenössischen Hegel-Forschung mehr und mehr bewußt. Welche Fragestellung ist hiermit berührt? Hegel setzt es sich zum Ziel, eine Metaphysik auszuarbeiten, und dies, nachdem die Kritik Kants erwiesen hatte, daß die herkömmliche Metaphysik eines tragfähigen Bodens entbehre. Er teilte nicht die Auffassung vieler seiner Zeitgenossen, mit der Destruktion der vorkritischen Philosophie sei die Frage der Metaphysik abschließend beantwortet. Denn die Metaphysik, selbst diejenige, die sich auf fixe Verstandesbegriffe beschränkt und sich nicht zur Spekulation erhoben hatte, habe die Aufgabe wahrgenommen, die Wahrheit zu erkennen. Der Sieg der Kantischen Kritik über sie habe es mit sich gebracht, die Untersuchung, die das Wahre zum Zweck gehabt habe, und diesen Zweck selbst zu beseiti-

---

[38] Vgl. *ebenda.* 173 ff.
[39] Vgl. *ebenda.* 35. 57. 59. sowie *Hegel: Enzyklopädie (1830).* § 240.
[40] Vgl. *Hegel: WL.* GW 11. 31.

gen.⁴¹ Hegels Aneignung des Kantischen Kritizismus hat also zwei Seiten: einerseits erkennt er Kants Kritik an der »vormaligen Metaphysik« an, andererseits unterwirft er diese Kritik einer Metakritik, die den Nachweis erbringen soll, daß Kants Kritik nicht jede Möglichkeit der Konzipierung einer Metaphysik verschlossen hat, ja die Notwendigkeit einer Metaphysik weiterhin besteht. Freilich verfehlten wir die Fragestellung, um die es Hegel geht, wollten wir seine Kant-Rezeption mit der Elle der modernen historisch-kritischen Kant-Forschung messen. Hegel erschließt die Geschichte der Philosophie anhand eines Paradigmas, das nicht mehr das unsere ist; eine historisch-kritische Aufarbeitung philosophischer Überlieferung lag ihm fern.

Hegel rechnet es Kant als Verdienst an, den Ausdruck »Idee« wieder dem Vernunftbegriff vindiziert zu haben. Im sonstigen Sprachgebrauch bezeichne er ja einen Begriff, selbst eine Vorstellung.⁴² Nun erwarte man, daß in der Vernunft als der höchsten Stufe des Denkens der Begriff die Bedingtheit, in welcher er auf der Stufe des Verstandes noch erscheint, verliere und zur vollendeten Wahrheit komme. Statt dessen sei das Resultat der Kantischen Dialektik nur das unendliche Nichts; Kant lasse die Vernunftbegriffe nur als Hypothesen zu, und das, weil sie des räumlichen und zeitlichen Stoffes der Sinnlichkeit entbehrten.⁴³ Schon in *Glauben und Wissen* hatte Hegel gefordert, man müsse ganz allein von der Idee aus die Philosophie anfangen, statt sie als Postulat aufzustellen.⁴⁴ Mit dieser Forderung macht er in der *Wissenschaft der Logik* Ernst.

Zu Beginn des Abschnitts »Die Idee« stellt Hegel zunächst die Kategorien dar, in denen Leben in seiner unmittelbaren Form auf den Begriff gebracht ist, dann »Das Erkennen« – unter diesen Titel stellt Hegel nicht nur die Kategorien der theoretischen, sondern auch der praktischen Vernunft – und schließlich die absolute Idee. Hegel feiert sie in enthusiastischen Worten: »Alles Uebrige ist Irrthum, Trübheit, Meynung, Streben, Willkühr

---

⁴¹ Vgl. *Hegel: WL.* GW 12. 196.
⁴² Vgl. *ebenda.* 173.
⁴³ Vgl. *ebenda.* 23.
⁴⁴ Vgl. *Hegel: Jenaer kritische Schriften.* GW 4. 325.

und Vergänglichkeit; die absolute Idee allein ist *Seyn,* unvergängliches *Leben, sich wissende Wahrheit,* und ist *alle Wahrheit.*«[45] Wenn Hegel die absolute Idee Sein nennt, so hat dieser Ausdruck hier nicht mehr die Bedeutung, die er am Anfang der Logik hat: unbestimmte Unmittelbarkeit. Vielmehr muß »Sein« hier im Sinne von Platos »ὄντως ὄν« verstanden werden. – Die Idee ist unvergängliches Leben: Damit evoziert Hegel Aristoteles' Lehre vom unbewegten Beweger, der ja in der höchsten Weise Lebendiges ist, aber auch die Lehre Plotins[46] vom ὄν, das sich in »νοῦς« und »ζῷον« entfaltet. – Die absolute Idee ist die sich wissende Wahrheit. In der *Enzyklopädie* stellt Hegel in dem Abschnitt über die geoffenbarte Religion dar, wie der Geist in drei Schlüssen die absolute Vermittlung mit sich selbst vollzieht. Die Form der Wahrheit, die er damit gewonnen hat, ist Gegenstand der Philosophie.[47] Den systematischen Aufriß der Philosophie stellt Hegel wiederum in drei Schlüssen dar. Der dritte Schluß „ist die Idee der Philosophie, welche *die sich wissende Vernunft* ... zu ihrer *Mitte* hat, ..."[48] – Die absolute Idee ist alle Wahrheit: Sie ist das Ganze, das allein das Wahre sein kann. Sie ist das Göttliche, das nichts in sich einbehalten hat, das Licht, das sich dem Erkennen ohne Schatten offenbart. Daher legt die Philosophie, die Liebe zum Wissen, bei Hegel ihren Namen ab und wird zum Wissen selbst, zur Wissenschaft. »Das verschlossene Wesen des Universums hat keine Kraft in sich, welche dem Muthe des Erkennens Widerstand leisten könnte, es muß sich vor ihm aufthun und seinen Reichthum und seine Tiefen ihm vor Augen legen und zum Genusse bringen.«[49] Hegels Logik ist also nicht nur Ontologie, sondern gleichursprünglich spekulative Gotteslehre, und zwar können jeweils die erste und die

---

[45] Siehe *Hegel: WL.* GW 12. 236.

[46] Vgl. *Plotin: Schriften.* Übersetzt von Richard Harder. Bd III. Hamburg 1964. PhB 213 a. 182 f. (Enneade VI 6, 9).

[47] Vgl. *Hegel: Enzyklopädie (1830).* § 571.

[48] Siehe *ebenda.* § 577.

[49] Siehe Hegel's Anrede an seine Zuhörer bei Eröffnung seiner Vorlesungen in Berlin, am 22. October 1818. In: *G. W. F. Hegel: Sämtliche Werke.* Herausgegeben von Hermann Glockner. Bd 8. Stuttgart 1955. **36.**

dritte Bestimmung einer logischen Sphäre als die metaphysischen Definitionen Gottes angesehen werden. Dagegen sind die zweiten Bestimmungen die Definitionen des Endlichen.[50] Daher kann die gesamte *Wissenschaft der Logik* als ein Gottesbeweis begriffen werden und das gesamte System als eine Theodizee, da die Logik seine Grundwissenschaft ist. Dem ontologische Beweis vom Dasein Gottes in der traditionellen Metaphysik entspricht in der *Wissenschaft der Logik* der Übergang von der Subjektivität zur Objektivität. Daß Gott dasjenige sei, dessen Begriff sein Sein in sich schließe, nennt Hegel dort den erhabensten Gedanken des Descartes; nachdem dieser Gedanke zu der schlechten Form des formalen Schlusses herabgesunken sei, sei er schließlich Kants Vernunftkritik unterlegen.[51]

Aber setzt nicht Hegel voraus, was Kant mit guten Gründen bestritten hatte: die Erkennbarkeit von Dingen an sich? Hegel macht auf einen merkwürdigen Widerspruch in der kritischen Theorie Kants aufmerksam: einerseits bestimme Kant die Objektivität des Denkens als eine Identität des Begriffs und des Dinges; diese Identität sei die Wahrheit. Damit habe er zugegeben, daß der Gegenstand in seiner Unmittelbarkeit nur Erscheinung und Zufälligkeit sei und erst der Begriff ihn auf sein Wesentliches zurückführe. Andererseits behaupte Kant, wir könnten die Dinge nicht so erkennen, wie sie an und für sich seien; also sei die Wahrheit der erkennenden Vernunft unzugänglich.[52] – Hegel nimmt Kants Lehre vom Ding-an-sich in einer Auslegung auf, die auf Jacobi zurückgeht.[53] In der *Wissenschaft der Logik* bedenkt er diese Lehre wiederholt mit polemischen Ausfällen. Schon in der Einleitung wendet er sich gegen ein Verständnis der Logik, das diese als die bloße Form der

---

[50] Vgl. *Hegel: Enzyklopädie (1830).* § 85.
[51] Vgl. *Hegel: WL.* GW 12. 127.
[52] Vgl. *ebenda.* 23 f.
[53] Vgl. *Friedrich Heinrich Jacobi: Über das Unternehmen des Kritizismus, die Vernunft zu Verstande zu bringen.* In: *Jacobi: Werke.* Herausgegeben von Friedrich Roth und Friedrich Köppen. Bd 3. Leipzig 1816. (Reprographischer Nachdruck Darmstadt 1980). 173 f.

Erkenntnis betrachtet, deren zweites Bestandstück, die Materie, anderswoher gegeben werden müsse. Jede dieser beiden Sphären sei von der anderen geschieden; selbst wenn sich das Denken auf seinen Gegenstand beziehe, gelange es nicht zu ihm, so daß er als ein Ding an sich ein Jenseits des Denkens bliebe. Eine solche Unterscheidung habe im Bereich des natürlichen Bewußtseins ihr gutes Recht; übertrage man sie aber auf die Vernunft, gehöre sie zu den Irrtümern, deren Widerlegung die Philosophie sei, oder vielmehr, die abgelegt werden müßten, bevor man den Boden der Philosophie beträte, weil sie den Zugang zu ihr versperrten.[54] Eine Auffassung von Wahrheit wie die von Hegel kritisierte sei »das Verzichtthun der Vernunft auf sich selbst«[55]; sie begehe die Ungereimtheit, von einer wahren Erkenntnis zu sprechen, die den Gegenstand nicht erkenne, wie er an sich ist[56]. Dabei habe Kant mit der Idee eines anschauenden Verstandes den Schlüssel dazu in der Hand gehabt, das Verhältnis des Denkens zum sinnlichen Dasein als ein relatives Verhältnis der bloßen Erscheinung zu begreifen;[57] mittels der apriorischen Synthesis des Begriffs hätte er die Zweiheit in der Einheit und somit die Wahrheit erkennen können; was ihn gehindert habe, zu einem spekulativen Denken vorzudringen, sei die Übermacht des sinnlichen Stoffes gewesen.[58] Hegel rühmt die antike Philosophie, weil sie einen höheren Begriff vom Denken gehabt habe als die moderne: sie sei davon ausgegangen, daß das Wahre der Dinge allein dasjenige sei, was das Denken von und an ihnen erkannt habe.[59] – Hegel kennzeichnet die *Wissenschaft der Logik* als die formelle Wissenschaft. Das bedeutet nicht, sie sei eine formale Logik, weder im traditionellen noch im modernen Sinne. Die Anfänge der modernen Logik bei Lambert, Leibniz und Ploucquet hat Hegel in der *Wissenschaft der Logik* einer

---

[54] Vgl. *Hegel: WL*. GW 11. 15 ff. GW 12. 20.
[55] Siehe *Hegel: WL*. GW 11. 17.
[56] Vgl. *ebenda*. 18.
[57] Vgl. *Hegel: WL*. GW 12. 25 f. sowie *Hegel: Jenaer kritische Schriften*. GW 4. 341.
[58] Vgl. *Hegel: WL*. GW 12. 27. sowie *Hegel: Jenaer kritische Schriften*. GW 4. 327. 335.
[59] Vgl. *Hegel: WL*. GW 11. 17. GW 12. 241 f.

scharfen Kritik unterzogen.⁶⁰ Ebensowenig trifft die *Wissenschaft der Logik* innerhalb ihrer selbst eine Unterscheidung zwischen formaler und transzendentaler Logik. Ihre Kennzeichnung als formelle Wissenschaft bedeutet vielmehr: Sie ist die Wissenschaft der absoluten Form. Deren Formen oder Denkbestimmungen sind schon für sich selbst die Wahrheit, sie entsprechen dem traditionellen Kriterium der Wahrheit: adaequatio intellectus ac rei, an das Hegel hier anknüpft; denn in ihnen ist der Inhalt seiner Form oder die Realität ihrem Begriffe angemessen.

Indem Hegel die Erkennbarkeit der Dinge an sich lehrt, hebt er die Kantische Unterscheidung zwischen den ersten drei Klassen der Kategorientafel und der vierten, der Klasse der Modalitäten, auf.⁶¹ Diese heben sich nach Kant gegen die anderen Kategorien dadurch ab, daß sie zum Inhalt des Urteils nichts beitragen, sondern nur den Wert der Copula in Beziehung auf das Denken überhaupt betreffen.⁶²

Worin unterscheidet sich nun die *Wissenschaft der Logik* von der vorkritischen »Logik und Metaphysik« und den Kategorienlehren, die ihr vorangegangen sind? Der dogmatischen Metaphysik wirft Hegel vor, ihre Gegenstände aus der Vorstellung aufgenommen und ihnen dann Prädikate zugesprochen zu haben; den Maßstab dafür, ob diese Prädikate dem Gegenstand angemessen seien oder nicht, habe sie allein an jener Vorstellung gesucht. Sie habe nicht untersucht, ob solche Prädikate an und für sich etwas Wahres seien, und dabei erhielten doch die Gegenstände der Metaphysik erst durch das Prädikat ihre feste Bestimmung.⁶³ Die transzendentale Logik Kants entlehne die Kategorien aus der formalen Logik, in der sie empirisch aufgenommen worden seien. Hegel stellt nun der *Wissenschaft der Logik* die Aufgabe, die Kategorien an und für sich zu

---

⁶⁰ Vgl. *Hegel: WL.* GW 11. 24. GW 12. 47. 109.
⁶¹ Zu diesem Zusammenhang vgl. *Dieter Henrich: Der ontologische Gottesbeweis.* Sein Problem und seine Geschichte in der Neuzeit. Tübingen 1960. 162.
⁶² Vgl. *Kant: Kritik der reinen Vernunft.* B 99 f. B 262 f.
⁶³ Vgl. *Hegel: WL.* GW 11. 32. GW 12. 54. *Enzyklopädie (1830).* §§ 28. 30 f.

betrachten unter Beiseitesetzung aller empirischen Substrate. In einer Kette streng notwendiger dialektischer Schlüsse entfaltet sie den gesamten Bereich der Kategorien, indem sie von der abstraktesten und ärmsten, dem Sein, ihren Anfang nimmt und in einer Kreisbewegung schließlich zu diesem Ausgangspunkt zurückgeführt wird, der sich in dieser Vermittlung zum Konkretesten und Reichsten, der absoluten Idee, entwickelt hat.[64] Dabei kommt es darauf an, die Sache selbst gewähren zu lassen und jeden Einwurf subjektiver Willkür von diesem notwendigen Gang fernzuhalten. Überschriften, Einteilungen, aber auch die einleitenden Texte und die zahlreichen Anmerkungen stehen zum Gang der Sache selbst im Verhältnis der äußerlichen Reflexion; sie vermögen ihn zu erläutern, aber nicht zu vollziehen. So bildet sich eine Hierarchie von Denkbestimmungen, innerhalb derer sie sich nach Bedeutung und ontologischer Wertigkeit ordnen. Aber nicht nur von Denkbestimmungen, denn die subjektive Logik leitet die Weisen ab, in denen uns Seiendes begegnet, wie Mechanismus, Chemismus und Teleologie, am Ende schließlich die Methode selbst. Als diese Entfaltung sämtlicher Denkbestimmungen und Zugangsarten zum Seienden ist die *Wissenschaft der Logik* eine potenzierte Transzendentalphilosophie und als solche die Fundamentalwissenschaft des Systems. Es leuchtet ein, daß das Subjekt dieser Transzendentalphilosophie nicht mehr das endliche Subjekt Kants oder des frühen Fichte ist, sondern die absolute Idee.

Wir haben oben darauf hingewiesen, daß Hegel in den Jugendschriften noch keine Logik konzipiert, jedoch Ansätze zu einer solchen gewinnt, die er modifiziert, aber nicht mehr preisgibt. So führt auch von seinem Versuch, »Antinomie« und »Vereinigung« zusammenzudenken, ein direkter Weg zur ersten seiner Habilitationsthesen: »Contradictio est regula veri, non contradictio falsi.«[65] In der *Wissenschaft der Logik* handelt Hegel den Widerspruch im zweiten Kapitel des ersten Abschnitts der Lehre vom Wesen ab.[66] Zuvor hat er gezeigt, wie aus der Identität der Unterschied hervorgeht. Der Unterschied enthalte

---

[64] Vgl. *Hegel: WL.* GW 12. 252.
[65] Zitiert in: *Karl Rosenkranz: Hegel's Leben.* 156.
[66] Vgl. *Hegel: WL.* GW 11. 279 ff.

seine beiden Seiten als Momente; in der Verschiedenheit fielen sie gleichgültig auseinander; im Gegensatz seien sie das Positive und Negative. Beide Glieder seien durch zweierlei ausgezeichnet: einerseits habe jedes die Beziehung auf sein anderes an ihm selbst; andererseits schließe es das andere in derselben Hinsicht aus sich aus. Damit sei der Widerspruch gesetzt.

Hegel erinnert daran, daß die ersten Reflexionsbestimmungen in Sätzen formuliert worden seien. Dies habe auch der Widerspruch verdient, und zwar um so mehr, als diese Sätze in ihn als ihre Wahrheit übergingen und er die Wahrheit und das Wesen der Dinge ausdrücke. Ein Denken, das ihn verkenne, werde wie die vorkritische Metaphysik notwendig zum Dogmatismus. Der Satz müsse lauten: »Alle Dinge sind an sich selbst widersprechend«[67]. Hegel nennt es ein Grundvorurteil der »bisherigen« Logik und des gewöhnlichen Vorstellens, der Identität eine höhere Rangordnung zuzuerkennen als dem Widerspruch; in Wahrheit sei dieser das Tiefere und Wesenhaftere. Die Identität sei nur die Bestimmung des einfachen Unmittelbaren, des toten Seins; dagegen sei der Widerspruch »die Wurzel aller Bewegung und Lebendigkeit«; etwas sei nur lebendig, insofern es den Widerspruch in sich enthalte.[68] Denn nur wenn das Denken das Mannigfaltige auf die Spitze des Widerspruchs treibe, werde es regsam und lebendig und erhalte die Negativität, welche »die innewohnende Pulsation der Selbstbewegung und Lebendigkeit« sei.[69] Gewöhnlich werde behauptet, daß es nichts Widersprechendes gebe und der Widerspruch nicht gedacht werden könne. Er gelte als »eine Zufälligkeit, gleichsam für eine Abnormität und vorübergehenden Krankheitsparoxysmus«[70]. Zum ersten Einwand bemerkt Hegel, wir brauchten einer solchen Versicherung keine Beachtung schenken. Der Widerspruch sei keine Abnormität, sondern »das Negative in seiner wesenhaften Bestimmung, das Prinzip aller Selbstbewegung, . . . «[71]. Was die Undenkbarkeit des Wider-

---

[67] Siehe *ebenda*. 286.
[68] Vgl. *ebenda*. 287.
[69] Siehe *ebenda*. 288.
[70] Siehe *ebenda*. 287.
[71] Siehe *ebenda*.

spruchs betreffe, so zeige sich in dieser Behauptung die Ohnmacht des Vorstellens, das sich vom Widerspruch beherrschen lasse; dagegen halte das spekulative Denken den Widerspruch fest und in ihm sich selbst. – Gerade Hegels Lehre vom Widerspruch hat immer wieder dazu herausgefordert, seine gesamte Logik als unsinnig zu verwerfen. Lehrt nicht die formale Logik von alters her, daß aus Widersprechendem Beliebiges folgt? Aber dieses Argument kannte Hegel gewiß; es ist also anzunehmen, daß er ihm Rechnung getragen hat. Der Einwand übersieht, daß die Aufstellung des Widerspruchs nur ein Moment im Gefüge des dialektischen Schlusses ist. Was in der Wesenslogik zur Konstruktion dieses Schlusses noch fehlt, ist die Lehre vom Begriff des Begriffs.

Wir haben soeben gesehen, welch große Bedeutung Hegel der Negation für seine Methode beimißt. Aber schon zu Beginn der Lehre vom Sein nennt er die Negation »das wahrhafte Reale und Ansichsein«[72]. »Negation« versteht er nicht im Sinne der formallogischen »Absprechung«, sondern im Sinne eines ontologischen Prinzips. In der Logik des Seins führt er die Negation als die Kategorie ein, die der Kategorie Realität gegenübersteht und in der das Nichtsein als die Wahrheit der Realität hervortritt. Es ist die Negation, die der Realität Bestimmtheit verleiht. Die Beachtung dieses Zusammenhangs führt zur Einsicht in die Unhaltbarkeit des traditionellen Begriffs eines Inbegriffs aller Realitäten: wird er ohne Grenze gedacht, wird er zum reinen Nichts – erhalten sich in ihm die Realitäten als bestimmte, wird er zugleich zum Inbegriff aller Negationen und somit ebenfalls zum Nichts. »Die Bestimmtheit überhaupt ist Negation«[73]. Diese Formulierung entnimmt Hegel dem Spinoza-Büchlein Jacobis; sie weist zurück auf Äußerungen Spinozas in seinem 50. Brief.[74] Dort äußert sich Spinoza zu mathematischen Problemen; seine Bemerkungen haben für

[72] Siehe *ebenda.* 77.
[73] Siehe *ebenda.* 76. Vgl. 77.
[74] Siehe *Friedrich Heinrich Jacobi: Über die Lehre des Spinoza in Briefen an den Herrn Moses Mendelssohn.* In: *Jacobi: Werke.* Bd 4. Abt. 1. Leipzig 1819. 62 Anm., 182. – *Spinoza: Opera.* Herausgegeben von Carl Gebhardt. Heidelberg o. J. Bd 4. 240 (Brief Nr L).

seine eigene Philosophie bei weitem nicht die Tragweite, die sie für die ontologische Logik Hegels gewinnen.

Hegel bestimmt die Negation weiter als »das gedoppelte Moment der *Schranke* und *des Sollens*«[75]. In dieser Gestalt erscheinen zu Beginn der Logik des Seins die für seine Methode fundamentalen begrifflichen Operationen der Negation und der Negation der Negation; letztere gilt ihm unter Berufung auf das Lateinische als Affirmation.

So wichtig diese beiden Operationen auch für Hegels gesamte Logik sind, hat er sie dennoch weder zureichend dargelegt noch im Zusammenhang dargestellt. Seine Ausführungen zu dieser Thematik in der ersten Auflage der Logik des Seins hat er in der zweiten Auflage dieses Werks gestrichen. Weitere Bemerkungen zur Negation finden sich über die ganze Logik verstreut. Am ehesten tritt sein Konzept der Negation vielleicht noch in der Lehre von der Identität, dem Unterschied und dem Widerspruch hervor. Der Versuch, diese Bemerkungen zu einer kohärenten Theorie zusammenzufügen, ist also Aufgabe des Interpreten der *Wissenschaft der Logik*. Dieter Henrich hat darauf hingewiesen, daß Hegels Logik verschiedene Weisen des Negationsgebrauchs kennt.[76] Von den Formen, die er herausstellt, ist die Negationsform der Andersheit von besonderer Wichtigkeit: sie ermöglicht es dem spekulativen Denken, Selbstbezüglichkeit herzustellen und ein begriffliches Instrumentarium zu gewinnen, durch das die Logik erst ihre charakteristische Form spekulativer Erkenntnis erhält. Hierzu gehören Formen wie »Gleichgültigkeit *gegen sich selbst*«[77]; »*Gegenstoß* seiner selbst«[78]; »Unverträglichkeit... mit sich selbst«, »Abstoßen... von sich selbst«[79]; »das *Negative* oder... das *Andre* seiner selbst«[80] u. a. Die Negationsform der Andersheit ist

---

[75] Siehe *Hegel: WL*. GW 11. 77.
[76] Vgl. *Dieter Henrich: Formen der Negation in Hegels Logik*. In: Hegel-Jahrbuch 1974. Köln 1975. 246.
[77] Siehe *Hegel: WL*. GW 21. 382.
[78] Siehe *Hegel: WL*. GW 12. 33.
[79] Siehe *Hegel: WL*. GW 21. 382.
[80] Siehe *Hegel: WL*. GW 31.

strikt zu unterscheiden von *der* Kategorie Andersheit, die eine Unterscheidungshinsicht der äußeren Reflexion ist: A und B können je nach dem Hinblick beide »andere« genannt werden. Dagegen meint die Negationsform Andersheit nicht das Andere von Etwas, sondern das in sich schlechthin Ungleiche; dieses nennt Hegel auch das Andere an ihm selbst, das Andere seiner selbst oder das Andere des Anderen.[81] Ein solches Anderes ist nach Hegel die physische Natur. Sie ist das Außersichseiende des Geistes, der das wahre Etwas ist.[82] Hegel nimmt an, schon Plato habe die Kategorie des Anderen seiner selbst gedacht. Plato selbst lehnt es jedoch ab, die »höchste Gattung« »Verschiedenheit« auf sich selbst zu beziehen.[83]

Die Idee ist *alle Wahrheit.* Darum kann Hegel das Logische der absoluten Idee eine Weise derselben nennen. Darunter ist aber nicht wie üblich eine besondere Weise zu verstehen, sondern die allgemeine, die alle besonderen in sich schließt: das ursprüngliche *Wort,* wie sie Hegel in Erinnerung an den Λόγος der griechischen Philosophie und den des Johannesprologs nennt. Was auf dieser Stufe des Logischen allein noch zur Betrachtung kommen kann, ist also kein Inhalt mehr, sondern allein noch das Allgemeine seiner Form: die Methode.[84] An der Stellung, die die Methode in der *Wissenschaft der Logik* einnimmt, ist bemerkenswert, daß sie in den Gang der Sache selbst hereingenommen ist; wäre dies nicht der Fall, d. h. träte sie dem Inhalt der Logik von außen entgegen, so wäre die *Wissenschaft der Logik* nicht die Fundamentalwissenschaft des Systems, und innerhalb der Logik verlöre die absolute Idee ihren Charakter der Universalität. Die kantische Unterscheidung zwischen Elementar- und Methodenlehre ist der *Wissenschaft der Logik* also nicht angemessen.

Weil die Idee alle Wahrheit ist, darum muß also auch die Methode Alles sein und ihre Bewegung die allgemeine absolute Tätigkeit, die schlechthin unendliche Kraft, welcher kein Gegenstand zu widerstehen vermag.[85] Nie zuvor in der

---

[81] Vgl. *Hegel: WL.* GW 11. 61. GW 21. 105 f.
[82] Vgl. *Hegel: WL.* GW 21. 106.
[83] Vgl. *ebenda.* sowie *Plato: Sophistes* 255 d.
[84] Vgl. *Hegel: WL.* GW 12. 238.
[85] Vgl. *ebenda.*

Einleitung XXXIX

Geschichte der Philosophie hat ein Denker der Methode einen so hohen Rang eingeräumt. Hegel führt damit zu einem Höhepunkt und Abschluß, was Descartes begonnen hatte, als er die Frage nach der certa methodus zur entscheidenden Frage seines Denkens machte.

Die Methode, die Hegel in der Logik befolgt, ist die Dialektik. Er nennt die Dialektik die einzige wahrhafte Methode, und zwar deshalb, weil sie von ihrem Inhalt nicht unterschieden ist, vielmehr dessen Bewegung selbst darstellt.[86]

Hegels Darlegungen zur Methode der *Wissenschaft der Logik* sind äußerst knapp; sieht man von Exkursen ab, in denen er wichtige Gesichtspunkte der Methode erläutert, betragen sie nur wenige Zeilen. Auch bleibt die Frage offen, ob sie allen Formen dialektischer Bewegung wirklich gerecht zu werden vermögen.

Die dialektische Bewegung hebt damit an, daß sich ein allgemeines Erstes als das Andere seiner selbst zeigt. Damit ist eine Negation vollzogen, und zwar in der Negationsform der Andersheit. Das zuerst Unmittelbare ist zum Vermittelten geworden. Dieses Zweite ist das Negative des Ersten oder das erste Negative. War das Unmittelbare ein Allgemeines, so ist das Vermittelte als ein Besonderes gesetzt. Die Bewegung, die wir vollzogen haben, ist also die der Logik des Begriffs: die Entwicklung. Entwicklung kann allgemein als eine Bewegung verstanden werden, in der sich eine Sache so weiterbestimmt, daß sie in diesem Weiterbestimmen in sich selbst bleibt. Das Erste enthielt also schon die Negation *an sich;* sie mußte lediglich als Negation *gesetzt* werden. – Unübersehbar ist hier der Unterschied, der Fichtes und Hegels Lehre von der Negation grundsätzlich scheidet: tritt bei Fichte das Nicht-Ich dem Ich wie eine äußerliche Gewalt gegenüber, so ist die Negation bei Hegel dasjenige, was sich die Sache gleichsam selbst antut.[87] – Das Unmittelbare ist in dem Anderen untergegangen. Dieses ist aber

---

[86] Vgl. *Hegel: WL.* GW 11. 25.
[87] Vgl. *Urs Richli: Form und Inhalt in G. W. F. Hegels »Wissenschaft der Logik«.* Wien–München 1982. (Überlieferung und Aufgabe XXI.) 75 ff.

darum nicht ein leeres Nichts, wie Hegel mehrmals betont[88], sondern das Andere *des* Ersten, das Negative *des* Unmittelbaren und somit ebenfalls ein Vermitteltes. Das Erste ist also im Anderen aufgehoben im doppelten Sinne des Wortes: »*erhalten*« und »*ein Ende machen*«[89].

Das Vermittelte, das wir somit erhalten haben, ist, unmittelbar genommen, nichts als eine einfache Bestimmung, da das Erste in ihm untergegangen ist. In Wahrheit ist es aber ein Verhältnis, und Hegel zeigt nunmehr, daß das Vermittelte zugleich das Vermittelnde ist. Denn die zweite Bestimmung ist zwar das Negative, aber das Negative des Positiven. Hegels Formulierung verweist uns zurück auf seine Ausführungen zum Widerspruch[90]. Dort bestimmt er die Glieder des Widerspruchs – Positives und Negatives – als solche, die jeweils durch ihr Anderes mit sich vermittelt sind und dieses also enthalten. Die zweite Bestimmung erweist sich also als das Andere eines Anderen. Damit ist der Widerspruch gesetzt, d. h. die zweite Bestimmung ist »die *gesetzte Dialektik ihrer selbst*«[91].

Hatte der erste Schritt darin bestanden, den *Unterschied* zu setzen, den das Erste an sich schon enthielt, so gilt es nunmehr, die *Einheit* zu setzen, die in diesem Unterschied enthalten ist, das heißt aber, den Widerspruch aufzuheben, also die Negation zu negieren. Diese doppelte Negation stellt den Wendepunkt der Bewegung des Begriffs dar. Wiederum feiert Hegel die Negativität als den innersten Quell aller Tätigkeit, lebendiger und geistiger Selbstbewegung; auf ihr allein beruhe das Aufheben des Gegensatzes zwischen Begriff und Realität und damit die Stiftung der Einheit, welche die Wahrheit ist.[92] Genauer betrachtet kontaminiert Hegel zwei Formen der Negation: die Negation der Negation und das Andere des Anderen.[93] Dies hervorzuheben ist wichtig, wenn verständlich werden soll, daß das Resultat der dialektischen Bewegung einen doppelten

---

[88] Vgl. *Hegel: WL.* GW 11. 77. 280 f.
[89] Siehe *ebenda.* 58.
[90] Vgl. *ebenda.* 279.
[91] Siehe *Hegel: WL.* GW 12. 245.
[92] Vgl. *ebenda.* 246.
[93] Vgl. *ebenda.* 247.

Aspekt hat. Einmal ist es die *Herstellung* der ersten Unmittelbarkeit. Wohl nicht zufällig spricht Hegel von »Herstellen« und nicht von »Wiederherstellen«; denn erst jetzt wird offenkundig, was das Erste in Wahrheit ist. Sodann ist die Wahrheit der Negationsform Andersheit die Selbstbeziehung, also die Subjektivität.

Die Struktur der dialektischen Operation erweist sich also als eine Triplizität. Hegel lobt Kant, weil dieser der Form der Triplizität die Bahn gebrochen habe; auch durch ihren mannigfachen Mißbrauch habe sie nichts von ihrem Wert verloren. Hegel läßt es aber auch zu, diese Struktur als eine Quadruplizität zu begreifen. Ohnehin vermag das Zählen als ein Quantifizieren das Wesen der Sache nicht zu erfassen. In der Tat haben alle Versuche, die *Wissenschaft der Logik* zu formalisieren, mehr Schwierigkeiten aufgeworfen, als sie gelöst haben.

Die dialektische Grundoperation läßt sich als ein Schluß darstellen. In diesem stellt die erste Prämisse das analytische, die zweite das synthetische Moment dar; beide für sich genommen sind unwahr; wahr ist allein die Konklusion. – Da es unmöglich ist, den dialektischen Schluß mit den Schlüssen der formalen Logik auf eine Betrachtungsebene zu stellen, wäre es verfehlt, in den Schlußformen der subjektiven Logik ein Analogon zum dialektischen Schluß suchen zu wollen.

In der *Phänomenologie des Geistes* weist Hegel dem spekulativen Satz die Rolle der universalen Methode der Philosophie zu. In der *Wissenschaft der Logik* überträgt er diese Funktion dem dialektischen Schluß; allein dieser sei fähig, die Wahrheit zu erfassen.[94]

Hegel nennt das Resultat des dialektischen Schlusses »das Einzelne, Concrete, Subject«[95]. Indem Hegel es als Einzelnes und Konkretes kennzeichnet, wird offenkundig, daß seine Logik die traditionellen Theorien der Diskursivität des Begriffs und der Reziprozität seines Umfangs und Inhalts verwirft: der Begriff ist nicht das Abstrakte, sondern das konkrete Allgemeine, das die Mannigfaltigkeit nicht außer sich hat, sondern das Besondere und Einzelne in sich setzt und in letzterem zu sich zurückkehrt. –

---

[94] Vgl. *Hegel: Enzyklopädie (1830).* § 28 Anm. § 31 Anm.
[95] Siehe *Hegel: WL.* GW 12. 248.

Das Resultat ist Subjekt: dies bedeutet, daß die absolute Idee Subjektivität in ihrer höchsten Gestalt ist: die reine Persönlichkeit, die alles in sich befaßt, weil sie sich zum Freiesten macht.[96] Daher kann die gesamte *Wissenschaft der Logik* als eine Theorie der Subjektivität betrachtet werden.[97] Freilich darf die absolute Subjektivität der *Wissenschaft der Logik* nicht als endliche Subjektivität mißdeutet werden. Erst in der Logik des Begriffs löst Hegel die Forderung ein, daß die Substanz zugleich als Subjekt gedacht werden müsse.[98] Der Philosoph, der sich auf den Standpunkt der Substanz gestellt habe, sei Spinoza. Hegel unterwirft Spinozas Philosophie einer Kritik; der kritisch gereinigten Philosophie der Substanz räumt er einerseits ihr Recht ein, indem er ihr in der Logik ihre Stelle zuweist, andererseits zeigt er ihre Grenzen auf, indem er den Gang der Sache selbst über sie hinausgehen läßt. Hegel zeigt, wie die dialektische Entfaltung des Substantialitätsverhältnisses zu seinem Gegenteil, dem Begriff, führt. Diese Exposition der Substanz nennt Hegel »die einzige und wahrhafte Widerlegung des Spinozismus«[99]. Sie hat den *als Begriff* zum Dasein gekommenen Begriff zum Ergebnis; dieser ist das Ich oder das reine Selbstbewußtsein. Hegel kritisiert nicht nur an Spinoza, sondern auch an der antiken Philosphie, daß sie dieses Prinzips der Freiheit ermangelt habe. Es gehöre zu den tiefsten und richtigsten Einsichten Kants, die Einheit, die das Wesen des Begriffs ausmacht, als die ursprünglich-synthetische Einheit der Apperzeption bestimmt zu haben.[100]

Nachdem Hegel die Methode dargestellt hat, zeigt er in einem programmatischen Entwurf, wie der Inhalt in den Kreis der Betrachtung tritt und somit sich die Methode zu einem System erweitert. Die *Wissenschaft der Logik* vollzieht in ihrer Gesamtheit wie in ihren einzelnen Schritten eine Kreisbewegung: Jede Fortbewegung von ihrem Anfang ist also zugleich

---

[96] Vgl. *ebenda*. 251.
[97] Siehe hierzu Klaus Düsing: *Das Problem der Subjektivität in Hegels Logik*. 2., verb. u. um ein Nachwort erw. Aufl. Bonn 1984.
[98] Vgl. *Hegel: Phänomenologie des Geistes*. GW 9. 18.
[99] Siehe *Hegel: WL*. GW 12. 15.
[100] Vgl. *ebenda*. 17 f.

eine Rückkehr zu ihm. Nach dem Ausmessen dieses Kreises ist der Anfang aber nicht mehr das unbestimmte Unmittelbare, sondern die absolute Idee als das erfüllteste Sein. Da die Logik die Fundamentalwissenschaft des Systems ist, die sowohl ihren eigenen Inhalt als auch die Verknüpfung der Systemteile untereinander sowie die Begriffsentwicklung innerhalb dieser Teile begründet, stellt sich die gesamte Wissenschaft als ein in sich geschlungener Kreis dar; die Glieder dieses Kreises sind ebenfalls Kreise, so daß sich das gesamte System als ein »Kreis von Kreisen«[101] darstellt. In der ersten und dritten Auflage der Enzyklopädie hat Hegel dieses Konzept als eine Abfolge von drei Schlüssen dargestellt.[102] In dieser Kreisstruktur wird die Logik als begründende auch begründet, ohne dabei ihre ontologische Priorität zu verlieren.

Fragen wir nach der Stellung der *Wissenschaft der Logik* innerhalb des Gesamtsystems, so gliedert sich diese Frage auf in die nach der Einleitung in die *Wissenschaft der Logik* und die nach ihrem Verhältnis zur Realphilosophie. –

In der Vorrede zur *Wissenschaft der Logik* aus dem Jahre 1812 stellt Hegel das »System der Wissenschaft« als zweiteilig dar: der erste Teil enthalte die Phänomenologie des Geistes, der zweite solle die Logik und die beiden Realphilosophien aufnehmen.[103] Die Schwierigkeiten, die sich aus dieser Programmatik ergeben, seien kurz umrissen. Als Einleitung in die Wissenschaft gehört die *Phänomenologie* bereits zur Wissenschaft selbst. Diesem Kriterium kann sie aber nur genügen, wenn sie bereits über das Kategoriengefüge einer Logik verfügt. Die Logik, auf der die *Phänomenologie* basiert, ist aber nicht die *Wissenschaft der Logik,* sondern jene, von der uns lediglich eine Skizze aus dem Jahre 1805/06 überliefert ist[104] und die von der ersteren wesentlich

---

[101] Siehe *ebenda.* 252.
[102] Siehe *Hegel: Encyclopädie der philosophischen Wissenschaften im Grundrisse.* Heidelberg 1817. In: Sämtliche Werke. Im Faksimileverfahren neu herausgegeben von Hermann Glockner. Sechster Band. Stuttgart 1938. §§ 475 ff. – *Enzyklopädie (1830).* §§ 575 ff.
[103] Vgl. *Hegel: WL.* GW 11. 8.
[104] Vgl. *Hegel: Jenaer Systementwürfe III.* GW 8. 286. Siehe oben. XXI f.

abweicht. Gleichwohl stellt Hegel die *Phänomenologie* der *Wissenschaft der Logik* als Einleitung voran. Hinzu kommt, daß sich Hegels Systemkonzeption, insbesondere die Stellung der *Phänomenologie* im System, nach seiner Jenaer Schaffensperiode erheblich wandelt. Bereits in einer zur Zeit nicht datierbaren propädeutischen Enzyklopädie der Nürnberger Jahre verliert die Phänomenologie ihre Stellung als erster Systemteil; Hegel arbeitet sie um und gliedert sie der Lehre vom subjektiven Geist ein. In einer Fußnote zur Neubearbeitung der Lehre vom Sein macht Hegel eigens darauf aufmerksam, daß die *Phänomenologie* nunmehr aus dem System ausgeschlossen ist.[105] Sie bleibt zwar als »Voraus, der Wissenschaft«[106] ein möglicher Zugang zu Logik; jedoch kann der Anfang der Wissenschaft auch durch einen bloßen Entschluß gewonnen werden.[107] –

Das Verhältnis zwischen Logik und Realphilosophie als ein äußerliches zu denken, bedeutete, von außen Inhalte an das Logische heranzutragen, um ihm auf diese Weise zu der Wahrheit zu verhelfen, die es in sich selbst nicht zu finden vermag. Eine solche Auffassung des Logischen hat Hegel ja als unphilosophisch zurückgewiesen. Andererseits läßt sich dieses Verhältnis nicht so konzipieren, als könne die absolute Idee genötigt werden, die Natur hervorzubringen, da die absolute Idee als das Freieste keiner Nötigung unterliegen kann. Hegel faßt dieses Verhältnis so, »daß die Idee sich selbst *frey entläßt,* ihrer absolut sicher und in sich ruhend«[108]. Von der Plausibilität dieser Antwort hängt es in entscheidender Weise ab, ob es Hegel gelingt, den Zusammenhang seines Systems zu wahren. Schelling sieht Hegel in diesem Punkt scheitern und damit seine These bestätigt, bei Hegels System handele es sich um eine »negative« Philosophie, die sich vergeblich zu einer positiven

---

[105] Vgl. *Hegel: WL.* GW 21. 9.

[106] Siehe *Hegel: Notitz zur Überarbeitung des Werkes von 1807.* GW 9. 448.

[107] Vgl. *Hegel: WL.* GW 21. 56. – Zur Einleitungsproblematik siehe z. B. *Hans Friedrich Fulda: Das Problem einer Einleitung in Hegels Wissenschaft der Logik.* Philosophische Abhandlungen. Bd XXVII. Frankfurt 1965.

[108] Siehe *Hegel: WL.* GW 12. 253.

aufspreize.[109] Schellings These ist jedoch nicht unwidersprochen geblieben.[110]

Die beiden Realphilosophien – die Philosophie der Natur und die Philosophie des Geistes – haben das Logische zum inneren Bildner. Das heißt nicht, das Logische zeichne ihnen die Abfolge ihrer Begrifflichkeit bis ins einzelne vor. Dies ist gar nicht möglich, denn das Logische, das in das Reale eingesenkt ist, kann nicht in seiner Reinheit und Notwendigkeit erscheinen, sondern erfährt in ihm eine Trübung und Brechung. Die Diskrepanz zwischen Logischem und Realem geht aber noch weiter: Kein Systemteil entspricht in seinem Konzept dem kategorialen Entwurf, den die *Wissenschaft der Logik* vorzeichnet. Dieser Sachverhalt ist noch deutlicher hervorgetreten, seit die Hegel-Forschung begonnen hat, die Kompilationen der Vorlesungen Hegels, die die Herausgeber der Freundesvereinsausgabe vorgenommen hatten, aufzulösen und so die Entwicklung der Hegelschen Konzeptionen freizulegen. Es stellt sich heraus, daß Hegel mehrere Darstellungsweisen an demselben Gegenstand erprobt hat – was die Beantwortung der Frage nach dem Verhältnis der Logik und den übrigen Systemteilen noch erschwert. Aber schreibt nicht Hegel selbst: »Was das *Erste* in der *Wissenschaft* ist, hat sich müssen *geschichtlich* als das *Erste* zeigen«?[111] Also wäre in der Geschichte der Philosophie am ehesten eine Verwirklichung des logischen Vorentwurfs zu erwarten. Diese Erwartung wird jedoch nicht erfüllt. Geradezu auffällig ist die Ortlosigkeit von Hegels Konzept der Geschichte der Philosophie im enzyklopädischen Aufriß seines Systems – mehr als die einzelnen Schwierigkeiten, die er bei der Darstellung dieses Gegenstandes hat. Aber trotz dieser Vorbehalte bleibt die Kenntnis der *Wissenschaft der Logik* eine unentbehrliche Voraussetzung zum Verständnis der Realphilosophie.

---

[109] Siehe *Schelling: Zur Geschichte der neueren Philosophie*. Münchner Vorlesungen. In: Schriften von 1813–1830. Darmstadt 1976. 283 ff.

[110] Siehe *Hermann Braun: Zur Interpretation der Hegelschen Wendung: frei entlassen*. In: Actes du IIIème Congrès international de l'Association internationale pour l'étude de la philosophie de Hegel. Lille 1968. 51–64. – *Karl-Heinz Volkmann-Schluck: Die Entäußerung der Idee zur Natur*. In: Hegel-Studien. Beiheft 1. Bonn 1964. 37–44.

[111] Siehe *Hegel: WL.* GW 21. 76.

EDITORISCHE HINWEISE

Dieser Band enthält das erste Buch der *Wissenschaft der Logik*: Das Sein, in der ursprünglichen Fassung: Nürnberg, Johann Leonhard Schrag 1812. Eine zweite Auflage dieses Buches hat Hegel kurz vor seinem Tod im Jahre 1831 vollendet. Diese spätere Ausgabe erschien postum im Jahre 1832 in Stuttgart und Tübingen bei Johann Friedrich Cotta; auf ihrer Grundlage erschien die *Seinslogik* wenig später im Rahmen der Ausgabe durch einen Verein von Freunden des Verewigten in der Bearbeitung durch Leopold von Henning, Berlin (Duncker und Humblot) 1833. Diese Edition hat die früheren verdrängt, und zwar die von Hegel selbst besorgte zweite Auflage des Jahres 1832 so sehr, daß es bis vor kurzem unbekannt war, daß es sie überhaupt gegeben habe. Die erste Ausgabe von 1812 war hingegen bekannt, aber schwer erhältlich. Deshalb hat die Forschung von ihr nahezu nirgends Gebrauch gemacht, bis Wolfgang Wieland einen photomechanischen Nachdruck veranstaltet hat, der 1966 in Göttingen bei Vandenhoeck & Ruprecht erschienen ist. Etwa ein Jahrzehnt später ist diese ursprüngliche Fassung erstmals editorisch bearbeitet worden im Rahmen der Ausgabe G. W. F. Hegel: *Gesammelte Werke*. In Verbindung mit der Deutschen Forschungsgemeinschaft herausgegeben von der Rheinisch-Westfälischen Akademie der Wissenschaften. Band 11. Wissenschaft der Logik. Erster Band. Die objektive Logik (1812/1813). 5–232. Herausgegeben von Friedrich Hogemann und Walter Jaeschke. Auf der Grundlage des Textes dieser historisch-kritischen Ausgabe ist die vorliegende Studienausgabe erarbeitet worden.

Rechtschreibung und Zeichensetzung wurden modernisiert und dem Grammatikverständnis des heutigen Lesers angepaßt. Dort, wo es für ein besseres Verständnis dienlich war, sind die dem Kontext entsprechenden Deklinationsformen von Artikel, Possesivpronomen und Substantiv ergänzt worden. Gewisse Eigenheiten des Hegelschen Textes wurden beibehalten wie z. B. neblichtem (statt nebligem) oder itzt (statt jetzt). Auf eine

Standardisierung von Ausdrücken, die bei Hegel in unterschiedlicher Schreibweise vorkommen (An-sich-Sein – Ansichsein, Größebestimmtheit – Größenbestimmtheit) wurde verzichtet, um Bedeutungsnuancen des Textes zu erhalten.

Grundsätzlich gilt das Prinzip der Lautstandswahrung. Allerdings wurden hiervon zwei Ausnahmen gemacht. Das Dativ-e, das Hegel zuweilen bei zwei- oder mehrsilbigen Worten gebraucht, entfällt im modernisierten Text; aus dem Genitiv-s in -ds und -ts des Originals wurde aus phonetischen Gründen -des bzw. -tes.

Die Anmerkungen wurden aus der historisch-kritischen Ausgabe übernommen und ggf. durch Zitation erweitert. Altsprachlichen Zitaten sind, soweit es möglich war, Übersetzungen aus heute gebräuchlichen Ausgaben beigefügt worden. Ein Literaturverzeichnis ist neu hinzugekommen. Die Seitenangaben auf dem Innenrand des lebenden Kolumnentitels verweisen auf die Seitenzahlen der historisch-kritischen Ausgabe. Eckige Klammern bezeichnen Ergänzungen der Altherausgeber bzw. des Neuherausgebers.

Hans-Jürgen Gawoll

LITERATURVERZEICHNIS

Dieses Literaturverzeichnis will eine erste und aktuelle Orientierung über die Literatur zu Hegels Wissenschaft der Logik geben. Sie beschränkt sich daher auf die letzte Rezeptionphase dieses Werkes und enthält eine Auswahl derjenigen Titel, die seit 1950 hierzu erschienen sind. Hinweise auf ältere Monographien und Kommentare findet man z. B. bei Klaus Düsing: Das Problem der Subjektivität in Hegels Logik. Systematische und entwicklungsgeschichtliche Untersuchungen zum Prinzip des Idealismus und zur Dialektik. 2., verb. und um ein Nachwort erweiterte Auflage. Bonn 1984.

Aus Platzgründen wurde nur eine geringe Anzahl von Aufsätzen berücksichtigt. Sammelbände, die mehrere Aufsätze zur Wissenschaft der Logik enthalten, sind unter dem Namen des Herausgebers aufgeführt.

Über die neueste Literatur zu Hegel informiert fortlaufend das Jahrbuch Hegel-Studien, bisher 19 Bände (1984).

Albrecht, W.: Hegels Gottesbeweis. Eine Studie zur »Wissenschaft der Logik«. Berlin 1958.

Beyer, W. R. (Hrsg.): Die Logik des Wissens und das Problem der Erziehung. Nürnberger Hegel-Tage 1981. Hamburg 1982.

Biard, J. u. a.: Introduction à la lecture de la Science de la Logique de Hegel. L'être. Paris 1981.

–: Vol. II: La doctrine de l'essence. Paris 1983.

Bubner, R.: Zur Sache der Dialektik. Stuttgart 1980.

Burbridge, J.: On Hegel's Logic. Fragments of a Commentary. Atlantic Highlands, N. J. 1981.

Coreth, E.: Das dialektische Sein in Hegels Logik. Wien 1952.

De Vos, L.: Hegels Wissenschaft der Logik: Die absolute Idee. Einleitung und Kommentar. Bonn 1983.

DiGiovanni, G.: Reflection and Contradiction. A commentary on some passages of Hegel's Science of Logic. In: Hegel-Studien. 8 (1973). 131–161.

Doz, A.: Georg Wilhelm Friedrich Hegel: La Théorie de la Mesure. Traduction et Commentaire. Paris 1970.

Dubarle, D.: La logique de la réflexion et la transition de la logique de l'être à celle de l'essence. In: Revue des sciences philosophiques et théologiques. 56 (1972). 193–222.

Düsing, K.: Das Problem der Subjektivität in Hegels Logik. Systematische und entwicklungsgeschichtliche Untersuchungen zum Prinzip des Idealismus und zur Dialektik. 2., verbesserte und um ein Nachwort erweiterte Auflage. Bonn 1984.

Erdei, L.: Die dialektisch-logische Theorie des Begriffs und des Urteils. In: Tamás, G. (Hrsg.): Aufsätze über Logik. Budapest 1970.

–: Der Schluß. Die Dialektik des Schlusses. Budapest 1983.

Eley, L.: Hegels Wissenschaft der Logik. München 1976.

Falk, H.-P.: Das Wissen in Hegels »Wissenschaft der Logik«. Freiburg-München 1983.

Fetscher, I. (Hrsg.): Hegel in der Sicht der neueren Forschung. Darmstadt 1973.

Fink-Eitel, H.: Dialektik und Sozialethik. Kommentierende Untersuchungen zu Hegels Logik. Meisenheim a. G. 1978.

Fleischmann, E.: La science universelle ou la logique de Hegel. Paris 1968.

Fulda, H. F.: Das Problem der Einleitung in Hegels Wissenschaft der Logik. Frankfurt a. M. 1965.

Fulda, H. F., Horstmann, R.-R., Theunissen, M.: Kritische Darstellung der Metaphysik. Eine Diskussion über Hegels »Logik«. Frankfurt a. M. 1980.

Geraets, T. H. (Hrsg.): L'esprit absolu. The absolut Spirit. Ottawa 1984.

Gadamer, H.-G.: Hegels Dialektik. Sechs hermeneutische Studien. 2., vermehrte Auflage Tübingen 1980.

Guzzoni, U.: Werden zu sich. Eine Untersuchung zu Hegels »Wissenschaft der Logik«. Freiburg–München 1963.

Haag, K. H.: Philosophischer Idealismus. Untersuchungen zur Hegelschen Dialektik mit Beispielen aus der Wissenschaft der Logik. Frankfurt a. M. 1967.

Henrich, D.: Hegel im Kontext. Frankfurt a. M. 1971.

–: Formen der Negation in Hegels Logik. In: Hegel-Jahrbuch 1974. Köln 1975. 245–256.

–: (Hrsg.): Die Wissenschaft der Logik und die Logik der Reflexion. Hegel-Tage Chantilly 1971. Bonn 1978.

–: Hegels Grundperation. Eine Einleitung in Hegels Wissenschaft der Logik. In: Der Idealismus und seine Gegenwart. Festschrift für Werner Marx zum 65. Geburtstag. Hrsg. von Ute Guzzoni, Bernhard Rang und Ludwig Siep. Hamburg 1979. 208–230.

Hogemann, F., Jaeschke, W.: Die Wissenschaft der Logik. In: Pöggeler, O. (Hrsg.): Hegel. Einführung in seine Philosophie. Freiburg–München 1977. 75–90.

Horstmann, R.-P. (Hrsg.): Seminar: Dialektik in der Philosophie Hegels. Frankfurt a. M. 1978.

Jaeschke, W.: Äußerliche Reflexion und immanente Reflexion. Eine Skizze der systematischen Geschichte des Reflexionsbegriffs in Hegels Logik-Entwürfen. In: Hegel-Studien. 13 (1978). 85–117.

Jarczyk, G.: Système et Liberté dans la logique de Hegel. Paris 1979.

Kawamura, E.: Hegels Ontologie der absoluten Idee. Hamburg 1973.

Kemper, P.: Dialektik und Darstellung. Eine Untersuchung zur spekulativen Methode in Hegels Wissenschaft der Logik. Frankfurt a. M. 1980.

Kimmerle, H.: Die allgemeine Struktur der dialektischen Methode. In: Zeitschrift für philosophische Forschung. 33 (1979). 184–209.

Krohn, W.: Die formale Logik in Hegels »Wissenschaft der Logik«. Untersuchungen zur Schlußlehre. München 1972.

Labarrière, P.-J.: Histoire et liberté. Les structures intemporelles du procès de l'essence. In: Archives de philosophie. 33 (1970). 719–754.

–: L'idealisme absolu de Hegel: de la logique comme métaphysique. In: Aquinas. 24 (1981). 406–434.

Lakebrink, B.: Die Europäische Idee der Freiheit. Teil 1. Hegels Logik und die Tradition der Selbstbestimmung. Leiden 1968.

–: Kommentar zu Hegels »Logik« in seiner »Enzyklopädie« von 1830. Band 1: Sein und Wesen. Freiburg–München 1979.

Léonard, A.: Commentaire littéral de la logique de Hegel. Paris–Louvain 1974.

Liebrucks, B.: Sprache und Bewußtsein. Sprachliche Genesis der Logik, logische Genesis der Sprache. Band 6, Teil 1–3. Frankfurt a. M.–Bern 1974.

Longuenesse, B.: Hegel et la critique de la métaphysique. Etudes sur la doctrine de l'essence. Paris 1981.

Lugarini, L.: Logica hegeliana e problema dell'intero. In: Il Pensiero 16 (1971). 154–170.

Maluschke, G.: Kritik und absolute Methode in Hegels Dialektik. Bonn 1974.

Marx, W.: Hegels Theorie logischer Vermittlung. Kritik der dialektischen Begriffskonstruktion in der »Wissenschaft der Logik«. Stuttgart-Bad Cannstatt 1972.

Massolo, A.: Logica hegeliana e filosofia contemporanea. Florenz 1967.

Mure, G. R. G.: A Study of Hegel's Logic. Oxford 1967.

Opiela, S.: Le Réel dans la logique de Hegel. Développement et Auto-Détermination. Paris 1983.

Pechmann, A. von: Die Kategorie des Maßes in Hegels »Wissenschaft der Logik«. Köln 1980.

Puntel, L. B.: Darstellung und Struktur. Untersuchung zur Einheit der systematischen Philosophie G. W. F. Hegels. Bonn 1973.

Rademaker, H.: Hegels »Wissenschaft der Logik«. Eine darstellende und erläuternde Einführung. Wiesbaden 1979.

Redlich, A.: Die Hegelsche Logik als Selbsterfassung der Persönlichkeit. Meisenheim a. G. 1971.

Rehm, M.: Hegels spekulative Deutung der Infinitesimal-Rechnung. Diss. Köln 1963.

Richli, U.: Form und Inhalt in G. W. F. Hegels »Wissenschaft der Logik«. Wien–München 1982.

Rohs, P.: Form und Grund. Interpretation eines Kapitels der Hegelschen Wissenschaft der Logik. 2. durchges. Auflage. Bonn 1972.

Röttges, H.: Der Begriff der Methode in der Philosophie Hegels. Meisenheim a. G. 1976.

Salomon, W.: Urteil und Selbstverhältnis. Kommentierende Untersuchung zur Lehre vom Urteil in Hegels »Wissenschaft der Logik«. Frankfurt a. M. 1982.

Sarlemijn, A.: Hegelsche Dialektik. Berlin–New York 1971.

Schmidt, J.: Hegels Wissenschaft der Logik und ihre Kritik durch Adolf Trendelenburg. München 1977.

Schrader-Klebert, K.: Das Problem des Anfangs in Hegels Philosophie. Wien–München 1969.

Schulz, R.-E.: Interpretationen zu Hegels Logik. Diss. Heidelberg 1954.

–: »Sein« in Hegels Logik: »Einfache Beziehung auf sich«. In: Wirklichkeit und Reflexion. W. Schulz zum 60. Geburtstag. Pfullingen 1973. 365–383.

Shikaya, T.: Die Wandlung des Seinsbegriffs in Hegels Logik-Konzeptionen. In: Hegel-Studien. 13 (1978). 119–173.

Tanabe, H.: Zu Hegels Lehre vom Urteil. Übers. von K. Tsujimura und H. Buchner. In: Hegel-Studien. 6 (1971). 211–229.

Theunissen, M.: Sein und Schein. Die kritische Funktion der Hegelschen Logik. Frankfurt a. M. 1978.

Topp, C.: Philosophie als Wissenschaft. Status und Makrologik wissenschaftlichen Philosophierens bei Hegel. Berlin–New York 1982.

Vanni Rovighi, S.: La »Scienza della Logica« di Hegel e appunte introduttivi. Mailand 1974.

Vietello, V.: Sull'essenza nella Logica hegeliana. In: Il Pensiero. 22 (1981). 165–177.
Volkmann-Schluck, K.-H.: Die Entäußerung der Idee zur Natur. In: Hegel-Studien. Beiheft 1. Bonn 1964. 37–44.
Wahl, J.: La logique comme phénoménologie. Paris 1959.
Wetzel, M.: Reflexion und Bestimmtheit in Hegels »Wissenschaft der Logik«. Hamburg 1971.
Wiehl, R.: Platos Ontologie in Hegels Logik des Seins. In: Hegel-Studien. 3 (1965). 157–180.
Wieland, W.: Bemerkungen zum Anfang von Hegels Logik. In: Wirklichkeit und Reflexion. W. Schulz zum 60. Geburtstag. Pfullingen 1973. 375–414.
Wohlfahrt, G.: Der spekulative Satz. Bemerkungen zum Begriff der Spekulation bei Hegel. Berlin–New York 1981.
Yamane, T.: Wirklichkeit. Interpretation eines Kapitels aus Hegels »Wissenschaft der Logik«. Frankfurt–Bern–New York 1983.

WISSENSCHAFT DER LOGIK

ERSTER BAND

DIE OBJEKTIVE LOGIK

ERSTES BUCH

DAS SEIN

VORREDE

Die völlige Umänderung, welche die philosophische Denkweise seit etwa fünfundzwanzig Jahren unter uns erlitten, der höhere Standpunkt, den das Selbstbewußtsein des Geistes in dieser Zeitperiode über sich erreicht hat, hat bisher noch wenig Einfluß auf die Gestalt der Logik gehabt.

Dasjenige, was vor diesem Zeitraum Metaphysik hieß, ist sozusagen mit Stumpf und Stiel ausgerottet worden und aus der Reihe der Wissenschaften verschwunden. Wo lassen oder wo dürfen sich Laute der vormaligen Ontologie, der rationellen Psychologie, der Kosmologie oder selbst gar der vormaligen natürlichen Theologie noch vernehmen lassen? Untersuchungen, zum Beispiel über die Immaterialität der Seele, über die mechanischen und die Endursachen, wo sollten sie noch ein Interesse finden? Auch die sonstigen Beweise vom Dasein Gottes werden nur historisch oder zum Behuf der Erbauung und Gemütserhebung angeführt. Es ist dies ein Faktum, daß das Interesse teils am Inhalt, teils an der Form der vormaligen Metaphysik, teils an beiden zugleich verloren ist. So merkwürdig es ist, wenn einem Volke z. B. die Wissenschaft seines Staatsrechtes, wenn ihm seine Gesinnungen, seine sittlichen Gewohnheiten und Tugenden unbrauchbar geworden sind, so merkwürdig ist es wenigstens, wenn ein Volk seine Metaphysik verliert, wenn der mit seinem reinen Wesen sich beschäftigende Geist kein wirkliches Dasein mehr in demselben hat.

Die exoterische Lehre der Kantischen Philosophie, – daß der Verstand die Erfahrung nicht überfliegen dürfe, sonst werde das Erkenntnisvermögen theoretische Vernunft, welche für sich nichts als Hirngespinste gebäre, hat es von der wissenschaftlichen Seite gerechtfertigt, dem spekulativen Denken zu entsagen. Dieser populären Lehre kam das Geschrei der modernen Pädagogik, die Not der Zeiten, die den Blick auf das unmittelbare Bedürfnis richtet, entgegen, daß, wie für die Erkenntnis die Erfahrung das Erste, so für die Geschicklichkeit im öffentlichen und Privatleben theoretische Einsicht sogar schädlich und Übung und praktische Bildung überhaupt das Wesentliche, allein Förderliche sei. – Indem so die Wissenschaft und der gemeine Menschenverstand sich in die Hände arbeiteten, den Untergang der Metaphysik zu bewirken, so schien das sonderbare Schauspiel herbeigeführt zu werden, ein gebildetes Volk ohne Metaphysik zu sehen; – wie einen sonst mannigfaltig ausgeschmückten Tem|pel ohne Allerheiligstes. – Die Theologie, welche in früheren Zeiten die Bewahrerin der spekulativen Mysterien und der obzwar abhängigen Metaphysik war, hatte sie gegen Gefühle, gegen das Praktisch-Populäre und gelehrte Historische aufgegeben. Welcher Veränderung entsprechend ist, daß anderwärts jene Einsamen, die von ihrem Volke aufgeopfert und aus der Welt ausgeschieden wurden zu dem Zwecke, daß die Kontemplation des Ewigen und ihr allein dienendes Leben vorhanden sei, nicht um eines Nutzens, sondern um des Segens willen, – verschwanden; ein Verschwinden, das in einem anderen Zusammenhang dem Wesen nach als dieselbe Erscheinung, wie das vorhin erwähnte, betrachtet werden kann. – So daß, nach Vertreibung dieser Finsternisse, der farblosen Beschäftigung des in sich gekehrten Geistes mit sich selbst, das Dasein in die heitere Welt der Blumen verwandelt zu sein schien, unter denen es bekanntlich keine schwarze gibt.

Ganz so schlimm als der Metaphysik ist es der Logik nicht ergangen. Daß man durch sie denken lerne, was sonst für ihren Nutzen und damit für den Zweck derselben galt – gleichsam als ob man durch das Studium der Anatomie und Physiologie erst verdauen und sich bewegen lernen sollte –, dieses Vorurteil hat sich längst verloren, und der Geist des Praktischen dachte ihr wohl kein besseres Schicksal zu. Dessen ungeachtet, wahrscheinlich um einigen formellen Nutzens willen, wurde ihr noch ein Rang unter den Wissenschaften gelassen, ja sie wurde selbst als Gegenstand des öffentlichen Unterrichtes beibehalten. Dieses bessere Los betrifft jedoch nur das äußere Schicksal; denn ihre Gestalt und ihr Inhalt ist derselbe geblieben, als er sich durch eine lange Tradition fortgeerbt, jedoch in dieser Überlieferung immer mehr verdünnt und abgemagert hatte; der neue Geist, welcher der Wissenschaft nicht weniger als der Wirklichkeit aufgegangen ist, hat sich in ihr noch nicht verspüren lassen. Es ist aber ein für allemal vergebens, wenn die substantielle Form des

Geistes sich umgestaltet hat, die Formen früherer Bildung erhalten zu wollen; sie sind welke Blätter, welche von den neuen Knospen, die an ihren Wurzeln schon erzeugt sind, abgestoßen werden.

Mit dem Ignorieren der allgemeinen Veränderung fängt es nachgerade an, auch im Wissenschaftlichen auszugehen. Unbemerkterweise sind selbst den Gegnern die anderen Vorstellungen geläufig und eigen geworden, und wenn sie gegen deren Quelle und Prinzipien fortdauernd spröde tun und sich widersprechend dagegen benehmen, so haben sie dafür die Konsequenzen sich gefallen lassen und des Einflusses derselben sich nicht zu erwehren vermocht; zu ihrem immer unbedeutender werdenden negativen Verhalten wissen sie sich auf keine andere Weise eine positive Wichtigkeit und einen Inhalt zu geben, als daß sie in den neuen Vorstellungsweisen mitsprechen.

Von der anderen Seite scheint die Zeit der Gärung, mit der eine neue Schöpfung beginnt, vorbei zu sein. In ihrer ersten Erscheinung pflegt eine solche sich mit | fanatischer Feindseligkeit gegen die ausgebreitete Systematisierung des früheren Prinzips zu verhalten; teils auch furchtsam zu sein, sich in der Ausdehnung des Besonderen zu verlieren, teils aber die Arbeit zu scheuen, die zur wissenschaftlichen Ausbildung erfordert wird und im Bedürfnis derselben zuerst zu einem leeren Formalismus zu greifen. Die Anforderung der Verarbeitung und Ausbildung des Stoffs wird nun um so dringender. Es ist eine Periode in der Bildung einer Zeit, wie in der Bildung des Individuums, wo es vornehmlich um Erwerbung und Behauptung des Prinzips in seiner unentwickelten Intensität zu tun ist. Aber die höhere Forderung geht darauf, daß es zur Wissenschaft werde.

Was nun auch für die Sache und für die Form der Wissenschaft bereits in sonstiger Rücksicht geschehen sein mag, die logische Wissenschaft, welche die eigentliche Metaphysik oder reine spekulative Philosophie ausmacht, hat sich bisher noch sehr vernachlässigt gesehen. Was ich unter dieser Wissenschaft und ihrem Standpunkt näher verstehe, habe ich in der Einleitung vorläufig angegeben. Die Notwendigkeit, mit dieser Wissenschaft wieder einmal von vorne anzufangen, die Natur des Gegenstandes selbst und der Mangel an Vorarbeiten, welche hätten benutzt werden können, mögen bei billigen Beurteilern in Rücksicht kommen, wenn auch eine vieljährige Arbeit diesem Versuch nicht eine größere Vollkommenheit geben konnte. – Der wesentliche Gesichtspunkt ist, daß es überhaupt um einen neuen Begriff wissenschaftlicher Behandlung zu tun ist. Die Philosophie, indem sie Wissenschaft sein soll, kann, wie ich anderwärts erinnert habe, hierzu ihre Methode nicht von einer untergeordneten Wissenschaft, wie die Mathematik ist, borgen, so wenig als es bei kategorischen Versicherungen innerer Anschauung bewenden lassen oder sich des Räsonnements aus Gründen der äußeren Reflexion bedienen. Sondern es kann nur die Natur des Inhaltes sein, welche sich im wissenschaftlichen Erkennen bewegt, indem zugleich diese eigene Reflexion des Inhaltes es ist, welche seine Bestimmung selbst erst setzt und erzeugt.

Der Verstand bestimmt und hält die Bestimmungen fest; die Vernunft ist negativ und dialektisch, weil sie die Bestimmungen des Verstandes in Nichts auflöst; sie ist positiv, weil sie das Allgemeine erzeugt und das Besondere darunter subsumiert. Wie der Verstand als etwas Getrenntes von der Vernunft überhaupt, so pflegt auch die dialektische Vernunft als etwas Getrenntes von der positiven Vernunft genommen zu werden. Aber in ihrer Wahrheit ist die Vernunft Geist, der höher als beides, der verständige Vernunft oder vernünftiger Verstand ist. Er ist das Negative, sowohl dasjenige, welches die Qualität der dialektischen Vernunft als des Verstandes ausmacht; – er negiert das Einfache, so setzt er den bestimmten Unterschied des Verstandes; er löst ihn ebensosehr auf, so ist er dialektisch. Er hält sich aber nicht im Nichts dieses Resultates, sondern ist darin ebenso positiv und hat so das erste Einfache damit hergestellt, aber als Allgemeines; unter dieses wird nicht ein gegebenes Besonderes subsumiert, sondern in jenem Bestimmen und in der Auflösung desselben hat sich das Besondere schon mit bestimmt. Diese geistige Bewegung, die sich in ihrer Einfachheit ihre Bestimmtheit und in dieser ihre Gleichheit mit sich selbst gibt, die somit die immanente Entwicklung des Begriffs ist, ist die absolute Methode des Erkennens und zugleich die immanente Seele des Inhaltes selbst. – Auf diesem sich selbst konstruierenden Wege allein, behaupte ich, ist die Philosophie fähig, objektive, demonstrierte Wissenschaft zu sein. – In dieser Weise habe ich das Bewußtsein in der Phänomenologie des Geistes darzustellen versucht. Das Bewußtsein ist der Geist als konkreter Gegenstand; aber seine Fortbewegung beruht allein, wie die Entwicklung alles natürlichen und geistigen Lebens, auf der Natur der reinen Wesenheiten, die den Inhalt der Logik ausmachen. Das Bewußtsein, als der erscheinende Geist, welcher sich auf seinem Wege von seiner Unmittelbarkeit und Konkretion befreit, wird zum reinen Wissen, das jene reinen Wesenheiten selbst, wie sie an und für sich sind, zum Gegenstand hat. Sie sind die reinen Gedanken, der sein Wesen denkende Geist. Ihre Selbstbewegung ist ihr geistiges Leben und ist das, wodurch sich die Wissenschaft konstituiert und dessen Darstellung sie ist.

Es ist hiermit die Beziehung der Wissenschaft, die ich Phänomenologie des Geistes nenne, zur Logik angegeben. – Was das äußerliche Verhältnis betrifft, so war dem ersten Teil des Systems der Wissenschaft (Bamb. und Würzb. bei Göbhard 1807.), der die Phänomenologie enthält, ein zweiter Teil zu folgen bestimmt, welcher die Logik und die beiden realen Wissenschaften der Philosophie, die Philosophie der Natur und die Philosophie des Geistes, enthalten sollte und das System der Wissenschaft beschlossen haben würde. Aber die notwendige Ausdehnung, welche die Logik für sich erhalten mußte, hat mich veranlaßt, diese besonders ans Licht treten zu lassen; sie macht also in einem erweiterten Plane die erste Folge zur Phänomenologie des Geistes aus. Späterhin werde ich die Bearbeitung der beiden genannten realen Wissenschaften der Philosophie folgen lassen. – Dieser erste Band der Logik aber enthält als erstes Buch die Lehre vom Sein; das zweite Buch, die Lehre vom Wesen, als zweite Abteilung des ersten Bandes, ist bereits unter der Presse; der zweite Band aber wird die subjektive Logik oder die Lehre vom Begriff enthalten.

Nürnberg, den 22. März 1812. |

EINLEITUNG

Es fühlt sich bei keiner Wissenschaft das Bedürfnis, ohne vorangehende Reflexionen von der Sache selbst anzufangen, als bei der logischen Wissenschaft. In jeder anderen ist der Gegenstand, den sie behandelt, und die wissenschaftliche Methode voneinander unterschieden; so wie auch der Inhalt nicht einen absoluten Anfang macht, sondern von anderen Begriffen abhängt und um sich herum mit anderem Stoffe zusammenhängt. Diesen Wissenschaften wird es daher zugegeben, von ihrem Boden und dessen Zusammenhang sowie von der Methode lemmatischer Weise zu sprechen, die als bekannt und angenommen vorausgesetzten Formen von Definitionen und dergleichen ohne weiteres anzuwenden und sich der gewöhnlichen Art des Räsonnements zur Festsetzung ihrer allgemeinen Begriffe und Grundbestimmungen zu bedienen.

Die Logik dagegen kann keine dieser Formen der Reflexion oder Regeln und Gesetze des Denkens voraussetzen, denn sie machen einen Teil ihres Inhaltes aus und haben erst innerhalb ihrer begründet zu werden. Auch der Begriff selbst der Wissenschaft überhaupt, nicht nur der wissenschaftlichen Methode, gehört zu ihrem Inhalt, und zwar macht er ihr letztes Resultat aus; was sie ist, kann sie daher nicht voraussagen, sondern ihre ganze Abhandlung bringt dieses Wissen von ihr selbst erst als ihr Letztes und als ihre Vollendung hervor. Gleichfalls ihr Gegenstand, das Denken oder bestimmter das begreifende Denken, wird wesentlich innerhalb ihrer abgehandelt; der Begriff desselben erzeugt sich in ihrem Verlauf und kann daher nicht vorausgeschickt werden. Was daher in dieser Einleitung vorausgeschickt wird, hat nicht den Zweck, den Begriff der Logik etwa zu begründen oder den Inhalt und die Methode derselben zum voraus wissenschaftlich zu rechtfertigen, sondern durch einige Erläuterungen und Reflexionen in räsonierendem und historischem Sinne den Gesichtspunkt, aus welchem diese Wissenschaft zu betrachten ist, der Vorstellung näherzubringen.

Wenn die Logik als die Wissenschaft des Denkens im allgemeinen angenommen wird, so wird dabei verstanden, daß dieses Denken die bloße Form einer Erkenntnis ausmache, daß die Logik von allem Inhalt abstrahiere und das sogenannte zweite Bestandstück, das zu einer Erkenntnis gehöre, die Materie, anderswoher gegeben werden müsse, daß somit die Logik, als von welcher diese Materie ganz und gar unabhängig sei, nur die formalen Bedingungen wahrhafter Erkennt|nis angeben, nicht aber reale Wahrheit selbst enthalten noch auch nur der Weg zu realer Wahrheit sein könne, weil gerade das Wesentliche der Wahrheit, der Inhalt, außer ihr liege.

Vors erste ist es schon ungeschickt zu sagen, daß die Logik von allem Inhalt abstrahiere, daß sie nur die Regeln des Denkens lehre, ohne auf das Gedachte sich einlassen und auf dessen Beschaffenheit Rücksicht nehmen zu können. Denn da das Denken und die Regeln des Denkens ihr Gegenstand sein sollen, so hat sie ja unmittelbar daran ihren eigentümlichen Inhalt; sie hat daran auch jenes zweite Bestandstück der Erkenntnis, eine Materie, um deren Beschaffenheit sie sich bekümmert.

Allein zweitens sind überhaupt die Vorstellungen, auf denen der Begriff der Logik bisher beruhte, teils bereits untergegangen, teils ist es Zeit, daß sie vollends verschwinden, daß der Standpunkt dieser Wissenschaft höher gefaßt werde und daß sie eine völlig veränderte Gestalt gewinne.

Der bisherige Begriff der Logik beruht auf der im gewöhnlichen Bewußtsein ein für allemal vorausgesetzten Trennung des Inhaltes der Erkenntnis und der Form derselben oder der Wahrheit und der Gewißheit. Es wird erstens vorausgesetzt, daß der Stoff des Erkennens, als eine fertige Welt außerhalb des Denkens, an und für sich vorhanden, daß das Denken für sich leer sei, als eine Form äußerlich zu jener Materie hinzutrete, sich damit erfülle, erst daran einen Inhalt gewinne und ein reales Erkennen werde.

Alsdann stehen diese beiden Bestandteile (denn sie sollen das Verhältnis von Bestandteilen haben, und das Erkennen wird aus ihnen mechanischer- oder höchstens chemischerweise zusammengesetzt) in dieser Rangordnung gegeneinander, daß das Objekt ein für sich Vollendetes, Fertiges sei, das des Denkens zu seiner Wirklichkeit vollkommen entbehren könne, da hingegen das Denken etwas Mangelhaftes sei, das sich erst an einem Stoffe zu vervollständigen, und zwar als eine weiche unbestimmte Form sich seiner Materie angemessen zu machen habe. Wahrheit ist die Übereinstimmung des Denkens mit dem Gegenstand, und es soll, um diese Übereinstimmung hervorzubringen – denn sie ist nicht an und für sich vorhanden –, das Denken nach dem Gegenstand sich fügen und bequemen.

Drittens, indem die Verschiedenheit der Materie und der Form, des Gegenstandes und des Denkens nicht in jener neblichten Unbestimmtheit gelassen, sondern bestimmter genommen wird, so ist jede eine von der anderen geschiedene Sphäre. Das Denken kommt daher in seinem Empfangen und Formieren des Stoffs nicht über sich hinaus, sein Empfangen und sich nach ihm Bequemen bleibt eine Modifikation seiner selbst, es wird dadurch nicht zu seinem Anderen; und das selbstbewußte Bestimmen gehört ohnedies nur ihm an; es kommt also auch in seiner Beziehung auf den Gegenstand nicht aus sich heraus zu dem Gegenstand; dieser bleibt als ein Ding an sich schlechthin ein Jenseits des Denkens. |

Diese Ansichten über das Verhältnis des Subjektes und Objektes zueinander drücken die Bestimmungen desselben aus, welche die Natur unseres gewöhnlichen, des erscheinenden Bewußtseins ausmachen; aber diese Vorurteile, in die Vernunft übergetragen, als ob in ihr dasselbe Verhältnis stattfinde, als ob dieses Verhältnis an und für sich Wahrheit habe, so sind die Irrtümer, deren durch alle Teile des geistigen und natürlichen Universums durchgeführte Widerlegung die Philosophie ist, oder die vielmehr, weil sie den Eingang in die Philosophie versperren, vor derselben abzulegen sind.

Die ältere Metaphysik hatte in dieser Rücksicht einen höheren Begriff von dem Denken als in der neueren Zeit gang und gäbe geworden ist. Jene legte nämlich zugrunde, daß das, was durchs Denken von und an den Dingen erkannt werde, das allein an ihnen wahrhaft Wahre sei; somit nicht sie in ihrer Unmittelbarkeit, sondern sie erst in die Form des Denkens erhoben als Gedachte. Diese Metaphysik hielt somit dafür, daß das Denken und die Bestimmungen des Denkens nicht ein den Gegenständen Fremdes, sondern vielmehr deren Wesen sei, oder daß die Dinge und das Denken derselben (wie auch unsere

Sprache eine Verwandtschaft derselben ausdrückt) an und für sich übereinstimmen, daß das Denken in seinen immanenten Bestimmungen und die wahrhafte Natur der Dinge ein und derselbe Inhalt sei.

Aber nachdem der gemeine Menschenverstand sich der Philosophie bemächtigte, hat er seine Ansicht geltend gemacht, daß die Wahrheit auf sinnlicher Realität beruhe, daß die Gedanken nur Gedanken seien, in dem Sinne, daß erst die sinnliche Wahrnehmung ihnen Gehalt und Realität gebe, daß die Vernunft, insofern sie an und für sich bleibe, nur Hirngespinste erzeuge. In diesem Verzichttun der Vernunft auf sich selbst ist der Begriff der Wahrheit verloren gegangen; sie hat sich darauf eingeschränkt, nur subjektive Wahrheit, nur die Erscheinung zu erkennen, nur etwas, dem die Natur der Sache selbst nicht entspreche; das Wissen ist zur Meinung zurückgefallen.

Allein diese Wendung, welche das Erkennen genommen hat und die als Verlust und Rückschritt erscheint, hat das Tiefere zum Grunde, worauf überhaupt die Erhebung der Vernunft in den höheren Geist der neueren Philosophie beruht. Der Grund jener allgemein gewordenen Vorstellung ist nämlich in der Einsicht von dem notwendigen Widerstreit der Bestimmungen des Verstandes mit sich selbst zu suchen. – Die Reflexion geht über das konkrete Unmittelbare hinaus und trennt dasselbe bestimmend. Aber sie muß ebensosehr über diese ihre trennenden Bestimmungen hinausgehen und sie zunächst beziehen. Auf dem Standpunkt dieses Beziehens tritt der Widerstreit derselben hervor. Dieses Beziehen der Reflexion gehört der Vernunft an; die Erhebung über jene Bestimmungen, die zur Einsicht ihres Widerstreites gelangt, ist der große negative Schritt zum wahrhaften Begriff | der Vernunft. Aber die nicht durchgeführte Einsicht fällt in den Mißverstand, als ob die Vernunft es sei, welche in Widerspruch mit sich gerate; sie erkennt nicht, daß der Widerspruch eben das Erheben der Vernunft über die Beschränkungen des Verstandes und das Auflösen derselben ist. Statt von hier aus den letzten Schritt in die Höhe zu tun, ist die Erkenntnis von dem Unbefriedigenden der Verstandesbestimmungen zu der sinnlichen Wirklichkeit zurückgeflohen, an derselben das Feste und Einige zu haben vermeinend. Indem aber auf der anderen Seite diese Erkenntnis sich als die Erkenntnis nur von Erscheinendem weiß, wird das Unbefriedigende derselben eingestanden, aber zugleich vorausgesetzt, als ob zwar nicht die Dinge an sich, aber doch innerhalb der Sphäre der Erscheinung richtig erkannt würde; als ob gleichsam nur die Art der erkannten Gegenstände verschieden wäre, und zwar nicht die eine Art, nämlich die Dinge an sich, aber doch die andere Art, nämlich die Erscheinungen in die Erkenntnis fielen. Wie wenn einem Manne richtige Einsicht beigemessen würde mit dem Zusatz, daß er jedoch nichts Wahres, sondern nur Unwahres einzusehen fähig sei. So ungereimt das letztere wäre, so ungereimt ist eine wahre Erkenntnis, die den Gegenstand nicht erkännte, wie er an sich ist.

Die Kritik der Formen des Verstandes hat das angeführte Resultat gehabt, daß diese Formen keine Anwendung auf die Dinge an sich haben. – Dies kann keinen anderen Sinn haben, als daß diese Formen an ihnen selbst etwas Unwahres sind. Allein indem sie für die subjektive Vernunft und für die Erfahrung als geltend gelassen werden, so hat die Kritik keine Änderung an ihnen selbst bewirkt, sondern läßt sie für das Subjekt in derselben Gestalt, wie sie sonst für das Objekt galten. Wenn sie ungenügend für das Ding an sich sind, so müßte der Verstand, dem sie angehören sollen, noch weniger dieselben sich gefallen lassen und damit vorliebnehmen wollen. Wenn sie nicht Bestimmungen des Dings an sich sein können, so können sie noch weniger Bestimmungen des Verstandes sein, dem wenigstens die Würde eines Dings an sich zugestanden werden sollte. Die Bestimmungen des Endlichen und Unendlichen sind in demselben Widerstreit, es sei, daß sie auf Zeit und Raum, auf die Welt angewendet werden, oder daß sie Bestimmungen innerhalb des Geistes seien; so gut als Schwarz und Weiß ein Grau geben, ob sie an einer Wand oder aber noch auf der Palette miteinander vereinigt werden; wenn unsere Weltvorstellung sich auflöst, indem die Bestimmungen des Unendlichen und Endlichen auf sie übergetragen werden, so ist noch mehr der Geist selbst, welcher sie beide in sich enthält, ein in sich selbst Widersprechendes, ein sich Auflösendes. – Es ist nicht die Beschaffenheit des Stoffs oder Gegenstandes, worauf sie angewendet würden oder in dem sie sich befänden, was | einen Unterschied ausmachen kann, denn der Gegenstand hat nur durch und nach jenen Bestimmungen den Widerspruch an ihm.

Jene Kritik hat also die Formen des objektiven Denkens vom Ding nur entfernt, aber sie im Subjekt gelassen, wie sie sie vorgefunden. Sie hat dabei nämlich diese Formen nicht an und für sich selbst, nach ihrem eigentümlichen Inhalt betrachtet, sondern sie lemmatisch aus der subjektiven Logik geradezu aufgenommen, so daß von einer Ableitung ihrer an ihnen selbst oder einer Ableitung der subjektiv-logischen Formen, noch weniger aber von der dialektischen Betrachtung derselben die Rede war.

Der konsequenter durchgeführte transzendentale Idealismus hat die Nichtigkeit des von der kritischen Philosophie noch übrig gelassenen Gespenstes des Dings-an-sich, dieses abstrakten, von allem Inhalt abgeschiedenen Schattens erkannt und den Zweck gehabt, ihn vollends zu zerstören. Auch machte diese Philosophie den Anfang, die Vernunft aus sich selbst ihre Bestimmungen darstellen zu lassen. Aber die subjektive Haltung dieses Versuchs ließ ihn nicht zur Vollendung kommen. Fernerhin ist mit dieser Haltung auch jener Anfang und die Ausbildung der reinen Wissenschaft aufgegeben worden.

Ganz ohne Rücksicht auf metaphysische Bedeutung aber wird dasjenige betrachtet, was gemeinhin unter Logik begriffen wird. Diese Wissenschaft, in dem Zustand, worin sie sich noch befindet, hat freilich keinen Inhalt der Art, wie er als Realität und als eine wahrhafte Sache in dem gewöhnlichen Bewußtsein gilt. Aber sie ist nicht aus diesem Grunde eine formelle, inhaltsvoller Wahrheit entbehrende Wissenschaft. In jenem Stoffe, der in ihr vermißt und dessen Mangel das Unbefriedigende derselben zugeschrieben zu werden pflegt, ist ohnehin das Gebiet der Wahrheit nicht zu suchen. Sondern das Gehaltlose der logischen Formen liegt vielmehr allein in der Art, sie zu betrachten und zu behandeln. Indem sie nämlich als feste Bestimmungen auseinanderfallen und nicht in organischer Einheit zusammengehalten werden, sind sie tote Formen und haben den Geist in ihnen nicht wohnen, der die lebendige konkrete Einheit ausmachte. Damit aber entbehren sie des gediegenen Inhaltes, einer Materie, die Gehalt an sich selbst wäre. Der Inhalt, der an den logischen Formen vermißt wird, ist nämlich nichts anderes als eine feste Grundlage und Konkretion der abstrakten Bestimmungen; und ein solches substantielles Wesen pflegt außen gesucht zu werden. Aber die Vernunft selbst ist das Substantielle oder Reelle, das alle abstrakten Bestimmungen in sich zusammenhält und ihre gediegene, absolut-konkrete Einheit ist. Nach dem also, was eine Materie genannt zu werden pflegt, brauchte nicht weit gesucht zu werden; es ist nicht Schuld des Gegenstandes der Logik, wenn sie gehaltlos sein soll, sondern allein der Art, wie derselbe gefaßt wird. |

Dieser Gesichtspunkt führt mich näher auf die Ansicht, nach der ich dafür halte, daß die Logik zu betrachten ist, inwiefern sie sich von der bisherigen Behandlungsweise dieser Wissenschaft unterscheidet, und auf den allein wahrhaften Standpunkt, auf den sie in Zukunft für immer zu stellen ist.

In der Phänomenologie des Geistes (Bamb. und Würzb. 1807) habe ich das Bewußtsein in seiner Fortbewegung von dem ersten unmittelbaren Gegensatz seiner und des Gegenstandes bis zum absoluten Wissen dargestellt. Dieser Weg geht durch alle Formen des Verhältnisses des Bewußtseins zum Objekt durch und hat den Begriff der Wissenschaft zu seinem Resultat. Dieser Begriff bedarf also (abgesehen davon, daß er innerhalb der Logik selbst hervorgeht) hier keiner Rechtfertigung, weil er sie daselbst erhalten hat; und er ist keiner anderen Rechtfertigung fähig als nur dieser Hervorbringung desselben durch das Bewußtsein, dem sich seine Gestalten alle in denselben als in die Wahrheit auflösen. – Eine räsonierende Begründung oder Erläuterung des Begriffs der Wissenschaft kann zum höchsten dies leisten, daß er vor die Vorstellung gebracht und eine historische Kenntnis davon bewirkt werde; aber eine Definition der Wissenschaft oder näher der Logik hat ihren Beweis allein in jener Notwendigkeit ihres Hervorgangs. Eine Definition, mit der irgendeine Wissenschaft den absoluten Anfang macht, kann nichts anderes enthalten als den bestimmten, regelrechten Ausdruck von demjenigen, was man sich zugegebener- und bekanntermaßen unter dem Gegenstand und Zweck der Wissenschaft vorstellt. Daß man sich gerade dies darunter vorstelle, ist eine historische Versicherung, in Ansehung deren man sich allein auf dieses und jenes

Anerkannte berufen oder eigentlich nur bittweise beibringen kann, daß man dies und jenes als anerkannt gelten lassen möge. Es hört gar nicht auf, daß der eine daher, der andere dorther einen Fall und Instanz beibringt, nach der auch noch etwas mehr und anderes bei diesem und jenem Ausdruck zu verstehen, in dessen Definition also noch eine nähere oder allgemeinere Bestimmung aufzunehmen und danach auch die Wissenschaft einzurichten sei. – Es kommt dabei ferner auf Räsonnement an, was alles und bis zu welcher Grenze und Umfang hereingezogen oder ausgeschlossen werden müsse; dem Räsonnement selbst aber steht das mannigfaltigste und verschiedenartigste Dafürhalten offen, worüber am Ende allein die Willkür eine feste Bestimmung abschließen kann. Davon aber kann bei diesem Verfahren, die Wissenschaft mit ihrer Definition anzufangen, nicht einmal die Rede sein, daß die Notwendigkeit ihres Gegenstandes und damit ihrer selbst aufgezeigt würde.

Der Begriff der reinen Wissenschaft und seine Deduktion wird hier also insofern vorausgesetzt, als die Phänomenologie des Geistes nichts anderes als die Deduktion desselben ist. Das absolute Wissen ist die Wahrheit aller Weisen des Bewußtseins, weil, wie jener Gang desselben es hervorbrachte, nur in dem absoluten Wissen die Trennung des Gegenstandes von der Gewißheit seiner selbst vollkommen sich aufgelöst hat und die Wahrheit dieser Gewißheit sowie diese Gewißheit der Wahrheit gleich geworden ist.

Die reine Wissenschaft setzt somit die Befreiung von dem Gegensatz des Bewußtseins voraus. Sie enthält den Gedanken, insofern er ebensosehr die Sache an sich selbst ist, oder die Sache an sich selbst, insofern sie ebensosehr der reine Gedanke ist. Oder der Begriff der Wissenschaft ist, daß die Wahrheit das reine Selbstbewußtsein sei und die Gestalt des Selbsts habe, daß das an sich Seiende der Begriff und der Begriff das an sich Seiende ist.

Dieses objektive Denken ist denn der Inhalt der reinen Wissenschaft. Sie ist daher so wenig formell, sie entbehrt so wenig der Materie zu einer wirklichen und wahren Erkenntnis, daß ihr Inhalt vielmehr allein das absolute Wahre oder, wenn man sich noch des Wortes Materie bedienen wollte, die wahrhafte Materie ist, – eine Materie aber, der die Form nicht ein Äußerliches ist, da diese Materie vielmehr der reine Gedanke, somit die absolute Form selbst ist. Die Logik ist sonach als das System der reinen Vernunft, als das Reich des reinen Gedankens zu fassen. Dieses Reich ist die Wahrheit selbst, wie sie ohne Hülle an [und] für sich selbst ist; man kann sich deswegen ausdrücken, daß dieser Inhalt die Darstellung Gottes ist, wie er in seinem ewigen Wesen vor der Erschaffung der Natur und eines endlichen Geistes ist.

Anaxagoras wird als derjenige gepriesen, der zuerst den Gedanken ausgesprochen habe, daß der Nus, der Gedanke, das Prinzip der Welt, daß das Wesen der Welt als der Gedanke zu bestimmen ist. Er hat damit den Grund zu einer Intellektualansicht der Welt gelegt, deren reine Gestalt die Logik sein muß. Es ist in ihr nicht um ein Denken über etwas, das für sich außer dem Denken zugrunde läge, zu tun, um Formen, welche bloße Merkmale der Wahrheit abgeben sollten; sondern die notwendigen Formen und eigenen Bestimmungen des Denkens sind die höchste Wahrheit selbst.

Aber um dies in die Vorstellung wenigstens aufzunehmen, ist die Meinung auf die Seite zu legen, als ob die Wahrheit etwas Handgreifliches sein müsse. Es ist zum Beispiel auch die sonderbare Art aufzugeben, die Platonischen Ideen, die in dem Denken Gottes sind, zu fassen, nämlich gleichsam als existierende Dinge, aber in einer anderen Welt oder Region, außerhalb welcher die Welt der Wirklichkeit sich befinde und eine von jenen Ideen verschiedene, erst durch diese Verschiedenheit reale Substantialität habe. Diese Platonische Idee ist nichts anderes als das Allgemeine oder bestimmter der Begriff des Gegenstandes; nur in seinem Begriff | hat etwas Wirklichkeit; insofern es von seinem Begriff verschieden ist, hört es auf, wirklich zu sein, und ist ein Nichtiges; die Seite der Handgreiflichkeit und des sinnlichen Außersichseins gehört dieser nichtigen Seite an. – Von der anderen Seite aber kann man sich auf die eigenen Vorstellungen der gewöhnlichen Logik berufen; es wird nämlich angenommen, daß z. B. Definitionen nicht Bestimmungen enthalten, die nur ins erkennende Subjekt fallen, sondern die Bestimmungen des Gegenstandes, welche seine wesentlichste, eigenste Natur ausmachen. Oder wenn von gegebenen Bestimmungen auf andere geschlossen wird, wird angenommen, daß das Erschlossene nicht ein dem Gegenstand Äußerliches und Fremdes sei, sondern daß es ihm vielmehr wesentlich selbst zukomme, daß diesem Denken das Sein entspreche. – Es liegt überhaupt bei dem Gebrauch der Formen des Begriffs, Urteils, Schlusses, Definition, Division u.s.f. zum Grunde, daß sie nicht bloß Formen des selbstbewußten Denkens sind, sondern auch des gegenständlichen Verstandes. – Denken ist ein Ausdruck, der die in ihm enthaltene Bestimmung vorzugsweise dem Bewußtsein beilegt. Aber insofern gesagt wird, daß Verstand, daß Vernunft in der gegenständlichen Welt ist, daß der Geist und die Natur Gesetze haben, nach welchen ihr Leben und ihre Veränderungen sich machen, so wird zugegeben, daß die Denkbestimmungen ebensosehr objektiven Wert und Existenz haben.

Die kritische Philosophie machte zwar bereits die Metaphysik zur Logik, aber sie, wie der spätere Idealismus, gab, wie vorhin schon erinnert worden, zugleich aus Angst vor dem Objekt den logischen Bestimmungen eine wesentlich subjektive Bedeutung, wodurch sie gerade mit dem Objekt, das sie flohen, behaftet blieben und ein Ding-an-sich, einen unendlichen Anstoß, als ein Jenseits sich übrigließen. Aber die Befreiung von dem Gegensatz des Bewußtseins, welche die Wissenschaft muß voraussetzen können, erhebt sie über diesen ängstlichen, unvollendeten Standpunkt und fordert die Betrachtung der Denkformen, wie sie an und für sich, ohne eine solche Beschränkung und Rücksicht, das Logische, das Rein-Vernünftige sind.

Kant preist die Logik, nämlich das Aggregat von Bestimmungen und Sätzen, das im gewöhnlichen Sinne Logik heißt, darüber glücklich, daß ihr vor anderen Wissenschaften eine so frühe Vollendung zuteil geworden sei; seit Aristoteles habe sie keinen Rückschritt getan, aber auch keinen Schritt vorwärts; das letztere deswegen, weil sie allem Ansehen nach geschlossen und vollendet zu sein scheine. – Wenn die Logik seit Aristoteles keine Veränderung erlitten hat – wie denn in der Tat die Veränderungen fast mehr nur in Weglassungen bestehen–, so ist daraus eher zu folgern, daß sie um so mehr einer totalen Umarbeitung bedürfe; denn ein zweitausendjähriges Fortarbeiten des Geistes muß ihm ein höheres Bewußtsein über sein

Denken und über seine reine Wesenheit | in sich selbst verschafft haben. Die Vergleichung der Gestalten, zu denen sich der Geist der Welt und der Geist der Wissenschaft in jeder Art reellen und ideellen Bewußtseins emporgehoben hat, mit der Gestalt, in der sich die Logik, sein Bewußtsein über sein reines Wesen, befindet, zeigt einen zu großen Unterschied, als daß es nicht der oberflächlichsten Betrachtung sogleich auffallen sollte, daß dieses letztere Bewußtsein den ersteren Erhebungen durchaus unangemessen und ihrer unwürdig ist.

In der Tat ist das Bedürfnis einer Umgestaltung der Logik längst gefühlt worden. In der Form und [dem] Inhalt, wie sie sich in den Lehrbüchern zeigt, ist sie, man darf sagen, in Verachtung gekommen. Sie wird noch mitgeschleppt mehr im Gefühl, daß eine Logik überhaupt nicht zu entbehren sei, und aus einer noch fortdauernden Gewohnheit an die Tradition von ihrer Wichtigkeit als aus Überzeugung, daß jener gewöhnliche Inhalt und die Beschäftigung mit jenen leeren Formen Wert und Nutzen habe.

Die Erweiterungen, die ihr durch psychologisches, pädagogisches und selbst physiologisches Material eine Zeitlang gegeben wurden, sind nachher für Verunstaltungen ziemlich allgemein anerkannt worden. An und für sich muß ein großer Teil dieser psychologischen, pädagogischen, physiologischen Beobachtungen, Gesetze und Regeln, sie mochten in der Logik oder wo es sei, stehen, als sehr schal und trivial erscheinen. Vollends solche Regeln als zum Beispiel, daß man dasjenige durchdenken und prüfen solle, was man in Büchern lese oder mündlich höre; daß man, wenn man nicht genau sehe, seinen Augen durch Brillen zur Hilfe zu kommen habe – Regeln, die von den Lehrbüchern in der sogenannten angewandten Logik, und zwar ernsthaft in Paragraphen abgeteilt, gegeben wurden, auf daß man zur Wahrheit gelange –, müssen jedermann als überflüssig vorkommen, nur höchstens dem Schriftsteller oder Lehrer nicht, der in Verlegenheit ist, den sonst zu kurzen und toten Inhalt der Logik durch irgend etwas auszudehnen*.

---

* Eine soeben erschienene neueste Bearbeitung dieser Wissenschaft, »System der Logik von Fries«, kehrt zu den anthropologischen Grundlagen zurück. – Die Seichtigkeit der dabei zugrunde

Was diesen Inhalt selbst betrifft, so ist schon oben der Grund angegeben worden, warum er so geistlos ist. Die Bestimmungen desselben gelten in ihrer Festigkeit unverrückt und werden nur in äußerliche Beziehung miteinander gebracht. Dadurch, daß bei den Urteilen und Schlüssen die Operationen vornehmlich auf das Quantitative der Bestimmungen zurückgeführt und gegründet werden, beruht | alles auf einem äußerlichen Unterschied, auf bloßer Vergleichung, wird ein völlig analytisches Verfahren und begriffloses Kalkulieren. Das Ableiten der sogenannten Regeln und Gesetze, des Schließens vornehmlich, ist nicht viel besser als ein Befingern von Stäbchen von ungleicher Länge, um sie nach ihrer Größe zu sortieren und zu verbinden, – als die spielende Beschäftigung der Kinder, von mannigfaltig zerschnittenen Gemälden die passenden Stücke zusammenzusuchen. – Man hat daher nicht mit Unrecht dieses Denken dem Rechnen und das Rechnen wieder diesem Denken gleichgesetzt. In der Arithmetik werden die Zahlen als das Begrifflose genommen, das außer seiner Gleichheit oder Ungleichheit, das heißt, außer seinem ganz äußerlichen Verhältnis keine Bedeutung hat; das weder an ihm selbst, noch dessen Beziehung ein Gedanke ist. Wenn auf mechanische Weise ausgerechnet wird, daß Dreiviertel mit Zweidritteln multipliziert, ein Halbes ausmacht, so enthält diese Operation ungefähr so viel und so wenig Gedanken als die Berechnung, ob in einer Figur diese oder jene Art des Schlusses statthaben könne.

Außer dem, daß die Logik den Geist in ihren toten Inhalt zu empfangen hat, muß ihre Methode diejenige sein, wodurch sie allein fähig ist, reine Wissenschaft zu sein. In dem Zustand, in dem sie sich befindet, ist kaum eine Ahnung von wissenschaftlicher Methode zu erkennen. Sie hat ungefähr die Form einer Erfahrungswissenschaft. Erfahrungswissenschaften haben für das, was sie sein sollen, ihre eigentümliche Methode des Definierens und des Klassifizierens ihres Stoffs, so gut es geht, gefunden. Auch die reine Mathematik hat ihre Methode, die für

liegenden Vorstellung oder Meinung an und für sich und der Ausführung überhebt mich der Mühe, irgendeine Rücksicht auf diese bedeutungslose Erscheinung zu nehmen. |

ihre abstrakten Gegenstände und für die quantitative Bestimmung, in der sie sie allein betrachtet, passend ist. Ich habe über diese Methode und überhaupt das Untergeordnete der Wissenschaftlichkeit, die in der Mathematik stattfinden kann, in der Vorrede zur Phänomenologie des Geistes das Wesentliche gesagt; aber sie wird auch innerhalb der Logik selbst näher betrachtet werden. Spinoza, Wolff und andere haben sich verführen lassen, sie auch auf die Philosophie anzuwenden und den äußerlichen Gang der begrifflosen Quantität zum Gange des Begriffs zu machen, was an und für sich widersprechend ist. Bisher hat die Philosophie ihre Methode noch nicht gefunden; sie betrachtete mit Neid das systematische Gebäude der Mathematik und borgte sie, wie gesagt, von ihr oder behalf sich mit der Methode von Wissenschaften, die nur Vermischungen von gegebenem Stoffe, Erfahrungssätzen und Gedanken sind – oder half sich mit dem rohen Wegwerfen aller Methode. Das Nähere desjenigen, was allein die wahrhafte Methode der philosophischen Wissenschaft sein kann, fällt in die Abhandlung der Logik selbst; denn die Methode ist das Bewußtsein über die Form ihrer inneren Selbstbewegung. Ich habe in der Phänomenologie des Geistes ein Beispiel von dieser Methode an einem konkreteren Gegenstand, an dem Bewußtsein, aufgestellt. Es sind hier Gestalten des Bewußtseins, deren jede in ihrer Realisierung sich zugleich selbst auflöst, ihre eigene Negation zu ihrem Resultat hat – und damit in eine höhere Gestalt übergegangen ist. Das einzige, um den wissenschaftlichen Fortgang zu gewinnen, ist die Erkenntnis des logischen Satzes, daß das Negative ebensosehr positiv ist, oder daß das sich Widersprechende sich nicht in Null, in das abstrakte Nichts auflöst, sondern wesentlich nur in die Negation seines besonderen Inhaltes, oder daß eine solche Negation nicht alle Negation, sondern die Negation der bestimmten Sache, die sich auflöst, somit bestimmte Negation ist, daß also im Resultat wesentlich das enthalten ist, woraus es resultiert; – was eigentlich eine Tautologie ist, denn sonst wäre es ein Unmittelbares, nicht ein Resultat. Indem das Resultierende, die Negation, bestimmte Negation ist, hat sie einen Inhalt. Sie ist ein neuer Begriff, aber der höhere, reichere Begriff als der vorhergehende; denn sie ist um dessen Negation oder Entgegengesetztes reicher geworden, enthält ihn also, aber auch mehr als ihn, und ist die Einheit seiner und seines Entgegengesetzten.– In diesem Wege hat sich nun auch das System der Begriffe zu bilden – und in unaufhaltsamem, reinem, von außen nichts hereinnehmendem Gange sich zu vollenden.

Ich erkenne, daß die Methode, die ich in diesem System der Logik befolgt – oder vielmehr die dieses System an ihm selbst befolgt –, noch vieler Vervollkommnung fähig ist; aber ich weiß zugleich, daß sie die einzige wahrhafte ist. Und dies erhellt leicht daraus, daß sie von ihrem Gegenstand und Inhalt nichts Unterschiedenes ist; – denn es ist der Inhalt in sich selbst, die Dialektik, die er an sich selbst hat, welche ihn fortbewegt. Es ist klar, daß keine Darstellungen für wissenschaftlich gelten können, welche nicht den Gang dieser Methode gehen und ihrem einfachen Rhythmus gemäß sind, denn es ist der Gang der Sache selbst.

In Gemäßheit dieser Methode erinnere ich, daß die Einteilungen und Überschriften der Bücher, Abschnitte und Kapitel, die in der folgenden Abhandlung der Logik selbst vorkommen, so wie etwa die damit verbundenen Angaben zum Behuf einer vorläufigen Übersicht gemacht und eigentlich nur von historischem Werte sind. Sie gehören nicht zum Inhalt und Körper der Wissenschaft selbst, sondern sind Zusammenstellungen der äußeren Reflexion, welche das Ganze der Ausführung schon durchlaufen hat, daher die Folge seiner Momente voraus angibt, ehe sie noch durch die Sache selbst sich herbeiführen.

In den anderen Wissenschaften sind solche Vorausbestimmungen und Einteilungen gleichfalls nichts anderes, es heißt darin bloß assertorisch, selbst in der Logik zum Beispiel, »die Logik hat zwei Hauptstücke, die Elementarlehre und die Methodik«, alsdann unter der Elementarlehre findet sich ohne weiteres die Überschrift: Gesetze des Denkens; – alsdann erstes Kapitel: von den | Begriffen. Erster Abschnitt: von der Klarheit der Begriffe u.s.f. – Diese ohne irgendeine Deduktion und Rechtfertigung gemachten Bestimmungen und Einteilungen machen aber das Gerüst und den ganzen Zusammenhang solcher Wissenschaften aus. Eine solche Logik spricht selbst davon, daß die Begriffe und Wahrheiten aus Prinzipien müssen abgeleitet sein; aber bei dem, was sie Methode nennt, wird auch nicht von weitem an ein Ableiten gedacht. Die Ordnung besteht etwa in der Zusammenstellung von Gleichartigem, in der Vorausschickung des Einfacheren vor dem Zusammengesetzten und anderen äußerlichen Rücksichten. Aber in Rücksicht eines inneren, notwendigen Zusammenhangs sind die Abteilungsbestimmungen nicht anders nebeneinander als in einem Register, und der ganze Übergang besteht darin, daß es itzt heißt: Zweites Kapitel; – oder wir kommen nunmehr zu den Urteilen u. dgl.

So haben auch die Überschriften und Einteilungen, die in diesem System vorkommen, keine andere Bedeutung als [die] einer Inhaltsanzeige. Außerdem aber muß die Notwendigkeit des Zusammenhangs und immanente Entstehung der Unterschiede vorhanden sein, welche in die Abhandlung der Sache selbst und in die eigene Fortbestimmung des Begriffs fällt.

Das aber, wodurch sich der Begriff selbst weiterleitet, ist das Negative, das er in sich selbst hat; dies macht das wahrhaft Dialektische aus. Die Dialektik, die bisher als ein abgesonderter Teil der Logik betracht und in Ansehung ihres Zwecks und Standpunktes, man kann sagen, gänzlich verkannt worden, erhält dadurch eine ganz andere Stellung. – Auch die Platonische Dialektik hat selbst im Parmenides, und anderswo ohnehin noch direkter, teils nur die Absicht, beschränkte Behauptungen durch sich selbst aufzulösen und zu widerlegen, teils aber überhaupt das Nichts zum Resultat. Die Dialektik erschien gewöhnlich als ein äußerliches und negatives Tun, das nicht der Sache selbst angehöre und das in bloßer Eitelkeit, als einer subjektiven Sucht, sich das Feste und Wahre in Schwanken zu setzen und aufzulösen, seinen Grund habe oder wenigstens zu Nichts führe als zur Eitelkeit des dialektisch behandelten Gegenstandes.

Kant hat die Dialektik höher gestellt – und diese Seite gehört unter die größten seiner Verdienste –, indem er ihr den Schein von Willkür nahm, den sie nach der gewöhnlichen Vorstellung hatte und sie als ein notwendiges Tun der Vernunft darstellte. Indem sie nur für die Kunst, Blendwerke vorzumachen und Illusionen hervorzubringen, galt, so wurde schlechthin vorausgesetzt, daß sie ein falsches Spiel spiele und ihre ganze Kraft allein darauf beruhe, daß sie den Betrug verstecke, daß ihre Resultate nur erschlichen und ein subjektiver Schein seien. Kants dialektische Darstellungen in den Antinomien der reinen Vernunft verdienen zwar, wenn sie näher betrachtet werden, wie dies im Verfolg dieser Abhandlung an einigen weitläufiger geschehen wird, freilich kein großes Lob; aber | die allgemeine Idee, die er zugrunde gelegt und damit geltend gemacht hat, ist die Objektivität des Scheins und Notwendigkeit des Widerspruchs, der zur Natur der Denkbestimmungen gehört: zunächst nämlich, insofern diese Bestimmungen von der Vernunft auf die Dinge an sich angewendet werden; aber eben, was sie in der Vernunft und in Rücksicht auf das sind, was an sich ist, ist ihre Natur. Es ist dieses Resultat in seiner positiven Seite aufgefaßt nichts anderes als die innere Negativität derselben oder ihre sich selbstbewegende Seele, das Prinzip aller natürlichen und geistigen Lebendigkeit überhaupt. Aber so wie nur bei der negativen Seite des Dialektischen stehengeblieben wird, so ist das Resultat nur das bekannte, daß die Vernunft unfähig sei, das Unendliche zu erkennen; – ein sonderbares Resultat, indem das Unendliche das Vernünftige ist, zu sagen, die Vernunft sei nicht fähig, das Vernünftige zu erkennen.

In diesem Dialektischen, wie es hier genommen wird, und damit in dem Fassen des Entgegengesetzten in seiner Einheit oder des Positiven im Negativen besteht das Spekulative. Es ist die wichtigste, aber für die noch ungetrübte, unfreie Denkkraft schwerste Seite. Wenn sie noch darin begriffen ist, sich vom sinnlich-konkreten Vorstellen und vom Räsonieren loszureißen, so hat sie sich zuerst im abstrakten Denken zu üben, Begriffe in ihrer Bestimmtheit festzuhalten und aus ihnen erkennen zu lernen. Eine Darstellung der Logik zu diesem Behuf hätte sich in ihrer Methode an das obenbesagte Einteilen und in Ansehung des näheren Inhaltes selbst an die Bestimmungen, die sich für die einzelnen Begriffe ergeben, zu halten, ohne sich auf das Dialektische einzulassen. Sie würde der äußeren Gestalt nach dem gewöhnlichen Vortrag dieser Wissenschaft ähnlich werden, sich übrigens dem Inhalt nach sehr davon unterscheiden und immer noch dazu dienen, das abstrakte, ob zwar nicht das spekulative Denken zu üben, welchen Zweck die durch psychologische und anthropologische Zutaten populär gewordene Logik nicht einmal erfüllen kann. Sie würde dem Geiste das Bild eines methodisch geordneten Ganzen geben, obgleich die Seele des Gebäudes, die Methode, die im Dialektischen lebt, nicht selbst darin erschiene.

In Rücksicht auf die Bildung und das Verhältnis des Individuums zur Logik merke ich schließlich noch an, daß sie, wie die Grammatik, in zwei verschiedenen Ansichten oder Werten erscheint. Sie ist etwas anderes für den, der zu ihr und den Wissenschaften überhaupt erst hinzutritt, und etwas anderes für den, der von ihnen zu ihr zurückkommt. Wer die Grammatik anfängt kennenzulernen, findet in ihren Bestimmungen und Gesetzen trockene Abstraktionen, zufällige Regeln, überhaupt eine isolierte Menge von Bestimmungen, die nur den Wert und die Bedeutung dessen zeigen, was in ihrem unmittelbaren Sinne liegt; das Erkennen erkennt in ihnen zunächst nichts als sie. Wer dagegen einer Sprache mächtig ist und zugleich andere Sprachen in Vergleichung mit ihr kennt, dem | erst kann sich der Geist und die Bildung eines Volks in der Grammatik seiner Sprache ausgedrückt zeigen. Dieselben Regeln und Formen haben nunmehr einen erfüllten, reichen, lebendigen Wert. Und endlich kann er durch die Grammatik hindurch den Ausdruck des Geistes überhaupt, die Logik, erkennen. So wer zur Wissenschaft hinzutritt, findet in der Logik zunächst ein isoliertes System von Abstraktionen, das auf sich selbst beschränkt, nicht über die anderen Kenntnisse und Wissenschaften übergreift. Vielmehr, gehalten gegen den Reichtum der Weltvorstellung, gegen den real erscheinenden Inhalt der anderen Wissenschaften, und verglichen mit dem Versprechen der absoluten Wissenschaft, das Wesen dieses Reichtums, die innere Natur des Geistes und der Welt zu enthüllen, hat diese Wissenschaft in ihrer abstrakten Gestalt, in der Einfachheit ihrer reinen Bestimmungen vielmehr das Ansehen, alles eher zu leisten als dieses Versprechen und gehaltlos jenem Reichtum gegenüberzustehen. Die erste Bekanntschaft mit der Logik schränkt ihre Bedeutung nur auf sie selbst ein; ihr Inhalt gilt nur für eine isolierte Beschäftigung mit den Denkbestimmungen, neben der die anderen wissenschaftlichen Beschäftigungen ein eigener Stoff und Inhalt für sich sind, auf welche das Logische nur einen formellen Einfluß hat, und zwar einen solchen, der sich mehr von selbst macht und für den die wissenschaftliche Gestalt und deren Studium auch zur Not entbehrt werden kann.

Die anderen Wissenschaften haben die regelrechte Methode, eine Folge von Definitionen, Axiomen, Theoremen und deren Beweisen u.s.f. zu sein, im Ganzen abgeworfen; die angeborene Form des Denkens, die sogenannte natürliche Logik macht sich für sich in ihnen geltend und hilft sich ohne besondere, auf sie gerichtete Erkenntnis fort. Vollends aber hält sich der Stoff und Inhalt dieser Wissenschaften vom Logischen verschieden und völlig unabhängig und ist für Sinn, Vorstellung und praktisches Interesse jeder Art ansprechender.

So muß denn allerdings die Logik zuerst gelernt werden als etwas, das man wohl versteht und einsieht, aber woran Umfang, Tiefe und weitere Bedeutung anfangs vermißt wird. Erst aus der tieferen Kenntnis der anderen Wissenschaften erhebt sich für den subjektiven Geist das Logische als ein nicht nur abstrakt Allgemeines, sondern als das den Reichtum des Besonderen in sich fassende Allgemeine – wie derselbe Sittenspruch in dem Sinne des Jünglings, der ihn ganz richtig versteht, nicht die Bedeutung und den Umfang besitzt, welchen er im Geiste eines lebenserfahrenen Manns hat, dem sich damit die ganze Kraft des darin Enthaltenen ausdrückt. So erhält das Logische erst dadurch die Schätzung seines Wertes, wenn es zum Resultat der Erfahrung der Wissenschaften geworden ist; es stellt sich daraus als die allgemeine Wahrheit, nicht als eine besondere Kenntnis neben anderem Stoffe und [andern] Realitäten, sondern als das Wesen alles dieses sonstigen Inhaltes dem Geiste dar. |

Ob nun das Logische zwar im Anfang des Studiums nicht in dieser bewußten Kraft für den Geist vorhanden ist, so empfängt er durch dasselbe darum nicht weniger die Kraft in sich, die ihn in alle Wahrheit leitet. Das System der Logik ist das Reich der Schatten, die Welt der einfachen Wesenheiten, von aller sinnlichen Konkretion befreit. Das Studium dieser Wissenschaft, der Aufenthalt und die Arbeit in diesem Schattenreich ist die absolute Bildung und Zucht des Bewußtseins. Es treibt darin ein von sinnlichen Zwecken, von Gefühlen, von der bloß gemeinten Vorstellungswelt fernes Geschäft. Von seiner negativen Seite betrachtet, besteht dieses Geschäft in dem Fernhalten der Zufälligkeit des räsonierenden Denkens und der Willkür, diese oder die entgegengesetzten Gründe sich einfallen und gelten zu lassen.

Vornehmlich aber gewinnt der Gedanke dadurch Selbständigkeit und Unabhängigkeit von dem Konkreten. Er wird in dem Abstrakten und in dem Fortgehen durch Begriffe ohne sinnliche Substrate einheimisch und dadurch die unbewußte Kraft, die sonstige Mannigfaltigkeit der Kenntnisse und Wissenschaften in die vernünftige Form aufzunehmen, sie in ihrem Wesentlichen zu erfassen und festzuhalten, das Äußerliche abzustreifen und auf diese Weise aus ihnen das Logische auszuziehen – oder, was dasselbe ist, die vorher durch das Studium erworbene abstrakte Grundlage des Logischen mit dem Gehalt aller Wahrheiten zu erfüllen und ihm den Wert eines Allgemeinen zu geben, das nicht mehr als ein Besonderes neben anderem Besonderen steht, sondern über dasselbe übergreift und das Wesen desselben, das Absolut-Wahre ist. |

LOGIK
ÜBER DIE ALLGEMEINE EINTEILUNG DERSELBEN

Über den Begriff dieser Wissenschaft und wohin seine Rechtfertigung falle, ist in der Einleitung das Nötige gesagt worden. Aus demselben ergibt sich auch ihre vorläufige allgemeine Einteilung.

Die Logik, als die Wissenschaft des reinen Denkens oder überhaupt als die reine Wissenschaft, hat zu ihrem Element diese Einheit des Subjektiven und Objektiven, welche absolutes Wissen ist, und zu der der Geist als zu seiner absoluten Wahrheit sich erhoben hat. Die Bestimmungen dieses absoluten Elementes haben die Bedeutung, weder nur Gedanken noch nur gegenständliche Bestimmungen zu sein, weder leere Abstraktionen und jenseits der Wirklichkeit sich bewegende Begriffe noch aber dem Ich fremde Wesenheiten und objektives An-sich zu sein, noch auch bloß äußere Verbindungen und Vermischungen von beidem. Sondern das Element dieser Wissenschaft ist die Einheit, daß das Sein reiner Begriff an sich selbst und nur der reine Begriff das wahrhafte Sein ist.

Indem nun die Einheit sich bestimmt und entwickelt, so müssen ihre Bestimmungen die Form jener Trennung haben, denn die Einheit ist eben Einheit jenes Unterschiedes, und ihre Entwicklung ist die Darstellung dessen, was sie in sich enthält, also jenes Unterschiedes von Sein und von Denken. Allein indem das Wissen darin besteht, daß die Wahrheit dieses Unterschiedes in seiner Einigung besteht, so hat er, indem das Wissen an und aus sich selbst denselben durch sein Bestimmen entwickelt, nicht mehr die Bedeutung, die er auf seinem Wege hatte, oder indem er außer seiner Wahrheit war; sondern er kann nur als eine Bestimmung dieser Einheit, als ein Moment innerhalb ihrer selbst, auftreten, und diese Einheit kann nicht wieder in ihn sich auflösen.

Die Logik kann daher überhaupt in die Logik des Seins und des Denkens, in die objektive und subjektive Logik eingeteilt werden. |

Die objektive Logik würde dem Inhalt nach zum Teil dem

entsprechen, was bei Kant*) transzendentale Logik ist. Er unterscheidet diese so von dem, was er allgemeine Logik nennt oder was gewöhnlich Logik überhaupt genannt wird, daß jene die Begriffe betrachte, die sich a priori auf Gegenstände beziehen, somit nicht von allem Inhalt der objektiven Erkenntnis abstrahiere, oder daß sie die Regeln des reinen Denkens eines Gegenstandes enthalte und zugleich auf den Ursprung unserer Erkenntnis gehe, insofern sie nicht den Gegenständen zugeschrieben werden könne. Der Hauptgedanke Kants ist, die Kategorien dem Selbstbewußtsein als dem subjektiven Ich zu vindizieren. Daher spricht er noch außer dem Empirischen, der Seite des Gefühls und der Anschauung, besonders von Gegenständen oder von etwas, das nicht durch das Selbstbewußtsein gesetzt und bestimmt ist. Wäre die Kategorie Form des absoluten Denkens, so könnte nicht ein Ding-an-sich, ein dem Denken Fremdes und Äußerliches, übrigbleiben. Wenn andere Kantianer sich über das Bestimmen des Gegenstandes durch Ich so ausgedrückt haben, daß das Objektivieren des Ich als ein ursprüngliches und notwendiges Tun des Bewußtseins anzusehen sei, so daß in diesem ursprünglichen Tun noch nicht die Vorstellung des Ich selbst ist, – als welche erst ein Bewußtsein jenes Bewußtseins oder selbst ein Objektivieren jenes Bewußtseins sei –, so ist dieses von dem Gegensatz des Bewußtseins befreite, objektivierende Tun näher dasjenige, was als absolutes Denken überhaupt genommen werden kann. Aber dieses Tun sollte dann nicht mehr Bewußtsein genannt werden, denn

---

*) Ich erinnere, daß ich auf die Kantische Philosophie in diesem Werk darum häufig Rücksicht nehme (was manchen überflüssig scheinen könnte), weil sie – ihre nähere Bestimmtheit sowie die besonderen Teile der Ausführung mögen sonst und auch in diesem Werke betrachtet werden, wie sie wollen – die Grundlage und den Ausgangspunkt der neueren Philosophie ausmacht, und dieses ihr Verdienst durch das, was an ihr ausgesetzt werden möge, ihr ungeschmälert bleibt. Auch darum ist auf sie in der objektiven Logik wenigstens häufig Rücksicht zu nehmen, weil sie sich auf wichtige bestimmtere Seiten des Logischen näher einläßt, spätere Darstellungen der Philosophie hingegen dasselbe wenig beachtet, zum Teil oft nur eine rohe – aber nicht ungerechte – Verachtung dagegen bewiesen haben. |

Bewußtsein schließt den Gegensatz des Ich und seines Gegenstandes in sich, der in jenem ursprünglichen Tun nicht vorhanden ist; und die Benennung Bewußtsein wirft noch mehr den Schein von Subjektivität darauf als der Ausdruck Denken, der hier überhaupt im absoluten Sinne oder, wenn es vermeintlich verständlicher sein sollte, als unendliches Denken genommen werden muß.

Die objektive Logik begreift übrigens nicht bloß die Denkbestimmungen des unmittelbaren Seins in sich, sondern auch die des vermittelten Seins, | die eigentlichen Reflexionsbestimmungen oder die Lehre vom Wesen; insofern nämlich das Wesen noch nicht der Begriff selbst ist, sondern erst das Gebiet der Reflexion als der Bewegung zum Begriff ausmacht, indem es, aus dem Sein herkommend, noch ein differentes Insichsein ist.

Die objektive Logik tritt somit überhaupt an die Stelle der vormaligen Metaphysik. Erstens unmittelbar an die Stelle der Ontologie, des ersten Teils derselben, der die Natur des Ens überhaupt darstellen sollte; – das Ens begreift sowohl Sein als Wesen in sich, für welchen Unterschied unsere Sprache glücklicherweise den verschiedenen Ausdruck gerettet hat. – Alsdann aber begreift die objektive Logik auch die übrige Metaphysik in sich, insofern als diese die reinen Denkformen auf besondere, zunächst aus der Vorstellung genommene Substrate, die Seele, die Welt, Gott, angewendet enthielt und diese Bestimmungen des Denkens das Wesentliche der metaphysischen Betrachtungsweise ausmachten. Die Logik betrachtet diese Formen frei von jenen Substraten und ihre Natur und [ihren] Wert an und für sich selbst. Jene Metaphysik unterließ dies und zog sich daher den gerechten Vorwurf zu, sie ohne Kritik gebraucht zu haben, ohne die vorgängige Untersuchung, ob und wie sie fähig seien, Bestimmungen des Dings-an-sich, nach Kantischem Ausdruck, – oder vielmehr des Vernünftigen zu sein. – Die objektive Logik ist daher die wahrhafte Kritik derselben, – eine Kritik, die sie nicht bloß nach der allgemeinen Form der Apriorität gegen das Aposteriorische, sondern sie selbst in ihrem besonderen Inhalt betrachtet.

Die subjektive Logik ist die Logik des Begriffs, – des Wesens, das die Beziehung auf ein Sein oder seinen Schein aufgehoben hat und in seiner Bestimmung nicht äußerlich mehr, sondern das freie selbständige Subjektive oder vielmehr das Subjekt selbst ist.

Indem aber das Subjektive das Mißverständnis von Zufälligem und Willkürlichem sowie überhaupt von Bestimmungen, die in die Form des Bewußtseins gehören, mit sich führt, so ist auf den Unterschied von Subjektivem und Objektivem, der sich späterhin innerhalb der Logik selbst näher entwickeln wird, hier kein besonderes Gewicht zu legen. – Die Logik zerfällt zwar überhaupt in objektive und subjektive Logik. Bestimmter aber hat sie die drei Teile: I. die Logik des Seins; II. die Logik des Wesens und III. die Logik des Begriffs. |

ERSTES BUCH
DAS SEIN

WOMIT MUSS DER ANFANG DER WISSENSCHAFT GEMACHT WERDEN?

Aus der Phänomenologie des Geistes oder der Wissenschaft des Bewußtseins als des erscheinenden Geistes wird vorausgesetzt, daß sich als dessen letzte, absolute Wahrheit das reine Wissen ergibt. Die Logik ist die reine Wissenschaft, das reine Wissen in seinem Umfang und seiner Ausbreitung. Das reine Wissen ist die zur Wahrheit gewordene Gewißheit oder die Gewißheit, die dem Gegenstand nicht mehr gegenüber ist, sondern ihn innerlich gemacht hat, ihn als sich selbst weiß, und die auf der anderen Seite ebenso das Wissen von sich als einem, das dem Gegenständlichen gegenüber und nur dessen Vernichtung sei, aufgegeben, sich entäußert hat und Einheit mit seiner Entäußerung ist.

Das reine Wissen in diese Einheit zusammengegangen, hat alle Beziehung auf ein Anderes und die Vermittlung aufgehoben und ist einfache Unmittelbarkeit.

Die einfache Unmittelbarkeit ist selbst ein Reflexionsausdruck und bezieht sich auf den Unterschied von dem Vermittelten. In ihrem wahren Ausdruck ist diese einfache Unmittelbarkeit das reine Sein oder das Sein überhaupt; Sein, sonst nichts, ohne alle weitere Bestimmung und Erfüllung.

Dieser Rückblick auf den Begriff des reinen Wissens ist der Grund, aus welchem das Sein herkommt, um den Anfang der absoluten Wissenschaft auszumachen.

Oder zweitens umgekehrt, der Anfang der absoluten Wissenschaft muß selbst absoluter Anfang sein, er darf nichts voraussetzen. Er muß also durch nichts vermittelt sein, noch einen Grund haben; er soll vielmehr selbst der Grund der ganzen Wissenschaft sein. Er muß daher schlechthin ein Unmittelbares sein oder vielmehr das Unmittelbare selbst. Wie er nicht gegen Anderes eine Bestimmung haben kann, so kann er auch keine in sich, keinen Inhalt enthalten, denn dergleichen wäre ebenfalls eine Unterscheidung und Beziehung von Verschiedenem aufeinander, somit eine Vermittlung. Der Anfang ist also das reine Sein. |

In neueren Zeiten vornehmlich wurde es als eine Schwierigkeit angesehen, einen Anfang in der Philosophie zu finden, und der Grund dieser Schwierigkeit sowie die Möglichkeit, sie zu lösen, vielfältig besprochen. Der Anfang der Philosophie muß entweder ein Vermitteltes oder Unmittelbares sein, und es ist leicht zu zeigen, daß er weder das eine noch das andere sein könne; somit findet die eine oder die andere Weise des Anfangens ihre Widerlegung.

In der ersten soeben gegebenen Darstellung des Seins als des Anfangs ist der Begriff des Wissens vorausgesetzt. Somit ist dieser Anfang nicht absolut, sondern kommt aus der vorhergehenden Bewegung des Bewußtseins her. Die Wissenschaft dieser Bewegung, aus der das Wissen resultiert, müßte nun den absoluten Anfang haben. Sie macht ihn mit dem unmittelbaren Bewußtsein, dem Wissen, daß etwas ist. – Das Sein macht so hier gleichfalls den Anfang, aber als Bestimmung einer konkreten Gestalt, nämlich des Bewußtseins; erst das reine Wissen, der Geist, der sich von seiner Erscheinung als Bewußtsein befreit hat, hat auch das freie, reine Sein zu seinem Anfang. – Aber jener Anfang, das unmittelbare Bewußtsein, enthält das Ich als bezogen auf ein schlechthin Anderes und umgekehrt, den Gegenstand bezogen auf Ich, somit eine Vermittlung. – Zwar enthält das Bewußtsein die beiden Vermittelnden, – die auch wiederum die Vermittelten sind –, selbst, weist somit nicht über sich hinaus und ist in sich beschlossen. Aber indem die Vermittlung gegenseitig ist, so ist jedes Vermittelnde auch vermittelt, somit keine wahrhafte Unmittelbarkeit vorhanden. – Aber umgekehrt, wäre eine solche vorhanden, so ist sie, da sie nicht begründet ist, etwas Willkürliches und Zufälliges.

Die Einsicht, daß das Absolut-Wahre ein Resultat sein müsse, und umgekehrt, daß ein Resultat ein Erstes Wahres voraussetzt, das aber, weil es Erstes ist, objektiv betrachtet nicht notwendig und nach der subjektiven Seite nicht erkannt ist, – hat in neueren Zeiten den Gedanken hervorgebracht, daß die Philosophie nur mit einem hypothetischen und problematischen Wahren anfangen und das Philosophieren daher zuerst nur ein Suchen sein könne.

Nach dieser Ansicht ist das Vorwärtsschreiten in der Philosophie vielmehr ein Rückwärtsgehen und Begründen, durch welches erst sich ergebe, daß das, womit angefangen wurde, nicht bloß ein willkürlich Angenommenes, sondern in der Tat teils das Wahre, teils das erste Wahre sei.

Man muß zugeben, daß es eine wesentliche Betrachtung ist, – die sich innerhalb der Logik selbst näher ergeben wird –, daß das Vorwärtsgehen ein Rückgang in den Grund und zu dem Ursprünglichen ist, von dem das, womit der Anfang gemacht wurde, abhängt. – So wird das Bewußtsein auf seinem Wege von der Unmittelbarkeit aus, mit der es anfängt, zum absoluten Wissen als seiner Wahrheit zurückgeführt. Dieses Letzte, der Grund, ist denn auch dasjenige, aus | welchem das Erste hervorgeht, das zuerst als Unmittelbares auftrat. – So wird auch der Geist am Ende der Entwicklung des reinen Wissens sich mit Freiheit entäußern und sich in die Gestalt eines unmittelbaren Bewußtseins, als Bewußtsein eines Seins, das ihm als ein Anderes gegenübersteht, entlassen. Das Wesentliche ist eigentlich, nicht daß ein rein Unmittelbares der Anfang sei, sondern daß das Ganze ein Kreislauf in sich selbst ist, worin das Erste auch das Letzte und das Letzte auch das Erste wird.

Daher ist auf der anderen Seite ebenso notwendig, dasjenige, in welches die Bewegung als in seinen Grund zurückgeht, als Resultat zu betrachten. Nach dieser Rücksicht ist das Erste ebensosehr der Grund, und das Letzte ist ein Abgeleitetes. Denn indem von dem Ersten ausgegangen und durch richtige Folgerungen auf das Letzte als auf den Grund gekommen wird, so ist dieser in der Tat Resultat. Der Fortgang von dem, was den Anfang macht, ist ferner nur eine weitere Bestimmung desselben, so daß dies allem Folgenden zugrunde liegen bleibt und nicht daraus verschwindet. Das Fortgehen besteht nicht darin, daß ein Anderes abgeleitet oder daß in ein wahrhaft Anderes übergegangen würde; – und insofern dieses Übergehen vorkommt, so hebt es sich ebensosehr wieder auf. So ist der Anfang der Philosophie, die in allen folgenden Entwicklungen gegenwärtige und sich erhaltende Grundlage, der seinen weiteren Bestimmungen durchaus immanente Begriff.

Durch diesen Fortgang, worin der Anfang sich weiter bestimmt, verliert er, was er in dieser Bestimmtheit, ein Unmittelbares zu sein, Einseitiges hat, wird ein Vermitteltes und macht eben dadurch die Linie der wissenschaftlichen Fortbewegung zu einem Kreise. – Zugleich wird das, was den Anfang macht, indem es darin das noch Unentwickelte, Inhaltslose ist, noch nicht wahrhaft erkannt, denn so ist es im Anfang, das heißt noch vor der Wissenschaft; erst diese, und zwar in ihrer ganzen Entwicklung, ist seine vollendete, inhaltsvolle und erst wahrhaft begründete Erkenntnis.

Darum aber, weil das Resultat auch den absoluten Grund ausmacht, ist das Fortschreiten dieses Erkennens nicht etwas Provisorisches noch ein Problematisches und Hypothetisches, sondern es ist durch die Natur der Sache und des Inhaltes selbst bestimmt. Noch ist jener Anfang etwas Willkürliches und nur einstweilen Angenommenes, noch ein als willkürlich Erscheinendes und bittweise Vorausgesetztes, von dem sich aber doch in der Folge zeigte, daß man Recht daran getan habe, es zum Anfang zu machen; – wie von den geometrischen Konstruktionen sich freilich erst hinterher in den Beweisen ergibt, daß man wohlgetan habe, gerade diese Linien zu ziehen, oder sogar in den Beweisen selbst, daß es gut gewesen sei, mit der Vergleichung dieser Linien oder Winkel anzufangen; für sich, an diesem Linienziehen oder Vergleichen selbst, begreift es sich nicht. |

So ist oben der Grund, warum in der reinen Wissenschaft vom reinen Sein angefangen wird, unmittelbar an ihr selbst angegeben worden. Dieses reine Sein ist die Einheit, in die das reine Wissen zurückgeht, oder es ist auch der Inhalt desselben. Dies ist die Seite, nach welcher dieses reine Sein, dieses Absolut-Unmittelbare, ebenso absolut Vermitteltes ist. Aber ebenso wesentlich ist es das Rein-Unmittelbare; als solches nur ist es darum zu nehmen, eben weil es der Anfang ist; insofern es nicht diese reine Unbestimmtheit, insofern es weiter bestimmt wäre, würde es als Vermitteltes genommen. Es liegt in der Natur des Anfangs selbst, daß er das Sein sei und sonst nichts. Es bedarf daher keiner sonstiger Vorbereitungen, um in die Philosophie hineinzukommen, noch anderweitiger Reflexionen und Anknüpfungspunkte.

Daß der Anfang Anfang der Philosophie ist, daraus kann nun keine nähere Bestimmung oder ein positiver Inhalt für denselben genommen werden. Denn die Philosophie ist hier im Anfang, wo die Sache selbst noch nicht vorhanden ist, ein leeres

Wort oder irgendeine angenommene, ungerechtfertigte Vorstellung. Das reine Wissen gibt nur diese negative Bestimmung, daß er der abstrakte oder absolute Anfang sein soll. Insofern das reine Sein als der Inhalt des reinen Wissens genommen wird, so hat dieses von seinem Inhalt zurückzutreten, ihn für sich selbst gewähren zu lassen und nicht weiter zu bestimmen. – Oder indem das reine Sein als die Einheit betrachtet werden muß, in die das Wissen auf seiner höchsten Spitze der Einigung mit dem Objekt zusammengefallen ist, so ist das Wissen in diese Einheit verschwunden und hat keinen Unterschied von ihr und somit keine Bestimmung für sie übriggelassen.

Sonst ist auch nicht Etwas oder irgendein Inhalt vorhanden, der gebraucht werden könnte, um damit den bestimmteren Anfang zu machen. Es ist nichts vorhanden als das reine Sein als Anfang. In dieser Bestimmung: als Anfang ist die reine Unmittelbarkeit etwas Konkreteres, und es kann analytisch entwickelt werden, was in ihm unmittelbar enthalten ist, um zu sehen, wohin dies weiter führe.

Überhaupt kann auch die bisher als Anfang angenommene Bestimmung des Seins ganz weggelassen werden; es wird nur gefordert, daß ein reiner Anfang gemacht werde; es ist somit nichts vorhanden als der Anfang selbst, und es ist zu sehen, was er ist.

Es ist noch Nichts, und es soll Etwas werden. Der Anfang ist nicht das reine Nichts, sondern ein Nichts, von dem Etwas ausgehen soll; es ist zugleich das Sein schon in ihm enthalten. Der Anfang enthält also beides, Sein und Nichts; ist die Einheit von Sein und Nichts; – oder ist Nichtsein, das zugleich Sein, und Sein, das zugleich Nichtsein ist.

Sein und Nichts sind im Anfang als unterschieden vorhanden, denn er weist auf etwas anderes hin; – er ist ein Nichtsein, das auf das Sein als auf ein Anderes bezogen ist; das Anfangende ist noch nicht; es geht erst dem Sein zu. Zugleich enthält der Anfang das Sein, aber als ein solches, das sich von dem Nichtsein entfernt oder es aufhebt als ein ihm Entgegengesetztes.

Ferner aber ist das, was anfängt, schon; ebensosehr aber ist es auch noch nicht. Sein und Nichtsein sind also in ihm in unmittelbarer Vereinigung; oder er ist ihre ununterschiedene Einheit.

Die Analyse des Anfangs gäbe somit den Begriff der Einheit des Seins und des Nichtseins, – oder in reflektierterer Form, der Einheit des Unterschieden- und des Nichtunterschiedenseins, – oder der Identität der Identität und Nichtidentität. Dieser Begriff könnte als die erste, reinste Definition des Absoluten angesehen werden, – wie er dies in der Tat sein würde, wenn es überhaupt um die Form von Definitionen und um den Namen des Absoluten zu tun wäre. In diesem Sinne würden, wie jener abstrakte Begriff die erste, so alle weiteren Bestimmungen und Entwicklungen nur bestimmtere und reichere Definitionen des Absoluten sein.

Allein diese Analyse des Anfangs setzt denselben als bekannt voraus; sie hat unsere Vorstellung desselben zur Grundlage. Es ist dies ein Beispiel, wie andere Wissenschaften verfahren. Sie setzen ihren Gegenstand als bekannt voraus und nehmen dabei bittweise an, daß jedermann in seiner Vorstellung ungefähr dieselben Bestimmungen in ihm finden möge, die sie durch Analyse, Vergleichung und sonstiges Räsonnement von ihm da und dorther beibringen und angeben. Das, was den absoluten Anfang macht, muß zwar ein Bekanntes sein; aber wenn es ein Konkretes, somit in sich mannigfaltig Bestimmtes ist, so gebe ich, indem ich diese seine Beziehungen als etwas Bekanntes voraussetze, sie als etwas Unmittelbares an, was sie nicht sind. An ihnen tritt daher die Zufälligkeit und Willkür der Analyse und des verschiedenen Bestimmens ein. Weil einmal die Beziehung als etwas unmittelbar Gegebenes zugestanden ist, hat jeder das Recht, die Bestimmungen herbeizubringen oder wegzulassen, die er in seiner unmittelbaren zufälligen Vorstellung vorfindet.

Insofern der Gegenstand aber, wie ihn die Analyse voraussetzt, ein Konkretes, eine synthetische Einheit ist, so ist die darin enthaltene Beziehung eine notwendige, nur insofern sie nicht vorgefunden, sondern durch die eigene Bewegung der Momente, in diese Einheit zurückzugehen, hervorgebracht ist, – eine Bewegung, die das Gegenteil der erwähnten ist, welche ein analytisches Verfahren und ein der Sache selbst äußerliches, in das Subjekt fallendes Tun ist.

Es ergibt sich hieraus das vorhin Bemerkte näher, daß das, womit der Anfang zu machen ist, nicht ein Konkretes, nicht ein solches sein kann, das eine Beziehung | innerhalb seiner selbst enthält, denn ein solches setzt eine Bewegung, ein Vermitteln und Herübergehen von einem zu einem anderen innerhalb seiner selbst, voraus, von der das einfach gewordene Konkrete das Resultat wäre. Aber der Anfang soll nicht ein Resultat sein. Was den Anfang macht, der Anfang selbst, ist daher als ein Nichtanalysierbares in seiner einfachen unerfüllten Unmittelbarkeit, also als Sein, als das ganz Leere zu nehmen.

Wenn man etwa gegen die Betrachtung des abstrakten Anfangs ungeduldig sagen wollte, es solle nicht mit dem Anfang angefangen werden, sondern mit der Sache, so ist diese Sache nichts als jenes leere Sein; denn was die Sache sei, dies ist es, was sich eben erst im Verlauf der Wissenschaft ergeben soll, was nicht vor ihr als bekannt vorausgesetzt werden kann.

Welche Form sonst genommen werde, um einen anderen Anfang zu haben als das leere Sein, so leidet er an den angeführten Mängeln. Insofern darauf reflektiert wird, daß aus dem ersten Wahren alles Folgende abgeleitet werden, daß das erste Wahre der Grund des Ganzen sein müsse, so scheint die Forderung notwendig, den Anfang mit Gott, mit dem Absoluten zu machen, und alles aus ihm zu begreifen. Wenn, statt auf die gewöhnliche Weise die Vorstellung zugrunde zu legen und eine Definition des Absoluten derselben gemäß vorauszuschikken – wovon vorhin die Rede war –, im Gegenteil die nähere Bestimmung dieses Absoluten aus dem unmittelbaren Selbstbewußtsein genommen, wenn es als Ich bestimmt wird, so ist dies zwar teils ein Unmittelbares, teils in einem viel höheren Sinne ein Bekanntes als eine sonstige Vorstellung; denn etwas sonst Bekanntes gehört zwar dem Ich an, aber indem es nur eine Vorstellung ist, ist es noch ein von ihm unterschiedener Inhalt; Ich hingegen ist die einfache Gewißheit seiner selbst. Aber sie ist zugleich ein Konkretes, oder Ich ist vielmehr das Konkreteste; es ist das Bewußtsein seiner als unendlich mannigfaltiger Welt. Daß aber Ich Anfang und Grund der Philosophie sei, dazu wird vielmehr die Absonderung des Konkreten erfordert, – der absolute Akt, wodurch Ich von sich selbst gereinigt wird und als absolutes Ich in sein Bewußtsein tritt. Aber dieses reine Ich ist dann nicht das bekannte, das gewöhnliche Ich unseres Bewußtseins, woran unmittelbar und für jeden die Wissenschaft angeknüpft werden sollte. Jener Akt sollte eigentlich nichts anderes sein als die Erhebung auf den Standpunkt des reinen Wissens, auf welchem eben der Unterschied des Subjektiven und Objektiven verschwunden ist. Aber wie diese Erhebung so unmittelbar gefordert ist, ist sie ein subjektives Postulat; um als wahrhafte Forderung sich zu erweisen, müßte die Fortbewegung des konkreten Ichs oder des unmittelbaren Bewußtseins zum reinem Wissen an ihm selbst durch seine eigene Notwendigkeit aufgezeigt | und dargestellt worden sein. Ohne diese objektive Bewegung erscheint das reine Wissen, die intellektuelle Anschauung, als ein willkürlicher Standpunkt oder selbst als einer der empirischen Zustände des Bewußtseins, in Rücksicht dessen es darauf ankommt, ob ihn der eine in sich vorfinde oder hervorbringen könne, ein anderer aber nicht. Insofern aber dieses reine Ich das wesentliche reine Wissen sein muß, das reine Wissen aber nur durch den absoluten Akt der Selbsterhebung im individuellen Bewußtsein gesetzt wird und nicht unmittelbar in ihm vorhanden ist, so geht gerade der Vorteil verloren, der aus diesem Anfang der Philosophie entspringen soll, daß er nämlich etwas schlechthin Bekanntes sei, was jeder unmittelbar in sich finde und daran die weitere Reflexion anknüpfen könne; jenes reine Ich ist vielmehr in seiner absoluten Wesenheit etwas dem gewöhnlichen Bewußtsein Unbekanntes, etwas, das es nicht darin vorfindet. Es tritt daher vielmehr die Täuschung ein, daß von etwas Bekanntem, von dem Ich des empirischen Selbstbewußtseins die Rede sein soll, in der Tat aber von etwas diesem Bewußtsein Fernem die Rede ist. Die Bestimmung des reinen Wissens als Ich führt die fortlaufende Zurückerinnerung an das subjektive Ich mit sich, dessen Schranken vergessen werden sollen, und erhält die Vorstellung gegenwärtig, als ob die Sätze und Verhältnisse, die sich in der weiteren Entwicklung vom Ich ergeben, im gewöhnlichen Bewußtsein als etwas darin Vorhandenes, da es ja das sei, von dem sie behauptet werden, vorkommen und darin vorgefunden werden können. Diese Verwechslung bringt statt unmittelbarer Klarheit vielmehr nur eine um so grellere Verwirrung und gänzliche Desorientierung hervor.

Das reine Wissen benimmt dem Ich seine beschränkte Bedeutung, an einem Objekt seinen unüberwindlichen Gegensatz zu haben; aus diesem Grunde wäre es wenigstens überflüssig, noch diese subjektive Haltung und die Bestimmung des reinen Wesens als Ich beizubehalten. Aber diese Bestimmung führt nicht nur jene störende Zweideutigkeit mit sich, sondern bleibt auch näher betrachtet ein subjektives Ich. Die wirkliche Entwicklung der Wissenschaft, die vom Ich ausgeht, zeigt es, daß das Objekt darin die perennierende Bestimmung eines Anderen für das Ich hat und behält, daß also das Ich, von dem ausgegangen wird, nicht das reine Wissen, das den Gegensatz des Bewußtseins in Wahrheit überwunden hat, somit noch in der Erscheinung und nicht das Element des Anundfürsich-Seins ist.

Wenn aber auch Ich in der Tat das reine Wissen oder wenn die intellektuelle Anschauung in der Tat der Anfang wäre, so ist es in der Wissenschaft nicht um das zu tun, was innerlich vorhanden sei, sondern um das Dasein des Innerlichen im Wissen. Was aber von der intellektuellen Anschauung – oder wenn | ihr Gegenstand das Ewige, das Göttliche, das Absolute genannt wird –, was vom Ewigen oder Absoluten im Anfang der Wissenschaft da ist, dies ist nichts anderes als eine erste, unmittelbare, einfache Bestimmung. Welcher reicherer Name ihm gegeben werde, als das bloße Sein ausdrückt, so kann es nur in Betracht kommen, wie es in das Wissen und in das Aussprechen des Wissens eintritt. Die intellektuelle Anschauung ist selbst die gewaltsame Zurückweisung des Vermittelns und der beweisenden, äußerlichen Reflexion; was sie aber mehr ausspricht als einfache Unmittelbarkeit, ist ein Konkretes, ein in sich verschiedene Bestimmungen Enthaltendes. Das Aussprechen und die Darstellung eines solchen aber ist eine vermittelnde Bewegung, die von einer der Bestimmungen anfängt und zu der anderen fortgeht, wenn diese auch zur ersten zurückgeht; – es ist eine Bewegung, die zugleich nicht willkürlich oder assertorisch sein darf. Von was daher in dieser Darstellung angefangen wird, ist nicht das Konkrete selbst, sondern nur ein einfaches Unmittelbares, von dem die Bewegung ausgeht.

Wenn also im Ausdruck des Absoluten oder Ewigen oder Gottes, wenn in deren Anschauung oder Gedanken mehr liegt als im reinen Sein, so soll das, was darin liegt, ins Wissen hervortreten; das, was darin liegt, es sei so reich als es wolle, so ist die Bestimmung, die ins Wissen zuerst hervortritt, ein Einfaches; denn nur im Einfachen ist nicht mehr als der reine Anfang; oder sie ist nur das Unmittelbare, denn nur im Unmittelbaren ist noch nicht ein Fortgegangensein von einem zu einem anderen, somit gleichfalls nicht mehr als der Anfang. Was somit über das Sein ausgesprochen oder enthalten sein soll in den reicheren Formen von Absolutem oder Gott, dies ist im Anfang nur leeres Wort und nur Sein; dieses Einfache, das sonst keine weitere Bedeutung hat, diese Leere ist also der absolute Anfang der Philosophie.

Diese Einsicht ist selbst so einfach, daß dieser Anfang, wie erinnert, keiner Vorbereitung noch weiteren Einleitung bedarf; und diese Vorläufigkeit von Räsonnement über ihn konnte nicht die Absicht haben, ihn herbeizuführen, als vielmehr alle Vorläufigkeit zu entfernen. |

ALLGEMEINE EINTEILUNG DES SEINS

Das Sein ist zuerst gegen Anderes bestimmt;
Zweitens ist es innerhalb seiner selbst bestimmt;
Drittens kehrt es aus dem Bestimmen in sich zurück, wirft diese Vorläufigkeit des Einteilens weg und stellt sich zu der Unbestimmtheit und Unmittelbarkeit her, in der es der Anfang sein kann.

Nach der ersten Bestimmung teilt das Sein sich gegen das Wesen ab, wie bereits angegeben worden.

Nach der zweiten Einteilung ist es die Sphäre, innerhalb welcher die Bestimmungen und die ganze Bewegung der Reflexion fällt. Das Sein wird sich darin in den drei Bestimmungen setzen

1) als Bestimmtheit, als solche; Qualität;
2) als aufgehobene Bestimmtheit; Größe, Quantität;
3) als qualitativ bestimmte Quantität; Maß.

Diese Einteilung ist hier, wie in der Einleitung von diesen Einteilungen überhaupt erinnert worden, eine vorläufige Anführung; ihre Bestimmungen haben erst aus der Bewegung des Seins selbst zu entstehen und sich darin zu rechtfertigen. Über die Abweichung derselben von der gewöhnlichen Aufführung der Kategorien, – nämlich Quantität, Qualität, Relation und Modalität, ist übrigens hier nichts zu erinnern, da die ganze Ausführung das überhaupt von der gewöhnlichen Ordnung und Bedeutung der Kategorien Abweichende zeigen wird.

Nur dies kann näher bemerkt werden, daß sonst die Bestimmungen der Quantität vor der Qualität aufgeführt wird, – und dies – wie das meiste – ohne weiteren Grund. Es ist bereits gezeigt worden, daß der Anfang sich mit dem Sein als solchem macht, und daher mit dem qualitativen Sein. Aus der Vergleichung der Qualität mit der Quantität erhellt leicht, daß jene die der Natur nach erste ist; denn die Quantität ist erst die negativ-gewordene Qualität. Die Größe ist die Bestimmtheit, die nicht mehr mit dem Sein eins, sondern schon von ihm unterschieden, die aufgehobene, gleichgültig gewordene Qualität ist. Sie schließt die Veränderlichkeit des Seins ein, ohne daß die Sache selbst, das Sein, dessen Bestimmung sie ist, verändert werde; da hingegen die qualitative Bestimmtheit mit ihrem Sein eins ist, nicht über dasselbe hinausgeht, noch innerhalb dessen steht, sondern seine unmittelbare Beschränktheit ist. Die Qualität ist daher als die unmittelbare Bestimmtheit die erste, und mit ihr der Anfang zu machen. |

Das Maß ist eine Relation, aber nicht die Relation überhaupt, sondern bestimmt der Qualität und Quantität zueinander. Es kann auch für eine Modalität, wenn man will, angesehen werden; indem diese nicht mehr eine Bestimmung des Inhaltes ausmachen, sondern nur die Beziehung desselben auf das Denken, auf das Subjektive, angehen soll. Das Maß enthält die Auflösung des Inhaltes, seine Beziehung auf ein Anderes; es macht den Übergang ins Wesen aus.

Die dritte Einteilung fällt innerhalb des Abschnittes der Qualität. |

ERSTER ABSCHNITT
BESTIMMTHEIT (QUALITÄT)

Das Sein ist das unbestimmte Unmittelbare; es ist frei von der ersten Bestimmtheit gegen das Wesen und von der zweiten innerhalb seiner. Dieses reflexionslose Sein ist das Sein, wie es unmittelbar an und für sich ist.

Weil es unbestimmt ist, ist es qualitätsloses Sein; aber es kommt ihm der Charakter der Unbestimmtheit nur im Gegensatz gegen das Bestimmte oder Qualitative zu. Dem Sein überhaupt tritt daher das bestimmte Sein als solches gegenüber; oder damit macht seine Unbestimmtheit selbst seine Qualität aus. Es wird sich daher zeigen, daß das erste Sein an sich bestimmtes, also

Zweit*es* Dasein ist oder daß es in das Dasein übergeht; daß aber dieses als endliches Sein sich aufhebt und in die unendliche Beziehung des Seins auf sich selbst,

Drittens in das Fürsichsein übergeht.

Erstes Kapitel
Sein

A. [Sein]

Sein, reines Sein, – ohne alle weitere Bestimmung. In seiner unbestimmten Unmittelbarkeit ist es nur sich selbst gleich und auch nicht ungleich gegen Anderes, hat keine Verschiedenheit innerhalb seiner noch nach außen. Durch irgendeine Bestimmung oder Inhalt, der in ihm unterschieden oder wodurch es als unter|schieden von einem Anderen gesetzt würde, würde es nicht in seiner Reinheit festgehalten. Es ist die reine Unbestimmtheit und Leere. – Es ist nichts in ihm anzuschauen, wenn von Anschauen hier gesprochen werden kann; oder es ist nur dieses reine, leere Anschauen selbst. Es ist ebensowenig etwas in ihm zu denken, oder es ist ebenso nur dieses leere Denken. Das Sein, das unbestimmte Unmittelbare ist in der Tat Nichts und nicht mehr noch weniger als Nichts.

B. Nichts

Nichts, das reine Nichts; es ist einfache Gleichheit mit sich selbst, vollkommene Leerheit, Bestimmungs- und Inhaltslosigkeit; Ununterschiedenheit in ihm selbst. – Insofern Anschauen oder Denken hier erwähnt werden kann, so gilt es als ein Unterschied, ob etwas oder nichts angeschaut oder gedacht wird. Nichts Anschauen oder Denken hat also eine Bedeutung; Nichts ist in unserem Anschauen oder Denken; oder vielmehr [ist] es das leere Anschauen und Denken selbst; und dasselbe leere Anschauen oder Denken als das reine Sein. – Nichts ist somit dieselbe Bestimmung oder vielmehr Bestimmungslosigkeit und damit überhaupt dasselbe, was das reine Sein ist.

C. Werden

[1.] *Einheit des Seins und Nichts*

Das reine Sein und das reine Nichts ist dasselbe. Was die Wahrheit ist, ist weder das Sein noch das Nichts, sondern daß das Sein in Nichts und das Nichts in Sein – nicht übergeht –, sondern übergegangen ist. Aber ebensosehr ist die Wahrheit nicht ihre Ununterschiedenheit, sondern daß sie absolut unterschieden sind, aber ebenso unmittelbar jedes in seinem Gegenteil verschwindet. Ihre Wahrheit ist also diese Bewegung des unmittelbaren Verschwindens des einen in dem anderen: das Werden, eine Bewegung, worin beide unterschieden sind, aber durch einen Unterschied, der sich ebenso unmittelbar aufgelöst hat. |

Anmerkung 1

Nichts pflegt dem Etwas entgegengesetzt zu werden; Etwas aber ist ein bestimmtes Seiendes, das sich von anderem Etwas unterscheidet; so ist also auch das dem Etwas entgegengesetzte Nichts das Nichts von irgend Etwas, ein bestimmtes Nichts. Hier aber ist das Nichts in seiner unbestimmten Einfachheit zu nehmen; das Nichts rein an und für sich. – Das Nichtsein enthält die Beziehung auf das Sein; es ist also nicht das reine Nichts, sondern das Nichts, wie es bereits im Werden ist.

Den einfachen Gedanken des reinen Seins hatte Parmenides zuerst als das Absolute und als einzige Wahrheit, und in den übergebliebenen Fragmenten von ihm, mit der reinen Begeisterung des Denkens, das zum ersten Male sich in seiner absoluten Abstraktion erfaßt, ausgesprochen: nur das Sein ist,
* und das Nichts ist gar nicht. – Der tiefsinnige Heraklit hob gegen jene einfache und einseitige Abstraktion den höheren totalen Begriff des Werdens hervor und sagte: das Sein ist so
* wenig als das Nichts, oder auch, daß alles fließt, das heißt, daß
10 alles Werden ist. – Die populären, besonders orientalischen Sprüche, daß alles, was ist, den Keim seines Vergehens in seiner Geburt selbst habe, der Tod umgekehrt der Eingang in neues Leben sei, drücken im Grunde dieselbe Einigung des Seins und Nichts aus. Aber diese Ausdrücke haben ein Substrat, an dem der Übergang geschieht; Sein und Nichts werden in der Zeit auseinandergehalten, als in ihr abwechselnd vorgestellt, nicht aber in ihrer Abstraktion gedacht, und daher auch nicht so, daß sie an und für sich dasselbe sind.

* Ex nihilo nihil fit – ist einer der Sätze, denen in der sonstigen
20 Metaphysik große Bedeutung zugeschrieben wurde. Es ist aber darin entweder nur die gehaltlose Tautologie zu sehen: Nichts ist Nichts; oder wenn das Werden wirkliche Bedeutung darin haben sollte, so ist vielmehr, indem nur Nichts aus Nichts wird, in der Tat kein Werden darin vorhanden, denn Nichts bleibt Nichts. Das Werden enthält, daß Nichts nicht Nichts bleibe, sondern in sein Anderes, in das Sein übergehe. – Wenn die spätere, vornehmlich christliche Metaphysik den Satz, aus Nichts werde Nichts, verwarf, so behauptete sie somit einen Übergang von Nichts in Sein; so synthetisch oder bloß
30 vorstellend sie auch diesen Satz nahm, so ist doch auch in der unvollkommensten Vereinigung ein Punkt enthalten, worin Sein und Nichts zusammentreffen und ihre Unterschiedenheit verschwindet.

Wenn das Resultat, daß Sein und Nichts dasselbe ist, auffällt oder paradox scheint, so ist hierauf nicht weiter zu achten; es wäre sich vielmehr über jene Verwunderung zu wundern, die sich so neu in der Philosophie zeigt und vergißt, daß in dieser Wissenschaft ganz andere Ansichten vorkommen als im gewöhnlichen Bewußtsein und im sogenannten gemeinen

Menschenverstand. Es wäre | nicht schwer, diese Einheit von Sein und Nichts in jedem Beispiel, in jedem Wirklichen oder Gedanken aufzuzeigen. Aber diese empirische Erläuterung wäre zugleich ganz und gar überflüssig. Da nunmehr diese Einheit ein für allemal zugrunde liegt und das Element von allem Folgenden ausmacht, so sind außer dem Werden selbst alle ferneren logischen Bestimmungen: Dasein, Qualität, überhaupt alle Begriffe der Philosophie, Beispiele dieser Einheit.

Die Verwirrung, in welche sich das gewöhnliche Bewußtsein bei einem solchen logischen Satz versetzt, hat darin ihren Grund, daß es dazu Vorstellungen von einem konkreten Etwas mitbringt und vergißt, daß von einem solchem nicht die Rede ist, sondern nur von den reinen Abstraktionen des Seins und Nichts, und daß diese allein an und für sich festzuhalten sind.

Sein und Nichtsein ist dasselbe; also ist es dasselbe, ob ich bin oder nicht bin, ob dieses Haus ist oder nicht ist, ob diese hundert Taler in meinem Vermögenszustand sind oder nicht. – Dieser Schluß oder die Anwendung jenes Satzes verändert seinen Sinn vollkommen. Der Satz enthält die reinen Abstraktionen des Seins und Nichts; die Anwendung aber macht ein bestimmtes Sein und bestimmtes Nichts daraus. Allein vom bestimmten Sein ist, wie gesagt, hier nicht die Rede. Ein bestimmtes, ein endliches Sein ist ein solches, das sich auf anderes bezieht; es ist ein Inhalt, der im Verhältnis der Notwendigkeit mit anderem Inhalt, mit der ganzen Welt steht. In Rücksicht des wechselbestimmenden Zusammenhangs des Ganzen konnte die Metaphysik die – im Grunde tautologische – Behauptung machen, daß, wenn ein Stäubchen absolut zerstört würde, das ganze Universum zusammenstürzte. Aber dem bestimmten Inhalt seinen Zusammenhang mit anderem genommen und ihn isoliert vorgestellt, so ist seine Notwendigkeit aufgehoben, und es ist gleichgültig, ob dieses isolierte Ding, dieser isolierte Mensch existiert oder nicht. Oder indem dieser ganze Zusammenhang zusammengefaßt wird, so verschwindet gleichfalls das bestimmte, sich auf anderes beziehende Dasein; denn für das Universum gibt es kein anderes mehr, und es ist kein Unterschied, ob es ist oder nicht.

Es erscheint also etwas als nicht gleichgültig, ob es sei oder nicht sei, nicht um des Seins oder Nichtseins willen, sondern um seiner Bestimmtheit, um seines Inhaltes willen, der es mit anderem zusammenhängt. Wenn die Sphäre des Seins vorausgesetzt ist und in dieser ein bestimmter Inhalt, irgendein bestimmtes Dasein angenommen wird, so ist dieses Dasein, weil es **bestimmtes** ist, in mannigfaltiger Beziehung auf anderen Inhalt; es ist für dasselbe nicht gleichgültig, ob ein gewisser anderer Inhalt, mit dem er in Beziehung steht, ist oder nicht ist; denn nur durch solche Beziehung ist er wesentlich das, was er ist. Dasselbe ist in dem **Vorstellen** (indem wir das Nichtsein in dem bestimmteren Sinne des Vorstellens gegen die Wirklichkeit nehmen) der Fall, in dessen Zusammenhang das Sein | oder die Abwesenheit eines Inhaltes, der als bestimmt mit anderem in Beziehung steht, nicht gleichgültig ist. – Denn überhaupt fängt nur erst in der Bestimmtheit der reale Unterschied an: das unbestimmte Sein und Nichts hat ihn noch nicht an ihm, sondern nur den gemeinten Unterschied.

Diese Betrachtung enthält dasselbe, was ein Hauptmoment in der Kantischen Kritik des ontologischen Beweises vom Dasein Gottes ausmacht; näher ist übrigens diese Kritik erst beim Gegensatz des Begriffs und der Existenz zu betrachten. – Bekanntlich wurde in diesem sogenannten Beweis der Begriff eines Wesens vorausgesetzt, dem alle Realitäten zukommen, somit auch die Existenz, die gleichfalls als eine der Realitäten angenommen wurde. Die Kantische Kritik hielt sich vornehmlich daran, daß die **Existenz keine Eigenschaft oder kein reales Prädikat sei**, das heißt, nicht ein Begriff von etwas, was zu dem Begriff von etwas, was zu dem Begriff eines Dings hinzukommen könne. – Kant will damit sagen, daß Sein keine Inhaltsbestimmung sei. – Also enthalte, fährt er fort, das Mögliche nicht mehr als das Wirkliche; hundert wirkliche Taler enthalten nicht das mindeste mehr als hundert mögliche; – nämlich jene haben keine andere Inhaltsbestimmung als diese. Es ist für diesen als isoliert betrachteten Inhalt gleichgültig, zu sein oder nicht zu sein; es liegt in ihm kein Unterschied des Seins oder Nichtseins; dieser Unterschied berührt ihn überhaupt gar nicht; die hundert Taler werden nicht weniger, wenn sie nicht sind, und nicht mehr, wenn sie sind. Der Unterschied muß erst anderswoher kommen. – »Hingegen, erinnert Kant, in meinem Vermögenszustand ist mehr bei hundert wirklichen Talern als bei dem bloßen Begriff derselben oder bei ihrer Möglichkeit. Denn der Gegenstand ist bei der Wirklichkeit nicht bloß in meinem Begriff analytisch enthalten, sondern kommt zu meinem Begriff (der eine Bestimmung meines Zustandes ist) synthetisch hinzu, ohne daß durch dieses Sein außer meinem Begriff diese gedachten hundert Taler selbst im mindesten vermehrt würden.«

Es werden hier zweierlei Zustände, um bei den Kantischen Ausdrücken zu bleiben, vorausgesetzt, der eine, welchen Kant den Begriff nennt, darunter die Vorstellung zu verstehen ist, und einen anderen, den Vermögenszustand. Für den einen wie für den anderen sind hundert Taler eine weitere Inhaltsbestimmung, oder sie kommen, wie Kant sich ausdrückt, synthetisch hinzu; und ich als Besitzer von hundert Talern oder als Nichtbesitzer derselben oder auch ich als hundert Taler vorstellend oder sie nicht vorstellend, ist ein verschiedener Inhalt. Einerseits ist es ein Unterschied, ob ich mir diese hundert Taler nur vorstelle oder sie besitze, ob sie sich also in dem einen oder dem anderen Zustand befinden, weil ich einmal diese beiden Zustände als verschiedene Bestimmungen voraus|gesetzt habe. Andererseits, jeden dieser Zustände besonders genommen, sind sie innerhalb desselben eine besondere Inhaltsbestimmung, die in Beziehung zu Anderem tritt und deren Verschwinden nicht ein bloßes Nichtsein ist, sondern ein Anderssein ausmacht. Es ist eine Täuschung, daß wir den Unterschied bloß aufs Sein und Nichtsein hinausschieben, ob ich die hundert Taler habe oder nicht habe. Diese Täuschung beruht auf der einseitigen Abstraktion, die das bestimmte Dasein, das in solchen Beispielen immer vorhanden ist, wegläßt und bloß das Sein und Nichtsein festhält. Wie vorhin erinnert, ist erst das Dasein der reale Unterschied von Sein und Nichts, ein Etwas und ein Anderes. – Dieser reale Unterschied, von Etwas und einem Anderen schwebt der Vorstellung vor statt des reinen Seins und reinen Nichts.

Wie Kant sich ausdrückt, so kommt durch die Existenz etwas in den Kontext der gesamten Erfahrung; wir bekommen dadurch einen Gegenstand der Wahrnehmung mehr, aber unser Begriff von dem Gegenstand wird dadurch nicht vermehrt. – Dies heißt, wie aus dem Erläuterten hervorgeht, in der Tat so

viel, durch die Existenz, wesentlich darum, weil Etwas bestimmte Existenz ist, tritt es in dem Zusammenhang mit Anderem oder steht es darin, und unter anderem auch mit
* einem Wahrnehmenden. – Der Begriff der hundert Taler, sagt Kant, werde nicht durch das Wahrnehmen vermehrt. – Der Begriff heißt hier die isolierten außer dem Kontext der Erfahrung und des Wahrnehmens vorgestellten hundert Taler. In dieser isolierten Weise sind sie wohl eine und zwar sehr empirische Inhaltsbestimmung, aber abgeschnitten, ohne
10 Zusammenhang und Bestimmtheit gegen Anderes; die Form der Identität mit sich, der einfachen sich nur auf sich beziehenden Bestimmtheit, erhebt sie über die Beziehung auf Anderes und läßt sie gleichgültig, ob sie wahrgenommen seien oder nicht. Aber wenn sie wahrhaft als Bestimmte und auf Anderes Bezogene betrachtet und ihnen die Form der einfachen Beziehung auf sich, die einem solchen bestimmten Inhalt nicht gehört, genommen wird, so sind sie nicht mehr gleichgültig gegen das Dasein und Nichtdasein, sondern in die Sphäre eingetreten, worin der Unterschied von Sein und Nichtsein
20 zwar nicht als solcher, aber als von Etwas und Anderem gültig ist.

Das Denken oder vielmehr Vorstellen, dem nur ein bestimmtes Sein oder das Dasein vorschwebet, worein die reale Verschiedenheit des Seins und Nichts fällt, ist zu dem Anfang der reinen Wissenschaft zurückzuweisen, welchen Parmenides gemacht hat, der unter den Menschen der erste gewesen zu sein scheint, welcher sein Vorstellen und damit auch das Vorstellen der Folgezeit zu dem reinen Gedanken des Seins geläutert und erhoben und damit das Element der Wissenschaft erschaffen
30 hat.

Es ist aber, um zur Hauptsache zurückzukehren, zu erinnern, daß der Ausdruck des Resultates, das sich aus der Betrachtung des Seins und des Nichts ergibt, durch | den Satz: Sein und Nichts ist eins und dasselbe, unvollkommen ist. Der Akzent wird nämlich vorzugsweise auf das Eins- und Dasselbe-sein gelegt, und der Sinn scheint daher zu sein, daß der Unterschied geleugnet werde, der doch zugleich im Satze selbst unmittelbar vorkommt; denn der Satz spricht die beiden Bestimmungen, Sein und Nichts, aus und enthält sie als unterschiedene. – Es kann zugleich nicht gemeint sein, daß von ihnen abstrahiert und nur die Einheit festgehalten werden soll. Dieser Sinn gäbe sich selbst für einseitig, da das, wovon abstrahiert werden soll, gleichwohl im Satze vorhanden ist. – Insofern der Satz: Sein und Nichts ist dasselbe, die Identität dieser Bestimmungen ausspricht, aber in der Tat sie ebenso als unterschieden enthält, widerspricht er sich in sich selbst und löst sich auf. Es ist also hier ein Satz gesetzt, der näher betrachtet die Bewegung hat, durch sich selbst zu verschwinden. Damit geschieht an ihm das, was seinen eigentlichen Inhalt ausmachen soll, nämlich das Werden.

Der Satz enthält somit das Resultat, er ist an sich das Resultat selbst; aber es ist nicht in ihm selbst in seiner Wahrheit ausgedrückt; es ist eine äußere Reflexion, welche es in ihm erkennt. – Der Satz, in Form eines Urteils, ist überhaupt nicht unmittelbar geschickt, spekulative Wahrheiten auszudrücken. Das Urteil ist eine identische Beziehung zwischen Subjekt und Prädikat; wenn auch das Subjekt noch mehrere Bestimmtheiten hat als die des Prädikates und insofern etwas anderes ist als dieses, so kommen sie nur addiert hinzu und heben die identische Beziehung dieses Prädikates mit seinem Subjekt nicht auf, das sein Grund und Träger bleibt. Ist aber der Inhalt spekulativ, so ist auch das Nichtidentische des Subjektes und Prädikates wesentliches Moment, und der Übergang oder das Verschwinden des ersten in das andere ihre Beziehung. Das paradoxe und bizarre Licht, in dem vieles der neueren Philosphie den mit dem spekulativen Denken nicht Vertrauten erscheint, fällt vielfältig in die Form des einfachen Urteils, wenn sie für den Ausdruck spekulativer Resultate gebraucht wird.

Das wahre Resultat, das sich hier ergeben hat, ist das Werden, welches nicht bloß die einseitige oder abstrakte Einheit des Seins und Nichts ist. Sondern es besteht in dieser Bewegung, daß das reine Sein unmittelbar und einfach ist, daß es darum ebensosehr das reine Nichts ist, daß der Unterschied derselben ist, aber ebensosehr sich aufhebt und nicht ist. Das Resultat behauptet also den Unterschied des Seins und des Nichts ebensosehr, aber als einen nur gemeinten. – Man meint, das Sein sei vielmehr das schlechthin Andere, als das Nichts ist, und es ist nichts klarer als ihr absoluter Unterschied, und es scheint nichts leichter, als ihn angeben zu können. Es ist aber ebensoleicht, sich zu überzeugen, daß dies unmöglich ist. Denn hätten Sein und Nichts irgendeine Bestimmtheit, wo|durch sie sich unterschieden, so wären sie, wie vorhin erinnert worden, bestimmtes Sein und bestimmtes Nichts, nicht das reine Sein und das reine Nichts, wie sie es hier noch sind. Ihr Unterschied ist daher völlig leer, jedes der beiden ist auf gleiche Weise das Unbestimmte; er besteht daher nicht an ihnen selbst, sondern nur in einem Dritten, im Meinen. Aber das Meinen ist eine Form des Subjektiven, das nicht in diese Reihe der Darstellung gehört. Das Dritte aber, worin Sein und Nichts ihr Bestehen haben, muß auch hier vorkommen; und es ist vorgekommen, es ist das Werden. In ihm sind sie als Unterschiedene; Werden ist nur, insofern sie verschieden sind. Dieses Dritte ist ein Anderes als sie; – sie bestehen nur in einem Anderen, dies heißt gleichfalls, sie bestehen nicht für sich. Das Werden ist das Bestehen des Seins so sehr als des Nichtseins; oder ihr Bestehen ist nur ihr Sein in Einem; gerade dieses ihr Bestehen ist es, was ihren Unterschied ebensosehr aufhebt.

Man stellt sich auch wohl das Sein etwa unter dem Bilde des reinen Lichtes als der Klarheit ungetrübten Sehens, das Nichts aber als die reine Nacht vor und knüpft ihren Unterschied an diese wohlbekannte sinnliche Verschiedenheit. In der Tat aber, wenn man sich dieses Sehen genauer vorstellt, so begreift sich leicht, daß man in der absoluten Klarheit so viel und so wenig sieht als in der absoluten Finsternis, daß das eine Sehen so gut [als] das andere reines Sehen, Sehen von Nichts ist. Reines Licht und reine Finsternis sind zwei Leeren, welche dasselbe sind. Erst in dem bestimmten Lichte – und das Licht wird durch die Finsternis bestimmt –, also im getrübten Lichte, ebenso erst in der bestimmten Finsternis – und die Finsternis wird durch das Licht bestimmt –, in der erhellten Finsternis kann etwas unterschieden werden; weil erst das getrübte Licht und die erhellte Finsternis den Unterschied an ihnen selbst haben und damit bestimmtes Sein, Dasein sind.

Anmerkung 2

Parmenides hielt das Sein fest und sagte vom Nichts, daß es gar nicht ist; nur das Sein ist. Das, wodurch diese reine Sein zum Werden fortgeleitet wurde, war die Reflexion, daß es gleich

Nichts ist. Das Sein selbst ist das Unbestimmte; es hat also keine Beziehung auf Anderes; es scheint daher, daß von diesem Anfang nicht weiter fortgegangen werden könne, nämlich aus ihm selbst, ohne daß von außen etwas Fremdes daran geknüpft würde. Die Reflexion, daß das Sein gleich Nichts ist, erscheint also als ein zweiter, absoluter Anfang. Auf der anderen Seite wäre Sein nicht der absolute Anfang, wenn es eine Bestimmtheit hätte, denn alsdann hinge es von einem Anderen ab und wäre in Wahrheit nicht Anfang. Ist es | aber unbestimmt und damit wahrer Anfang, so hat es auch nichts, wodurch es sich zu einem Anderen überleitet; es ist damit zugleich das Ende.

Jene Reflexion, daß das Sein nicht sich selbst gleich, sondern vielmehr sich schlechthin ungleich ist, ist, von der letzteren Seite betrachtet, allerdings insofern ein zweiter, neuer Anfang, aber zugleich ein anderer Anfang, wodurch der erste aufgehoben wird. Dies ist, wie schon oben erinnert worden, die wahre Bedeutung des Fortgehens überhaupt. Der Fortgang von dem, was Anfang ist, ist in der Philosophie zugleich der Rückgang zu seiner Quelle, zu seinem wahrhaften Anfang. Somit beginnt im Hinausgehen über den Anfang zugleich ein neuer Anfang, und das Erste zeigt sich damit als nicht der wahrhafte. Diese Seite also, daß die Reflexion, welche das Sein dem Nichts gleich setzt, ein neuer Anfang ist, wird zugegeben, und sie ist, wie erhellt, selbst notwendig. Aber umgekehrt ist dieser neue Anfang, so sehr als der erste, nicht ein absoluter; denn er bezieht sich auf den ersten. Aus diesem Grunde aber muß es in dem ersten selbst liegen, daß ein Anderes sich auf ihn bezieht; er muß also ein Bestimmtes sein. – Er ist aber das Unmittelbare, das noch schlechthin Unbestimmte. Aber eben diese Unbestimmtheit ist das, was seine Bestimmtheit ausmacht, denn die Unbestimmtheit ist der Bestimmtheit entgegengesetzt, sie ist somit als Entgegengesetztes selbst das Bestimmte oder Negative, und zwar die reine Negativität. Diese Unbestimmtheit oder Negativität, welche das Sein an ihm selbst hat, ist es, was die Reflexion ausspricht, indem sie es dem Nichts gleichsetzt. – Oder kann man sich ausdrücken: Weil das Sein das Bestimmungslose ist, ist es nicht die Bestimmung, welche es ist, also nicht Sein, sondern Nichts.

An sich also, das heißt, in der wesentlichen Reflexion ist der Übergang nicht unmittelbar; aber er ist noch verborgen. Hier ist nur seine Unmittelbarkeit vorhanden; weil das Sein nur als unmittelbar gesetzt ist, bricht das Nichts unmittelbar an ihm hervor. – Eine bestimmtere Vermittlung ist diejenige, von der die Wissenschaft selbst und ihr Anfang, das reine Sein, ihr Dasein hat. Das Wissen hat das Element des reinen Denkens dadurch erreicht, daß es alle Mannigfaltigkeit des vielfach bestimmten Bewußtseins in sich aufgehoben hat. Die ganze Sphäre des Wissens enthält also ihr wesentliches Moment die absolute Abstraktion und Negativität; das Sein, ihr Anfang ist diese reine Abstraktion selbst oder ist wesentlich nur als absolutes Nichts.

Diese Erinnerung liegt aber hinter der Wissenschaft, welche innerhalb ihrer selbst, nämlich vom Wesen aus, jene einseitige Unmittelbarkeit des Seins als eine vermittelte darstellen wird.

Insofern aber jenes Hervorbrechen des Nichts und die Betrachtung des Seins, was es an sich ist, verschmäht wird, so ist nichts als das reine Sein vorhanden. Es wird an ihm festgehalten, wie es Anfang und zugleich Ende ist und in seiner | unmittelbaren Unmittelbarkeit sich der Reflexion weigert, welche es über es selbst hinausführt, daß es nämlich das Unbestimmte, das Leere ist. In diese reine Unmittelbarkeit scheint nichts einbrechen zu können.

Da diese Behauptung des reflexionslosen Seins an dem bloß Unmittelbaren festhält, an dem, als was das Sein gesetzt oder wie es vorhanden ist, so ist sich auch daran zu halten und zu sehen, wie dieses Sein denn vorhanden ist. Weil nun das Sein das Nichts ist, so muß sich dies an seiner Unmittelbarkeit darstellen.

Nehmen wir die Behauptung des reinen Seins

α) in der Form auf, wie sie am weitesten aus dem Meinen herausgetreten ist, als den Satz: Das Sein ist das Absolute, so wird vom Sein etwas ausgesagt, das von ihm unterschieden ist. Das von ihm Unterschiedene ist ein Anderes als es; das Andere aber enthält das Nichts dessen, dessen Anderes es ist. Was somit in diesem Satze vorhanden ist, ist nicht das reine Sein, sondern das Sein ebensosehr in Beziehung auf sein Nichts. – Das Absolute wird von ihm unterschieden; indem aber gesagt wird, es sei das Absolute, so wird auch gesagt, sie seien nicht unterschieden. Es ist also nicht das reine Sein, sondern die Bewegung vorhanden, welche das Werden ist.

β) Bedeutet nun das reine Sein geradesoviel als das Absolute, oder auch bedeutet es nur eine Seite oder Teil desselben und wird nur diese festgehalten, so wird ihr Unterschied weggelassen, der vorhin die Reinheit des Seins trübte, und die Verschiedenheit als bloß des Wortes oder als Verbindung mit einem unnützen Teile verschwindet.

Der Satz heißt nunmehr: Das Sein ist das Sein. – Von dieser Identität, wovon unten die Rede sein wird, erhellt so viel unmittelbar, daß sie, wie jede Tautologie, Nichts sagt. Was also vorhanden ist, ist ein Sagen, das ein Nichts-Sagen ist; es ist hier somit dieselbe Bewegung, das Werden, vorhanden, nur daß statt des Seins ein Sagen sie durchläuft.

γ) Das tautologische Prädikat weggelassen, so bleibt der Satz: Das Sein ist. Hier ist wieder das Sein selbst und das Sein desselben unterschieden; es soll durch das ist etwas weiteres und somit anderes gesagt werden als das Sein. Wird aber durch das ist nicht ein Anderssein und somit nicht ein Nichts des reinen Seins gesetzt, so ist dies ist als unnütz gleichfalls wegzulassen und nur zu sprechen: reines Sein.

δ) Reines Sein oder vielmehr nur Sein; satzlos ohne Behauptung oder Prädikat. Oder die Behauptung ist in das Meinen zurückgegangen. Sein ist nur noch ein Ausruf, der seine Bedeutung allein in dem Subjekt hat. Je tiefer und reicher diese innere Anschauung ist, wenn sie das Heilige, Ewige, Gott usw. in sich fassen soll, – desto mehr sticht dieses Innere von dem ab, als was es da ist, von dem ausgesprochenen leeren Sein, das gegen jenen Inhalt Nichts ist; es hat an seiner Bedeutung und seinem Dasein den Unterschied von sich selbst. |

Von der anderen Seite betrachtet, dieses Sein ohne Beziehung auf Bedeutung, wie es unmittelbar ist und unmittelbar genommen werden soll, gehört es einem Subjekt an; es ist ein Ausgesprochenes, hat ein empirisches Dasein überhaupt und gehört damit zum Boden der Schranke und des Negativen. – Der gesunde Menschenverstand, wenn er sich gegen die Einheit des Seins und Nichts sträubt und zugleich sich auf das, was unmittelbar vorhanden ist, beruft, wird eben in dieser Erfahrung selbst nichts als bestimmtes Sein, Sein mit einer Schranke oder Negation, – jene Einheit finden, die er verwirft. So reduziert sich die Behauptung des unmittelbaren Seins auf eine empirische Existenz, deren Aufzeigen sie nicht verwerfen kann, weil es die reflexionslose Unmittelbarkeit ist, an die sie sich halten will.

Dasselbe ist der Fall mit dem Nichts, nur auf entgegengesetzte Weise; es zeigt sich in seiner Unmittelbarkeit genommen als seiend; denn seiner Natur nach ist es dasselbe als das Sein. Das Nichts wird gedacht, vorgestellt; es wird von ihm gesprochen; es ist also. Das Nichts hat an dem Denken, Vorstellen u.s.f. sein Sein. Dieses Sein aber ist von ihm unterschieden; es wird daher gesagt, daß das Nichts zwar im Denken, Vorstellen ist, aber daß darum nicht es ist, daß nur Denken oder Vorstellen dieses Sein ist. Bei diesem Unterscheiden ist aber ebensosehr nicht zu leugnen, daß das Nichts in Beziehung auf ein Sein steht; aber in der Beziehung, ob sie gleich auch den Unterschied enthält, ist eine Einheit desselben mit dem Sein vorhanden.

Das reine Nichts ist noch nicht das Negative, die Reflexionsbestimmung gegen das Positive, noch auch die Schranke; in diesen Bestimmungen hat es unmittelbar die Bedeutung der Beziehung auf sein Anderes. Sondern das Nichts ist hier die reine Abwesenheit des Seins, das nihil privativum, wie die Finsternis die Abwesenheit des Lichtes ist. Wenn sich nun ergab, daß das Nichts dasselbe ist als das Sein, so wird dagegen festgehalten, daß das Nichts kein Sein für sich selbst hat, daß es nur, wie gesagt, Abwesenheit des Seins ist, wie die Finsternis nur Abwesenheit des Lichtes, welche Bedeutung nur hat in der Beziehung aufs Auge, in Vergleichung mit dem Positiven, dem Lichte. – Dies alles heißt aber nichts anderes, als daß die Abstraktion des Nichts nichts an und für sich ist, sondern nur in Beziehung auf das Sein, oder dasselbe, was sich ergeben hat, daß die Wahrheit nur seine Einheit mit dem Sein ist, – daß die Finsternis nur Etwas ist in Beziehung auf Licht, wie umgekehrt Sein nur Etwas ist in Beziehung auf Nichts. Wenn auch die Beziehung oberflächlich und äußerlich genommen und in ihr vornehmlich bei der Unterschiedenheit stehengeblieben wird, so ist doch die Einheit der Bezogenen wesentlich als ein Moment darin enthalten und daß jedes nur Etwas | ist in der Beziehung auf sein Anderes; damit wird gerade der Übergang des Seins und des Nichts ins Dasein ausgesprochen.

Anmerkung 3

Das Sein ist Nichts, das Nichts ist Sein. Es ist schon bemerkt worden, daß der Ausdruck spekulativer Wahrheit durch die Form von einfachen Sätzen unvollkommen ist. Hier müßten noch die Sätze hinzugefügt werden: Das Sein ist Nichts, das Nichts ist nicht Sein; damit auch der Unterschied ausgedrückt sei, der in jenen Sätzen nur vorhanden ist. – Diese Sätze geben das, was gesagt werden soll, vollständig, aber nicht, wie es zusammengefaßt werden soll und im Werden zusammengefaßt ist.

In jene ersten Sätze nun können andere Denkverhältnisse hineingebracht werden. Sie können so ausgesprochen werden:

Was ist, wird darum zu Nichts, weil das Sein das Nichts ist.

Was nicht ist, wird darum zu Etwas, weil das Nichts Sein ist.

Oder unmittelbar:

Was ist, wird darum zunichte, weil es ist.

Was nicht ist, wird darum zum Seienden, weil es nicht ist.

Der Grund, daß irgend Etwas zum Seienden werde, weil es nicht sei, und daß das Seiende verschwinde, weil es ist, erscheint schon deswegen als unbefriedigend, weil er abstrakt und leer ist, unter dem Etwas aber ein konkretes, empirisches Ding verstanden wird. So wahr jene Sätze sind, so kann, wie von einem solchen Dasein die Rede ist, der Grund nicht bloß leeres Sein oder Nichtsein oder eine leere Beziehung derselben aufeinander sein, sondern muß die vollständige Bestimmtheit des Inhaltes haben, um ihn daraus zu begreifen. Das Verhältnis des Grundes überhaupt ist eine weitere, vollkommenere Bestimmung der Beziehung des Seins und des Nichtseins aufeinander; es kann auf diese Beziehung, wie sie hier ist, nicht angewendet werden, weil sie vielmehr eine Einheit von reinen, bestimmungslosen Abstraktionen, also wesentlich noch keine Vermittlung ist.

Würde das Verhältnis der Bedingung herbeigezogen, so gäbe die Beziehung des Seins und Nichtseins die Sätze:

Etwas kann nur unter der Bedingung in das Nichts übergehen, daß es ist; und nur unter der Bedingung in das Sein, daß es nicht ist.

Diese Sätze sind leere Tautologien; denn da darin ein Übergehen ins Entgegengesetzte angenommen ist, so ist gewiß, damit das Entgegengesetzte, das Sein sei, nötig, daß sein Entgegengesetztes, das Nichts, sei. Andernteils, insofern der Zusammenhang dieses Übergangs in das Verhältnis der Bedingung gesetzt wird, wird ihre eigentliche Einheit aufgehoben; denn die Bedingung ist zwar ein Not|wendiges für das Bedingte, aber nicht das Setzende desselben; es muß erst ein Drittes hinzukommen, welches den Übergang bewirkt. Durch die Einmischung der Bedingung werden also Sein und Nichts auseinandergerückt und ein Drittes, das außer ihnen fällt, für ihre Beziehung gefordert. Das Werden aber ist eine solche Einheit derselben, die in der Natur eines jeden selbst liegt; das Sein ist an und für sich selbst das Nichts und das Nichts an und für sich selbst das Sein.

Anmerkung 4

Es geht aus dem Bisherigen hervor, welche Bewandtnis es mit der gewöhnlichen Dialektik gegen das Werden oder gegen den Anfang und Untergang, Entstehen oder Vergehen hat. – Die Kantische Antinomie über die Endlichkeit oder Unendlichkeit der Welt in Raum und Zeit wird unten bei dem Begriff der Unendlichkeit näher betrachtet werden. – Jene einfache gewöhnliche Dialektik beruht auf dem Festhalten des Gegensatzes von Sein und Nichts. Es wird auf folgende Art bewiesen, daß kein Anfang der Welt oder von Etwas möglich sei:

Es kann nichts anfangen, weder insofern etwas ist, noch insofern es nicht ist; denn insofern es ist, fängt es nicht erst an; insofern es aber nicht ist, fängt es auch nicht an. – Wenn die Welt oder Etwas angefangen haben sollte, so hätte sie im Nichts angefangen, aber im Nichts oder das Nichts ist nicht Anfang; denn Anfang schließt ein Sein in sich, aber das Nichts enthält kein Sein. – Aus demselben Grunde kann auch Etwas nicht aufhören. Denn so müßte das Sein das Nichts enthalten; Sein aber ist nur Sein, nicht das Gegenteil seiner selbst.

Werden aber, oder Anfangen und Aufhören sind gerade diese Einheit des Seins und Nichts, gegen welche diese Dialektik nichts vorbringt, als sie assertorisch zu leugnen und dem Sein und Nichts, jedem getrennt von dem anderen,

Wahrheit zuzuschreiben. – Dem gewöhnlichen reflektierenden Vorstellen gilt es für vollkommene Wahrheit, daß Sein und Nichts nicht eines seien; auf der anderen Seite aber läßt es ein Anfangen und Aufhören als ebenso wahrhafte Bestimmungen gelten; aber in diesen nimmt es in der Tat eine Einheit des Seins und Nichts für wahrhaft an.

Indem die absolute Geschiedenheit des Seins vom Nichts vorausgesetzt wird, so ist – was man so oft hört – der Anfang oder das Werden allerdings etwas Unbegreifliches; denn man macht eine Voraussetzung, welche den Anfang oder das Werden aufhebt, das man doch auch wieder zugibt.

Das Angeführte ist dieselbe Dialektik, die der Verstand gegen den Begriff braucht, [den] die höhere Analysis von den unendlich-kleinen Größen hat. | Der Ausdruck: unendlich-klein hat übrigens etwas Ungeschicktes, und es wird von diesem Begriff weiter unten ausführlicher gehandelt. – Diese Größen sind als solche bestimmt worden, die in ihrem Verschwinden sind, nicht vor ihrem Verschwinden, denn alsdann sind sie endliche Größen; – nicht nach ihrem Verschwinden, denn alsdann sind sie nichts. Gegen diesen reinen Begriff ist bekanntlich eingewendet und immer wiederholt worden, daß solche Größen entweder Etwas seien oder Nichts, daß es keinen Mittelzustand (Zustand ist hier ein unpassender, barbarischer Ausdruck) zwischen Sein und Nichtsein gebe. – Es ist hierbei gleichfalls die absolute Trennung des Seins und Nichts angenommen. Dagegen ist aber gezeigt worden, daß Sein und Nichts in der Tat dasselbe sind, oder, um in jener Sprache zu sprechen, daß es gar nichts gibt, das nicht ein Werden, das nicht ein Mittelzustand zwischen Sein und Nichts ist.

Da das angeführte Räsonnement die falsche Voraussetzung der absoluten Getrenntheit des Seins und Nichtseins macht, ist es auch nicht Dialektik, sondern Sophisterei zu nennen; denn Sophisterei ist ein Räsonnement aus einer grundlosen Voraussetzung, die man ohne Kritik und unbesonnen gelten läßt; Dialektik aber nennen wir die höhere vernünftige Bewegung, in welche solche schlechthin getrennt Scheinende durch sich selbst und darin ineinander übergehen. Es ist die dialektische

Natur des Seins und Nichts selbst, daß sie ihre Einheit, das Werden, als ihre Wahrheit zeigen.

2. Momente des Werdens

Das Werden ist die Einheit des Seins und Nichts; nicht die Einheit, welche vom Sein und Nichts abstrahiert; sondern als Einheit des Seins und Nichts ist es diese bestimmte Einheit, oder in welcher sowohl Sein als Nichts ist. Aber indem Sein und Nichts, jedes in der Einheit mit seinem Anderen ist, ist es nicht. Sie sind also in dieser Einheit, aber als Verschwindende, nur als Aufgehobene.

Sie sind als nicht Seiende, oder sind Momente. – Der Vorstellung bieten sie sich zunächst dar als solche, deren jedes für sich getrennt von dem anderen selbständig ist, und sie sind nur Sein und Nichts in dieser Trennung. Aber indem beide dasselbe sind, sinken sie von der Selbständigkeit zu Momenten herab, indem sie überhaupt zunächst noch als Unterschiedene, aber zugleich als Aufgehobene betrachtet werden.

Indem Sein und Nichts in Einem sind, so sind sie darin unterschieden, aber so, daß zugleich jedes in seiner Unterschiedenheit Einheit mit dem anderen ist. Das Werden enthält also zwei solche Einheiten; jede ist Einheit des Seins und des Nichts; aber die eine ist das Sein als Beziehung auf das Nichts, die andere das Nichts als Beziehung auf das Sein: die beiden Bestimmungen sind in ungleichem Werte in diesen Einheiten.

Das Werden ist auf diese Weise in gedoppelter Bestimmung als anfangend vom Nichts, das sich auf das Sein bezieht, das heißt, in dasselbe übergeht, oder vom Sein, das in das Nichts übergeht, – Entstehen und Vergehen.

Aber diese so unterschiedenen Richtungen durchdringen und paralysieren sich gegenseitig. Die eine ist Vergehen; Sein geht in Nichts über, aber Nichts ist ebensosehr das Gegenteil seiner selbst und vielmehr das Übergehen in Sein oder Entstehen. Dieses Entstehen ist die andere Richtung; Nichts geht in Sein über, aber Sein hebt ebensosehr sich selbst auf und ist vielmehr das Übergehen in Nichts oder Vergehen.

Entstehen und Vergehen sind daher nicht ein verschiedenes

Werden, sondern unmittelbar eines und dasselbe: Sie heben sich auch nicht gegenseitig, nicht das eine äußerlich das andere auf; sondern jedes hebt sich an sich selbst auf und ist an ihm selbst das Gegenteil seiner.

3. Aufheben des Werdens

Das Gleichgewicht, worein sich Entstehen und Vergehen setzen, ist zunächst das Werden selbst. Aber dieses geht ebenso in ruhige Einheit zusammen. Sein und Nichts sind in ihm nur als Verschwindende; aber das Werden als solches ist nur durch die Unterschiedenheit derselben. Ihr Verschwinden ist daher das Verschwinden des Werdens oder Verschwinden des Verschwindens selbst. Das Werden ist also eine haltungslose Unruhe, die in ein ruhiges Resultat zusammensinkt.

Dies könnte auch so ausgedrückt werden: Das Werden ist das Verschwinden von Sein in Nichts und von Nichts in Sein und das Verschwinden von Sein und Nichts überhaupt; aber es beruht zugleich auf dem Unterschied derselben. Es widerspricht sich also in sich selbst, weil es solches in sich vereint, das sich entgegengesetzt ist; eine solche Vereinigung aber zerstört sich.

Dieses Resultat ist das Verschwundensein nicht als Nichts; so wäre es nur ein Rückfall in die eine der schon aufgehobenen Bestimmungen. Sondern es ist die zur ruhigen Einfachheit gewordene Einheit des Seins und Nichts.

Im Werden selbst ist sowohl Sein als Nichts, jedes auf gleiche Weise vielmehr nur als das Nichts seiner selbst. Werden ist die Einheit als Verschwinden oder die Einheit in der Bestimmung des Nichts. Aber dieses Nichts ist wesentliches Übergehen ins Sein, und das Werden also Übergehen in die Einheit des Seins und Nichts, welche als seiend ist oder die Gestalt der unmittelbaren Einheit dieser Momente hat: das Dasein. |

Anmerkung

Aufheben und das Aufgehobene ist einer der wichtigsten Begriffe der Philosophie, eine Grundbestimmung, die schlechthin allenthalben wiederkehrt, deren Sinn bestimmt aufzufassen und besonders vom Nichts zu unterscheiden ist. – Was sich aufhebt, wird dadurch nicht zu Nichts. Nichts ist das Unmittelbare; ein Aufgehobenes dagegen ist ein Vermitteltes, es ist das Nichtseiende, aber als Resultat, das von einem Sein ausgegangen ist. Es hat daher die Bestimmung, aus der es herkommt, noch an sich.

Aufheben hat in der Sprache den gedoppelten Sinn, daß es soviel als aufbewahren, erhalten bedeutet und soviel als aufhören lassen, ein Ende machen. Das Aufbewahren schließt schon das Negative in sich, daß etwas seiner Unmittelbarkeit und damit einem den äußerlichen Einwirkungen offenen Dasein entnommen wird, um es zu erhalten. – So ist das Aufgehobene ein zugleich Aufbewahrtes, das nur seine Unmittelbarkeit verloren hat, aber darum nicht verschwunden ist.

Das Aufgehobene genauer bestimmt, so ist hier etwas nur insofern aufgehoben, als es in die Einheit mit seinem Entgegengesetzten getreten ist; es ist in dieser näheren Bestimmung ein Reflektiertes und kann passend Moment genannt werden. – Wie noch öfter die Bemerkung sich aufdringen wird, daß die philosophische Kunstsprache für reflektierte Bestimmungen lateinische Ausdrücke gebraucht.

Der nähere Sinn aber und Ausdruck, den Sein und Nichts, indem sie nunmehr Momente sind, erhalten, hat sich bei der Betrachtung des Daseins, als der Einheit, in der sie aufbewahrt sind, näher zu ergeben. Sein ist Sein und Nichts ist Nichts nur in ihrer Unterschiedenheit voneinander; in ihrer Wahrheit aber, in ihrer Einheit sind sie als diese Bestimmungen verschwunden und sind nun etwas anderes. Sein und Nichts sind dasselbe; darum weil sie dasselbe sind, sind sie nicht mehr Sein und Nichts und haben eine verschiedene Bestimmung; im Werden waren sie Entstehen und Vergehen; im Dasein als einer anders bestimmten Einheit sind sie wieder anders bestimmte Momente. |

Zweites Kapitel
Das Dasein

Dasein ist bestimmtes Sein. Das Dasein selbst ist zugleich von seiner Bestimmtheit unterschieden. In der Bestimmtheit tritt der Begriff der Qualität ein. Aber die Bestimmtheit geht in Beschaffenheit und Veränderung und dann in den Gegensatz des Endlichen und Unendlichen über, der sich in dem Fürsichsein auflöst.

Die Abhandlung des Daseins hat also die drei Abteilungen
    A) des Daseins als solchen;
    B) der Bestimmtheit;
    C) der qualitativen Unendlichkeit.

A. Dasein als solches

Das Dasein als solches bestimmt sich an ihm selbst zu dem Unterschied der Momente des Seins-für-Anderes und des Ansichseins, oder es bestimmt sich, indem es deren Einheit ist, als Realität und weiter zum Daseienden oder Etwas.

1. Dasein überhaupt

Dasein ist das einfache Einssein des Seins und Nichts. Es hat um dieser Einfachheit willen die Form von einem Unmittelbaren. Seine Vermittlung, das Werden, liegt hinter ihm; sie hat sich aufgehoben, und das Dasein erscheint daher als ein Erstes, von dem ausgegangen werde.

Es ist nicht bloßes Sein, sondern Dasein. Etymologisch genommen, Sein an einem gewissen Orte; aber die Raumvorstellung gehört nicht hierher. Dasein ist, nach seinem Werden, überhaupt Sein mit einem Nichtsein, aber so, daß dieses Nichtsein in einfache Einheit mit dem Sein aufgenommen ist; das Dasein ist bestimmtes Sein überhaupt.

Um der Unmittelbarkeit willen, in der im Dasein Sein und Nichts eins sind, | gehen sie nicht übereinander hinaus; sondern soweit das Daseiende seiend ist, so ist es Nichtseiendes, soweit ist es Bestimmtes. Das Sein ist nicht das Allgemeine, die Bestimmtheit nicht das Besondere. Die Bestimmtheit hat sich noch nicht vom Sein abgelöst oder vielmehr wird sie sich nicht mehr von ihm ablösen; denn das nunmehr zum Grunde liegende Wahre ist diese Einheit des Nichtseins mit dem Sein; auf ihr als dem Grunde ergeben sich alle ferneren Bestimmungen. Das Sein, das der Bestimmtheit fernerhin entgegentritt, ist nicht mehr das erste, unmittelbare Sein.

2. Realität

Das Dasein ist Sein mit einem Nichtsein. Als unmittelbare Einheit aber des Seins und Nichts ist es vielmehr in der Bestimmung des Seins, und das Gesetztsein dieser Einheit ist daher unvollständig; denn sie enthält nicht nur das Sein, sondern auch das Nichts.

a) Anderssein

Das Dasein ist daher erstens jene Einheit nicht nur als Sein, sondern so wesentlich als Nichtsein. Oder jene Einheit ist nicht nur seiendes Dasein, sondern auch nichtseiendes Dasein: Nichtdasein.

Es ist beim Übergang des Seins in Nichts erinnert worden, inwiefern er unmittelbar ist. Das Nichts ist am Sein noch nicht gesetzt, ob zwar Sein wesentlich Nichts ist. Das Dasein hingegen enthält das Nichts schon in ihm selbst gesetzt und ist dadurch der eigene Maßstab seiner Unvollständigkeit und damit an ihm selbst die Notwendigkeit, als Nichtdasein gesetzt zu werden.

Zweitens: Das Nichtdasein ist nicht reines Nichts; denn es ist ein Nichts als des Daseins. Und diese Verneinung ist aus dem Dasein selbst genommen; aber in diesem ist sie vereinigt mit dem Sein. Das Nichtdasein ist daher selbst ein Sein; es ist seiendes Nichtdasein. Ein seiendes Nichtdasein aber ist selbst Dasein. Dieses zweite Dasein ist jedoch zugleich nicht Dasein auf dieselbe Weise wie als zuerst; denn es ist ebensosehr Nichtdasein, Dasein als Nichtdasein; Dasein als das Nichts seiner selbst, so daß dieses Nichts seiner selbst gleichfalls Dasein ist. – Oder das Dasein ist wesentlich Anderssein.

Oder kurz mit sich selbst verglichen, so ist Dasein unmittelbar einfache Einheit des Seins und Nichts; aber weil es Einheit des Seins und Nichts ist, so ist es vielmehr nicht sich selbst gleiche Einheit, sondern sich schlechthin ungleich, oder ist das Anderssein.|

Das Anderssein ist zunächst Anderssein an und für sich, nicht das Andere von Etwas, so daß das Dasein dem Anderen noch gegenüber stehengeblieben wäre und daß wir hätten ein Dasein und ein anderes Dasein. Denn das Dasein ist überhaupt übergegangen in Anderssein. Das Anderssein ist selbst Dasein; aber Dasein als solches ist das Unmittelbare; diese Unmittelbarkeit ist aber nicht geblieben, sondern das Dasein ist nur Dasein als Nichtdasein, oder es ist Anderssein.

Wie Sein in Nichts überging, so Dasein in Anderssein; Anderssein ist das Nichts, aber als Beziehung. Anderes ist Nichtdies; aber dies ist gleichfalls ein Anderes, also auch Nichtdies. Es ist kein Dasein, das nicht zugleich als Anderes bestimmt wäre oder eine negative Beziehung hätte.

Die Vorstellung gibt dies gleichfalls zu. Wenn wir ein Dasein A nennen, das andere aber B, so ist zunächst B als das Andere bestimmt. Allein A ist ebensosehr das Andere des B. Beide sind Andere.

Hierbei erscheint aber das Anderssein als eine dem so bestimmten Dasein fremde Bestimmung oder [als] das Andere außer dem einen Dasein; teils so, daß ein Dasein erst durch die Vergleichung eines Dritten als Anderes bestimmt werde, für sich aber nicht ein Anderes sei, teils so, daß es nur um des Anderen willen, das außer ihm ist, als Anderes bestimmt werde, aber nicht an und für sich. Allein in der Tat bestimmt sich jedes Dasein auch für die Vorstellung ebensosehr als ein anderes Dasein, so daß ihr nicht ein Dasein bleibt, das nur als ein Dasein, nicht als ein Anderes bestimmt wäre; oder nicht ein Dasein, das nicht außerhalb eines Daseins, also nicht selbst ein Anderes wäre. – Die Vorstellung kommt zwar zur Allgemeinheit einer Bestimmung, nicht zur Notwendigkeit derselben an und für sich selbst. Diese Notwendigkeit aber liegt darin, daß es sich am Begriff des

Daseins gezeigt hat, daß das Dasein als solches an und für sich das Andere ist, daß es sein Anderssein in sich selbst enthält. – Aber das Anderssein ist das Nichts wesentlich als Beziehung oder ist das Trennen, Entfernen von sich selbst; daher diese Bestimmung des Andersseins sich das Dasein gegenüberstellt, welche Seite allein der Vorstellung vorschwebt.

Drittens: Das Dasein selbst ist wesentlich Anderssein; es ist darein übergegangen. Das Andere ist so unmittelbar, nicht Beziehung auf ein außer ihm Befindliches, sondern Anderes an und für sich. Aber so ist es das Andere seiner selbst. – Als das Andere seiner selbst ist es auch Dasein überhaupt oder unmittelbar. Das Dasein verschwindet also nicht in seinem Nichtdasein, in seinem Anderen; denn dies ist das Andere seiner selbst; und das Nichtdasein ist selbst Dasein.

Das Dasein erhält sich in seinem Nichtdasein; es ist wesentlich eins mit ihm und wesentlich nicht eins mit ihm. Das Dasein steht also in Beziehung auf | sein Anderssein; es ist nicht rein sein Anderssein; das Anderssein ist zugleich wesentlich in ihm enthalten und zugleich noch davon getrennt; es ist Sein-für-Anderes.

b) Sein-für-Anderes und Ansichsein

1. Sein-für-Anderes macht die wahrhafte Bestimmung des Daseins aus. Dasein als solches ist Unmittelbares, Beziehungsloses; oder es ist in der Bestimmung des Seins. Aber Dasein, als das Nichtsein in sich schließend, ist wesentlich bestimmtes Sein, verneintes Sein, Anderes, – aber weil es sich in seiner Verneinung zugleich auch erhält, nur Sein-für-Anderes.

2. Als reines Sein-für-Anderes ist das Dasein eigentlich nur übergehend in das Anderssein. Es erhält sich aber auch in seinem Nichtdasein und ist Sein. Es ist aber nicht nur Sein überhaupt, sondern im Gegensatz gegen sein Nichtdasein; ein Sein als Beziehung auf sich gegen seine Beziehung auf Anderes, als Gleichheit mit sich gegen seine Ungleichheit. Ein solches Sein ist das Ansichsein.

3. Sein-für-Anderes und Ansichsein machen die zwei Momente des Daseins aus. Es sind zwei Paare von Bestim-

mungen, die hier vorkommen: 1) Dasein und Anderes; 2) Sein-für-Anderes und Ansichsein. Die ersteren enthalten die gleichgültige, beziehungslose Bestimmung; Dasein und Anderes fallen auseinander. Aber ihre Wahrheit ist ihre Beziehung; das Sein-für-Anderes und das Ansichsein sind daher jene Bestimmungen als Momente; als Bestimmungen, welche Beziehungen sind und in ihrer Einheit, in der Einheit des Daseins bleiben; oder jedes selbst enthält an ihm zugleich auch sein von ihm verschiedenes Moment.

Es ist oben erinnert worden, daß Sein und Nichts in ihrer Einheit, welche Dasein ist, nicht mehr Sein und Nichts sind, – denn dies sind sie nur außer ihrer Einheit; so Sein und Nichts in ihrer unruhigen Einheit, im Werden, sind Entstehen und Vergehen. – Sein im Dasein ist Ansichsein. Denn Sein ist die Beziehung auf sich, die Gleichheit mit sich, die aber itzt nicht mehr unmittelbar ist, sondern sie ist Beziehung auf sich nur als Nichtsein des Nichtdaseins (als reflektiertes Dasein). – Ebenso ist Nichtsein als Moment des Daseins in dieser Einheit des Seins und Nichtseins nicht Nichtdasein überhaupt, sondern unmittelbar Anderes, und bestimmter, Beziehung auf das Nichtdasein oder Sein-für-Anderes.

Also Ansichsein ist erstlich negative Beziehung auf das Nichtdasein; es hat das Anderssein außer ihm und ist demselben entgegen; insofern etwas an sich ist, ist es dem Anderssein und dem Sein-für-Anderes entnommen. Aber zweitens hat es das Nichtsein auch selbst an ihm; denn es selbst ist das Nichtsein des Seins-für-Anderes. |

Das Sein-für-Anderes aber ist erstlich Negation des Seins im Dasein; insofern Etwas in einem Anderen oder für ein Anderes ist, entbehrt es des eigenen Seins. Aber zweitens ist es nicht das Nichtdasein als reines Nichts; es ist Nichtdasein, das auf das Ansichsein hinweist, so wie umgekehrt das Ansichsein auf das Sein-für-Anderes hinweist.

c) Realität

Ansichsein und Sein-für-Anderes sind die Momente oder inneren Unterschiede des Daseins. Sie sind das Sein und Nichts unterschieden im Dasein. Oder durch diesen Unterschied ist das Dasein nicht aufgelöst, sondern diese Momente sind wesentlich in der Einheit gehalten, welche Dasein ist; denn sie sind selbst, wie soeben gezeigt, diese Einheiten.

Das Dasein selbst ist zunächst unmittelbare, einfache Einheit des Seins und Nichts. Insofern sich Sein und Nichts näher in ihm als die soeben betrachteten Momente bestimmt haben, ist es nicht mehr in der ersten Form der Unmittelbarkeit, sondern ist reflektiertes Dasein; es ist Dasein, insofern es sich als Ansichsein und als Sein-für-Anderes bestimmt hat und die Einheit von ihnen als seinen Momenten ist. Als dieses reflektierte Dasein ist es Realität.

Anmerkung

Realität kann ein vieldeutiges Wort zu sein scheinen, weil es von sehr verschiedenen, ja entgegengesetzten Bestimmungen gebraucht wird. Wenn von Gedanken, Begriffen, Theorien gesagt wird, sie haben keine Realität, so heißt dies hier, daß ihnen kein äußerliches Dasein, keine Wirklichkeit zukomme; an sich oder im Begriff könne die Idee einer Platonischen Republik z. B. wohl wahr sein. – Umgekehrt, wenn z. B. nur der Schein des Reichtums im Aufwand vorhanden ist, wird gleichfalls gesagt, es fehle die Realität; es wird verstanden, daß jener Aufwand nur ein äußerliches Dasein sei, das keinen inneren Grund hat. Von gewissen Beschäftigungen wird gesagt, sie seien keine reellen Beschäftigungen, nämlich keine solchen, die Wert an sich haben; – oder von Gründen, sie seien nicht reell, insofern sie nicht aus dem Wesen der Sache geschöpft sind.

Das eine Mal ist also unter Realität das äußerliche Dasein, das andere Mal das Ansichsein verstanden. Allein dies ist nicht eine verschiedene oder entgegengesetzte Bedeutung der Realität, sondern vielmehr nur eine, weil die Realität wesentlich jene beiden Bestimmungen in sich schließt. Wenn also nur das Ansichsein oder nur das Sein-für-Anderes vorhanden ist, so wird die Realität darum | vermißt, weil jede dieser Bestimmungen für sich einseitig, sie aber die Totalität ist, welche beide fordert.

Auch das An-sich hat zum Teil diese Doppelbedeutung. An-sich ist Etwas, insofern es aus dem Sein-für-Anderes heraus in sich zurückgekehrt ist. Aber Etwas hat auch eine Bestimmung oder [einen] Umstand an sich (hier fällt der Akzent auf an) oder an ihm, insofern dieser Umstand äußerlich an ihm, ein Sein-für-Anderes ist.

Dieses beides ist in dem Dasein oder der Realität vereinigt. Das Dasein ist sowohl an sich, als es etwas an ihm hat oder Sein-für-Anderes ist. Aber daß das Dasein das, was es an sich ist, auch an ihm hat, und umgekehrt, was es als Sein-für-Anderes ist, auch an sich ist, – dies betrifft die Identität des Ansichseins und Seins-für-Anderes vornehmlich einem Inhalt nach und ergibt sich formell zum Teil schon in der Sphäre des Daseins, insofern die Bestimmung in Beschaffenheit übergeht, aber ausdrücklicher in der Betrachtung des Wesens und des Verhältnisses der Innerlichkeit und Äußerlichkeit und dann am bestimmtesten in der Betrachtung der Idee als der Einheit des Begriffs und der Wirklichkeit.

Es zeigt sich hier aber schon vorläufig auch der Sinn des Dings-an-sich, das eine sehr einfache Abstraktion ist, aber eine Zeitlang eine sehr wichtige Bestimmung, so wie der Satz, daß wir nicht wissen, was die Dinge an sich sind, eine vielgeltende Weisheit war. – Die Dinge heißen an-sich, insofern von allem Sein-für-Anderes abstrahiert wird, das heißt überhaupt, insofern sie ohne alle Bestimmung, als Nichtse gedacht werden. In diesem Sinn kann man freilich nicht wissen, was das Ding an-sich ist. Denn die Frage: Was? verlangt, daß Bestimmungen angegeben werden; indem es aber zugleich Dinge-an-sich sein sollen, das heißt eben ohne Bestimmung, so ist in die Frage gedankenloserweise die Unmöglichkeit der Beantwortung gelegt, oder man macht eine widersprechende Antwort. Das Ding-an-sich ist dasselbe, was jenes Absolute, von dem man nichts weiß, als daß alles eins in ihm ist. Was aber das Ding-an-sich in Wahrheit ist, oder vielmehr was überhaupt an sich ist, davon ist die Logik selbst die Darstellung. Wenn von einem bestimmten Dinge gefragt wird, was es an sich sei, so ist die einfache logische Antwort, daß es das an sich ist, was es in seinem Begriff ist.

Es kann hier der vormalige metaphysische Begriff von Gott, der vornehmlich dem sogenannten ontologischen Beweis vom Dasein Gottes zugrunde gelegt wurde, erwähnt werden. Gott wurde nämlich als der Inbegriff aller Realitäten bestimmt und von diesem Inbegriff gesagt, daß er keinen Widerspruch in sich enthalte, daß keine der Realitäten die andere aufhebe; denn sie sei nur als eine Vollkommenheit, als ein Positives zu nehmen, das keine Negation enthalte. Somit seien die Realitäten sich nicht entgegengesetzt und widersprechen sich nicht. |

Bei diesem Begriff der Realität wird also angenommen, daß sie dann noch bleibe, insofern alle Negation, damit aber alle Bestimmtheit derselben aufgehoben sei. Allein sie ist das Dasein überhaupt; sie enthält das Nichtsein als Sein-für-Anderes, und näher die Grenze oder Bestimmtheit. Die Realität, die im sogenannten eminenten Sinne oder als unendliche – in der gewöhnlichen Bedeutung des Wortes – genommen werden soll, wird ins Bestimmungslose erweitert und verliert ihre Bedeutung. Die Güte Gottes solle nicht Güte im gewöhnlichen, sondern im eminenten Sinne, nicht verschieden von der Gerechtigkeit, sondern durch sie temperiert sein, so wie umgekehrt die Gerechtigkeit durch die Güte; so ist weder Güte mehr Güte, noch Gerechtigkeit mehr Gerechtigkeit. – Die Macht solle durch die Weisheit temperiert sein, aber so ist sie nicht absolute Macht; – die Weisheit solle zur Macht erweitert sein, aber so verschwindet sie als Zweck und Maß bestimmende Weisheit. Es wird sich später der wahre Begriff des Unendlichen ergeben, so wie die absolute Einheit sich immer mehr näher bestimmen wird, die nicht in einem Temperieren, einem gegenseitigen Beschränken oder Vermischen besteht, als welches eine höchst oberflächliche, in unbestimmtem Nebel gehaltene Beziehung ist, mit der sich nur das begrifflose Vorstellen begnügen kann. – Die Realität, wie sie in jener Definition Gottes als bestimmte Qualität genommen wird, über ihre Bestimmtheit hinausgeführt, hört auf Realität zu sein; sie wird das einseitige Ansich, das leer ist; und Gott als das rein Reale in allem Realen oder als Inbegriff aller Realitäten ist dasselbe Bestimmungs- und Gehaltlose, was das vorhin erwähnte leere Absolute ist, in dem alles eins ist.

3. Etwas

Das Dasein ist als Realität die Unterscheidung seiner selbst in Ansichsein und Sein-für-Anderes. Hierin ist das Ansichsein als unterschieden vom Sein-für-Anderes; aber es ist somit nur als darauf bezogen und in der Einheit mit ihm. Ebenso das Sein-für-Anderes ist nicht das Anderssein selbst, sondern enthält die Beziehung auf sich selbst, das Ansichsein, in sich. Diese beiden Einheiten machen also in ihrem Unterschied selbst Eine Einheit aus und sind das Übergehen ineinander.

Das Dasein zunächst als solches ist nur die unmittelbare Einheit des Seins und Nichts. Die Realität ist diese Einheit in dem bestimmten Unterschied ihrer Momente, die an ihr verschiedene Seiten ausmachen, Reflexionsbestimmungen, die gegeneinander gleichgültig sind. Aber weil jede nur ist als in Beziehung auf die andere und jede die andere in sich schließt, so hört die Realität auf, eine solche Einheit zu sein, in welcher beide gleichgültig bestehen. Es ist eine Einheit, welche | sie nicht bestehen läßt, ihre aufhebende, einfache Einheit. Das Dasein ist Insichsein, und als Insichsein ist es Daseiendes oder Etwas.

Das Insichsein des Daseins ist somit die einfache Beziehung desselben auf sich selbst wie das Ansichsein. Aber das Ansichsein ist diese Gleichheit mit sich mehr auf unmittelbare Weise; im Ansichsein ist das Moment des Seins das zum Grunde liegende, und das Sein-für-Anderes steht ihm gegenüber. Dies kann so ausgedrückt werden, das Ansichsein ist die Beziehung des Daseins auf sich selbst, nicht als eigene Reflexion des Daseins in sich, sondern als eine äußerliche; oder nur dadurch, daß das Sein-für-Anderes von der Beziehung auf sich abgetrennt wird. – Das Insichsein hingegen ist nunmehr das eigene Ansichsein des Daseins; es ist seine Reflexion in sich. Das Dasein ist die Einheit, welche Realität ist, insofern sie verschiedene Seiten hat, das heißt, die Realität ist die unmittelbare Einheit, aber bezogen auf jene äußerliche Reflexion, welche verschiedene Seiten unterscheidet. Das Insichsein dagegen ist die Beziehung des Daseins auf sich, insofern das Aufheben des Seins-für-Anderes sein eigenes ist; das Sein-für-Anderes geht an ihm selbst in das Ansichsein über, und dieses ist dadurch nicht mehr unmittelbares Ansichsein, sondern das sich gleichfalls mit seinem anderen

Moment vereint hat und in dem das Sein-für-Anderes aufgehoben ist oder Insichsein.

Etwas bestimmt sich fernerhin näher als Fürsichsein oder Ding, Substanz, Subjekt u.s.f. Allen diesen Bestimmungen liegt die negative Einheit zugrunde; die Beziehung auf sich durch Negation des Andersseins. Etwas ist diese negative Einheit des Insichseins, nur erst ganz unbestimmt.

Das Dasein geht in Daseiendes innerhalb seiner selbst über, dadurch daß es als Aufheben des Seins-für-Anderes diesen
10 Punkt der negativen Einheit gewinnt. Das Dasein ist also als Etwas nicht die unmittelbare, seiende Einheit des Seins und Nichts, sondern als Insichsein hat es Beziehung auf sich, insofern es Negation ist. Das Sein des Etwas besteht also nicht in seiner Unmittelbarkeit, sondern im Nichtsein des Andersseins; das Dasein ist also im Etwas insofern in das Negative übergegangen, daß dieses nunmehr zugrunde liegt. Das Etwas ist Dasein allein, insofern es eine Bestimmtheit hat.

B. Bestimmtheit

Dasein ist Sein mit einem Nichtsein. Es ist Sein, einfache
20 Beziehung auf sich selbst, aber nicht mehr als Unmittelbarkeit, sondern als negative Beziehung auf sich selbst; diese macht sein Sein aus. So ist es Etwas. Hier kehrt sich also am Dasein das Moment des Nichtseins heraus. |

Etwas als Daseiendes unterscheidet erstlich sein Moment der Negativität von ihm selbst als seine Grenze.

Alsdann aber zeigt sich die Grenze als die Wesentlichkeit des Etwas und ist seine Bestimmtheit, die sich in Bestimmtheit als an-sich-seiende in Bestimmung und in Bestimmtheit als seiende für-Anderes in Beschaffenheit unterscheidet. Die
30 Bestimmtheit ist als die Beziehung dieser Momente Qualität.

Drittens aber geht die Qualität durch die Beschaffenheit in Veränderung über.

1. Grenze

1. Das Etwas ist erstens ein überhaupt umschlossenes Dasein; es enthält das Nichtsein des Andersseins in sich; ein Nichtsein, wodurch es ist, als Insichsein.

Zweitens ist es als Dasein wohl Sein-für-Anderes; aber das Sein-für-Anderes ist in das Ansichsein zurückgenommen. Dies heißt einesteils, das Anderssein ist nicht verschwunden; aber weil das Etwas eben aus dem Grunde des Zurückgekehrtseins in sich einfaches Insichsein ist, so fällt das Anderssein außer ihm. Dieses Andere ist ein anderes Etwas, wogegen das Etwas gleichgültig ist, es ist, ob dieses Andere sei oder nicht sei oder wie es sei. Das Etwas ist Ansichsein, und zwar gegen das Andere; dieses Ansichsein macht seine Gleichgültigkeit aus. – Das erste Ansichsein des Daseins ist unmittelbares Ansichsein; hingegen das Insichsein ist auch Ansichsein, aber als nicht unmittelbares, sondern ein Ansichsein, das negativ ist gegen Anderes, oder das Ansichsein, das herausgetreten ist in das Sein-für-Anderes. – Darin also, daß das Dasein bestimmt ist als gleichgültig, tritt erst das Andere einem Dasein eigentlich gegenüber; in das Anderssein, wie es vorhin erschien, war das Dasein selbst übergegangen; diese Einheit beider bildete sich zu den betrachteten Momenten aus, durch deren negative Einheit, das Insichsein, sich das Dasein vom Anderssein abtrennt und in gleichgültige Beziehung aufeinander setzt.

Drittens deswegen aber, weil das Insichsein das Nichtsein des Andersseins ist, ist das Etwas nicht gleichgültiges überhaupt, sondern das Nichtsein des Anderen ist wesentliches Moment seiner Gleichgültigkeit; es ist das Aufhören eines Anderen in ihm.

Etwas enthält also die drei Momente: 1) sein Nichtsein, das Andere ist außer ihm; es selbst ist sich selbst gleiche Beziehung auf sich; 2) das Andere ist nicht Anderes überhaupt oder in einer äußerlichen Reflexion, sondern es hört im Etwas | auf; Etwas ist sein Nichtsein; 3) Etwas hat dadurch das Nichtsein selbst an ihm, aber als Aufhören seines Andersseins und damit als Sein seiner selbst.

Es hat eine Grenze.

Etwas hat eine Grenze zunächst nur als gegen Anderes; sie ist das Nichtsein des Anderen, nicht des Etwas selbst; es begrenzt nicht sich selbst dadurch, sondern sein Anderes.

2. Aber das Andere ist selbst ein Etwas überhaupt, denn es ist gleichfalls Dasein. Die Grenze also, welche das Etwas gegen das Andere hat, ist auch Grenze des Anderen als Etwas, oder es ist Grenze desselben, wodurch es das erste Etwas als sein Anderes von sich abhält, oder ist ein Nichtsein jenes Etwas. Sie ist also nicht nur Nichtsein des Anderen, sondern auch des Etwas; sie [ist] am Etwas selbst.

Oder unmittelbar insofern das Etwas nur ist als Nichtsein des Anderen, so ist es an ihm selbst Nichtsein, und die Grenze ist ebensosehr das, wodurch es selbst begrenzt wird.

3. Sie ist als Nichtsein das Aufhören des Etwas. Aber indem sie wesentlich das Aufhören des Anderen ist, so ist das Etwas zugleich durch seine Grenze. – Das Andere ist gleichfalls Nichtsein des Etwas, aber wenn die Grenze nur dieses Nichtsein wäre, so hörte Etwas überhaupt in seiner Grenze auf; aber sie ist nur so Nichtsein des Etwas, daß sie zugleich Nichtsein des Anderen, also Sein des Etwas ist.

Insofern nun Etwas in seiner Grenze ist und nicht ist und diese Momente in unmittelbarer Unterschiedenheit zunächst genommen werden, so fällt das Nichtdasein und das Dasein des Etwas außereinander. Etwas hat sein Dasein außer seiner Grenze; ebenso ist aber auch das Andere, weil es Etwas ist, außerhalb derselben. Sie ist die Mitte beider, in der sie aufhören. Sie haben das Dasein jenseits voneinander und von ihrer Grenze; die Grenze als das Nichtsein eines jeden ist das Andere, jedes hat so sein Dasein außer seinem Nichtsein.

– Nach dieser Verschiedenheit des Etwas von seiner Grenze erscheint uns die Linie als Linie nur außerhalb ihrer Grenze, dem Punkte; die Fläche als Fläche außerhalb der Linie; der Körper als Körper nur außerhalb seiner begrenzenden Fläche. – Dies ist die Seite, von welcher die Grenze zunächst in die Vorstellung – das Außersichsein des Begriffs – fällt, also vornehmlich auch in den räumlichen Gegenständen genommen wird.

4. Ferner aber ist das Etwas, wie es außer der Grenze ist, das unbegrenzte Etwas nur das Dasein überhaupt. Außer der Grenze ist Etwas nicht von seinem Anderen unterschieden; es ist nur

Dasein, es hat also mit seinem Anderen dieselbe Bestimmung; jedes ist nur Etwas überhaupt, oder jedes ist Anderes.

Etwas aber ist Etwas nur durch Insichsein; und es ist in sich nur durch Nichtsein eines Anderen; ohne Grenze ist es sein Anderes. Sein Hinausgekehrtsein gegen Anderes, das Nichtsein, das seine Grenze ist, macht somit das Wesentliche | des Etwas oder sein Dasein aus. Etwas ist, was es ist, nur in seiner Grenze.

Das Insichsein als einfache Beziehung auf sich selbst schließt zunächst das Anderssein und damit die Grenze selbst – als die Beziehung auf das Andere – von sich und aus dem Etwas aus. Aber die Gleichheit des Etwas mit sich beruht auf seiner negativen Natur; oder das Nichtsein ist hier das Ansichsein selbst; also ist die Grenze das Insichsein. Es hatte sich oben das Insichsein des Etwas so bestimmt, daß es das in das Ansichsein aufgenommene Sein-für-Anderes ist; das Ansichsein gegen Anderes war die Gleichgültigkeit des Etwas gegen Anderes. Aber umgekehrt ist das Anderssein oder Nichtsein des Etwas damit als Ansichsein gesetzt, das keinen anderen Inhalt oder kein anderes Bestehen hat als die Grenze selbst.

– Der Punkt ist also nicht nur so Grenze der Linie, daß diese in ihm nur aufhört und sie als Dasein außer ihm ist; – die Linie nicht nur so Grenze der Fläche, daß diese in der Linie nur aufhört, ebenso die Fläche als Grenze des Körpers. Sondern im Punkt fängt die Linie auch an; er ist ihr absoluter Anfang, er macht ihr Element aus, wie die Linie das Element der Fläche, die Fläche das des Körpers. Diese Grenzen sind so zugleich das Prinzip dessen, das sie begrenzen; wie das Eins z. B. als hundertste Grenze ist, aber auch Element des ganzen Hundert.

Die Grenze ist also von dem Etwas nicht unterschieden; dieses Nichtsein ist vielmehr sein Grund und macht es zu dem, was es ist; sie macht sein Sein aus, oder sein Sein geht nicht über sein Anderssein, über seine Negation hinaus. So ist die Grenze Bestimmtheit.

2. Bestimmtheit

Die Grenze gehört dem Etwas selbst an; es hat kein Dasein außer ihr; sie ist das Ansichsein des Etwas selbst, ist seinem Insichsein nicht äußerlich, sondern ist selbst insichseiende Grenze. Ihre Wahrheit ist die Bestimmtheit überhaupt. – Dies ist das Resultat des Vorhergehenden. – Wenn die Grenze sich verändert, so scheint das Etwas überhaupt noch als ein Dasein zu bleiben und die Veränderung außer ihm, nur in der Grenze vorzugehen. Wie aber die Grenze in Wahrheit ist, nämlich als Bestimmtheit (die qualitative, noch nicht quantitative Grenze), ist sie das, wodurch Etwas das ist, was es ist; wenn die Bestimmtheit verschwindet, so verschwindet Etwas selbst, oder wenn eine andere Bestimmtheit an die Stelle einer anderen tritt, so ist Etwas selbst ein Anderes.

Etwas hat eine Bestimmtheit. In diesem Ausdruck wird das Etwas und seine Bestimmtheit voneinander unterschieden. Dieser Unterschied gehört aber der | äußeren Reflexion an. Etwas ist das Bestimmte; es ist in einfacher, unmittelbarer Einheit mit ihr. Etwas verschwindet darum in seiner Bestimmtheit; es ist daher eigentlich nicht sowohl mehr von dem Etwas als von ihr zu sprechen. Denn Etwas ist das Insichsein in einer Unmittelbarkeit; nach dieser hat es die Negation, die Grenze nur an ihm als Sein-für-Anderes, und Etwas ist an sich gegen sie; aber in der Einheit mit ihr ist es aufgehoben, denn seine Unmittelbarkeit ist verschwunden, und es ist in die Bestimmtheit übergegangen.

Die einfache Bestimmtheit ist Einheit des Insichseins und der Grenze. Sie enthält beide in ihr als Aufgehobene, als Momente, oder sie ist selbst auf diese gedoppelte Weise bestimmt. Sie ist einerseits in sich gekehrte Grenze, andererseits aber auch das Insichsein, das in das Sein-für-Anderes übergegangen oder als Grenze ist.

a) Bestimmung

Als in sich gekehrte Grenze ist die Bestimmtheit an sich; sie ist das Bestimmte als sich nur auf sich beziehend, als das Nichtsein des Anderen, so daß es dadurch nicht selbst begrenzt wird.

Die Bestimmtheit kann nach dieser Seite genauer **Bestimmung** genannt werden. In seiner Bestimmung ruht Etwas in sich selbst; es ist in ihr das, was es sein soll. Es ist zwar Anderes außer ihm, aber so, daß Etwas nicht das, was es ist, in dieser Beziehung auf Anderes ist, sondern es ist aus der Beziehung auf Anderes in sich zurückgenommen. **Grenze als Bestimmung** ist nicht mehr die beziehende Mitte zwischen ihm und Anderem; sie gehört nur dem Etwas an, das sie nicht gemeinschaftlich hat, sondern sie ist seine Beziehung auf sich selbst.

b) Beschaffenheit

Die Bestimmung macht das **Ansichsein** des Etwas aus. Aber die Bestimmtheit ist nicht nur An-sich-Sein, sondern ist als Grenze auch **Sein-für-Anderes** oder das in das Anderssein übergegangene Insichsein. Die Bestimmtheit ist zuerst Gleichgültigkeit gegen Anderes, und das Andere fällt außer dem Etwas. Aber zugleich, indem die Grenze ihm selbst angehört, hat es das Anderssein an ihm selbst. Die Bestimmtheit ist auf diese Weise äußerliches Dasein des Etwas, das zwar sein Dasein ist, aber das nicht seinem Ansichsein angehört.

Die Bestimmtheit ist so **Beschaffenheit**.

So oder anders beschaffen, ist Etwas nicht als in sich seiend, sondern als in äußerem Einfluß und Verhältnis begriffen. Diese Bestimmtheit, die ihm zwar angehört, ist vielmehr sein Anderssein, aber insofern es an ihm ist. Die äußer|liche Beziehung, von der die Beschaffenheit abhängt, und das Bestimmtwerden durch ein Anderes erscheint als etwas Zufälliges, weil es als ein Anderes, Äußerliches erscheint. Aber das Etwas besteht darin, dieser Äußerlichkeit preisgegeben zu sein und eine Beschaffenheit zu haben. – Die Bestimmung ist das in sich zurückgenommene Anderssein; eben dadurch ist vielmehr das Anderssein, statt aufgehoben zu sein, zur Bestimmung der Bestimmtheit, zu ihrem Ansichsein gemacht worden.

c) Qualität

Die Bestimmtheit ist also zuerst die einfache in-sich-seiende Grenze. Aber sie hat dadurch die zwei Momente, die betrachtet worden sind. Die Bestimmtheit in dieser näheren Reflexion ist Qualität, welche sowohl die Bedeutung von Bestimmung als Beschaffenheit in sich vereinigt. Die Qualität als diese Vereinigung ist die bestimmte Natur von Etwas, nicht als eine in sich ruhende, sondern sofern es zugleich eine durch die Beziehung auf Anderes sich bestimmende Weise an ihm hat.

Insofern bei ihrer besonderen Betrachtung Bestimmung und Beschaffenheit voneinander unterschieden wurden, so ist Etwas nach seiner Bestimmung gleichgültig gegen seine Beschaffenheit. Aber beide sind wesentlich Momente eines und desselben, oder näher ist die Beschaffenheit eigentlich die in der Bestimmung selbst enthaltene Grenze. Die Beschaffenheit, insofern sie zugleich als in einem Äußerlichen, einem Anderen überhaupt gegründet erscheint, hängt also auch von der Bestimmung ab, und die fremde Bestimmung ist durch die eigene, immanente zugleich bestimmt. Umgekehrt gehört die Beschaffenheit zu dem, was das Etwas an sich ist; mit seiner Beschaffenheit ändert sich Etwas.

Anmerkung
Die Qualität ist in dieser Rücksicht vornehmlich Eigenschaft, als sie in einer äußerlichen Beziehung sich als immanente Bestimmung zeigt. Denn unter Eigenschaften z. B. von Kräutern versteht man Bestimmungen, die einem Etwas nicht nur überhaupt eigen sind, sondern insofern es sich dadurch in Beziehung auf andere Dinge auf eine eigentümliche Weise verhält und die fremden in ihm gesetzten Einwirkungen nicht in sich gewähren läßt, sondern seine Schranke als ein Insichsein zeigt und sie in seinem Anderssein – ob es dies zwar nicht von sich abhält – geltend macht. Die mehr ruhenden Bestimmtheiten, z. B. Figur, Gestalt, Größe, nennt man dagegen nicht wohl Eigenschaften.

Insofern man von guter oder schlechter Qualität spricht, so hat die Qualität die Bedeutung seines Momentes, der Beschaffenheit. Denn gut und schlecht | sind Urteilsbestimmungen über die Übereinstimmung der Beschaffenheit mit der Bestimmung, mit dem Begriff. Zugleich aber ist diese Beschaffenheit nicht eine bloße unwesentliche, abtrennbare Äußerlichkeit oder ein bloßer Zustand, sondern Bestimmtheit des Seins der Sache selbst. Beschaffenheit ist nicht von der Bestimmung abgesondert, sondern wie die Sache beschaffen ist, so ist sie auch. Die Qualität ist eben dies, daß die in Bestimmung und Beschaffenheit unterschiedene Bestimmtheit wesentlich die Einheit beider Momente ist.

Die Qualierung oder Inqualierung einer in die Tiefe, aber in eine trübe Tiefe gehenden Philosophie bezieht sich auf die Bestimmtheit, insofern sie an sich, aber zugleich ein Anderes an sich ist; oder auf die nähere Natur des Gegensatzes, wie er im Wesen ist, insofern er die innere Natur der Qualität und wesentlich ihre Selbstbewegung in sich ausmacht. Die Qualierung bedeutet daher in jener Philosophie die Bewegung einer Bestimmtheit in ihr selbst, insofern sie in ihrer negativen Natur (in ihrer Qual) sich aus anderem setzt und befestigt, überhaupt die Unruhe ihrer an ihr selbst ist, nach der sie nur im Kampfe sich hervorbringt und erhält.

3. Veränderung

Die Bestimmtheit ist Qualität, reflektierte Bestimmtheit, insofern sie die beiden Seiten der Bestimmung und der Beschaffenheit hat.

Die letztere ist die Bestimmtheit, insofern sie das Anderssein an ihr selbst ist. Die Grenze als Sein äußerer Bestimmungen macht die Beschaffenheit aus; aber es ist die Bestimmtheit selbst, welche diese Grenze ist; die Äußerlichkeit ist daher eigene Äußerlichkeit ihrer selbst. Indem also Etwas in seiner Bestimmtheit an ihm selbst sein Nichtsein ist oder seine Bestimmtheit ebensosehr sein Anderes als die seinige ist, so ist hier ein Werden gesetzt, welches Veränderung ist.

Die Veränderung liegt notwendig schon im Dasein selbst; es ist Einheit des Seins und Nichts; es ist an sich Werden. Aber es ist das zur unmittelbaren Einheit gewordene Werden. Insofern es sich zum Werden wieder entwickelt, sind es nicht die abstrakten

Momente des Seins und Nichts, in die es auseinandertritt, die das Übergehende ausmachen, sondern die Momente als aus dem Dasein, der Einheit des Seins und Nichts, hervorgehend als solche, welche selbst diese Einheiten sind. Diese Momente sind das Insichsein des Etwas und das Andere; – nicht als Momente der äußeren Reflexion – wie Ansichsein und Sein für Anderes –, sondern als immanente Momente des Daseins selbst. In der Bestimmung ist das Anderssein, das zunächst als Grenze ist, zur einfachen Bestimmtheit zurück|genommen, oder sie ist selbst die einfache Einheit beider Momente. Aber die Beschaffenheit ist die Beziehung derselben als sich einander anders seiender oder als unterschiedener und ihre Beziehung in einer und derselben Rücksicht; somit ihr Aufheben an ihnen selbst.

a) Veränderung der Beschaffenheit

Die Veränderung fällt zunächst nur in die Beschaffenheit; die Bestimmung ist die der Beziehung auf Anderes entnommene Grenze; die Beschaffenheit dagegen die dem Anderen offene Seite oder die Seite, in der das Andere als Anderes ist. Es ist insofern in der Bestimmung noch ein Insichsein vorhanden, das von der Beschaffenheit und der Veränderung verschieden ist; das Etwas ist noch vorhanden und gibt nur die eine seiner Seiten preis. – Auch ist das Werden darum hier näher als Veränderung bestimmt, weil nicht rein abstrakte Momente in Beziehung sind, sondern solche, welche selbst Einheiten voneinander sind, wodurch also die Bestimmung sich im Übergehen zugleich erhält und hier nicht ein Verschwinden, sondern nur ein Anderswerden gesetzt ist.

Zunächst ist es also die Beschaffenheit, welche sich so ändert, daß sie nur eine andere Beschaffenheit wird; indem nämlich eine Beschaffenheit eine bestimmte ist und die Bestimmtheit in Veränderung übergeht. Aber diese Veränderung der Bestimmtheit ist es selbst, die hier näher betrachtet wird; die Bestimmtheit geht darum in Veränderung über, weil sie Beschaffenheit ist.

Es ist also die Beschaffenheit als solche, die sich verändert; nicht eine Beschaffenheit, so daß die Beschaffenheit als solche bliebe; daher muß nicht sowohl gesagt werden, daß sie sich verändert, sondern ist selbst die Veränderung.

b) Sollen und Schranke

Etwas erhält sich in der Veränderung seiner Beschaffenheit; die Veränderung trifft nur diese unstete Oberfläche des Andersseins, nicht die Bestimmung des Etwas selbst. Es ist aber die Beschaffenheit des Etwas, welche Veränderung ist: das heißt das Anderssein desselben, welches an ihm selbst ist. Die Beschaffenheit des Etwas ist nicht nur Oberfläche, sondern die Grenze ist das Insichsein des Etwas; oder die Beschaffenheit ist seine Bestimmung selbst. Beide ergaben sich oben nur als verschiedene Seiten für die äußere Reflexion; aber sie sind an sich in der Qualität vereinigt und ungetrennt; die Äußerlichkeit des Andersseins ist die eigene Innerlichkeit des Etwas. Etwas ist bestimmt, es ist in sich nur durch seine Grenze; sie ist Negation des Andersseins, aber damit ist das Anderssein die an-sichseiende, immanente Bestimmung des Etwas selbst. |

Es ist nämlich im Etwas nicht nur vorhanden das Insichsein und sein Anderes überhaupt, sondern dies sein Anderes ist seine ansichseiende Bestimmtheit, nämlich die Bestimmung selbst. Diese ist daher das sich auf sich beziehende Insichsein, das aber als dieses Insichsein selbst seine Grenze ist. Das sich selbst gleiche Insichsein bezieht sich daher auf sich selbst als auf sein eigenes Nichtsein. Die Grenze, die so die Bestimmung des Etwas ausmacht, aber so, daß sie zugleich als sein Nichtsein bestimmt ist, ist Schranke.

Das Ansichsein der Bestimmung aber in dieser Beziehung auf die Grenze, nämlich auf sich als Schranke, ist Sollen.

Die Grenze, die am Dasein überhaupt ist, ist nicht Schranke. Daß sie Schranke sei, muß das Dasein zugleich über sie hinausgehen. Es muß sich auf sie als auf ein Nichtseiendes beziehen. Das Dasein des Etwas liegt nur ruhig gleichgültig gleichsam neben seiner Grenze. Etwas geht aber über seine Grenze nur hinaus, insofern es deren Aufgehobensein ist. Und indem die Grenze die Bestimmung selbst ist, geht Etwas damit über sich selbst hinaus.

Das Sollen enthält also die verdoppelte Bestimmung, einmal sie als ansichseiende Bestimmung; das andere Mal aber dieselbe als ein Nichtsein, als Schranke. Das Sollen ist die Bestimmung und das Aufgehobensein ihrer selbst, und zwar so, daß eben dieses Aufgehobensein ihrer selbst in ihr ist. Das Sollen ist also die Beziehung der Bestimmung auf sich als auf ihr Nichtsein oder auf das Nichtsein, das sie selbst ist.

Was sein soll, ist und ist zugleich nicht. Wenn es wäre, so sollte es nicht bloß sein. Also das Sollen hat wesentlich eine Schranke. – Aber ferner diese Schranke ist nicht ein Fremdes. Das, was sein soll, ist die Bestimmung, d. i. es ist die Bestimmtheit der Bestimmung selbst, welche nicht ist. Dies ist das, was soeben so ausgedrückt wurde, daß das Sollen die Bestimmtheit ist, aber ebenso das Aufgehobensein dieser Bestimmtheit selbst.

Was sich also ergeben hat, besteht darin: Etwas hat eine Bestimmung, d. h. eine Bestimmtheit, welche aber nicht seine Grenze, nicht sein Aufhören sei, sondern vielmehr sein Insichsein selbst. Aber es hat damit zugleich eine Grenze oder ist bestimmt; die aufgehobene Grenze ist aufbewahrt. Diese Grenze ist Schranke, und die Bestimmung ist Sollen, insofern die Bestimmtheit in der einfachen Einheit des Insichseins zugleich ist und nicht ist.

Das In-sich-Beruhen des Etwas in seiner Bestimmung setzt sich also zum Sollen herab, dadurch daß dieselbe Bestimmtheit, welche sein Insichsein ausmacht, zugleich auch in einer und derselben Rücksicht aufgehoben als Nichtsein ist. Die Schranke des Etwas ist daher nicht ein Äußeres, sondern seine eigene Bestimmung ist auch seine Schranke.

Als Sollen geht das Etwas ferner über seine Schranke hinaus, d. h. das, was nicht | ist in ihm, was aufgehoben ist, ist auch in ihm; nämlich dieselbe Bestimmtheit, als welche es aufgehoben ist, ist sein Ansichsein, und seine Grenze ist auch nicht seine Grenze.

Als Sollen ist somit Etwas über seine Schranke erhaben, umgekehrt hat es aber nur als Sollen seine Schranke. Beides ist untrennbar. Es hat insofern eine Schranke, als es eine Bestimmung hat, und die Bestimmung ist auch das Aufgehobensein der Schranke.

Anmerkung

Das Sollen hat neuerlich eine große Rolle in der Philosophie, vornehmlich in Beziehung auf Moralität und überhaupt auch als der letzte und absolute Begriff von der Identität der Gleichheit mit sich selbst und der Bestimmtheit gespielt.

Du kannst, weil du sollst, – dieser Ausdruck, der viel sagen sollte, liegt im Begriff des Sollens. Denn das Sollen ist das Hinaussein über die Schranke; die Grenze ist in demselben aufgehoben. – Aber umgekehrt ist es ebenso richtig: Du kannst nicht, eben weil du sollst. Denn im Sollen liegt ebensosehr die Schranke als Schranke; die Bestimmtheit macht die Bestimmung aus als Insichsein; aber das Insichsein ist wesentlich als das Aufgehobensein dieser Bestimmtheit, welche doch das Insichsein selbst ist, also die Bestimmtheit als Nichtsein, als Schranke.

Im Sollen beginnt überhaupt der Begriff der Endlichkeit und damit zugleich das Hinausgehen über sie, die Unendlichkeit. Das Sollen enthält dasjenige, was sich in weiterer Entwicklung als der Progreß ins Unendliche darstellt, bei welchem die Natur der darin enthaltenen unvollkommenen Identität näher betrachtet werden wird.

c) Negation

1. Das Dasein, das bestimmte Sein, als Einheit seiner Momente, des Ansichseins und des Seins-für-Anderes, war oben Realität.

Die freigewordene Bestimmtheit ist, gleichfalls als Einheit der Bestimmung und der Beschaffenheit, Qualität. Der Realität steht die Negation gegenüber. Die Qualität macht die Mitte und den Übergang zwischen Realität und Negation aus; sie enthält diese beiden in einfacher Einheit. Aber in der Negation tritt das Nichtsein als die Wahrheit hervor, in welche die Realität übergegangen ist.

Dem Reellen steht auch das Ideelle entgegen und dem Negativen das Positive. Der Gegensatz des Reellen und Ideellen wird sich unten beim Fürsich|sein ergeben; der Gegensatz des Positiven und Negativen aber gehört unter die eigentlichen Reflexionsbestimmungen, oder ist der Gegensatz, wie er im Wesen ist, und tritt dort hervor. – Insofern der Negation die Position überhaupt entgegengesetzt wird, so heißt diese nichts anderes als Realität.

Wie die Realität dasselbe ist, was das Dasein, insofern dieses die Momente des Ansichseins und des Sein-für-Anderes an ihm hat, so kann die Negation auch für die reflektierte Bestimmtheit angenommen werden nach demjenigen nämlich, was sich als die Wahrheit derselben ergeben hat, nämlich die Einheit von Sollen und von Schranke zu sein.

Anmerkung

Die Bestimmtheit überhaupt ist Negation, (Determinatio est negatio) sagte Spinoza; – ein Satz, der von durchgängiger Wichtigkeit ist, – der sich an der Betrachtung der Bestimmtheit ergab. Denn sie ist wesentlich die Grenze und hat das Anderssein zu ihrem Grunde; das Dasein ist nur durch seine Grenze das, was es ist; es fällt nicht außerhalb dieser seiner Negation. Daher war notwendig, daß die Realität in Negation überging; sie macht damit ihren Grund und [ihr] Wesen offenbar.

Es ist bei der Realität bemerkt worden, daß der Inbegriff aller Realitäten, wenn sie ohne Grenze gedacht werden, zum leeren Nichts wird. Werden sie aber als bestimmte Realitäten erhalten, so wird der Inbegriff aller Realitäten ebenso zum Inbegriff aller Negationen. Dies kann, da die Negation sich soeben zur Schranke und der Endlichkeit bestimmt hat, auch heißen der Inbegriff aller Schranken und Endlichkeiten. Aber Schranke und Endlichkeit sind nur dies, sich selbst aufzuheben; die Negation aber, daß sie als absolute Negativität wesentliche Bestimmung des absoluten Wesens und die höhere Bestimmung als die Realität ist, wird gleich nachher vorläufig erwähnt werden.

Von dem Satze, daß die Bestimmtheit Negation ist, ist die Einheit der Spinozistischen Substanz, oder daß nur Eine Substanz ist, – eine notwendige Konsequenz. Denken und Sein mußte er in dieser Einheit in eins setzen, denn als bestimmte Realitäten sind sie Negationen, deren Unendlichkeit oder Wahrheit nur ihre Einheit ist. Er begriff sie daher als Attribute, d. h. als solche, die nicht ein besonderes Bestehen, ein An-

und-für-sich-Sein haben, sondern nur als Aufgehobene, als Momente sind. – Ebensowenig kann die Substantialität der Individuen gegen jenen Satz bestehen. Denn das Individuum ist ein nach allen Rücksichten Beschränktes; es ist individuelle Beziehung auf sich nur dadurch, daß es allem anderen Grenzen setzt; aber diese Grenzen sind damit auch Grenzen seiner selbst, Beziehungen auf Anderes; es hat sein Dasein nicht in ihm selbst. Das Indi|viduum ist zwar mehr als nur das nach allen Seiten Beschränkte; aber insofern es als Endliches genommen wird, so macht sich dagegen, daß das Endliche als solches als bewegungslos, als seiend, an und für sich sei, die Bestimmtheit wesentlich als Negation geltend und reißt es in die negative Bewegung, woraus aber nicht sein leeres Nichts, sondern vielmehr erst seine Unendlichkeit und das An-und-für-sich-Sein hervorgeht.

2. Die Bestimmtheit ist Negation überhaupt. Aber näher ist die Negation das gedoppelte Moment der Schranke und des Sollens.

Erstens: Die Negation ist nicht bloß das Nichts überhaupt, sondern reflektierte, auf das Ansichsein bezogene Negation; der Mangel als von Etwas oder die Schranke; die Bestimmtheit, gesetzt als das, was sie in Wahrheit ist, als Nichtsein.

Zweitens: Die Negation als Sollen ist die an-sich-seiende Bestimmtheit, oder umgekehrt, das Sollen ist die Bestimmtheit oder Negation als An-sich-Sein. Sie ist insofern die Negation jener ersten Bestimmtheit, welche als Nichtsein, als Schranke gesetzt ist. Sie ist somit Negation der Negation und absolute Negation.

So ist die Negation das wahrhafte Reale und Ansichsein. Diese Negativität ist es, die das Einfache ist, welches als Aufheben des Andersseins in sich zurückkehrt; die abstrakte Grundlage aller philosophischen Ideen und des spekulativen Denkens überhaupt, von der man sagen muß, daß sie erst die neuere Zeit in ihrer Wahrheit aufzufassen begonnen hat. – Diese Einfachheit hat an die Stelle des Seins oder jeder Bestimmtheit zu treten, die in unmittelbarer Form als an-und-für-sichseiend genommen wird. Wenn fernerhin von Negativität oder negativer Natur die Rede sein wird, so ist darunter nicht jene erste Negation, die Grenze, Schranke oder Mangel, sondern wesentlich die Negation des Andersseins zu verstehen, die als solche Beziehung auf sich selbst ist.

Hier ist die an-sich-seiende Negation nur erst Sollen, zwar Negation der Negation, aber so, daß dieses Negieren selbst noch die Bestimmtheit ist. Es ist nämlich die Grenze oder Negation, welche sich als Ansichsein auf sich als Nichtsein bezieht. Beide Negationen, welche sich aufeinander beziehen, machen die Beziehung der Negation auf sich selbst aus, aber sie sind noch Andere füreinander; sie begrenzen sich gegenseitig.

Diese Negationen nun, die sich noch als Andere aufeinander beziehen, – die als Nichtsein gesetzte Negation und die ansichseiende Negation –, die | Schranke und das Sollen, machen das (qualitativ) Endliche und (qualitativ) Unendliche und deren Beziehung aufeinander aus.

C. (Qualitative) Unendlichkeit

1. Endlichkeit und Unendlichkeit

Das Dasein ist bestimmt; und die Bestimmtheit setzt sich als Negation und Schranke dadurch, daß sie als insichseiende Bestimmtheit zugleich über sich hinausgeht und sich auf sich als auf ihre Negation bezieht. Das Dasein ist auf diese Weise nicht nur bestimmt, sondern beschränkt: endlich, und es ist nicht nur endlich, sondern es ist die Endlichkeit.

Insofern wir von den Dingen sagen, sie sind endlich, so wird darunter verstanden, daß sie nicht nur eine Bestimmtheit enthalten – denn die Qualität kann als Bestimmung oder auch als Realität genommen werden –, sondern daß nicht das Sein, vielmehr das Nichtsein als Schranke ihre Natur ausmacht.

Das Bestimmte ist aber nur im Sollen endlich, das heißt, insofern es über sich selbst als über seine Negation hinausgeht. Das Endliche ist Negation, insofern es sich Negation ist, sich auf sich als auf Nichtsein bezieht, insofern es also die Schranke ebensosehr aufhebt. Es ist nämlich die Grenze, insofern sie das Ansichsein oder die Bestimmung ausmacht, das heißt, ebensosehr insofern es sich auf sich bezieht, also sich selbst gleich ist. In dieser Beziehung der Negation auf sich selbst aber besteht das Aufheben der Negation seiner oder seiner Ungleichheit. Die Bestimmtheit ist also nur insofern Negation und Endlichkeit, als zugleich darin die Beziehung auf sich selbst, die Gleichheit mit sich, das Aufheben der Schranke vorhanden ist. Das Endliche ist also selbst dieses Aufheben seiner, es ist selbst dies, unendlich zu sein.

Wie sich also der Begriff des Unendlichen ergeben hat, so ist es das Anderssein des Andersseins, die Negation der Negation, die Beziehung auf sich durch Aufheben der Bestimmtheit. – Das Unendliche in diesem seinem einfachen Begriff kann als die zweite Definition des Absoluten [angesehen] werden; er ist tiefer als das Werden, aber hier noch mit einer Bestimmtheit behaftet; und die Hauptsache ist, den wahrhaften Begriff der Unendlichkeit von der schlechten Unendlichkeit, das Unendliche der Vernunft von dem Unendlichen des Verstandes zu unterscheiden. |

Zuerst hat es sich am bestimmten Dasein gezeigt, daß es in seinem Ansichsein sich als Endliches bestimmt und über sich als die Schranke hinausgeht. Es ist also überhaupt die Natur des Endlichen selbst, über sich hinauszugehen, die Negation zu negieren und unendlich zu werden. Das Unendliche steht also nicht als ein für sich Fertiges über dem Endlichen, so daß das Endliche außer oder unter jenem sein Bleiben hätte und behielte. Noch gehen wir nur als eine subjektive Vernunft über das Endliche ins Unendliche hinaus. Wie wenn man sagt, daß das Unendliche der Vernunftbegriff sei und wir uns durch die Vernunft über das Zeitliche und Endliche erheben, so geschieht dies ganz unbeschadet der Endlichkeit, welche jene ihm äußerliche bleibende Erhebung nichts angeht. Insofern aber das Endliche selbst in die Unendlichkeit erhoben wird, so ist es ebensowenig eine fremde Gewalt, welche ihm dies antut, sondern es ist dies seine Natur, sich auf sich als Schranke zu beziehen und somit über dieselbe hinauszugehen. Denn wie sich gezeigt hat, ist die Schranke nur, insofern über sie hinausgegangen wird. Also nicht im Aufheben der Endlichkeit überhaupt besteht die Unendlichkeit überhaupt, sondern das Endliche ist nur dies, selbst durch seine Natur dazu zu werden. Die Unendlichkeit ist seine Bestimmung oder das, was es an sich ist.

2. *Wechselbestimmung des Endlichen und Unendlichen*

Die Unendlichkeit ist die Bestimmung des Endlichen, aber diese Bestimmung ist das Bestimmte selbst. Die Unendlichkeit ist also selbst bestimmt, Beziehung auf Anderes. Das Andere aber, auf welches sich das Unendliche bezieht, ist das Endliche. Sie sind aber nicht nur Andere überhaupt gegeneinander, sondern sind beide Negationen, aber das eine ist die an-sich-seiende Negation, das andere die Negation als nicht-an-sich-seiend, die Negation als Nichtsein, als Aufgehobenes.

Nach dieser seiner Bestimmtheit gegen das Unendliche ist das Endliche die Negation als die Bestimmtheit am Dasein; es ist nicht die Negation der Negation, sondern die erste Negation oder die, welche das Sein zwar in sich aufgehoben hat, aber es in sich aufbewahrt, nur die unmittelbare Negation. Das Endliche steht daher als das reale Dasein dem Unendlichen als seiner Negation gegenüber. Beide stehen nur in Beziehung aufeinander; das Endliche ist noch nicht wahrhaft aufgehoben, sondern bleibt demselben gegenüberstehen; unmittelbar hat das Unendliche gleicherweise das Endliche nicht wahrhaft in sich aufgehoben, sondern hat es außer sich.

So das Unendliche gesetzt, ist es das Schlecht-Unendliche oder das Unendliche des Verstandes. Es ist nicht die Negation der Negation, sondern ist zur einfachen, ersten Negation herabgesetzt. Es ist das Nichts des Endlichen, | welches das Reale ist; es ist das Leere, [das] bestimmungslose Jenseits des Daseins. – Es ist auf diese Weise wohl die Bestimmung des Endlichen, unendlich zu werden, aber es hat diese seine Bestimmung nicht an ihm selbst; sein Ansichsein ist nicht in seinem Dasein, sondern ein Jenseits seiner.

Dieses Unendliche ist dieselbe leere Abstraktion, die als Nichts im Anfang dem Sein gegenüberstand. Dort war es das unmittelbare Nichts; hier ist es das Nichts, das aus dem Dasein zurückkommt und hervorgeht und als nur unmittelbare Negation in Beziehung auf dasselbe steht. Weil ihm das Endliche so als Dasein gegenüberbleibt, so hat es seine Grenze an diesem und ist somit nur ein Bestimmtes, selbst endliches Unendliches.

So erscheint der Vorstellung das Endliche als das Wirkliche, und das Unendliche dagegen als das Unwirkliche, das in trüber, unerreichbarer Ferne das Ansich des Endlichen, aber zugleich nur seine Grenze sei; denn beide sind außer und jenseits voneinander.

Sie sind außereinander, aber ihrer Natur nach schlechthin aufeinander bezogen; jedes ist die Grenze des anderen und besteht nur darin, diese Grenze zu haben. In ihrer Absonderung hat daher jedes zugleich dies sein Anderes an ihm selbst, aber als das Nichtsein seiner selbst es ebenso unmittelbar von sich abstoßend. Ihre Einheit ist somit nicht die an ihnen gesetzte Beziehung; diese ist vielmehr ihre Beziehung als schlechthin Anderer, der Endlichkeit als der Realität, der Unendlichkeit als der Negation. – Ihre Begriffseinheit ist die Bestimmung, in der das Sollen und die Schranke als dasselbe war und aus der die Endlichkeit und Unendlichkeit entsprungen sind. Aber diese Einheit hat sich in dem Anderssein derselben verborgen; sie ist die innerliche, die nur zugrunde liegt; – daher scheint das Unendliche an dem Endlichen und das Endliche an dem Unendlichen, das Andere an dem Anderen, nur hervorzutreten, das heißt, jedes ein eigenes unmittelbares Entstehen zu sein, und ihre Beziehung nur eine äußerliche.

Es wird daher über das Endliche hinausgegangen in das Unendliche. Dieses Hinausgehen erscheint als ein äußerliches Tun. In diesem Leeren, was entsteht? Was ist das Positive darin? Um der Einheit des Unendlichen und Endlichen willen oder weil dieses Unendliche selbst beschränkt ist, entsteht die Grenze; das Unendliche hebt sich wieder auf; sein Anderes, das Endliche ist eingetreten. Aber dieses Eintreten des Endlichen erscheint als ein dem Unendlichen äußerliches Tun, und die neue Grenze als ein solches, das nicht aus dem Unendlichen selbst entstehe. Es ist somit der Rückfall in die vorherige, aufgehobene Bestimmung vorhanden. Diese neue Grenze aber ist selbst nur ein solches, das aufzuheben oder über das hinauszugehen ist. Somit ist wieder das Leere, das Nichts enststanden, | in welchem aber jene Bestimmung, eine neue Grenze gesetzt werden kann und sofort ins Unendliche.

Es ist die Wechselbestimmung des Endlichen und Unendlichen vorhanden; das Endliche ist endlich nur in der Beziehung auf das Sollen oder auf das Unendliche, und das Unendliche ist nur unendlich in Beziehung auf das Endliche. Sie sind schlechthin Andere gegeneinander, und jedes hat das Andere seiner an ihm selbst.

Diese Wechselbestimmung ist es, welche näher im Quantitativen als der Progreß ins Unendliche auftritt, der in so vielen Gestalten und Anwendungen als ein Letztes gilt, über das nicht mehr hinausgegangen wird, sondern angekommen bei jenem: Und so fort ins Unendliche, pflegt der Gedanke sein Ende erreicht zu haben.

Der Grund, daß über dieses Hinausgehen nicht selbst hinausgegangen wird, hat sich ergeben. Es ist nur das schlechte Unendliche vorhanden; über dasselbe wird allerdings hinausgegangen, denn es wird eine neue Grenze gesetzt, aber damit eben wird vielmehr nur zum Endlichen zurückgekehrt. Die schlechte Unendlichkeit ist dasselbe, was das perennierende Sollen; sie ist zwar die Negation des Endlichen, aber sie vermag sich nicht in Wahrheit davon zu befreien; dieses tritt an ihr selbst wieder hervor als ihr Anderes, weil dieses Unendliche nur ist als in Beziehung auf das ihm andere Endliche. Der Progreß ins Unendliche ist daher nur die sich wiederholende Einerleiheit, eine und dieselbe langweilige Abwechslung dieses Endlichen und Unendlichen.

Diese Unendlichkeit des unendlichen Progresses, die mit dem Endlichen behaftet bleibt, hat an ihr selbst ihr Anderes, das Endliche; sie ist somit dadurch begrenzt und selbst endlich; sie ist darum die schlechte Unendlichkeit, weil sie nicht an und für sich, sondern nur ist als Beziehung auf ihr Anderes.

Dieses Unendliche ist selbst endlich. – Somit wäre es in der Tat die Einheit des Endlichen und Unendlichen. Aber auf diese Einheit wird nicht reflektiert. Allein sie ist es nur, welche im Endlichen das Unendliche und im Unendlichen das Endliche hervorruft und sozusagen die Triebfeder des unendlichen Progresses ist. Er ist das Äußere jener Einheit, bei welchem die Vorstellung stehenbleibt, bei jener perennierenden Wiederholung eines und desselben Abwechselns, der leeren Unruhe des Weitergehens über die Grenze hinaus, das in diesem Unendlichen eine neue Grenze findet, auf derselben aber sich so wenig halten kann als in dem Unendlichen. Dieses Unendliche hat einmal die feste Determination eines Jenseits, das also nicht erreicht werden kann, darum weil es nicht erreicht werden soll, weil es die Bestimmung eines Jenseits hat. Es hat nach dieser Bestimmung das Endliche als die Bestimmung eines Diesseits sich gegenüber, das sich ebensowenig ins Unendliche erheben kann, darum weil es diese Determination eines Anderen für es hat. |

*

3. Rückkehr der Unendlichkeit in sich

In der Tat aber ist in diesem herüber- und hinübergehenden Wechselbestimmen die Wahrheit dieses Unendlichen schon enthalten. Es ist nämlich, wie erinnert, als schlechthin bezogen auf das Endliche selbst endlich. Die Einheit des Endlichen und Unendlichen ist also nicht nur das Innere, sondern sie ist selbst vorhanden. Das Unendliche ist nur als das Hinausgehen über das Endliche; so das Endliche nur als das, was eine Grenze ist, und über das hinausgegangen werden muß. In jedem selbst liegt daher die Bestimmung, welche in der Meinung des unendlichen Progresses oder des Sollens nur von ihm ausgeschlossen ist und ihm gegenübersteht.

Die Einheit des Endlichen und Unendlichen aber hebt sie auf; denn eben Endliches und Unendliches sind sie nur in ihrer Trennung. Jedes aber ist an ihm selbst diese Einheit und dieses Aufheben seiner selbst. Die Endlichkeit ist nur als Hinausgehen über sich; es ist also in ihr die Unendlichkeit, das Andere ihrer selbst enthalten. Ebenso ist die Unendlichkeit nur als Hinausgehen über das Endliche; sie hat nur Bedeutung als die negative Beziehung auf das Endliche, sie enthält also wesentlich ihr Anderes und ist somit an ihr das Andere ihrer selbst. Das Endliche wird nicht vom Unendlichen als einem außer ihm Seienden aufgehoben, sondern seine Unendlichkeit besteht darin, sich selbst aufzuheben. – Ferner ist dieses Aufheben nicht das Anderssein überhaupt, sondern das Endliche nach seiner Bestimmung als das, was es an sich sein soll, ist Negation, ist Anderssein, ist das Dasein als ein Nichtsein. Indem es also das Anderssein seiner Bestimmung an ihm selbst hat, ist es selbst das Anderssein des Andersseins. – So besteht die Unendlichkeit nicht in dem leeren Jenseits, das nur äußerlich begrenzt wird und eine Bestimmung erhält, sondern sie ist gleichfalls an ihr das

Andere ihrer, das sich aus seiner Flucht zurückruft und somit als Anderes des leeren Andersseins, als Negation der Negation, Rückkehr zu sich und Beziehung auf sich selbst ist.

Weder das Endliche als solches noch das Unendliche als solches haben daher Wahrheit. Jedes ist an ihm selbst das Gegenteil seiner und Einheit mit seinem Anderen. Ihre Bestimmtheit gegeneinander ist also verschwunden. Es ist hiermit die wahre Unendlichkeit, in der sowohl die Endlichkeit als die schlechte Unendlichkeit aufgehoben ist, eingetreten. Sie besteht in dem Hinausgehen über das Anderssein als der Rückkehr zu sich selbst; sie ist die Negation als sich auf sich selbst beziehend; das Anderssein, insofern es nicht | unmittelbares Andersein, sondern Aufheben des Andersseins, die wiederhergestellte Gleichheit mit sich ist.

Das Dasein ist zunächst bestimmtes Sein, wesentlich bezogen auf Anderes. Das Nichtsein ist im Dasein als Sein; hierzu hat es sich nun an ihm selbst, nämlich als Unendlichkeit gemacht. Die Bestimmtheit des Daseins ist als Beziehung auf Anderes verschwunden; sie ist zur sich auf sich selbst beziehenden Bestimmtheit, zum absoluten, schrankenlosen Bestimmtsein geworden. Dieses reine Bestimmtsein in sich, nicht durch Anderes, die qualitative Unendlichkeit, das sich selbst gleiche Sein als die negative Beziehung auf sich ist das Fürsichsein.

Anmerkung

Das Unendliche – nach dem gewöhnlichen Sinne der schlechten Unendlichkeit – und der Progreß ins Unendliche, wie das Sollen, sind der Ausdruck eines Widerspruchs, der sich selbst für die Auflösung oder für das Letzte hält. Dieses Unendliche ist eine erste Erhebung des sinnlichen Vorstellens über das Endliche in den Gedanken, der aber nur den Inhalt von Nichts hat, – eine Flucht über das Beschränkte, die sich nicht in sich sammelt und das Negative nicht zum Positiven zurückzubringen weiß. Diese unvollendete Reflexion hat die Negativität jenseits, das Positive oder Reale aber diesseits. Obwohl die Erhebung des Endlichen ins Unendliche und die Zurückrufung des Jenseits in das Diesseits oder das Aufheben dieser beiden unvollkommenen Bestimmungen vorhanden ist, bringt sie doch diese beiden Gedanken nicht zusammen. Die Natur des spekulativen Denkens besteht allein in dem Auffassen der entgegengesetzten Momente in ihrer Einheit. Indem jeder sich an sich zeigt, sein Gegenteil an ihm selbst zu haben, so ist seine positive Wahrheit diese Einheit, das Zusammenfassen beider Gedanken, ihre Unendlichkeit, die Beziehung auf sich selbst, nicht die unmittelbare, sondern die unendliche.

Das Wesen der Philosophie ist häufig von solchen, die mit dem Denken schon vertrauter sind, in die Aufgabe gesetzt worden, zu beantworten, wie das Unendliche aus sich heraus und zur Endlichkeit komme? – Das Unendliche, bei *
dessen Begriff wir angekommen sind, wird sich im Fortgang dieser Darstellung weiter bestimmen und somit an ihm das Geforderte zeigen, wie es, wenn man sich so ausdrücken will, zur Endlichkeit komme. Hier betrachten wir diese Frage nur *
in ihrer Unmittelbarkeit und in Rücksicht des vorhin betrachteten Sinns, den das Unendliche zu haben pflegt.

Von der Beantwortung dieser Frage soll es überhaupt abhängen, ob es eine Philosophie gebe, und indem man es hierauf noch ankommen lassen zu wollen vorgibt, glaubt man zugleich an der Frage selbst einen unüberwindlichen Talis|man
zu besitzen, durch den man gegen die Beantwortung und damit gegen die Philosophie überhaupt fest und gesichert sei. – Auch bei anderen Gegenständen setzt es eine Bildung voraus, um zu fragen zu verstehen, noch mehr aber bei philosophischen Gegenständen, um eine andere Antwort zu erhalten als die, daß die Frage nichts tauge.

Es pflegt bei solchen Fragen in Ansehung des Ausdrucks die Billigkeit in Anspruch genommen zu werden, daß es auf die Worte nicht ankomme, sondern in einer oder anderen Weise des Ausdrucks verständlich sei, worauf es ankomme. Ausdrücke der
sinnlichen Vorstellung wie herausgehen und dergleichen, die gern bei der Frage gebraucht werden, erwecken den Verdacht, daß die Heimat, aus der sie stammt, der Boden des gewöhnlichen Vorstellens ist und daß für die Beantwortung auch Vorstellungen, die im gemeinen Leben gangbar sind, und die Gestalt eines sinnlichen Gleichnisses erwartet werden.

Wenn statt des Unendlichen das Sein überhaupt genommen wird, so scheint das Bestimmen des Seins, eine Negation an ihm, leichter begreiflich. Denn Sein ist zwar selbst das Unbestimmte;

insofern es also bestimmt ist, ist es das bestimmte Unbestimmte, Einheit der Bestimmtheit und Unbestimmtheit. Aber es ist nicht unmittelbar an ihm ausgedrückt, daß es das Gegenteil des Bestimmten sei. Das Unendliche hingegen enthält dies ausgedrückt; es ist das Nicht-Endliche. Die Einheit des Endlichen und Unendlichen scheint somit unmittelbar ausgeschlossen; die unvollendete, vorstellende Reflexion ist daher am hartnäckigsten gegen diese Einheit.

Es ist aber gezeigt worden und es erhellt unmittelbar, daß das Unendliche, und zwar in dem Sinne, in dem es von jenem Reflektieren genommen wird – nämlich als dem Endlichen gegenüberstehend –, darum, weil es ihm gegenübersteht, an ihm sein Anderes hat, daher begrenzt und selbst endlich ist. Die Antwort auf die Frage, wie das Unendliche endlich werde, ist somit diese, daß es nicht ein Unendliches gibt, das vorerst unendlich ist und das nachher erst endlich zu werden zur Endlichkeit zu kommen nötig habe, sondern es ist für sich selbst schon ebensosehr endlich als unendlich. Oder indem die Frage das Unendliche einerseits für sich annimmt, und daß das Endliche, das aus ihm heraus in die Trennung gegangen sei, abgesondert von ihm, wahrhaft real sei, oder daß, wenn auch eben nicht dieses Endliche, wenigstens jenes Unendliche die Wahrheit sei, – so könnte man sagen, diese Trennung sei allerdings unbegreiflich. Denn weder solches Endliches noch solches Unendliches hat Wahrheit; das Unwahre aber ist unbegreiflich. Man kann also sagen, jene Frage stellt einen unwahren Inhalt auf und enthält eine unwahre Beziehung desselben. Somit ist nicht auf sie zu antworten, sondern vielmehr sind die falschen Voraussetzungen, die sie enthält, oder die Frage selbst zu negieren. Es ist aber, was schon oben von der Einheit des | Seins und Nichts bemerkt worden ist, in Erinnerung zu bringen, daß auch der Ausdruck: Einheit des Unendlichen und Endlichen, oder: daß Endliches und Unendliches dasselbe sind, eine schiefe Seite hat, weil er das, was ein Werden ist, als ruhendes Sein ausdrückt. So ist auch das Unendliche das Werden zum Endlichen und umgekehrt das Endliche das Werden zum Unendlichen. Man kann so sagen, das Unendliche gehe zum Endlichen heraus, und zwar darum, weil es keine Wahrheit, kein Bestehen an ihm selbst hat; so umgekehrt geht das Endliche aus demselben Grunde seiner Nichtigkeit in das Unendliche hinein. Die Frage aber nimmt das Unendliche, das dem Endlichen gegenübersteht, als etwas Wahrhaftes an oder auch das beziehungslose Unendliche, das denn aber nicht Unendliches, sondern Sein heißen sollte; aber am Sein hat es sich schon gezeigt, daß diese reine unmittelbare Einheit keine Wahrheit hat. |

Drittes Kapitel
Das Fürsichsein

Im Fürsichsein ist das qualitative Sein vollendet; es ist das unendliche Sein. Das Sein des Anfangs ist bestimmungslos. Das Dasein ist das aufgehobene Sein, aber nur das unmittelbar aufgehobene Sein. Es enthält daher zunächst nur die erste, unmittelbare Negation; das Sein ist gleichfalls als erhalten, und die Bestimmtheit ist erst Grenze. Die Bewegung des Daseins besteht darin, diese Grenze aus ihrer Äußerlichkeit in sich hinein zu verlegen. Im Fürsichsein ist diese Umkehrung vollendet. Das Negative als Insichsein und das Negative als Grenze, als Anderssein ist als identisch gesetzt; das Fürsichsein ist das sich auf sich beziehende Negative, das absolute Bestimmtsein.

Wie nun das Dasein sich zum Daseienden bestimmt oder macht, so bestimmt erstens das Fürsichsein sich zum Fürsichseienden oder zum Eins.

Zweitens ist das Eins Repulsion und geht in Vielheit der Eins über.

Drittens aber hebt sich dieses Anderssein des Eins durch die Attraktion auf, und die Qualität, die sich im Fürsichsein auf ihre Spitze trieb, geht in Quantität über.

A. Fürsichsein als solches

Der allgemeine Begriff des Fürsichseins hat sich ergeben. Es unterscheiden sich in ihm die Momente seiner unendlichen Beziehung auf sich selbst und des Für-eines-seins. Als dieses reflektierte Fürsichsein ist es **Idealität**. Aber als die an ihm selbst in sich zurückkehrende Einheit seiner Momente ist es das **Eins**.

1. Fürsichsein überhaupt

Was für sich ist, ist es dadurch, daß es das Anderssein und die Beziehung und Gemeinschaft mit anderem aufhebt. Das Andere ist in ihm nur als ein Aufgehobenes, als sein Moment. Das Fürsichsein geht nicht über sich hinaus, so daß es sich eine Schranke, ein Anderes wäre, sondern es besteht vielmehr darin, über die Schranke, über sein Anderssein hinausgegangen und als diese Negation die unendliche Rückkehr in sich zu sein.

2. Die Momente des Fürsichseins

Das Fürsichsein ist als Negation des Andersseins Beziehung auf sich; Gleichheit mit sich. Dies macht

a) das Moment seines **Ansichseins**

aus. Dieses Ansichsein ist aber weiter bestimmt als es im Dasein war. Das Ansichsein des Daseins ist träge, wird bestimmt und erhält sich nicht gegen die Grenze und das Begrenztwerden, so wie auch das Ansichsein als Bestimmung zwar seiner Schranke gleich ist oder sich selbst seine Schranke wird, aber so, daß es sich darin schlechthin das Nichtsein seiner ist. Im Ansichsein des Daseins ist zwar gleichfalls das Sein-für-Anderes aufgehoben; aber dieses Aufheben besteht vielmehr nur in dem Unterscheiden und Absondern beider voneinander, und zwar gehört dies Absondern einer äußeren Reflexion an. – Die Bestimmung oder das Sollen und die Schranke sind wohl **an sich** eine und dieselbe Bestimmtheit, die aber nur das eine Mal als das An-sich-sein gegen das Nichtsein und das andere Mal als dieses Nichtsein oder als absolutes Anderssein gesetzt ist; sie sind nur an sich dasselbe, darum weil sie sich noch nicht an ihnen selbst in ihrer Unterschiedenheit aufgehoben haben und noch nicht für sich dasselbe sind.

Das Ansichsein des Fürsichseins dagegen hat die Bestimmung dieses Aufhebens; das Fürsichsein ist dadurch auch in der Unterscheidung, im Dasein, die Einheit, welche das Sollen und die Schranke oder der unendliche Progreß nur an sich ist. Es ist in sich beschlossenes Dasein, unendliche Beziehung auf sich selbst. Indem es Beziehung auf Anderes ist, ist es Beziehung darauf nur als auf ein Aufgehobenes; es ist also im Anderen Beziehung nur auf sich.

b) Für eines sein

Die unendliche Beziehung des Fürsichseins auf sich besteht in der Gleichheit der Negation mit sich selbst. Das Anderssein ist aber nicht verschwunden, so daß das Fürsichsein nur die unmittelbare Beziehung des Seins auf sich wäre, sondern es ist ein Aufgehobenes. Das Anderssein ist nicht zwischen dem Fürsichsein und einem Anderen verteilt; das Fürsichsein hat nicht das Nichtsein an|ihm als Grenze oder Bestimmtheit und damit auch nicht als ein von ihm anderes Dasein. Das Andere ist daher überhaupt kein Dasein, kein Etwas; es ist nur im Fürsichsein, ist nichts außer der unendlichen Beziehung desselben auf sich selbst, und hat damit nur dieses Dasein, für eines zu sein.

Dieses zweite Moment des Fürsichseins drückt es aus, wie das Endliche in seiner Einheit mit dem Unendlichen ist. Auch das Sein-für-Anderes im Dasein oder das Dasein überhaupt hat diese Seite, für eines zu sein; aber außerdem ist es auch an sich, gleichgültig gegen diese seine Grenze.

Anmerkung

Der zunächst als sonderbar erscheinende Ausdruck unserer Sprache für die Frage nach der Qualität, was für ein Ding etwas sei, hebt das hier betrachtete Moment vornehmlich heraus. Die Bestimmtheit ist darin ausgedrückt, nicht als ein An-sich-Seiendes, sondern als ein solches, das nur für eines ist. Dieser idealistische Ausdruck fragt dabei nicht, was dieses Ding A für ein anderes Ding B sei, nicht was dieser Mensch für einen anderen Menschen sei, – sondern was ist dieses für ein Ding, für ein Mensch?, so daß dieses Sein für eines zugleich zurückgenommen ist in dieses Ding, in diesen Menschen selbst, oder daß dasjenige, welches ist, und das, für welches es ist, ein und dasselbe ist, – eine Identität, welche itzt an der Idealität betrachtet werden wird.

c) Idealität

Das Fürsichsein ist die einfache Gleichheit mit sich. Es hat die beiden unterschiedenen Momente in sich, weil die einfache Gleichheit mit sich nicht das Unmittelbare, das Sein, ist, sondern nur als Aufheben des Andersseins; sie enthält also zugleich eine Trennung oder Anderssein, aber als verschwindende Trennung, als sich aufhebendes Anderssein. Die beiden Momente sind daher unzertrennlich. Die unendliche Beziehung auf sich ist nur als Negation der Negation, und dieses Aufheben des Andersseins ist unmittelbar sich auf sich beziehende Einheit.

Das Fürsichsein in dieser Bestimmung, daß es sich auf sich bezieht, dadurch daß das Andere in ihm nur Aufgehobenes ist, ist Idealität.

Die Idealität ist also dasselbe, was die Unendlichkeit ist, oder sie ist der positive und reflektierte, bestimmte Ausdruck derselben. Was unendlich ist, ist ideell; es ist nur insofern schrankenlos, insofern das Andere nur für es ist. Hätte das Andere ein Dasein, so wäre es nicht nur ein für eines, sondern machte eine Grenze aus.

Die Idealität und Realität ist ein und dasselbe, ist einer der schon gerügten schiefen Ausdrücke. Die Idealität ist vielmehr die Wahrheit der Realität, | oder wenn man unter Realität das Substantielle, das Wahre selbst verstehen will, so ist die Idealität die wahrhafte Realität, insofern nämlich das Dasein oder die Realität sich zur Idealität bestimmt hat.

Wie die Realität nach ihren beiden Seiten, des Ansichseins und des Seins-für-Anderes, unterschiedene Bedeutungen zu haben schien, so scheint auch das Ideelle im Sinne des Ansichseins als unendliche Beziehung auf sich und im Sinne des Seins-für-Anderes, nämlich als Sein-für eines, unterschieden zu sein.

– So ist der Geist, Gott, das Absolute überhaupt, ein Ideelles als unendliche Beziehung auf sich selbst, als Einheit mit sich, die nicht in die Äußerlichkeit und in das Anderssein verloren ist, sondern für welche alle Bestimmtheit ist. – Das Leibnizische vorstellende Wesen, die Monade, ist wesentlich Ideelles. Das Vorstellen ist ein Fürsichsein, in welchem die Bestimmtheiten nicht Grenzen, sondern nur Momente sind. Vorstellen ist zwar eine konkretere Bestimmung, die dem Bewußtsein angehört, aber es hat hier keine weitere Bedeutung als die der Idealität; denn auch das Bewußtseinslose überhaupt ist Vorstellendes. Es ist in diesem System also das Anderssein überhaupt aufgehoben; Geist und Körper oder die Monaden überhaupt sind nicht Andere füreinander; sie begrenzen sich nicht, haben keine Einwirkung aufeinander; es fallen überhaupt alle Verhältnisse weg, welchen ein Anderssein zum Grunde liegt. Daß es mehrere Monaden gibt, daß sie damit auch als Andere bestimmt werden, geht die Monaden selbst nichts an; es ist die außer ihnen fallende Reflexion eines Dritten; sie sind nicht an ihnen selbst Andere. – Allein hierin liegt zugleich das Unvollendete dieses Systems. Die Monaden sind nur an sich oder in Gott, als der Monade der Monaden, oder auch im System Vorstellendes. Aber das Anderssein ist gleichfalls vorhanden; es falle, wohin es wolle, in die Vorstellung selbst oder wie das Dritte bestimmt werde, welches sie als Andere betrachtet. Das Andere ist daher nicht an sich selbst aufgehoben; es ist nur ausgeschlossen, und die Monaden nur durch die Abstraktion als solche gesetzt, welche nicht Andere sind. Oder wenn es ein Drittes ist, welches ihr Anderssein setzt, so ist es auch ein Drittes, welches ihr Anderssein aufhebt; aber diese ganze Bewegung, welche sie zu ideellen macht, fällt außer ihnen.

Anderer Idealismus, wie zum Beispiel der Kantische und Fichtesche, kommt nicht über das Sollen oder den unendlichen Progreß hinaus und erreicht hiermit den Idealismus und das Fürsichsein nicht. In diesen Systemen tritt das Ding-an-sich oder der unendliche Anstoß zwar unmittelbar in das Ich und wird nur ein für dasselbe; aber er geht von einem freien Anderssein aus. Das Ich wird daher wohl als das Ideelle von der Seite des Ansichseins als unendliche Beziehung auf sich bestimmt; aber die Seite des Für-eines-seins ist nicht vollendet, daher aber auch nicht jene erste. |

Das Ideelle ist zweitens auch das Sein-für-eines. Dieser Sinn wird unterschieden von dem ersten, der unendlichen Beziehung auf sich selbst. Im ersteren Sinne wird Gott, Ich u.s.f. ein Ideelles genannt und das eigentliche Fürsichsein, die Unendlichkeit auf ihn eingeschränkt, so daß Gott, Ich so nur ein Ideelles seien, daß sie schlechthin nicht für-eines seien. – In diesem anderen Sinne wird eine leere Theorie ein nur Ideelles genannt. Das Ideelle hat dann ungefähr die Bedeutung einer bloßen Einbildung, wenigstens einer bloßen Vorstellung, der nichts Wirkliches entspricht, deren Inhalt nichts für sich selbst ist.

Insofern aber an diesem Unterschied festgehalten wird, so ist der Vorstellung noch das Dasein und ein Etwas geblieben oder eben durch jenes Bestimmen selbst zurückgekehrt. Als ob nämlich ein Etwas vorhanden, das als Grund oder Subjekt bestünde und für welches das Andere so wie ein Etwas sei, welches nur das Bezogene wäre; jenes das für-sich-seiende, dies aber nur das für-anderes seiende Etwas. Aber das Für-eines-sein und das Fürsichsein machen keine wahrhaften Bestimmtheiten gegeneinander aus. Das Für-eines-sein drückt das Aufgehobensein des Andersseins aus; es ist also wesentlich mit dem Fürsichsein eins. Das Fürsichsein ist unendliche Beziehung auf sich, dadurch daß es das aufgehobene Anderssein ist. Insofern der Unterschied auf einen Augenblick angenommen und hier schon von einem Fürsichseienden gesprochen wird, so ist das Fürsichseiende es selbst, auf welches es sich als auf das aufgehobene Andere bezieht, welches also für-eines ist. Das Fürsichsein ist Beziehung auf sich, aber unendliche; es ist also die Negation darin enthalten. Oder das Fürsichseiende ist nicht Unmittelbares, nicht Seiendes; aber dieses Nichtsein ist schlechthin aufgehoben; es ist also sich selbst das aufgehobene Andere, das Für-eines-sein; es bezieht sich dadurch in seinem Anderen nur auf sich. Das Ideelle ist also notwendig für-eines, aber es ist nicht für ein Anderes; oder das eine, für welches es ist, ist nur es selbst.

Ich also, der Geist überhaupt, oder Gott, sind Ideelle, weil sie unendlich sind; aber sie sind ideell nicht als Für-sich-Seiende, verschieden von dem, das für-eines ist. Denn so wären sie nur

Unmittelbare, oder näher wären sie Dasein, ein Sein-für-Anderes, weil das, welches für sie wäre, nicht sie selbst, sondern ein Anderes wäre, wenn das Moment, für-eines zu sein, nicht ihnen zukommen sollte. Gott ist daher für sich, insofern er selbst das ist, das für ihn ist.

Für-sich-sein und Für-eines-sein sind also nicht verschiedene Bedeutungen der Idealität, sondern sind wesentliche, untrennbare Momente derselben. |

3. Werden des Eins

Das Fürsichsein ist Idealität; und es ist, wie sich soeben ergeben hat, die einfache Einheit seiner Momente und eigentlich kein Unterschied derselben. Es enthält das Anderssein als Aufgehobenes; das Aufheben des Andersseins und die Beziehung auf sich selbst sind dasselbe; es ist nur Eine Bestimmung vorhanden, die Beziehung-auf-sich-selbst des Aufhebens. Die inneren Momente des Fürsichseins sind daher in der Tat in Unterschiedslosigkeit zusammengesunken.

Das Fürsichsein ist daher ein einfaches Einssein mit sich, ein In-sich-sein, das keine Grenze oder Bestimmtheit hat oder dessen Bestimmtheit das reine Negieren ist. Indem es überhaupt das sich auf sich beziehende Aufheben, diese einfache Gleichheit mit sich selbst ist, ist es somit ein Insichsein, das die Form der Unmittelbarkeit hat; Etwas, aber ein Unbestimmbares.

Nach dieser Unmittelbarkeit ist dieses Insichsein kein Beziehen, sondern ein Sein. Aber als Unmittelbarkeit, die sich auf das Negieren gründet, ist es zugleich wesentlich Beziehung; dies macht seine Bestimmung aus. Seine Unmittelbarkeit und diese seine Bestimmung unterscheiden sich voneinander. Bei seiner einfachen Unmittelbarkeit oder als Sein ist es zugleich reines Negieren, eine Beziehung nach außen überhaupt, ein reines negierendes Beziehen; aber nicht auf ein Anderes; denn es ist hier kein Anderes mehr vorhanden, sondern vielmehr schlechthin aufgehoben. Diese Beziehung ist auch noch nicht in Beziehung auf das Unmittelbare, sondern zunächst ist diese

Unmittelbarkeit nichts anderes als das einfache Beziehen der Negation auf sich selbst.

Was also gesetzt ist, ist die Rückkehr der Idealität in das einfache Insichsein, in eine Sichselbstgleichheit, welche die Form von Unmittelbarkeit hat und die ein bloß negatives Beziehen, ein Beziehen auf Nichts überhaupt ist. Das Fürsichsein ist als dieses Unmittelbare, das reines Negieren ist, das Fürsichseiende, das Eins.

B. Das Eins

1. *Das Eins und das Leere*

Das Eins ist die einfache Beziehung des Fürsichseins auf sich selbst, die, indem seine Momente in sich zusammengefallen sind, die Form der Unmittelbarkeit | hat. Es ist daher überhaupt, ohne ein Dasein zu haben; das bestimmte Sein oder Dasein ist im Fürsichsein zum reinen Sein zurückgekehrt.

Weil Eins kein Dasein und keine Bestimmtheit als Beziehung auf Anderes hat, ist es auch keiner Beschaffenheit und somit keines Andersseins fähig; es ist unveränderlich.

Es ist unbestimmt, aber nicht wie das Sein; sondern eine Unbestimmtheit ist die Bestimmtheit, welche Beziehung auf sich selbst ist, absolutes Bestimmtsein. – Das absolute Bestimmtsein ist die Bestimmtheit oder Negation als Beziehung nicht auf Anderes, sondern auf sich. Diese Gleichheit des Eins mit sich hat es also nur, insofern es Verneinen, eine Richtung von sich ab, hinaus auf Anderes ist, die aber unmittelbar aufgehoben, umgewendet, weil kein Anderes ist, auf das sie gehe, und die in sich zurückgekehrt ist.

Weil um der Einfachheit dieses In-sich-Zurückgekehrtseins willen, das Eins die Gestalt eines Unmittelbaren, Seienden hat, so erscheint sein Aufheben oder die Negation als außer ihm seiendes Anderes, das nicht Etwas, sondern das Nichts ist, das selbst die Gestalt der Unmittelbarkeit gegen jenes Seiendes hat, aber an sich zugleich nicht das erste Nichts, nicht unmittelbar ist, sondern das Nichts als aufgehobenes Etwas – oder es ist das Nichts als Leeres.

Das Leere ist also in Wahrheit nicht unmittelbar, gleichgültig für sich dem Eins gegenüber, sondern es ist dessen Sich-beziehen-auf-Anderes oder dessen Grenze. Das Eins aber ist selbst, als das absolute Bestimmtsein, die reine Grenze, die reine Negation oder Leere. Es ist also, indem es sich zum Leeren verhält, die unendliche Beziehung auf sich. Es selbst ist aber die reine Negation als unmittelbar sich selbst gleich, als seiend; die Leere aber ist dagegen dieselbe Negation als Nichtsein.

Das Fürsichsein, indem es sich auf diese Weise als das Eins und das Leere bestimmt hat, hat wieder ein Dasein erlangt. Wie aber Etwas und ein Anderes sozusagen zu ihrem Boden das Sein haben, auf dem die Bestimmtheit derselben gesetzt ist, so hat das Eins und das Leere das Nichts zu ihrem gemeinschaftlichen oder vielmehr einfachen Boden. Das Fürsichsein hat zuerst den Unterschied in ihm selbst und die Unterschiedenen als seine Momente, das Fürsichsein als Ansichsein und das Sein-für-eines, deren Einheit die Idealität ist. Sie treten aus dieser Einheit oder werden die sich Äußerlichen, das Eins und das Leere, indem durch die einfache Einheit der Momente selbst die Bestimmung des Seins hereinkommt, wodurch das, was vorher Moment war, die Gestalt eines Seienden erhält. – Oder es sind zwei Momente, das einfache Fürsichsein und das Sein-für-eines; jedes für sich betrachtet, und jedes ist auch so für sich, denn jedes ist auch das Ganze, sinkt in der einfachen Beziehung auf sich in die Unmittelbarkeit zusammen und damit in das Dasein gegeneinander, in eine Beziehung von solchen, die nicht nur als Bezogene, sondern auch unmittelbar sind. |

Anmerkung

Das Eins in dieser Form von Dasein ist die Stufe der Kategorie, die bei den Alten als das atomistische Prinzip vorgekommen ist, nach welchem das Wesen der Dinge ist das Atome und das Leere (το ἄτομον oder τα ἄτομα και το κευον.) Die Abstraktion, zu dieser Form gediehen, hat eine größere Bestimmtheit gewonnen als das Sein des Parmenides und das Werden des Heraklits. So hoch sie steht, indem sie diese einfache Bestimmtheit des Eins und des Leeren zum Prinzip aller Dinge macht, die unendliche Mannigfaltigkeit der Welt auf diesen einfachen Gegensatz zurückführt und sie aus ihm zu erkennen sich erkühnt, so leicht ist es für das vorstellende Reflektieren, sich hier Atome und daneben das Leere vorzustellen. Es ist daher kein Wunder, daß das atomistische Prinzip sich jederzeit erhalten hat; das gleich triviale und äußerliche Verhältnis der Zusammensetzung, das noch hinzukommen muß, um zum Scheine einer Verschiedenheit und Mannigfaltigkeit zu gelangen, ist ebenso populär als die Atome selbst und das Leere. Das Eins und das Leere ist das Fürsichsein, das höchste Insichsein zur völligen Äußerlichkeit herabgesunken; denn im Eins ist die Unmittelbarkeit oder das Sein vorhanden, das, weil es die Negation alles Andersseins ist, nicht mehr bestimmbar und veränderlich ist, also auch nicht wieder in sich zurückkehren zu können scheint, sondern für das in seiner absoluten Sprödigkeit alle Bestimmung, Mannigfaltigkeit, Verknüpfung schlechthin äußerliche Beziehung bleibt.

In dieser Äußerlichkeit aber ist das atomistische Prinzip nicht bei den ersten Denkern desselben geblieben, sondern es hatte außer seiner Abstraktion auch die spekulative Tiefe darin, daß das Leere als der Quell der Bewegung erkannt worden ist; was eine ganz andere Beziehung des Atomen und des Leeren ist als das bloße Nebeneinander und die Gleichgültigkeit dieser beiden Bestimmungen gegeneinander. Daß das Leere der Quell der Bewegung ist, hat aber nicht den geringfügigen Sinn, daß sich etwas nur in ein Leeres hineinbewegen könne und nicht in einen schon erfüllten Raum; in welchem Verstand das Leere nur die Voraussetzung oder Bedingung, nicht der Grund der Bewegung wäre, so wie auch die Bewegung selbst als vorhanden vorausgesetzt und das Wesentliche, der Gedanke an einen Grund derselben, vergessen ist. Die Ansicht dagegen, daß das Leere den Grund der Bewegung ausmacht, enthält den tiefen Gedanken, daß im Negativen überhaupt der Grund des Werdens, der Unruhe der Selbstbewegung liegt. Wobei aber das Negative nicht als das der Vorstellung am nächsten liegende Nichts, sondern als die wahrhafte Negativität, als das Unendliche zu nehmen ist. |

2. Viele Eins (Repulsion)

Das Eins und das Leere macht das Fürsichsein in seinem Dasein aus.

Jedes dieser Momente ist zugleich die Negation; das Eins und das Leere macht also die Beziehung der Negation auf die Negation aus. Aber die Bestimmtheit dieses Daseins, wie es sich ergeben hat, ist, daß das Eins die Negation in der Bestimmung des Seins, das Leere aber die Negation in der Bestimmung des Nichtseins ist. Dieser erst abstrakte Unterschied hat sich weiter zu bestimmen.

Das Eins hat Unmittelbarkeit; es ist Beziehung auf sich und gleichgültig für sich gegen das Nichts, das außer ihm ist. Aber das Eins ist wesentlich nicht gleichgültig gegen das Leere, denn es ist Beziehung auf sich nur als beziehende Negation, d. h. als dasjenige, was das Leere außer ihm sein soll. Insofern daher **erstens** das Eins als Unmittelbares sich auf das Leere, das gleichfalls die Gestalt eines Unmittelbaren hat, bezieht, so ist die Beziehung des Daseins vorhanden; das Eins bezieht sich also auf das Leere als **ein ihm Anderes** und geht über sich hinaus in das Leere. Aber da **zweitens** in der Idealität des Fürsichseins kein Anderes, da die Beziehung auf sein Nichtsein wesentlich Beziehung auf sich selbst ist, so ist das daseiende Andere zugleich es selbst und zugleich sein Nichtsein. Das Eins ist somit **Werden zu vielen Eins**.

Diese Bewegung des Eins zu vielen Eins ist aber nicht sowohl ein Werden; denn Werden ist ein Übergehen ins Entgegengesetzte, von Sein in Nichts, und es ist eine Beziehung, die nicht unmittelbar das Bezogene selbst ist. Hier hingegen wird Eins nur zu Eins; ferner Eins, das Bezogene, ist diese negative Beziehung selbst.

Denn Eins ist Beziehung auf sich als negatives Beziehen; so ist es Fürsichsein überhaupt, ein Beziehen ohne Bezogenes. Aber insofern es Eins ist, ist es unmittelbar; und ist damit wesentlich Beziehung auf sich als auf ein **Unmittelbares**; es ist damit ein **Bezogenes** vorhanden, aber durch absolut negative Beziehung, welche unendliches Aufheben des Andersseins ist. Das Eins geht also nicht in ein Anderes über, sondern es **stößt sich selbst** von sich ab. Die negative Beziehung des Eins auf sich ist Repulsion.

Die Repulsion ist also wohl Werden der vielen Eins, aber durch das Eins selbst.

Das Eins ist darum auch nicht als ein Gewordenes; das Werden zu Vielen verschwindet unmittelbar als Werden; die Gewordenen sind Eins, sind nicht für Anderes, sondern beziehen sich unendlich auf sich selbst. Das Eins stößt nur sich von sich selbst ab; es wird also nicht, sondern es ist schon; dieses Werden ist daher kein Übergehen. |

Die Vielheit ist somit nicht ein Anderssein und eine dem Eins vollkommen äußere Bestimmung. Das Eins, indem es sich selbst repelliert, bleibt Beziehung auf sich, wird nicht Beziehen auf ein Anderes. Daß die Eins Andere gegeneinander, daß sie in die Bestimmtheit der Vielheit zusammengefaßt sind, geht also die Eins nichts an. Wäre die Vielheit eine Beziehung ihrer selbst aufeinander, so begrenzten sie einander oder hätten ein Sein-für-Anderes. Ihre Beziehung, insofern sie als Unmittelbare vorgestellt werden, ist das Leere oder keine Beziehung. Die Grenze ist das, worin die Begrenzten ebensosehr sind, als nicht sind; aber das Leere ist als das reine Nichtsein bestimmt, und nur dies macht ihre Grenze aus.

Die Repulsion des Eins von sich selbst ist daher die außer sich gekommene Unendlichkeit; sie ist ein ebenso einfaches Beziehen des Eins auf Eins als vielmehr die absolute Beziehungslosigkeit der Eins. Oder die Vielheit des Eins ist das eigene Setzen des Eins; das Eins ist nichts als die negative Beziehung des Eins auf sich und diese Beziehung, also das Eins selbst ist das viele Eins. Aber ebenso geht die Vielheit das Eins nichts an, sie ist ihm schlechthin äußerlich; denn das Eins ist eben das Aufheben des Anderssein, die Repulsion ist seine Beziehung auf sich und einfache Gleichheit mit sich selbst.

Anmerkung

Es ist vorhin des Leibnizischen Idealismus erwähnt worden. Es kann hier hinzugesetzt werden, daß derselbe von der vorstellenden Monade, dem Fürsichsein, in der weiteren Bestimmung dieses Fürsichseins nur bis zu der soeben betrachteten Repulsion fortging, und zwar zu der Vielheit, in der die

Eins jedes nur für sich, gleichgültig gegen das Dasein und Für-sich-Sein Anderer ist, oder überhaupt Andere gar nicht für das Eins sind. Die Monade ist für sich die ganze abgeschlossene Welt; es bedarf keine der anderen. Die innere Mannigfaltigkeit, die sie in ihrem Vorstellen hat, geht uns hier nichts an; denn sie ändert in ihrer Bestimmung, für sich zu sein, nichts; die Monade, da die Mannigfaltigkeit eine ideelle ist, bleibt nur auf sich selbst bezogen; die Veränderungen entwickeln sich innerhalb ihrer und sind keine Beziehungen derselben aufeinander; was nach der realen Bestimmung als Beziehung der Monaden aufeinander genommen wird, ist ein unabhängiges, nur simultanes Werden. Der Leibnizische Idealismus nimmt übrigens die Vielheit unmittelbar als eine gegebene auf und begreift sie nicht als eine Repulsion der Monade. Er hat daher die Vielheit nur nach der Seite ihrer absoluten Äußerlichkeit, nicht nach der Seite, daß die Beziehung der Monade auf sich als negative ebensosehr selbst die Vielheit ist, – welche beide Momente die Repulsion in sich faßt. Die Atomistik hat einerseits den Begriff der Idealität nicht; sie faßt das Eins nicht als ein solches, das in ihm selbst die beiden Momente des Fürsichseins und des Für-es-Seins enthält; also nicht als Ideelles, sondern nur als einfach, unmittelbar Für-sich-Seiendes. Dagegen geht sie über die bloß gleichgültige Vielheit hinaus; die Atome kommen doch in eine weitere Bestimmung gegeneinander, wenn auch nicht durch die Repulsion selbst; da hingegen in jener gleichgültigen Unabhängigkeit der Monaden, die Vielheit, welche Grundbestimmung ist, wie oben schon erinnert, etwa nur in die Monade der Monaden oder in den betrachtenden Philosophen fällt und nicht eine Bestimmung der Monaden an sich ist. Oder eben insofern die Vielheit nicht eine Bestimmung der Monaden an sich ist, insofern sie nicht Andere füreinander sind, so gehört diese Bestimmung nur der Erscheinung an, ist ihrem Wesen äußerlich, und ihre Wahrheit ist nur die Substanz, die Eine ist.

3. Gegenseitige Repulsion

1. Die Repulsion macht die Beziehung des Eins auf sich selbst aus, aber ist ebensosehr sein Außer-sich-Kommen. Dieses Außersichkommen, die Vielheit der Eins ist die Repulsion des Eins von sich selbst; daher nicht eine dem Eins äußerliche Bestimmung, nicht verschieden von der Repulsion als einfacher Beziehung auf sich. Dies näher betrachtet, so bezieht das Eins sich auf sich als ein Unmittelbares; aber die Unmittelbarkeit ist Sein; die Repulsion als die sich auf sich beziehende Negation aber ist nicht Unmittelbarkeit oder Sein. Eins bezieht sich daher auf sich zugleich als sein absolutes Nichtsein; es ist Abstoßen seiner von sich selbst; das Abgestoßene ist einerseits zwar es selbst, aber ebensosehr sein Nichtsein. Dieses Abgestoßene selbst als Eins ist ein Unmittelbares und zugleich als Nichtsein des sich auf sich selbst Beziehenden bestimmt oder als ein absolut Anderes. Die Vielheit enthielt zunächst kein Anderssein; die Grenze war nur das Leere oder nur das, worin die Eins nicht sind. Aber sie sind auch in der Grenze; sie sind im Leeren, oder ihre Repulsion ist ihre gemeinsame Beziehung.

Die Repulsion des Eins also, indem sie Abstoßen seiner von sich selbst ist, ist zugleich Abstoßen des Eins als eines Anderen von sich und damit ein gegenseitiges Repellieren der vielen Eins.

Die Vielen stehen auf diese Weise als einander abstoßend in Beziehung aufeinander; sie erhalten sich als Für-sich-Seiende in der Repulsion; ihre Beziehung besteht darin, ihre Beziehung zu negieren.

Diese gegenseitige Repulsion macht erst das Dasein der vielen Eins aus; denn sie ist nicht ihr Fürsichsein, das nur in einem Dritten unterschieden wäre, sondern ihr eigenes sich erhaltendes Unterscheiden. Näher bestimmt ist sie, insofern darin jedes gegen die anderen sich erhält, ein gegenseitiges Ausschließen.| Oder diese Beziehung ist eine nur relative Repulsion. Sie negieren sich nämlich gegenseitig oder setzen sich als solche, die nur für-eines sind. Aber sie negieren ebensosehr zugleich dies, nur für-eines zu sein; sie repellieren diese ihre Idealität.

2. In diesem Dasein der vielen Eins trennen sich somit die

Momente, die in der Idealität schlechthin vereinigt sind. Das Eins ist in seinem Fürsichsein zwar auch so für-eines, daß dieses Aufgehobensein des Andersseins seine Beziehung auf sich selbst ist. Aber zugleich ist das Sein-für-eines, wie es in der relativen Repulsion, dem Ausschließen bestimmt ist, ein Sein-für-Anderes. Jedes wird von dem anderen repelliert, aufgehoben und zu einem gemacht, das nicht für sich, sondern für-eines ist. Sein Sein-für-eines fällt sonach nicht nur in das Eins als solches selbst, sondern auch in ein anderes Eins und ist Sein-für-Anderes.

Das Fürsichsein der vielen Eins ist hiermit die Repulsion derselben gegeneinander, wodurch sie so sich erhalten, daß sie sich gegenseitig aufheben und die anderen als ein bloßes Sein-für-Anderes setzen. Aber zugleich besteht die Repulsion darin, diese Idealität zu repellieren und sich zu setzen, nicht für ein Anderes zu sein. Aber beides ist wieder eine und dieselbe Beziehung; die gegenseitige Repulsion ist gegenseitiges Aufheben; jedes erhält sich nur, indem es die anderen als ein Sein-für-Anderes, als ein Nichtdasein setzt, und ebensosehr nur, indem es dies aufhebt, für ein Anderes zu sein.

3. Das Sein-für-Anderes ist insofern so sehr aufgehoben als vorhanden. Aber es ist in verschiedener Rücksicht gesetzt und aufgehoben. Die Eins sind unmittelbare; sie beziehen sich repellierend, aufhebend gegeneinander; sie setzen so gegenseitig das Fürsichsein der Anderen auf das Sein-für-Anderes herab; dieses Moment hat also statt in Beziehung auf Andere. Aber das Eins hebt dieses, sein Sein-für-Anderes, auf; dieses Moment ist seine Beziehung auf sich selbst. Das Eins ist Sein-für-Anderes nur in Anderen; aber dieses Aufgehobensein des Eins geht das Eins nichts an; in ihm sind die Anderen nicht als daseiende, unmittelbar Andere, sondern nur als Aufgehobene; dadurch bezieht es sich auf sich.

Das Eins war Repulsion, indem es sich von sich abstößt, und indem somit das Abgestoßene nur es selbst ist, ist es damit unmittelbar Rückkehr in sich. Aber dieses Repellieren ist übergegangen in die Repulsion Anderer und des Seins-für-Andere von sich. Das Eins erhält sich nur dadurch für sich, daß es sich auf Andere negierend bezieht, und indem diese Negation gegenseitig ist, daß es das Sein-für-eins, das es darin erhält, aufhebt. Die Repulsion, das Abstoßen des Eins von sich, ist somit übergegangen in Abstoßen der Anderen, in das Setzen der Anderen als seiend nur für-eines, und damit das Aufheben seines Seins-für-Anderes, in die Attraktion. |

C. Attraktion

Die Repulsion ist die Selbstzersplitterung des Eins zunächst in Viele und dann um ihrer Unmittelbarkeit willen in Andere. Indem aber die Eins überhaupt Viele und ebenso Andere sind, so ist dadurch kein Unterschied derselben vorhanden, und das absolute Bestimmtsein des Eins an sich selbst ist noch nicht realisiert. Das Eins nämlich als das Ideelle, welches ebensowohl für sich als auch für eines, beides in einer Identität ist, fällt um dieser Unterschiedslosigkeit willen in die Unmittelbarkeit des Seins zusammen. Weil in dieser Idealität kein wahrhaftes Anderes vorhanden ist, so findet auch kein wahrhaftes Aufheben des Andersseins statt und damit keine reelle Idealität. Diese wird nun in der Attraktion. Die Repulsion enthält zwar andere; aber indem die vielen Eins überhaupt sich insgesamt Andere sind, so hält sich ihre Repulsion das Gleichgewicht; sie heben ihr gegenseitiges Sein-für-eines selbst auf. Sie repellieren die Repulsion oder das Anderssein.

Indem nun aber das Eins aufhört, die bloß einfache Beziehung der Negation auf sich selbst zu sein und zu einem bestimmten Unterschied in sich gelangt, so wird es zur Totalität oder zur Identität der Idealität und Realität. Das absolute Bestimmtsein hat dann seine Spitze erreicht, es ist in sich zurückgegangen; und die Qualität, das unmittelbare Bestimmtsein durch ein Anderes oder das Anderssein überhaupt wird ein Gleichgültiges; die Qualität wird an dieser in sich gediegenen Einheit zur Quantität.

1. Ein Eins

Die Repulsion macht die vielen Eins zu Seienden-für-Anderes. Aber es sind die Vielen, denen dieses Repellieren zukommt, und zwar kommt es ihnen zu als Eins. Aber als Eins sind sie unendliche Beziehung auf sich selbst; als solche repellieren sie ebensosehr dieses Sein-für-Anderes oder jenes Repellieren. Diese Repulsion der Repulsion ist somit, als sich selbst aufhebend, Attraktion.

Es tritt aber hier der erwähnte Unterschied ein; Eins setzt nämlich die anderen Eins, als Sein-für-Anderes, und hebt – insofern dieses Repellieren gegenseitig wäre – sein Sein-für-Anderes, das es darin erhielte, auf; es erhält aber das Sein-für-Anderes der Anderen.

Die Attraktion ist nämlich Repulsion der Repulsion. Das Eins setzt die anderen | Eins ideell als Sein-für-Anderes, aber hebt dieses Sein-für-Anderes ebensosehr wieder auf. Es ist somit die Rückkehr des Eins in sich selbst gesetzt oder dieselbe unendliche Beziehung auf sich, welche das Eins an sich ist. Aber es sind damit zweierlei Eins vorhanden, nämlich das unmittelbare Eins oder das Eins, wie es an sich ist, und dann das Eins, das aus seiner Zerstreuung, aus der Vielheit in sich zurückkehrt.

Dieses Eins kann das reale Eins insofern genannt werden, als es aus der Vielfalt und dem Sein-für-Anderes in sich zurückkehrt und dieses Moment, aber als aufgehobenes an ihm hat; oder insofern das Moment des Seins-für-eines, das es in seiner Idealität enthält, nicht bloß dieses abstrakte Moment mehr ist, sondern die unmittelbaren Eins es ausmachen. Das andere Eins dagegen ist dieses unmittelbare, nicht in sich zurückkehrende Eins, das wesentlich als Aufgehobenes ist und im Sein-für-Anderes bleibt.

Jenes Eins ist das attrahierende Eins, das sich an den unmittelbaren Eins sein Moment des Sein-für-eines gibt. Diese werden attrahiert. Sie sind unmittelbar; aber das Eins ist wesentlich dies, nicht ein unmittelbares Seiendes zu sein; denn es ist vielmehr die sich auf sich beziehende Negation. Indem sie also Unmittelbare sind, sind sie nur sich selbst Ungleiche, Andere an sich selbst.

Es ist hiermit auch das an-sich-seiende Anderssein vorhanden, und das vorherige, nur äußerliche Anderssein verschwunden. Das unmittelbare Eins ist nur als Aufgehobenes, das nur für-anderes ist. Das Fürsichsein aber, das nur für-anderes ist, ist eben das Anderssein an sich selbst.

Ferner das attrahierende Eins, welches das Sein-für-Anderes in sich aufhebt und aus demselben in sich zurückkehrt, ist eben damit nicht mehr das einfache Fürsichsein, sondern das auch das Anderssein als Moment in ihm selbst hat.

Das attrahierende Eins also, als aus der Vielheit in sich zurückkehrend, bestimmt sich selbst als Eins; es ist Eins, als nichtseiend Vieles, Ein Eins.

2. Gleichgewicht der Attraktion und Repulsion

Das Fürsichsein, das sich als Eins bestimmt hat, verliert sich zuerst als Vielheit in absolute Äußerlichkeit und erhält sich darin nicht sowohl nach seiner Unmittelbarkeit – insofern die Vielen auch Eins sind –, als es sich daraus zu Einem Eins wiederherstellt.

Dieses in sich zurückgekehrte Eins ist nicht nur die einfache Beziehung auf sich selbst, sondern die Beziehung auf sich als aufgehobenes Anderssein. – Ferner ist das Anderssein, wie es hier vorkommt, nicht das unmittelbare Anderssein des Daseins als solchen, sondern das eigene Anderssein des Eins, die Vielheit. Das | Fürsichsein ist nach seinem Werden aus dem Dasein zwar schon an sich aufgehobenes Anderssein; aber es hatte sich hier wieder an ihm selbst sein Anderes zu setzen, um das, was es an sich ist, auch im Fürsichsein als solchem zu sein. Das Anderssein hat aber in ihm eine andere Form als im Dasein. Weil das Fürsichsein unendliche Beziehung auf sich ist, ist das Anderssein an ihm nur die Vielheit, es selbst als Anderes.

Indem das Fürsichsein aber so eine Unmittelbarkeit aufgehoben hat und für-sich-seiendes Für-sich-sein ist, hat in ihm das Bestimmtsein sich zwar zum absoluten Bestimmtsein an ihm selbst, zum absoluten Qualitativen gemacht; aber ist in dieser Realität schon über die Qualität hinausgegangen. Eins ist nur Ein Eins, insofern in ihm die Vielheit, d. h. das Eins selbst aufgehoben ist. – Oder Eins ist als Ein Eins mit sich selbst zusammengegangen; es hat also, statt ausschließend zu sein, sich in Kontinuität gesetzt.

Die Attraktion nämlich oder das Eine Eins näher betrachtet, so ist es bestimmt an sich selbst, denn es ist nicht eins der

Vielen, es hat die Vielheit in sich aufgehoben; es ist also nicht ein Bestimmtes gegen Anderes, sondern hat das Andere und die Beziehung darauf an ihm selbst. Als Ein Eins ist aber seine absolute Bestimmtheit gleichfalls in die Unmittelbarkeit zurückgegangen und bezieht sich als ausschließend auf die Vielen als gegen Andere, als gegen sein Nichtsein, das selbst unmittelbar wäre. Aber es ist nur Ein Eins; die Vielen sind gar nicht, sie haben sich aufgehoben; so sind sie mit Eins in eins gesetzt, und dieses ist nicht mehr Eins als solches.

Das Eine Eins ist an sich Attraktion, aufgehobene Repulsion; aber dieses Eins fängt selbst damit an, ein Unmittelbares zu sein; es ist ein Eins, und seine Reflexion in sich besteht darin, eben die Unmittelbarkeit aufzuheben. Die Repulsion der Repulsion hebt nur das eigene Sein-für-Anders [auf], erhält aber das Sein-für-Anderes der Anderen; aber ein eigenes solches Sein, das sich unterschiede von Anderen, setzt eine ursprüngliche, eine unmittelbare Unterschiedenheit der Eins voraus, welche nicht vorhanden ist. Die Repulsion ist also ein Sein-für-eines der Vielen überhaupt, und insofern sie Repulsion der Repulsion ist, so ist sie Erhaltung ebensosehr der Vielen Eins, deren Sein-für-eines von ihnen selbst repelliert wird. Es sind daher alle gleich attrahierend; sie setzen alle auf gleiche Weise einander als Sein-für-Anderes und repellieren dasselbe, heben es in ihrer unendlichen Beziehung in sich selbst auf. Die Vielen Eins sind somit erhalten.

– Schon in der sinnlichen Vorstellung der räumlichen Attraktion dauert der Strom der attrahiert-werdenden Punkte fort; an die Stelle der Atome, die in dem einen attrahierenden Punkte verschwinden, tritt eine andere Menge aus dem Nichts hervor. Dieses Werden geht nicht in das Resultat des Einen Eins so zurück, daß nur das Eine Eins und sonst nichts wäre; auf diese Weise würde nur die anfängliche Bestimmung, das Eins und das Leere gesetzt und die Realität des Eins, das Zurückkehren in sich aus dem Vielen, verschwunden sein. Sondern indem es sich als Ein Eins durch diese Rückkehr wird, so ist es ausschließend, Ein Eins gegen Viele, und es erhält sie damit ebenso. Aber die Erhaltung der Vielen heißt nichts anderes, als daß sie attrahierend sind, daß sie ihr Sein-für-Anderes aufheben.

Attraktion und Repulsion sind auf diese Weise nicht nur im

Gleichgewicht, sondern sie sind in der Tat identisch und ununterscheidbar dasselbe. Die Repulsion erschein zunächst als das Ausschließen der Anderen; aber dieses Ausschließen ist Setzen derselben als Seiender-für-Andere. Aber die Attraktion ist dasselbe, denn sie besteht eben in der Selbsterhaltung des Eins gegen die Anderen, in dem Aufheben derselben, im Setzen derselben als Seiender-für-Andere. Die Repulsion ist ferner umgekehrt das Aufheben dieses Seins-für-Anderes; durch sie erhält sich das Eins, indem es sein Negiertwerden aufhebt; aber die Attraktion ist eben dieses Aufheben seines Seins-für-Andere, welches Aufheben es erhielt. Die sinnliche Vorstellung erhält allein den Unterschied von Attraktion und Repulsion, indem sie einen unmittelbaren Punkt festhält und die Unmittelbarkeit der Anderen verschwinden, aber in der Tat ebensosehr auch wieder entstehen läßt.

Wie die Repulsion sich selbst repelliert, so attrahiert die Attraktion sich selbst oder ist Attraktion der Attraktion. Denn ihrer Bestimmung nach ist sie das Ideellsetzen der vielen Eins und dadurch das Werden Eines Eins, das für sich bleibe und sein Sein-für-Anderes aufhebe. Aber unter den vielen Eins, die aufgehoben werden sollen, sind alle Eins begriffen; die Attraktion hebt das eine Eins, dessen Werden sie sein soll, ebensosehr auf. Oder umgekehrt, indem sie als Werden des Einen Eins das Sein-für-Anderes des Eins aufhebt, so hebt sie ebensosehr das Setzen, wodurch die Eins Sein-für-Anderes werden, das heißt wieder, sich selbst auf.

Diese Identität der Repulsion und Attraktion hat somit das Resultat, daß die unendliche Beziehung des Eins auf sich sein Sein-für-Anderes ist; sein Fürsichsein ist unendliche Negation seiner selbst, unendliches Außersichsein, und dieses Außersichsein ist umgekehrt unendliches Zurückgekehrtsein in sich selbst.

Das Eins ist an sich nur diese unendliche Beziehung auf sich, deren Resultat die Identität der Attraktion und Repulsion ist; – das Eins ist nichts außer der Repulsion und Attraktion. Aber insofern das Eins die Gestalt der Unmittelbarkeit erhalten hat, erscheinen sie als Beziehungen desselben, so daß es außer ihnen sich für sich erhielte; als ob sein Sein-für-ein-Anderes unterschieden wäre von seinem Fürsichsein oder vielmehr von seinem Ansichsein, seiner unendlichen | Beziehung auf sich selbst. Eines aber als an sich genommen, unterschieden von seiner negativen Beziehung, ist es das unmittelbare Eins, das Viele. Aber ebenso unmittelbar fällt das Viele in Eins zusammen oder ist das Viele seiner Negation seiner selbst. Denn von dem Vielen ist jedes Eins, oder jedes ist ein Vieles, oder jedes unterscheidet sich schlechthin von dem Anderen und schließt sie von sich aus. Aber eben darin sind sie einander gleich; jedes hat ganz und gar dieselben Bestimmungen, welche das Andere hat; darin, daß das eine der Vielen nicht sei, was das andere, sind sie dasselbe.

Die vorhin relative Repulsion und Attraktion, welche nur eine Beziehung der Eins war, wovon sich ihre Unmittelbarkeit, als Beziehung auf sich selbst, unterschied, ist also in der Tat absolute Repulsion und Attraktion; Repulsion und Attraktion, welche identisch sind. Was vorhanden ist, ist, daß Eins, als sich unendlich auf sich selbst beziehend, sich auf sein absolutes Anderssein bezieht, und indem es sich auf dieses sein Nichtsein bezieht, eben darin sich auf sich selbst bezieht, und daß das Eins selbst nur dieses Beziehen ist. Seine Unmittelbarkeit, sein Sein ist vielmehr sein Anderssein, und dieses sein Außersichsein ist sein Sein.

Anmerkung

Attraktion und Repulsion pflegen bekanntlich als Kräfte angesehen zu werden. Sie werden bei dieser Vorstellung als selbständig betrachtet, so daß sie sich nicht durch ihre Natur aufeinander beziehen, d. h. daß nicht jede nur ein in ihre entgegengesetzte übergehendes Moment sein, sondern fest der anderen gegenüber beharren soll. Sie werden ferner vorgestellt als in einem Dritten, der Materie, zusammenkommend, so jedoch, daß dieses In-eins-Werden nicht als ihre Wahrheit gilt, sondern jede vielmehr ein Erstes und An-und-für-sich-Seiendes, die Materie aber das durch sie Gesetzte und Hervorgebrachte ist. Wenn gesagt wird, daß die Materie diese Kräfte in sich habe, so ist unter dieser ihrer Einheit eine Verknüpfung verstanden, wobei sie zugleich als In-sich-Seiende frei voneinander vorausgesetzt werden.

Kant hat bekanntlich die Materie aus der Repulsiv- und

Attraktiv-Kraft konstruiert oder wenigstens, wie er sich ausdrückt, die metaphysischen Elemente dieser Konstruktion aufgestellt. – Es wird nicht ohne Interesse sein, diese Konstruktion näher zu beleuchten. Diese metaphysische Darstellung eines Gegenstandes, der nicht nur selbst, sondern in seinen Bestimmungen nur der Erfahrung anzugehören schien, ist einesteils dadurch merkwürdig, daß sie | wenigstens den Anstoß zur neueren Naturphilosphie gegeben hat, – der Philosophie, welche die Natur nicht als ein sinnlich Gegebenes der Wahrnehmung zum Grunde der Wissenschaft macht, sondern ihre Bestimmungen aus dem absoluten Begriff erkennt; andernteils auch, weil bei jener Kantischen Konstruktion noch häufig stehengeblieben und sie für einen philosphischen Anfang und [eine] Grundlage der Physik gehalten wird.

Es gehört hierher zwar noch nicht eine solche Existenz wie die sinnliche Materie ebensowenig als der Raum und Raumbestimmungen. Aber auch der Attraktiv- und Repulsivkraft, sofern sie als Kräfte der sinnlichen Materie angesehen werden, liegen die hier betrachteten reinen Bestimmungen vom Eins und Vielen und deren Beziehungen aufeinander zugrunde, die ich gleichfalls Repulsion und Attraktion genannt habe.

Kants Verfahren in der Deduktion der Materie aus diesen Kräften, das er eine Konstruktion nennt, verdient, näher betrachtet, diesen Namen nicht, wenn nicht anders jede Art von Reflexion, selbst die analysierende, eine Konstruktion genannt wird, wie denn freilich spätere Naturphilosophen auch das flachste Räsonnement und das grundloseste Gebräu einer willkürlichen Einbildungskraft und gedankenlosen Reflexion, – das besonders die sogenannten Faktoren der Attraktivkraft und Repulsivkraft gebrauchte und allenthalben vorbrachte –, ein Konstruieren genannt haben.

Kants Verfahren ist im Grunde analytisch, nicht konstruierend. Er setzt die Vorstellung der Materie voraus und fragt nun, welche Kräfte dazu gehören, um ihre vorausgesetzten Bestimmungen zu erhalten. So fordert er also einesteils die Attraktivkraft darum, weil durch die Repulsion allein, ohne Attraktion, eigentlich keine Materie dasein könnte. (Anfangsgr. der Natur-Wissensch. S. 53. f.) Die Repulsion andernteils leitet er gleichfalls aus der Materie ab und gibt als

Grund derselben an, weil wir uns die Materie undurchdringlich vorstellen, indem diese nämlich dem Sinne des Gefühls, durch den sie sich uns offenbare, sich unter dieser Bestimmung präsentiert. Die Repulsion werde also sogleich im Begriff der Materie gedacht, weil sie damit unmittelbar gegeben sei; die Attraktion dagegen werde derselben durch Schlüsse beigefügt. Diesen Schlüssen aber liegt das soeben Gesagte zugrunde, daß nämlich eine Materie, die bloß Repulsivkraft hätte, das, was wir uns unter Materie vorstellen, nicht erschöpfte.

Es ist dies, wie erhellt, das Verfahren des gewöhnlichen, über die Erfahrung reflektierenden Erkennens, das zuerst in der Erscheinung Bestimmungen wahrnimmt, diese nun zugrunde legt und für das sogenannte Erklären derselben Grundstoffe, auch Kräfte annimmt, welche jene Bestimmungen der Erscheinung hervorbringen sollen. |

In Ansehung des angeführten Unterschiedes, wie die Repulsivkraft und wie die Attraktivkraft von dem Erkennen in der Materie gefunden werde, bemerkt Kant noch ferner, daß die Attraktivkraft zwar ebensowohl zum Begriff der Materie gehöre, ob sie gleich nicht darin enthalten sei. Kant zeichnet diesen letzteren Ausdruck aus. Es ist aber nicht abzusehen, welcher Unterschied darin liegen soll; denn eine Bestimmung, die zum Begriff einer Sache gehört, muß wahrhaftig darin enthalten sein. –

Was die Schwierigkeit macht und diese leere Ausflucht herbeiführt, besteht darin, daß Kant zum Begriff der Materie bloß die Bestimmung der Undurchdringlichkeit rechnet, die wir durch das Gefühl wahrnehmen sollen, weswegen die Repulsivkraft als das Abhalten eines Anderen von sich unmittelbar gegeben sei. Allein wenn die Materie ohne Attraktivkraft nicht soll dasein können, so liegt dabei eine aus der Wahrnehmung genommene Vorstellung der Materie zugrunde; die Bestimmung der Attraktion muß also gleichfalls in der Tat aus der Wahrnehmung geschöpft und daher in ihr anzutreffen sein. Es ist aber wohl wahrzunehmen, daß die Materie außer ihrem Fürsichsein, welches das Sein-für-Anderes aufhebt, auch eine Beziehung des Fürsichseienden aufeinander, räumliche Ausdehnung und Zusammenhalt hat. Aus dieser Wahrnehmung kann die Reflexion ebenso unmittelbar die Attraktivkraft ableiten oder sie als gegeben annehmen, als sie es mit der Repulsivkraft tat. In der Tat, wenn die Schlüsse, aus denen die Attraktivkraft abgeleitet werden soll, betrachtet werden (S. den Beweis des Lehrsatzes: daß die Möglichkeit der Materie eine Anziehungskraft als zweite Grundkraft erfordere a.a.O.), so enthalten sie nichts, als daß durch die bloße Repulsion die Materie nicht räumlich sein würde. Indem die Materie als raumerfüllend vorausgesetzt ist, so ist ihr damit die Kontinuität zugeschrieben, als deren Grund die Anziehungskraft angenommen wird.

Wenn nun diese sogenannte Konstruktion der Materie höchstens ein analytisches Verdienst hätte, das noch durch die unreine Darstellung geschmälert würde, so ist der Grundgedanke immer sehr zu schätzen, die Materie aus diesen zwei entgegengesetzten Bestimmungen als ihren Grundkräften zu erkennen. Es ist Kant vornehmlich um die Verbannung der gemein-mechanischen Vorstellungsweise zu tun, die bei der einen Bestimmung, der Undurchdringlichkeit, der für-sich-seienden Punktualität, stehenbleibt und die entgegengesetzte Bestimmung, die Beziehung der Materie in sich oder mehrerer Materien, die wieder als besondere Eins angesehen werden, aufeinander zu etwas Äußerlichem macht; – die Vorstellungsweise, welche, wie Kant sagt, sonst keine bewegenden Kräfte als nur durch Druck und Stoß, also nur durch Einwirkung von außen, einräumen will. Diese Äußerlichkeit des Erkennens setzt die Bewegung immer schon als vorhanden voraus und denkt nicht daran, sie als etwas Innerliches zu fassen und sie selbst in der Materie zu begreifen, sondern nimmt diese für sich als bewegungslos und als träge an. Indem nun Kant diese Äußerlichkeit zwar insofern aufhebt, als er die Attraktion, die Beziehung der Materien aufeinander, insofern sie als verschieden angenommen werden, oder der Materie überhaupt in ihrem Außersichsein zu einer Kraft der Materie selbst macht, so bleiben jedoch auf der anderen Seite seine beiden Grundkräfte innerhalb der Materie äußerliche und für sich selbständige gegeneinander.

So nichtig der Unterschied dieser beiden Kräfte, der ihnen in Rücksicht auf das Erkennen beigelegt wurde, war, ebenso nichtig muß sich jeder andere Unterschied, der in Ansehung ihrer Inhaltsbestimmung gemacht wird, zeigen, weil sie, wie sie oben in ihrer Wahrheit betrachtet wurde, nur Momente sind, die ineinander verschwinden. Ich betrachte diese ferneren Unterschiedsbestimmungen, wie sie Kant angibt.

Er bestimmt die Attraktivkraft als eine durchdringende, die Repulsivkraft als eine Flächenkraft. Der Grund, der angeführt wird, daß die letztere nur eine Flächenkraft sein soll, ist folgender: »Die einander berührenden Teile begrenzen einer den Wirkungsraum des anderen, und die repulsive Kraft könne keinen entfernteren Teil bewegen ohne vermittelst der dazwischenliegenden; eine quer durch diese gehende unmittelbare Wirkung einer Materie auf eine andere durch Ausdehnungskräfte (das heißt hier Repulsivkräfte) sei unmöglich.«

Ich will mich nicht damit aufhalten, daß, indem nähere oder entferntere Teile der Materie angenommen werden, in Rücksicht auf die Attraktion gleichfalls der Unterschied entstünde, daß ein Atom zwar auf ein anderes einwirkte, aber ein drittes entfernteres, so daß das andere zwischen ihm und dem ersten attrahierenden sich befände, zunächst in die Anziehungssphäre des dazwischenliegenden, ihm näheren träte, das erste also nicht eine unmittelbare einfache Wirkung ausüben würde; woraus eine ebenso vermittelte Wirkung für die Attraktivkraft als für die Repulsivkraft entwickelt werden könnte; – ferner, daß überhaupt das wahre Durchdringen der Attraktivkraft allein darin bestehen müßte, daß alle Teile der Materie an und für sich attrahierend wären, nicht aber eine gewisse Materie passiv und nur Ein Atom aktiv sich verhielte. Ich bemerke aber unmittelbar in Rücksicht auf die Repulsivkraft, daß in der angeführten Stelle sich berührende Teile, also eine Gediegenheit und Kontinuität einer fertigen Materie vorkommt, welche durch sich hindurch ein Repellieren nicht gestatte; diese Gediegenheit der Materie aber, in welcher Teile sich be|rühren, nicht mehr durch das Leere getrennt sind, setzt das Aufgehobensein der Repulsivkraft bereits voraus. Sich berührende Teile sind nach der hier herrschenden sinnlichen Vorstellung der Repulsion als solche zu nehmen, die sich nicht repellieren. Es folgt also ganz tautologisch, daß da, wo das Nichtsein der Repulsion angenommen ist, keine Repulsion stattfinden kann. Daraus aber folgt nichts weiter für eine Bestimmung der Repulsivkraft.

Auf dieselbe Weise ist es dem sinnlichen Vorstellen natürlich anzunehmen, indem es einen anziehenden Punkt und andere, die nicht anziehen, sondern nur angezogen werden, vorausgesetzt, daß jener etwas mit seinem Anziehen vor sich bringe und eine Dicke als eine Sphäre um sich anlege, so daß in derselben, weil sie unter der Herrschaft seiner Attraktion stehe, die Repulsion aufgehoben sei, somit nur außerhalb gegen die Oberfläche dieser Sphäre stattfinden könne. – Einesteils erscheint die Oberfläche als das, was noch im Verhältnis zu einem unbezogenen Anderen steht. Anderteils aber ist die Repulsion selbst innerhalb jener Sphäre der Attraktion. Diejenigen Atome nämlich oder materiellen Teile, die als attrahierte für das Vorstellen sind, sind für dasselbe in der Tat ebensosehr auch repellierte (– indem wir nämlich Repulsion als Entfernung, Attraktion als Näherung zu einem bestimmten Punkte gelten lassen –). Denn die attrahierten, wenn sie dies nur wären, wären im Punkte der Attraktion verschwunden; es wäre nur dieses Atom, nicht ein attrahiertes, von ihm unterschiedenes, somit nicht sich berührende, d. h. auch zugleich auseinander gehaltene Teile. Insofern aber solche angenommen werden, so ist in der Tat die Repulsion nicht aus jener Sphäre der Attraktion ausgeschlossen, sondern innerhalb ihrer vorhanden.

Ferner nimmt Kant die weitere Bestimmung an, daß durch die Anziehungskraft die Materie einen Raum nur einnehme, ohne ihn zu erfüllen. »Weil die Materie durch die Anziehungskraft den Raum nicht erfülle, so könne diese durch den leeren Raum wirken, indem ihr keine Materie, die dazwischen läge, Grenzen setze.« – Dieser Unterschied ist ungefähr wie der obige beschaffen, wo eine Bestimmung zum Begriff einer Sache gehören, aber nicht darin enthalten sein sollte. Durch die Anziehungskraft soll die Materie den Raum nicht erfüllen, sondern soll in Rücksicht auf diese Kraft sich durch den leeren Raum zu sich verhalten; – es ist somit nicht abzusehen, wie sie ihn einnehmen soll, wenn er leer ist. Aber ferner ist es die Repulsion, wenn wir bei ihrer ersten Bestimmung stehenbleiben, durch welche sich die Eins abstoßen und nur negativ, das heißt hier, durch den leeren Raum sich aufeinander beziehen. Hier aber erhält sich die Attraktivkraft den Raum leer; sie erfüllt den Raum durch ihre Beziehung der Atome nicht, das heißt, sie erhält die Atome in einer negativen Beziehung aufeinander. – Wir sehen somit, daß hier Kant bewußtlos das begegnet, was in der Natur der Sache, in der Nichtigkeit des Unterschiedes | von Repulsion und Attraktion liegt, daß er der Attraktivkraft gerade das zuschreibt, was er der ersten Bestimmung nach der entgegengesetzten Kraft zuschrieb. Unter dem Geschäft der Festsetzung des Unterschiedes beider Kräfte war es geschehen, daß eine in die andere übergegangen war. – So soll dagegen durch die Repulsion die Materie einen Raum erfüllen, somit durch sie der leere Raum, den die Attraktivkraft läßt, verschwinden. In der Tat hebt sie somit, indem sie den leeren Raum aufhebt, die negative Beziehung der Atome oder Eins, d. h. die Repulsion derselben auf; oder die Repulsion ist als das Gegenteil ihrer selbst gesetzt.

Zu dieser soeben aufgezeigten Verwischung der Unterschiede kommt noch die Verwirrung hinzu, daß, wie gleich anfangs bemerkt worden, diese Darstellung der entgegengesetzten Kräfte analytisch ist und in dem ganzen Vortrag, die Materie, die erst aus ihren Elementen hergeleitet werden soll, bereits als fertig und konstituiert vorkommt. In der Definition der Flächen- und der durchdringenden Kraft werden beide als bewegende Kräfte angenommen, dadurch Materien auf die eine oder die andere Weise sollen wirken können. – Sie sind also hier als Kräfte dargestellt, nicht durch welche die Materie erst zustande käme, sondern wodurch sie, schon fertig, nur bewegt würde. Insofern aber von Kräften die Rede ist, wodurch verschiedene Materien aufeinander einwirken und sich bewegen, so ist dies etwas ganz anderes als die Bestimmung und Beziehung, die sie als die Momente der Materie haben sollten.

Denselben Gegensatz als Attraktiv- und Repulsivkraft machen in weiterer Bestimmung Zentripetal- und Zentrifugalkraft. Diese scheinen einen wesentlichen Unterschied zu gewähren, indem in ihrer Sphäre Ein Eins, ein Zentrum, feststeht, gegen das sich die anderen Eins als nicht Fürsichseiende verhalten. Insofern sie aber zur Erklärung gebraucht werden, –

zu welchem Behuf man sie, wie auch sonst die Repulsiv- und Attraktivkraft, in entgegengesetztem quantitativem Verhältnis annimmt, so daß die eine zunehme, wie die andere abnehme, so soll die Erscheinung und deren Ungleichheit erst aus ihnen resultieren. Man braucht aber nur die nächste beste Darstellung einer Erscheinung, z. B. die ungleiche Geschwindigkeit, die ein Planet in seiner Bahn um seinen Zentralkörper hat, aus dem Gegensatz jener Kräfte vor sich nehmen, so erkennt man bald die Verwirrung, die darin herrscht, und die Unmöglichkeit, die Größen derselben auseinanderzubringen, so daß immer ebensogut diejenige als zunehmend anzunehmen ist, welche in der Erklärung als abnehmend angenommen wird und umgekehrt. |

3. Übergang zur Quantität

Das Qualitative hat zu seiner Grundbestimmung das Sein und die Unmittelbarkeit, in welcher das Sein und Nichts eins ist; die Grenze und die Bestimmtheit ist mit dem Sein des Etwas so identisch, daß mit ihrer Veränderung dieses selbst verschwindet. Um der Unmittelbarkeit dieser Einheit willen, worin der Unterschied verschwunden ist, der aber an sich darin in der Einheit des Seins und Nichts vorhanden ist, fällt er als das Anderssein außer jener Einheit. Diese Beziehung auf Anderes aber widerspricht der Unmittelbarkeit, in der die qualitative Bestimmtheit ist. Sie hebt dieses Anderssein, hebt sich in der Unendlichkeit des Fürsichseins auf, welches die Beziehung des Bestimmtseins auf sich selbst, das Bestimmtsein an sich ist.

In dieser Gleichheit mit sich hat das Qualitative, welches das Andere zunächst als ein Äußeres hatte, sich zu einer wahrhaften Einheit erhoben. Aber seine Bestimmtheit, die Unmittelbarkeit, ist zugleich verschwunden.

Das Fürsichsein ist zunächst nur der Begriff der unendlichen Beziehung des Negativen auf sich selbst, ohne das Negative als realen Unterschied in dieser Einheit zugleich zu enthalten, so daß es durch diese einfache Einheit selbst wieder in die Unmittelbarkeit zusammengeht und das Andere als Vieles außer ihm hat. Aber dieses Viele ist selbst Eins, oder das Eins ist Vielheit in ihm selbst. Die Bewegung des Fürsichseins hat darin bestanden, sich zu realisieren oder das in ihm aufgehobene Anderssein in sich selbst zu setzen und damit sich als die Identität mit sich im Anderssein darzustellen.

Was also nunmehr vorhanden ist, ist das Eins, das mit sich in Einheit, aber nicht unmittelbar ist, sondern darin, daß es sich auf sein Nichtsein bezieht, aber damit auf sich selbst; seine unendliche Beziehung durch sein Nichtsein auf sich selbst. Das Eins ist somit zur Einheit erweitert; das Anderssein ist eine Grenze geworden, die in ihrer Negation in sich zurückgekehrt, nicht mehr Bestimmtheit als Beziehung auf Anderes, also eine gleichgültige Grenze ist. Die unmittelbare Einheit des Qualitativen mit sich ist also übergegangen in die Einheit mit sich durch sein Anderssein. Diese Einheit, in der das Anderssein in sich zurückgenommen und die Bestimmtheit dadurch gleichgültig ist, die aufgehobene Qualität ist die Quantität.|

ZWEITER ABSCHNITT
GRÖSSE (QUANTITÄT)

Der Unterschied der Quantität von der Qualität ist soeben angegeben worden. Die Qualität ist die erste, unmittelbare Bestimmtheit; die Quantität ist die Bestimmtheit, die dem Sein gleichgültig geworden, eine Grenze, die ebensosehr keine ist.

Das Sein hat die Bestimmung erhalten, die einfache Gleichheit mit sich in seinem Anderssein und nur durch das Aufheben seines Andersseins zu haben.

Das Anderssein und die Bestimmtheit, insofern sie in dieser Sphäre wieder hervortritt, ist daher nicht mehr als unmittelbare, bleibende, sondern als aufgehobene, etwas, das nicht in einfacher Beziehung auf sich selbst, sondern vielmehr ein sich schlechthin Äußerliches ist. Die Quantität ist die unendlich in sich zurückgekehrte Bestimmtheit; sie ist nicht mehr Sein als Beziehung auf Anderes und als Nichtsein eines Anderen; die Bestimmtheit hat sich in ihrem Anderssein, mit dem sie in Einheit ist, aufgehoben; und die Quantität ist die Gleichgültigkeit der Bestimmtheit. – Insofern aber die Bestimmtheit als unterschieden von dieser ihrer Einheit wieder auftritt, so tritt sie auf als das, was sie in Wahrheit ist, nämlich schlechthin nur als in Einheit mit ihrem Anderssein. Als Qualität sollte sie eine seiende, in einfacher Beziehung mit sich stehende sein; aber als Quantität ist sie als die nur aufgehobene, äußerliche, nicht in sich, sondern im Anderen seiende Bestimmtheit.

Aber zunächst ist die reine Quantität von sich als bestimmter Quantität, vom Quantum zu unterscheiden.

Die Quantität ist **erstens** das in sich zurückgekehrte, reale Fürsichsein, das noch keine Bestimmtheit an ihm hat: die gediegene unendliche Einheit.

Diese geht **zweitens** in die Bestimmtheit über, aber in eine solche, die zugleich keine, nur äußerliche ist. Sie wird Quantum. Das Quantum ist die gleichgültige Bestimmtheit, d. h. die über sich hinausgehende, sich selbst negierende; es wird als dieses Anderssein des Andersseins unendlich. Das unendliche Quantum aber ist die aufgehobene gleichgültige Bestimmtheit, oder es ist die Wiederherstellung der Qualität.

Drittens: das Quantum in qualitativer Form ist das quantitative Verhältnis. Das Quantum geht nur überhaupt über sich hinaus; im Verhältnis aber geht es so über sich in sein Anderssein hinaus, daß es in diesem seine Bestimmung | hat, also zugleich in sich zurückgekehrt und die Beziehung auf sich in seinem Anderssein vorhanden ist. Im Verhältnis ist daher das Quantum in die Quantität zurückgekehrt, welche damit zugleich als Qualität bestimmt worden ist.

Diesem Verhältnis liegt noch die Gleichgültigkeit des Quantums zugrunde, oder es ist nur formelle Einheit der Qualität und Quantität. Die Bewegung des Verhältnisses ist sein Übergang in ihre absolute Einheit, in das Maß.

Anmerkung

Im qualitativen Sein erschien die Grenze zuerst als ein solches, das vom Insichsein des Etwas unterschieden als ein Äußerliches ist, wogegen das Etwas selbst gleichgültig ist. Aber diese Äußerlichkeit der Grenze hob sich sogleich auf, und die Grenze zeigte sich als eins mit dem Insichsein des Etwas und als Bestimmtheit. Aber jene Grenze war noch nicht die quantitative Grenze; denn das Insichsein des Etwas ist nur erst unmittelbar, welchem das Andere sich gegenüber erhält; es ist noch nicht das unendliche Zurückgekehrtsein der Quantität, in welchem das Anderssein sich an und für sich selbst aufgehoben hat. Am Etwas ist daher seine Grenze wesentlich seine Bestimmtheit.

Wenn wir sonach unter Grenze die quantitative Grenze verstehen und z. B. ein Acker seine Grenze, nämlich die quantitative verändert, so bleibt er Acker vor wie nach. Wenn aber seine qualitative Grenze verändert wird, so ist dies seine Bestimmtheit, wodurch er Acker ist, und er wird Wiese, Wald u.s.f. – Ein Rot, das intensiver oder schwächer ist, ist immer Rot; wenn es aber seine Qualität änderte, so hörte es auf, Rot zu sein; es würde Blau u.s.f. – Der wahre und bestimmte Begriff der Größe, wie er sich hier ergeben hat, daß ein Bleibendes zugrunde liegt, das gegen die Bestimmtheit, die es hat, gleichgültig ist, ergibt sich an jedem anderen Beispiel.

Gewöhnlich wird eine Größe definiert als etwas, das sich

vermehren oder vermindern läßt. Vermehren aber heißt,
etwas mehr groß, vermindern weniger groß machen, und das
Mehr in mehr groß, und das Weniger in weniger groß – löst
sich wieder so auf. Es liegt darin ein Unterschied der Größe
überhaupt von ihr selbst, und die Größe wäre also das, dessen
Größe sich verändern läßt. Die Definition zeigt sich deswegen
als ungeschickt, weil in ihr diejenige Bestimmung selbst
gebraucht wird, welche definiert werden sollte. Es ist jedoch in
diesem unvollkommenen Ausdruck das Hauptmoment nicht zu
verkennen, worauf es ankommt, nämlich die Gleichgültigkeit
der Veränderung, daß in ihrem Begriff selbst ihr eigenes
Mehr-Minder liegt, ihre Gleichgültigkeit gegen sich selbst. |

Erstes Kapitel
Die Quantität

A. Die reine Quantität

1. Die Größe ist das aufgehobene Fürsichsein; das repellierende Eins, das sich gegen Anderes nur negativ verhielt, ist in die
Beziehung mit demselben übergegangen; es verhält sich
identisch zu dem Anderen und hat damit seine Bestimmung
verloren. Das Fürsichsein ist Attraktion geworden; aber diese ist
selbst nicht das Werden der Vielen zu Eins geblieben; denn der
Unterschied Eines Eins zu anderen ist gleichfalls verschwunden,
und dieses Werden zur Ruhe geworden. Attraktion und
Repulsion sind in einer Einheit aufgehoben oder zu Momenten herabgesunken. Das Eins ist in Beziehung auf sich selbst
durch die Attraktion und auf sich zugleich als auf ein Anderes
durch die Repulsion. Das Eins als dieses mit den Eins, die sich
repellieren, ebensosehr zusammengegangene Eins hat somit
sozusagen eine Breite erhalten und sich zur Einheit ausgedehnt.
Die absolute Sprödigkeit des repellierenden Eins ist in diese
Einheit zerflossen, welche aber als dieses Eins enthaltend durch
die innewohnende Repulsion zugleich bestimmt und somit als
Einheit des Außersichseins Einheit mit sich selbst ist. Die
Attraktion ist auf diese Weise das Moment der Kontinuität in
der Größe geworden.

Die Kontinuität ist also einfache, sich selbst gleiche Beziehung auf sich, die durch keine Grenze und Ausschließung unterbrochen ist, aber nicht unmittelbare Einheit, sondern Einheit der fürsichseienden Eins. Darin ist also das Außereinander der Vielheit enthalten, aber zugleich als eine nicht unterschiedene, ununterbrochene. Die Vielfalt ist in der Kontinuität so gesetzt, wie sie an sich ist; die Vielen sind nämlich eins was andere, jedes dem anderen gleich, und die Vielheit daher einfache, unterschiedslose Gleichheit. Die Kontinuität ist dieses Moment der Sichselbstgleichheit des Außereinanderseins.

2. Unmittelbar hat daher die Größe in der Kontinuität das Moment der Diskretion. Die Stetigkeit ist Sichselbstgleichheit aber des Vielen, das jedoch nicht zum Ausschließenden wird; und die Repulsion dehnt erst die Sichselbstgleichheit zur Kontinuität aus. Die Diskretion ist daher ihrerseits zusammenfließende | Diskretion, deren Eins nicht das Leere, das Negative, zu ihrer Beziehung haben, und die Stetigkeit, die Gleichheit mit sich selbst im Vielen, nicht unterbrechen. Der Unterschied des Repellierens ist daher nur als Unterscheidbarkeit vorhanden.

3. Die Größe als die Einheit dieser Momente der Kontinuität und Diskretion kann Quantität genannt werden; indem bei dem Ausdruck Größe das Unmittelbare derselben und die begrenzte Größe, das Quantum, der Vorstellung näherliegt, Quantität aber mehr an das Reflektierte und den Begriff derselben erinnert.

Die Quantität ist also Fürsichsein, wie es in Wahrheit ist. Es war das sich aufhebende Beziehen auf sich selbst, perennierendes Außersichkommen. Aber das Abgestoßene ist es selbst; die Repulsion ist daher das erzeugende Fortfließen seiner selbst. Um der Dieselbigkeit willen des Abgestoßenen ist dieses Diszernieren ununterbrochene Kontinuität; und um des Außersichkommens willen ist diese Kontinuität, ohne unterbrochen zu sein, zugleich Vielheit, die ebenso unmittelbar in ihrer Gleichheit mit sich selbst bleibt.

Anmerkung 1

Die reine Quantität hat noch keine Grenze oder ist noch nicht Quantum; – auch insofern sie Quantum wird, wird sie durch die

Grenze nicht beschränkt, denn sie besteht eben darin, durch die Grenze nicht beschränkt zu sein, das Fürsichsein als ein Aufgehobenes in sich zu haben. Daß sie die aufgehobene Diskretion ist, kann auch so ausgedrückt werden, daß die Quantität schlechthin in ihr allenthalben die reale Möglichkeit des Eins ist, aber umgekehrt, daß das Eins ebenso schlechthin nur als Kontinuierliches ist.

Der begrifflosen Vorstellung wird die Kontinuität leicht zur Zusammensetzung, nämlich einer äußerlichen Beziehung der Eins aufeinander, worin das Eins in seiner absoluten Sprödigkeit und Ausschließung erhalten bleibt. Es hat sich aber am Eins gezeigt, daß es an und für sich selbst in die Attraktion, in seine Idealität übergeht und daß daher die Kontinuität ihm nicht äußerlich ist, sondern ihm selbst angehört und in seinem Wesen gegründet ist. Diese Äußerlichkeit der Kontinuität für die Eins ist es überhaupt, an der die Atomistik hängenbleibt und die zu verlassen und in den Begriff, in das Innere zu gehen, die Schwierigkeit für das Vorstellen macht.

Den Begriff der reinen Quantität gegen die bloße Vorstellung hat Spinoza, dem es vorzüglich auf denselben ankam, im Sinne, indem er (Eth. P. I. Prob. XV. Schol.) auf folgende Weise von der Quantität spricht:

Quantitas duobus modis à nobis concipitur, abstracte scilicet sive superficialiter, prout nempe ipsam imaginamur; vel ut substantia, quod a solo intellectu fit. Si itaque ad quantitatem attendimus, prout in imaginatione est, quod saepe et facilius à nobis fit, reperietur finita, divisibilis et ex partibus conflata, si autem ad ipsam, prout in intellectu est, attendimus, et eam, quatenus substantia est, concipimus, quod difficillime fit, – infinita, unica et indivisibilis reperietur. Quod omnibus, qui inter imaginationem et intellectum distinguere sciverint, satis manifestum erit.

Bestimmtere Beispiele der reinen Quantität, wenn man deren verlangt, hat man an Raum und Zeit, auch der Materie überhaupt, Licht u.s.f., selbst Ich; nur ist, wie schon bemerkt, darunter nicht das Quantum oder Größe überhaupt, insofern diese zunächst an das Quantum erinnert, zu verstehen. Raum, Zeit u.s.f. sind Ausdehnungen, Vielheiten, die ein Außer-sich-Gehen, ein Strömen sind, das aber nicht ins Entgegengesetzte, in die Qualität oder in das Eins übergeht, sondern als Außersichkommen ein perennierendes Selbstproduzieren sind. Der Raum ist dieses absolute Außersichsein, das ebensosehr schlechthin ununterbrochen, ein Anders- und Wieder-Anderssein, das identisch mit sich ist; die Zeit ein absolutes Außersichkommen, ein Zunichtewerden, das stetig wieder das Zunichtewerden dieses Vergehens ist, so daß dieses sich Erzeugen des Nichtseins ebensosehr einfache Gleichheit und Identität mit sich ist.

Was die Materie betrifft, so befindet sich unter den sieben Propositionen, die von der ersten Dissertation Leibnizens aufbewahrt sind (l. Seite des I. T. seiner Werke), eine hierüber, die zweite, die so lautet: Non omnio improbabile est, materiam et quantitatem esse realiter idem. – In der Tat sind diese Begriffe auch nicht weiter verschieden als darin, daß die Quantität die reine Denkbestimmung, die Materie aber dieselbe in äußerlicher Existenz ist. – Auch Ich kommt die Bestimmung der reinen Quantität zu, als es ein absolutes Anderswerden, eine unendliche Entfernung oder allseitige Repulsion zur negativen Freiheit des Fürsichseins ist, aber welche schlechthin einfache Kontinuität bleibt. – Welche sich dagegen sträuben, die Vielheit als einfache Einheit zu fassen, und außer dem Begriff, daß von den Vielen jedes dasselbe ist, was das andere, nämlich eins der Vielen, – indem nämlich hier nicht von weiter bestimmtem Vielem, von Grünem, Rotem u.s.f., sondern von dem Vielen, an-und-für-sich betrachtet, die Rede ist –, auch eine Vorstellung von dieser Einheit verlangen, die finden dergleichen hinlänglich an jenen Stetigkeiten, deren einfache Anschauung unmittelbar den deduzierten Begriff der Quantität gibt.

Anmerkung 2

In die Natur der Quantität, diese einfache Einheit der Diskretion und der Kontinuität zu sein, fällt der Streit oder die Antinomie der unendlichen Teilbarkeit des Raums, der Zeit, der Materie u.s.f. |

Diese Antinomie besteht allein darin, daß die Diskretion ebensosehr als die Kontinuität behauptet werden muß. Die einseitige Behauptung der Diskretion gibt das unendliche oder absolute Geteiltsein, somit ein Unteilbares zum Prinzip; die einseitige Behauptung der Kontinuität dagegen die unendliche Teilbarkeit.

Die Kantische Kritik der reinen Vernunft stellt bekanntlich vier (kosmologische) Antinomien auf, worunter die zweite den Gegensatz betrifft, der die Momente der Quantität ausmacht.

Diese Kantischen Antinomien bleiben immer ein wichtiger Teil der kritischen Philosophie; sie sind es vornehmlich, die den Sturz der vorhergehenden Metaphysik bewirkten und als ein Hauptübergang in die neuere Philosophie angesehen werden können. Bei ihrem großen Verdienst aber ist ihre Darstellung sehr unvollkommen; teils in sich selbst gehindert und verschroben, teils schief in Ansehung ihres Resultates. Wegen ihrer Merkwürdigkeit verdienen sie eine genauere Kritik, die sowohl ihren Standpunkt und Methode näher beleuchten, als auch den Hauptpunkt, worauf es ankommt, von der unnützen Form, in die er hineingezwängt ist, befreien wird.

Zunächst bemerke ich, daß Kant seinen vier kosmologischen Antinomien durch das Einteilungsprinzip, das er von seinem Schema der Kategorien hernahm. einen Schein von Vollständigkeit geben wollte. Allein die tiefere Einsicht in die antinomische oder wahrhafter in die dialektische Natur der Vernunft faßt überhaupt jeden Begriff als Einheit entgegengesetzter Momente, denen man die Form antinomischer Behauptungen geben könnte. Werden, Dasein u.s.f. und jeder andere Begriff könnte daher seine besondere Antinomie liefern und also so viele Antinomien aufgestellt werden, als Begriffe aufgestellt werden.

Ferner hat Kant die Antinomie nicht in den Begriffen selbst, sondern in der schon konkreten Form kosmologischer Bestimmungen aufgefaßt. Um die Antinomie rein zu haben und sie in ihrem einfachen Begriff zu behandeln, mußten die Denkbestimmungen nicht in ihrer Anwendung und Vermischung mit der Vorstellung der Welt, des Raums, der Zeit, der Materie u.s.f. genommen, sondern ohne diesen konkreten Stoff, der keine Kraft noch Gewalt dabei hat, rein für sich betrachtet werden, indem sie allein das Wesen und den Grund der Antinomien ausmachen.

Kant gibt diesen Begriff von der Antinomie, daß sie »nicht

sophistische Künsteleien seien, sondern Widersprüche, auf welche die Vernunft notwendig stoßen (nach Kantischem Ausdruck) müsse«, – was eine wichtige Ansicht ist. – »Von dem natürlichen Scheine der Antinomien werde die Vernunft, wenn sie seinen Grund einsieht, zwar nicht mehr hintergangen, aber immer noch getäuscht.« – Die kritische Auflösung nämlich durch die sogenannte transzendentale Idealität | der Welt der Wahrnehmung hat kein anderes Resultat, als daß sie den sogenannten Widerstreit zu etwas Subjektivem macht, worin er freilich noch immer derselbe Schein, d. h. so unaufgelöst bleibt als vorher. Ihre wahrhafte Auflösung kann nur darin bestehen, daß zwei Bestimmungen, indem sie entgegengesetzt und demselben Begriff notwendig sind, nicht in ihrer Einseitigkeit, jede für sich, gelten können, sondern daß sie ihre Wahrheit nur in ihrem Aufgehobensein haben.

Die Kantischen Antinomien, näher betrachtet, enthalten nichts anderes, als die ganz einfache kategorische Behauptung eines jeden der zwei entgegengesetzten Momente der Antinomie. Aber dabei ist diese einfache kategorische oder eigentlich assertorische Behauptung in ein schiefes, verdrehtes Gerüst von Räsonnement eingehüllt, wodurch ein Schein von Beweisen hervorgebracht und das bloß Assertorische der Behauptung versteckt und unkenntlich gemacht werden soll, wie sich dies bei der näheren Betrachtung derselben zeigen wird.

Die Antinomie, die hierher gehört, betrifft die sogenannte unendliche Teilbarkeit der Materie und beruht auf dem Gegensatz der Momente der Kontinuität und Diskretion, welche der Begriff der Quantität in sich enthält.

Die Thesis derselben nach Kantischer Darstellung lautet so:

Eine jede zusammengesetzte Substanz in der Welt besteht aus einfachen Teilen, und es existiert überall nichts als das Einfache oder was aus diesem zusammengesetzt ist.

Es wird hier dem Einfachen, dem Atomen, das Zusammengesetzte gegenübergestellt, was gegen das Stetige oder Kontinuierliche eine sehr zurückstehende Bestimmung ist. – Das Substrat, das diesen Abstraktionen gegeben ist, nämlich empirische Substanzen in der Welt, was hier weiter nichts heißt als die Dinge, wie sie sinnlich wahrnehmbar sind, hat auf das Antinomische selbst keinen Einfluß; es konnte ebensogut auch Raum und Zeit genommen werden. – Indem nun die Thesis nur von Zusammensetzung statt von Kontinuität lautet, so ist sie eigentlich ein analytischer oder tautologischer Satz. Daß das Zusammengesetzte nicht an und für sich, sondern nur ein äußerlich Verknüpftes ist und aus Anderem besteht, ist seine unmittelbare Bestimmung. – Das Andere aber des Zusammengesetzten ist das Einfache. Es ist daher ein tautologischer Satz, daß das Zusammengesetzte aus Einfachem besteht. – Wenn einmal gefragt wird, aus was Etwas bestehe, so verlangt man ein Anderes, dessen Verbindung jenes Etwas ausmache. Läßt man die Tinte wieder aus Tinte bestehen, so ist der Sinn der Frage nach dem Bestehen verfehlt, sie ist nicht beantwortet. Die Frage ist denn allein noch, ob das, wovon die Rede ist, aus etwas bestehen soll oder nicht. Aber das Zusammengesetzte ist schlechthin ein solches, das nicht unmittelbar, nicht an und für sich, sondern ein Vermitteltes, ein Verbundenes ist und aus Anderem besteht. Wenn es daher wieder aus Zusammengesetztem bestehen soll, so bleibt die Frage: aus was das Zusammengesetzte bestehe? vor wie nach, weil sie im Zusammengesetzten selbst liegt. – Wird das Einfache, welches das Andere des Zusammengesetzten und dasjenige, nach welchem gefragt wird, nur für ein Relativ-Einfaches genommen, das für sich wieder zusammengesetzt sei, so wird die Antwort wieder in jene: daß die Tinte aus Tinte bestehe, verwandelt und somit die Frage nur wiederholt. Der Vorstellung pflegt nur dieses oder jenes Zusammengesetzte vorzuschweben, von dem auch dieses oder jenes Etwas als sein Einfaches angegeben würde, was etwa wieder für sich ein Zusammengesetztes wäre. Aber es ist von dem Zusammengesetzten als solchem die Rede. Es kann also auch nicht wieder gefragt werden, aus was von neuem das Einfache bestehe, das selbst ein Zusammengesetztes sei; denn das Einfache ist nicht ein Zusammengesetztes, sondern vielmehr das Andere des Zusammengesetzten.

Was nun den Kantischen Beweis der Thesis betrifft, so macht er, wie alle Kantischen Beweise der übrigen antinomischen Sätze, den Umweg, der sich als sehr überflüssig zeigen wird, apogogisch zu sein.

»Nehmet an, beginnt er, die zusammengesetzten Substanzen

beständen nicht aus einfachen Teilen, so würde, wenn alle Zusammensetzung in Gedanken aufgehoben würde, kein zusammengesetzter Teil und, da es (nach der soeben gemachten Annahme) keine einfache Teile gibt, auch kein einfacher, mithin gar nichts mehr übrigbleiben, folglich keine Substanz sein gegeben worden.« –

Diese Folgerung ist ganz richtig: Wenn es nichts als Zusammengesetztes gibt, und man denkt sich alles Zusammengesetzte weg, so hat man gar nichts übrig; – man wird dies zugeben, aber dieser tautologische Überfluß konnte wegbleiben und der Beweis sogleich mit dem Folgenden anfangen:

»Entweder läßt sich unmöglich alle Zusammensetzung in Gedanken aufheben oder es muß nach deren Aufhebung etwas ohne alle Zusammensetzung Bestehendes, d. i. das Einfache, übrigbleiben.«

»Im ersteren Fall aber würde das Zusammengesetzte wiederum nicht aus Substanzen bestehen (**weil bei diesen die Zusammensetzung nur eine zufällige Relation der Substanzen* ist, ohne welche diese als für sich beharrliche Wesen bestehen müssen**). – Da nun dieser Fall der Voraussetzung widerspricht, so bleibt nur der zweite übrig: daß nämlich das substantielle Zusammengesetzte in der Welt aus einfachen Teilen bestehe.«

Derjenige Grund, welcher nebenher in eine Parenthese gelegt ist, ist in der Tat die Hauptsache, gegen welche alles Bisherige völlig überflüssig ist. Das Dilemma ist dieses: Entweder ist das Zusammengesetzte das Bleibende oder nicht, sondern das Einfache. Wäre das erstere, nämlich das Zusammengesetzte, das Bleibende, so wäre das Bleibende nicht die Substanzen, denn diesen ist die Zusammensetzung nur zufällige Relation; aber Substanzen sind das Bleibende, also sind sie einfach.

Es erhellt, daß ohne den apogogischen Umweg an die Thesis: Die zusammengesetzte Substanz besteht aus einfachen Teilen,

---

* Zum Überfluß des Beweisens selbst kommt hier noch der Überfluß der Sprache, – weil bei diesen (den Substanzen nämlich) die Zusammensetzung nur eine zufällige Relation der Substanzen ist. |

unmittelbar jener Grund als Beweis angeschlossen werden konnte, weil die Zusammensetzung bloß eine zufällige Relation der Substanzen ist, welche ihnen also äußerlich ist und die Substanzen selbst nichts angeht. – Hat es mit der Zufälligkeit der Zusammensetzung seine Richtigkeit, so ist das Wesen freilich das Einfache. Diese Zufälligkeit aber, auf welche es allein ankommt, wird nicht bewiesen, sondern geradezu, und zwar im Vorbeigehen, in Parenthese angenommen als etwas, das sich von selbst versteht oder eine Nebensache ist. Es versteht sich zwar allerdings von selbst, daß die Zusammensetzung die Bestimmung der Zufälligkeit und Äußerlichkeit ist; allein unter Zusammensetzung sollte die Kontinuität zu verstehen sein, und diese dann freilich nicht in einer Parenthese abgetan werden.

In dem apogogischen Umweg sehen wir somit die Behauptung selbst vorkommen, die aus ihm resultieren soll. Kürzer läßt sich der Beweis so fassen:

Man nehme an, die zusammengesetzten Substanzen bestünden nicht aus einfachen Teilen. Nun aber kann man alle Zusammensetzung in Gedanken aufheben (denn sie ist nur eine zufällige Relation), also blieben nach deren Aufhebung keine Substanzen übrig, wenn sie nicht aus einfachen Teilen bestünden. Substanzen aber müssen wir haben, denn wir haben sie angenommen; es soll uns nicht alles verschwinden, sondern Etwas übrigbleiben, denn wir haben ein solches Beharrliches, das wir Substanz nannten, vorausgesetzt; dieses Etwas muß also einfach sein.

Es gehört noch zum Ganzen, den Schlußsatz zu betrachten; er lautet folgendermaßen:

»Hieraus folgt unmittelbar, daß die Dinge der Welt insgesamt einfache Wesen seien, daß die Zusammensetzung nur ein äußerer Zustand derselben sei und daß die Vernunft die Elementarsubstanzen als einfaches Wesen denken müsse.«

Hier sehen wir die Zufälligkeit der Zusammensetzung als Folge aufgeführt, nachdem sie vorher im Beweis parenthetisch eingeführt und in ihm gebraucht worden war. |

Kant protestiert sehr, daß er bei den widerstreitenden Sätzen der Antinomie nicht Blendwerke suche, um etwa (wie man zu sagen pflege) einen Advokatenbeweis zu führen. Der betrachtete Beweis ist nicht so sehr eines Blendwerks zu beschuldigen als einer unnützen gequälten Geschrobenheit, die nur nötig war, um die äußere Gestalt eines Beweises hervorzubringen und es nicht in seiner ganzen Durchsichtigkeit zu lassen, daß das, was als Folgerung hervortreten sollte, in Parenthese der Angel des Beweises war.

Die Antithesis lautet:

Kein zusammengesetztes Ding in der Welt besteht aus einfachen Teilen, und es existiert überall nichts Einfaches in derselben.

Der Beweis ist gleichfalls apopogisch gewendet und auf eine andere Weise ebenso tadelhaft als der vorige.

»Setzet, heißt es, ein zusammengesetztes Ding (als Substanz) bestehe aus einfachen Teilen. Weil alles äußere Verhältnis, mithin auch alle Zusammensetzung aus Substanzen nur im Raume möglich ist, so muß aus so vielen Teilen das Zusammengesetzte besteht, aus so vielen Teilen auch der Raum bestehen, den es einnimmt. Nun besteht der Raum nicht aus einfachen Teilen, sondern aus Räumen. Also muß jeder Teil des Zusammengesetzten einen Raum einnehmen.«

»Die schlechthin ersten Teile aber alles Zusammengesetzten sind einfach.«

»Also nimmt das Einfache einen Raum ein.«

»Da nun alles Reale, was einen Raum einnimmt, ein außerhalb einander befindliches Mannigfaltiges in sich faßt, mithin zusammengesetzt ist, und zwar aus Substanzen, so würde das Einfache ein substantielles Zusammengesetztes sein, welches sich widerspricht.«

Dieser Beweis kann ein ganzes Nest (um einen sonst vorkommenden Kantischen Ausdruck zu gebrauchen) von fehlerhaftem Verfahren genannt werden.

Zunächst ist die apogische Wendung ein durchaus grundloser Schein. Denn die Annahme, daß alles Substantielle räumlich sei, der Raum aber nicht aus einfachen Teilen bestehe, ist eine direkte Behauptung, die den unmittelbaren Grund des zu Beweisenden ausmacht und mit dem das ganze Beweisen fertig ist.

Alsdann fängt dieser apogische Beweis mit dem Satze an: »daß alle Zusammensetzung aus Substanzen ein äußeres Verhältnis sei«, vergißt ihn aber, sonderbar genug, sogleich wieder.

Es wird nämlich fortgeschlossen, daß die Zusammensetzung nur im Raume möglich sei, der Raum bestehe aber nicht aus einfachen Teilen, das Reale, das einen Raum einnehme, sei mithin zusammengesetzt. Da einmal die Zusammensetzung als ein äußerliches Verhältnis angenommen ist, so ist die Räumlichkeit, als in der allein die Zusammensetzung möglich sein soll, eben darum selbst ein äußerliches Verhältnis, das die Substanzen nichts angeht und ihre Natur nicht berührt, so wenig als das übrige, was man aus der Bestimmung der Räumlichkeit noch folgern kann.

Ferner ist vorausgesetzt, daß der Raum, in den die Substanzen hier versetzt werden, nicht aus einfachen Teilen bestehe, weil er eine Anschauung, nämlich, nach Kantischer Bestimmung, eine Vorstellung, die nur durch einen einzigen Gegenstand gegeben werden könne, und kein diskursiver Begriff sei. – Bekanntlich hat sich aus dieser Kantischen Unterscheidung von Anschauung und Begriff viel Unfug mit dem Anschauen entwickelt und, um das Begreifen zu ersparen, ist der Wert und das Gebiet derselben ins Unendliche erweitert worden. Hierher gehört nur, daß der Raum wie auch die Anschauung selbst zugleich begriffen werden müsse, wenn man nämlich überhaupt begreifen will. Damit entstünde die Frage, ob der Raum nicht, wenn er auch als Anschauung einfache Kontinuität wäre, nach seinem Begriff als aus einfachen Teilen bestehend gefaßt werden müsse, oder der Raum träte in dieselbe Antinomie ein, in welche nur die Substanz versetzt wurde. In der Tat, wenn die Antinomie abstrakt gefaßt wird, betrifft sie, wie erinnert, die Quantität überhaupt und somit Raum und Zeit ebensosehr.

Weil aber einmal im Beweis angenommen ist, daß der Raum nicht aus einfachen Teilen bestehe, dies hätte Grund sein sollen, das Einfache nicht in dieses Element zu versetzen, welches der Bestimmung des Einfachen nicht angemessen ist.

In der Anmerkung zu dem Beweis der Antithesis wird noch ausdrücklich die sonstige Grundvorstellung der kritischen Philosophie herbeigebracht, daß wir von Körpern nur als Erscheinungen einen Begriff haben; als solche aber setzen sie den Raum als die Bedingung der Möglichkeit aller äußeren Erscheinung notwendig voraus. Wenn hiermit unter den Substanzen nur Körper gemeint sind, wie wir sie sehen, fühlen, schmecken u.s.f., so ist von dem, was sie im Denken sind, eigentlich nicht die Rede; es handelt sich nur vom sinnlich Wahrgenommenen. Der Beweis der Antithesis war also kurz zu fassen: Die ganze Erfahrung unseres Sehens, Fühlens u.s.f. zeigt uns nur Zusammengesetztes; auch die besten Mikroskope und die feinsten Messer haben uns noch auf nichts Einfaches stoßen lassen. – Also soll auch die Vernunft nicht auf etwas Einfaches stoßen wollen.

Wenn wir also den Gegensatz dieser Thesis und Antithesis genauer betrachten und ihre Beweise von allem unnützen Überfluß und [aller] Verschrobenheit befreien, so enthält der Beweis der Antithesis – durch die Versetzung der Substanzen in den Raum – die assertorische Annahme der Kontinuität, so wie der Beweis der Thesis – durch die Annahme der Zusammensetzung als der Art der Beziehung des Substantiellen – die assertorische Annahme der Zufälligkeit dieser Beziehung und damit der absoluten Eins. Die ganze Antinomie reduziert sich also auf die Trennung und direkte Behauptung der beiden Momente der Quantität, insofern sie getrennt sind. Nach der bloßen Diskretion genommen, sind die | Substanz, Materie, Raum, Zeit u.s.f. schlechthin geteilt; das Eins ist ihr Prinzip. Nach der Kontinuität ist dieses Eins nur ein Aufgehobenes; das Teilen bleibt Teilbarkeit, es bleibt die Möglichkeit zu teilen als Möglichkeit, ohne wirklich auf das Atome zu kommen. – So aber enthält die Kontinuität selbst das Moment des Atomen; so wie jenes Geteiltsein allen Unterschied der Eins aufgehoben hat – denn die einfachen Eins ist eines, was andere ist –, somit ebenso ihre absolute Gleichheit und damit ihre Kontinuität enthält. Indem jede der beiden entgegengesetzten Seiten an ihr selbst ihre andere enthält und keine ohne die andere gedacht werden kann, so folgt daraus, daß keine dieser Bestimmungen, allein genommen, Wahrheit hat, sondern nur ihre Einheit. Dies ist die wahrhafte dialektische Betrachtung derselben sowie das wahrhafte Resultat.

Unendlich sinnreicher und tiefer als die betrachtete Kantische Antinomie sind die dialektischen Beispiele der alten eleatischen Schule, besonders die Bewegung betreffend, die sich gleichfalls auf den Begriff der Quantität gründen und in ihm ihre Auflösung haben. Es würde zu weitläufig sein, sie hier noch zu betrachten; sie gehören näher zu den Begriffen von Raum und Zeit und sind bei diesen und in der Geschichte der Philosophie abzuhandeln. Sie machen der Vernunft ihrer Erfinder die höchste Ehre; sie haben das reine Sein des Parmenides zum Resultat, indem sie die Auflösung alles bestimmten Seins in sich selbst aufzeigen und somit an ihnen selbst das Fließen des Heraklit. Sie sind darum auch einer gründlicheren Betrachtung würdig als der gewöhnlichen Erklärung, daß es eben Sophismen seien; welche Assertion sich an die Wahrnehmung nach dem, dem gemeinen Menschenverstand so einleuchtenden Vorgang des Diogenes hält, der, als ein Dialektiker den Widerspruch, den die Bewegung enthält, aufzeigte, seine Vernunft weiter nicht angestrengt haben, sondern durch ein stummes Hin- und Hergehen auf den Augenschein verwiesen haben soll, – eine Assertion und Widerlegung, die freilich leichter zu machen ist als ihre wahrhafte Erkenntnis und Auflösung, die eine Einsicht in die dialektische Natur der Begriffe voraussetzt.

Die Kantische Auflösung der Antinomie besteht allein darin, daß die Vernunft die sinnliche Wahrnehmung nicht überfliegen und die Erscheinung, wie sie ist, nehmen solle. Diese Auflösung läßt den Inhalt der Antinomie selbst auf der Seite liegen; sie erreicht die Natur des Begriffs nicht, der wesentlich die Einheit Entgegengesetzter ist, deren jedes, für sich isoliert, nichtig und an ihm selbst nur das Übergehen in sein Anderes ist, wie hier die Quantität diese Einheit und darin die Wahrheit der beiden die Antinomie ausmachenden Bestimmungen ist. |

B. Kontinuierliche und diskrete Größe

1. Die Quantität enthält die beiden Momente der Kontinuität und der Diskretion. Sie ist zunächst unmittelbare Einheit derselben. Sie ist somit selbst in der Bestimmung der Kontinuität und ist kontinuierliche Größe.

Oder die Kontinuität ist zwar zunächst nur eins der Momente der Quantität, und die Quantität ist erst mit dem anderen, der Diskretion, vollendet. Aber die Kontinuität ist ebenso wesentlich auch das Ganze; denn sie ist nur die zusammenhängende, gediegene Einheit als Einheit des Diskreten. Die Kontinuität ist somit nicht nur Moment, sondern ebensosehr ganze Quantität; und diese in dieser unmittelbaren, selbst kontinuierlichen Einheit ist nicht so sehr Quantität als Größe, – also kontinuierliche Größe.

2. Die unmittelbare Quantität ist kontinuierliche Größe. Aber die Quantität ist überhaupt nicht ein Unmittelbares; oder die Unmittelbarkeit ist eine Bestimmtheit, eine Qualität derselben, deren Aufgehobensein sie selbst ist. Sie geht also aus der Unmittelbarkeit oder Unbestimmtheit in die Bestimmtheit über; die ihr immanente Bestimmtheit aber ist das Eins. – Oder die unmittelbare Quantität, die kontinuierliche Größe, ist nicht die Quantität als solche, sondern als bestimmte; aber die wahrhafte Bestimmtheit derselben ist das Eins, und die Quantität ist als diskrete Größe.

Die Diskretion ist überhaupt Moment der Quantität, aber ist selbst auch die ganze Quantität, weil diese wesentlich vermittelt, negativ in sich selbst, in der Bestimmtheit des Eins ist, eine zunächst unbestimmte Vielheit von Eins. Die Quantität ist Außereinandersein, und die kontinuierliche Größe ist dieses Außereinandersein als sich ohne Negation fortsetzend, als ein in sich selbst gleicher Zusammenhang. Die diskrete Größe ist dieses Außereinander als nicht kontinuierlich, als unterbrochen. Mit dieser Menge von Eins aber ist nicht die Menge des Atomen und das Leere wieder vorhanden. Sondern weil die diskrete Größe Quantität ist, ist die in ihr aufgehobene Kontinuität selbst kontinuierlich. Diese Kontinuität am Diskreten besteht darin, daß die Eins das einander Gleiche sind oder daß sie dieselbe Einheit haben. Die diskrete Größe ist also das Außereinander des vielen Eins als des Gleichen, nicht das viele Eins überhaupt, sondern als das Viele einer Einheit. |

Anmerkung

In der gewöhnlichen Vorstellung von kontinuierlicher und diskreter Größe wird es übersehen, daß jede dieser Größen beide Momente, sowohl die Kontinuität als die Diskretion, an ihr hat und ihr Unterschied nur dadurch konstituiert wird, welches von beiden Momenten als die zum Grunde liegende Bestimmung gilt, die aber nicht allein in einer solchen Größe vorhanden ist.

Dabei aber hat die kontinuierliche Größe die Diskretion nicht so an ihr, daß sie aus Eins bestünde, denn die Eins sind in ihr aufgehoben, sondern als Außereinandersein; sie ist nicht bloße Gleichheit mit sich selbst, sondern die wesentlich das Eins in ihr aufgehoben und aufbewahrt hat, die Gleichheit des Außersichseins der Repulsion. Raum, Zeit, Materie u.s.f. sind Quantitäten, die eine stetige Größe haben, indem sie Repulsionen von sich selbst, ein strömendes Außersichkommen sind, das nicht ein Übergehen in ein Anderes ist. Sie haben die absolute Möglichkeit, daß das Eins allenthalben an ihnen gesetzt werde; sie haben diese Möglichkeit nicht als die leere Möglichkeit eines bloßen Andersseins (wie man sagt, es wäre möglich, daß an der Stelle dieses Steins ein Baum stünde), sondern sie enthalten das Prinzip des Eins an ihnen selbst.

Umgekehrt ist an der diskreten Größe die Kontinuität nicht zu übersehen; dieses Moment ist, wie gezeigt, das Eins als Einheit.

Die kontinuierliche und diskrete Größe können als Arten der Größe betrachtet werden, aber nur insofern die Größe nicht unter irgendeiner äußerlichen Bestimmtheit gesetzt ist, sondern unter der Bestimmtheit ihrer eigenen Momente. In dem gewöhnlichen Übergang von Gattung zu Art läßt man an jene nach irgendeinem ihr äußerlichen Einteilungsgrund äußerliche Bestimmungen kommen. – Ferner aber geht die kontinuierliche in die diskrete Größe über, weil jene zwar die Größe in einer Bestimmung ist, aber die Unmittelbarkeit oder Kontinuität ist nicht die eigentümliche, immanente Bestimmtheit der Quantität, sondern dies ist das Eins. Oder die Größe hat erst als diskrete eine reale Bestimmung, denn damit tritt der Unterschied oder das Anderssein an ihr selbst ein. Die kontinuierliche Größe ist nur stetig, ununterschieden an ihr selbst, unterschieden nur gegen die ihr gegenüberstehende diskrete Größe. – Allein die reale Bestimmung ist in der diskreten Größe als solcher, den Eins, welche durch ihre Einheit stetig sind, noch nicht vollendet; es gehört dazu noch die Bestimmung dieser ihrer Kontinuität durch das Eins. |

C. Begrenzung der Quantität

Die diskrete Größe hat erstlich das Eins zum Prinzip, zweitens ist sie wesentlich stetig; sie ist das Eins zugleich als Aufgehobenes, als Einheit, das gleichsam breite, kontinuierte Eins. Insofern aber das Eins oder die vielen Eins gleich wesentlich und unmittelbar Einheit sind, ist damit nur Quantität überhaupt, oder insofern das Eins in der Einheit aufgehoben ist und als viele Eins in die Einheit zusammensinken, kontinuierliche Quantität gesetzt. Aber diese ist umgekehrt in diskrete Größe übergegangen, und die Kontinuität das im Eins aufgehobene Moment. Das Eins ist somit zwar einerseits zur Einheit erweitert, und diese ist nicht verschwunden, sondern vielmehr wesentlich vorhanden, aber sie ist mit einer Negation gesetzt; das Eins wird an der Einheit zur Grenze. Die Kontinuität ist wesentliches Moment und hat die Negation an ihr, aber ist unterschieden zugleich von dieser ihrer Negation, die in dieser Bestimmung Grenze ist. Diese Grenze außer dem, daß sie auf die Einheit bezogen und die Negation an derselben ist, ist sie auch auf sich bezogen; sie ist als das, wie sie an sich ist, nämlich als Eins, umschließende, befassende Grenze. Die Grenze unterscheidet sich hier nicht zuerst von dem Insichsein oder dem Etwas ihres Daseins, sondern als Eins ist sie unmittelbar dieser negative Punkt selbst. Auf der anderen Seite ist das Sein, das begrenzt ist, wesentlich hier als Kontinuität, die über die Grenze und dieses Eins hinausgeht. Die wahrhafte diskrete Quantität ist also eine Quantität oder Quantum.

Oder die Größe ist zuerst unmittelbare Einheit der Kontinuität und Diskretion. Als Quantität ist sie die in sich zurückgekehrte Einheit dieser Momente; als diese ihre negative Einheit hat sie den in der unmittelbaren oder kontinuierlichen Größe nur verschwundenen oder nur möglichen Unterschied an ihr.

Erstens ist diese negative Einheit nicht nur Einheit der Kontinuität und Diskretion, als abstrakter Momente, sondern auch derselben betrachtet als kontinuierlicher und diskreter Größe. Es ist überhaupt kein wahrhafter Unterschied der kontinuierlichen und diskreten Größe. – Zweitens aber ist diese negative Einheit nicht eine Bestimmtheit, in welche die Größe übergeht, sondern die sie an ihr selbst hat; sie ist das Eins, in welchem als ihrer eigenen Bestimmtheit sich die Quantität setzt. Indem überhaupt die Quantität die aufgehobene Qualität, indem sie an sich selbst unendlich ist, so ist in ihrer Bewegung kein Übergehen in absolutes Anderssein vorhanden, sondern ihr Bestimmen besteht ebensosehr nur in dem Hervortreten der in ihr bereits vorhandenen Momente. |

Zweites Kapitel
Quantum

Das Quantum ist die reale Quantität, wie Dasein das reale Sein. Es ist zunächst Quantität mit einer Bestimmtheit oder Grenze überhaupt, aber in seiner vollkommenen Bestimmtheit ist es Zahl. Das Quantum unterscheidet sich

zweitens in extensives und intensives Quantum, deren Unterschied aber einerseits gleichgültig ist, so daß dieselbe Zahlbestimmtheit ebensosehr auf die eine als auf die andere Weise vorhanden ist. Andererseits aber liegt darin der Unterschied des Quantums an sich selbst, das

drittens als an sich selbst äußerlich in die quantitative Unendlichkeit übergeht.

A. Die Zahl

Die Quantität ist Quantum oder hat eine Grenze. Insofern die kontinuierliche und diskrete Größe als Arten der Größe angesehen werden, so ist das Quantum, sowohl die eine als die andere, als begrenzt; oder jede von ihnen hat eine Grenze; an der kontinuierlichen ist die Grenze als Grenze der Kontinuität, an der diskreten als Negation an der Vielheit, die für sich ununterschiedene Menge überhaupt ist. Aber der Unterschied dieser Arten hat hier keine Bedeutung mehr.

Zunächst als negative Einheit des Unterschiedes der Kontinuität und der Diskretion ist die Quantität ein Insichsein, in dem der Unterschied aufgehoben ist oder das sich von ihm unterscheidet. Die Quantität ist an sich das aufgehobene Fürsichsein; sie ist also schon an und für sich selbst gegen ihre Grenze gleichgültig.

Aber so wenig als das Etwas eine von seinem Insichsein unterschiedene Grenze hat, so wenig ist dies hier der Fall. Die Grenze ist das, wodurch sich Etwas von Anderem abscheidet und sich auf sich selbst bezieht; durch seine Grenze ist also Etwas in sich und nicht in Anderen; seine Grenze ist also sein Insichsein. Der Quantität ist überhaupt unmittelbar die Grenze, oder ein Quantum zu sein, nicht gleichgültig; denn sie enthält das Eins, das absolute Bestimmtsein, in sich selbst als ihr eigenes Moment. |

Dieses Eins ist das Prinzip des Quantums; es ist aber nicht das abstrakte Eins, sondern das Eins als der Quantität. Dadurch ist es erstlich kontinuierlich; es ist Einheit; zweitens ist es diskret; dadurch ist es in sich eine Vielheit der Eins, welche aber die Gleichheit miteinander, jene Kontinuität, dieselbe Einheit haben. Drittens ist dieses Eins Negation der Kontinuität und der Diskretion; und indem sie seine Momente ausmachen, so ist es somit Negation seiner selbst; indem es aber ebenso unmittelbar ist, so ist diese Negation seiner zugleich ein Ausschließen seines Nichtseins aus sich, eine Bestimmung seiner gegen andere Quanta. Das Eins ist insofern sich auf sich beziehende, umschließende und anderes ausschließende Grenze.

Es ist gesagt worden, daß die Momente der Kontinuität und der Diskretion in dem begrenzenden Eins enthalten sind. Insofern in diesem Begrenzen das Eins das Bestimmende oder das Ganze überhaupt in der Form der Diskretion ist, so ist die Kontinuität als die Einheit der vielen Eins vorhanden; sie ist das Eins, insofern es das Prinzip ist oder die Vielen alle Eins sind. Diese Einheit unterscheidet sich insofern zugleich von den Vielen als solchen. Die Kontinuität ist aber auch das Unbestimmte der Vielheit überhaupt, und insofern ist das Eins als Grenze an ihr. Die Vielen als diskrete Viele oder als Eins sind unbegrenzbar, denn als Fürsichseiende enthalten sie die Grenze als ein aufgehobenes Moment und sind die absolute Negativität gegen dieselbe. Eine Menge als solche ist keine Grenze an den Vielen selbst; es ist eine ihnen völlig äußerliche Bestimmung. Die Grenze ist an ihnen nur als den Vielen, die darin sich gleich sind, daß sie Viele sind; diese ihre Kontinuität ist das unbestimmte Sein, an dem die Negation als Grenze ist. Zugleich aber ist sie nicht Grenze an der Kontinuität, insofern sie als die Einheit ist, denn diese macht eben das von dem Vielen, dem Diskreten und damit dem Negativen überhaupt unterschiedene Moment aus.

Das Quantum erscheint daher in seinem An-sich-Bestimmtsein nicht als kontinuierliche, sondern als diskrete Größe, wie sich auch im Übergang zu demselben gezeigt hat. Das Quantum als begrenzte kontinuierliche Größe ist eine unbestimmte Grenze; denn sie enthält nicht das Kontinuierliche als vieles Eins, somit auch nicht in der Form des An-sich-selbst-Bestimmtseins. – Die Momente der Kontinuität und Diskretion aber, indem sie in dem Quantum als ihrer Einheit sind, sind selbst das Ansichbestimmtsein, das ihre Einheit ausmacht. Die Kontinuität ist als Einheit als auch als vieles Eins. Die Diskretion oder der Unterschied ist ferner darin nicht nur der unbestimmte der Vielheit überhaupt, sondern als der bestimmte der Einheit gegen die Vielheit. Dies ist aber zugleich nicht ein bloß qualitativer Unterschied; denn die Vielen sind Eins, sie haben dieselbe Einheit. – Ferner ist das Viele nicht unterschieden von der Grenze oder dem begrenzenden Eins; es macht die Kontinuität sowohl als Diskretion des um|schließenden Eins selbst aus, denn es ist selbst kontinuierlich und diskret; das Quantum oder die Grenze der Quantität als solche ist selbst Quantität.

Das Quantum auf diese Weise an sich selbst bestimmt, ist die Zahl. Sie ist das Quantum in seiner Bestimmtheit, weil sie nur ein Verhalten des Eins, des absolut An-sich-Bestimmten zu sich selbst ist, das in seinem Unterschied von sich, also dem Bestimmtsein als durch Anderes sich selbst gleich bleibt, oder worin dieser Unterschied ebenso unmittelbar ein aufgehobener ist.

Die Zahl hat erstens das Eins als Prinzip; insofern ist es das kontinuierliche Eins oder die Einheit. Ferner ist diese Einheit von sich repelliert; sie ist als Viele Eins; aber diese Vielen machen selbst nur das Eins aus, insofern es das Begrenzende ist. Die Vielen der Zahl machen das Quantum aus; die Vielheit ist Moment des begrenzenden Eins; die Vielen, die durch die Grenze abgesondert und umschlossen werden, sind nicht außerhalb ihrer Grenze; diese ist das Eins selbst, und dieses Eins ist die Quantität und das Diskrete oder das Kontinuierliche selbst, welches die Vielen sind. Diese Vielen machen die Anzahl der Zahl aus. Einesteils unterscheidet sie sich von dem Eins als der Einheit, aber zugleich ist sie nur eine Anzahl solcher Einheiten. Andernteils ist sie nicht eine Vielheit gegen das umschließende, begrenzende Eins, sondern die Anzahl macht selbst diese Begrenzung aus, welche ein bestimmtes Quantum ist; die Vielen machen eine Zahl, Ein Zwei, Ein Zehn, Ein Hundert u.s.f. aus.

Die Zahl hat also zu ihren Momenten die Einheit und die Anzahl und ist selbst die Einheit derselben. Jene macht das Moment der Kontinuität, diese der Diskretion aus, wie sie in dem Quantum als Zahl sind. Die Einheit unterscheidet sich von der Anzahl, und zugleich sind sie vereinigt in der Zahl selbst als dem negativen Eins im Zehn, im Hundert, welches ebensosehr selbst Einheit als diese Anzahl ist.

Das begrenzende Eins ist das Bestimmtsein gegen Anderes, die Unterscheidung der Zahl von anderen. Aber diese Unterscheidung wird nicht qualitative Bestimmtheit, sondern bleibt quantitativ, fällt nur in die vergleichende äußerliche Reflexion; die Zahl selbst bleibt in sich zurückgekehrt und gleichgültig gegen das Andere oder ist nicht darauf bezogen.

Diese Gleichgültigkeit der Zahl gegen Anderes ist die wesentliche Bestimmung derselben; sie macht ihr An-sich-Bestimmtsein, aber zugleich ihre eigene Äußerlichkeit aus. – Was das erste betrifft, so ist die Quantität selbst nicht gleichgültig gegen die Grenze; sie hat an ihr selbst die Grenze in ihrem Moment der Diskretion. Aber diese Grenze ist nicht die Beziehung auf anderes als Anderes, sondern gleichgültig dagegen. Diese Gleichgültigkeit besteht darin, daß die Ne|gation der Quantität, das Eins, unendlich auf sich bezogen ist und das Anderssein als Aufgehobenes an ihm selbst hat; ferner hat sich auch die eigene Repulsion des fürsichseienden Eins aufgehoben. Das Eins der Zahl ist insofern numerisches Eins, ein absolut an und für sich Bestimmtes, das zugleich die Form der Unmittelbarkeit hat und dem daher die Beziehung auf Anderes völlig äußerlich ist. Als Eins, das Zahl ist, hat es ferner die Bestimmtheit, insofern sie Beziehung auf Anderes ist, in ihm selbst, in seinem Unterschied der Einheit und der Anzahl. Dieser Unterschied ist aber zugleich quantitativ, indem die Anzahl Vielheit der Einheiten und die Vielheit das diskrete Moment der Zahl selbst oder ihr Eins ist.

Aber ebensosehr ist die Quantität selbst die aufgehobene Bestimmtheit, der äußerlich gewordene Unterschied. Das Eins ist Prinzip der Zahl als numerisches Eins, das heißt als Gleichgültiges, dem die Beziehung auf Anderes völlig äußerlich ist. Die Zahl aber ist die Beziehung dieses Eins; sie ist die Einheit, die als viele Eins in sich zurückkehrt. Aber weil es numerische Eins sind, so ist ihnen diese Beziehung und Rückkehr in sich ebensosehr ein Gleichgültiges. Die Grenze des Quantums besteht in der Anzahl, in der sich äußerlichen Vielheit, welche zu ihrem Prinzip oder Einheit das gleichgültige Eins hat. Die Zahl ist auf diese Weise das Ansichbestimmtsein, aber das Ansichbestimmtsein der Äußerlichkeit, oder ein Ansichbestimmtsein, das ebenso unmittelbar völlige Äußerlichkeit des Bestimmtseins ist. Die Quantität ist die Unendlichkeit in sich. Die Zahl ist näher diese Unendlichkeit als innerhalb ihrer selbst an sich bestimmt und als ebenso absolutes Aufgehobensein oder Äußerlichkeit des Bestimmtseins.

Anmerkung 1

Gewöhnlich werden Raumgröße und die Zahlgröße so als zwei Arten betrachtet, als ob die Raumgröße für sich so sehr bestimmte Größe als die Zahlgröße wäre; ihr Unterschied bestünde nur in den verschiedenen Bestimmungen der Kontinuität und Diskretion; als Quantum aber stünden sie auf derselben Stufe. Die Geometrie hat zwar im allgemeinen in der Raumgröße die kontinuierliche und die Arithmetik in der Zahlgröße die diskrete Größe zum Gegenstand. Aber bei dieser Ungleichheit des Gegenstandes haben sie nicht eine gleiche Weise und Vollkommenheit der Begrenzung oder des Bestimmtseins. Die Wissenschaft betrachtet wesentlich die Bestimmtheiten dieser Gegenstände, insofern sie Quanta sind und sich nach dieser Seite verhalten. Die Weise der Begrenzung aber ist an beiden Gegenständen gleichfalls verschieden. Die Raumgröße hat nur eine Begrenzung überhaupt; insofern sie als an sich bestimmtes Quantum betrachtet werden soll, hat sie die

Zahl nötig. Auch betrachtet die Geometrie die Raum|figuren nicht nach einer an und für sich bestimmten Größe; sie mißt sie nicht, ist nicht Meßkunst, sondern vergleicht sie nur, d. h. sie betrachtet sie nur als relative Quanta nach einer Größebestimmung, die sie zu anderen haben. Auch bei ihren Definitionen sind die Bestimmungen zum Teil von der Gleichheit der Seiten, Winkel, der gleichen Entfernung hergenommen. So bedarf der Kreis, weil er allein auf der Gleichheit der Entfernung aller in ihm möglichen Punkte von einem Mittelpunkt beruht, zu seiner Bestimmung keiner Zahl. Diese auf Gleichheit oder Ungleichheit beruhenden Bestimmungen sind echt geometrisch. Aber sie reichen nicht aus, und zu anderen, z. B. Dreieck, Viereck, ist die Zahl erforderlich, die das An-sich-Bestimmtsein, nicht das Bestimmtsein durch Hilfe eines Anderen, also nicht durch Vergleichung enthält.

Die Zahl aber enthält diese Bestimmtheit an sich, weil das Eins ihr Prinzip ist. Die Raumgröße hat zwar an dem Punkte die dem Eins entsprechende Bestimmtheit; der Punkt aber wird, insofern er außer sich kommt, ein Anderes wird, zur Linie; weil er wesentlich nur als Eins des Raums ist, wird er in der Beziehung zu einer Kontinuität, in der die Punktualität, das An-sich-Bestimmtsein, das Eins, aufgehoben ist. Insofern das An-sich-Bestimmtsein im Außersichsein sich erhalten soll, muß die Linie als eine Menge von Eins vorgestellt werden und die Grenze die Bestimmung der Vielen Eins in sich enthalten, d. h. die Größe der Linie – ebenso der anderen Raum-Bestimmungen – muß als Zahl genommen werden.

Anmerkung 2

Bekanntlich hat Pythagoras Vernunftverhältnisse oder Philosopheme in Zahlen dargestellt, und in neueren Zeiten ist das Rechnen als gleichbedeutend mit dem Denken oder, wie man sich genauer ausgedrückt hat, mit dem reinen realen Denken genommen worden. – Auch ist in pädagogischer Rücksicht die Zahl für den geeignetsten Gegenstand des inneren Anschauens und die rechnende Beschäftigung mit Verhältnissen derselben für die Tätigkeit des Geistes gehalten worden, worin er seine eigensten Verhältnisse und überhaupt die Grundverhältnisse des Wesens zur Anschauung bringe. – Wiefern der

Zahl dieser hohe Wert beikommen könne, geht aus ihrem Begriff hervor, wie er sich ergeben hat.

Die Zahl ist die absolute Bestimmtheit der Quantität; ihr Element ist der gleichgültig gewordene Unterschied. Sie ist also die Bestimmtheit an sich, die zugleich völlig nur äußerlich gesetzt ist. Die Arithmetik ist daher analytische Wissenschaft, weil alle Verknüpfungen und Unterschiede, die an ihrem Gegenstand vorkommen, nicht in ihm selbst schon liegen, sondern ihm völlig äußerlich angetan sind. Sie hat keinen konkreten Gegenstand, welcher innere Verhältnisse an sich hätte, die zunächst für das Wissen verborgen, nicht in der unmittelbaren Vorstellung von | ihm gegeben, sondern erst durch die Bemühung des Erkennens herauszubringen wären. Sondern seine Verhältnisse sind rein durch die Reflexion selbst in ihn hineingelegt; diese hat es daher in ihrem rechnenden Geschäft nur mit solchen hineingelegten Bestimmungen zu tun. Weil in diesen Beziehungen hiermit nicht ein wahrhaftes Anderssein enthalten ist, so hat sie es nicht mit Entgegengesetztem zu tun; sie hat überhaupt die Aufgabe des Begriffs nicht, geht nur an dem Faden ihrer eigenen Identität fort und verhält sich in ihrer Tätigkeit rein analytisch.

Um der Gleichgültigkeit des Verknüpften gegen die Verknüpfung, der die Notwendigkeit fehlt, willen befindet sich das Denken hier in einer Tätigkeit, die zugleich die äußerste Entäußerung seiner selbst ist, in der gewaltsamen Tätigkeit, sich in der Gedankenlosigkeit zu bewegen und das keiner Notwendigkeit Fähige zu verknüpfen. Denn der Gegenstand, die Zahl, ist nur der Gedanke, und der abstrakte Gedanke der Äußerlichkeit selbst. In jedem anderen konkreten Gegenstand ist das Denken sich gleichfalls äußerlich, aber er ist zugleich an ihm selbst ein innerlich Verknüpftes und Notwendiges; es findet also in ihm wesentliche Beziehungen; die Zahl dagegen hat das wesentlich Beziehungslose zum Prinzip.

Um dieser reinen Äußerlichkeit und eigenen Bestimmungslosigkeit willen hat das Denken an der Zahl eine unendliche bestimmbare Materie, die nicht Widerstand durch eigentümliche Beziehungen leistet. Sie ist zugleich die Abstraktion von aller sinnlichen Mannigfaltigkeit und hat vom Sinnlichen nichts als die abstrakte Bestimmung der Äußerlichkeit selbst behalten.

Durch diese Abstraktion liegt sie sozusagen dem Gedanken am nächsten; sie ist nur der reine Gedanke seiner eigenen Entäußerung.

Der Geist, der sich über die sinnliche Welt erhebt und sein Wesen erkennt, indem er ein Element für seine reine Vorstellung, für den Ausdruck seines Wesens sucht, kann daher darauf verfallen, ehe er das Denken selbst als dieses Element faßt und für seine Darstellung den rein geistigen Ausdruck gewinnt, die Zahl, diese innerliche, abstrakte Äußerlichkeit zu wählen. Daher sehen wir in der Geschichte der Wissenschaft, ehe das Denken den Ausdruck fand, der nur den abstrakten Gedanken selbst enthält, die Zahl zum Ausdruck von Philosphemen gebraucht werden. Sie macht die letzte Stufe der Unvollkommenheit dieses Ausdrucks aus; mit ihr verläßt das Denken, das schon die sinnliche Vorstellung für seine Darstellung verlassen hat, vollends auch selbst den reinen Gedanken der Äußerlichkeit.

Indem nun das Denken seine Bestimmungen in dieses Element niederlegt, so fallen sie um der betrachteten Natur desselben willen darin unmittelbar in die Begrifflosigkeit herab; oder die Gedanken werden in ihm als dem gedankenlosen zu Gedankenlosem. Die Gedanken, das Lebendigste, Beweglichste, nur im Be|ziehen Begriffene, werden in diesem Element des Außersichseins zu toten, bewegungslosen Bestimmungen. Je reicher an Bestimmtheit und Beziehung die Gedanken werden, desto verworrener einerseits und desto willkürlicher und sinnleerer andererseits wird ihre Darstellung in Zahlen. Das Eins, das Zwei, das Drei, das Vier als Henas oder Monas, Dyas, Trias, Tetraktys liegen noch einfachen Begriffen sehr nahe; aber wenn die Zahlen zu weiteren Verhältnissen des Begriffs übergehen sollen, so ist es vergeblich, sie noch dem Begriff nahe erhalten zu wollen.

Wenn aber auch nur im Eins, Zwei, Drei, Vier der Begriff festgehalten, wenn sie gedacht und bewegt werden sollen, so ist dies die härteste Bewegung des Denkens; denn es hat, statt rein mit sich zu tun zu haben und bei sich einheimisch zu sein, zugleich unmittelbar mit seiner Entäußerung zu kämpfen. Es bewegt sich im Element seines Gegenteils, der Beziehungslosigkeit; sein Geschäft ist die Arbeit der Verrücktheit. Daß z. B.

Eins, Drei und Drei Eins ist, zu begreifen, ist darum eine so harte Zumutung, weil das Eins, das in der Zahl herrschend ist, das Beziehungslose ist, das also nicht an ihm selbst die Bestimmung zeigt, wodurch es in sein Entgegengesetztes übergeht, sondern vielmehr dies ist, eine solche Beziehung schlechthin auszuschließen und zu verweigern.

Indem also der Gedanke sich von dem sinnlichen Stoffe reinigt, ist es die letzte Stufe, daß ihm das Sinnliche, das Äußerliche zum reinen Gedanken dieser Äußerlichkeit, zur Zahl wird und daß er diese zum Element und [zur] Materie seiner selbst nimmt. Aber er hat auch noch diese abstrakte Gedankenlosigkeit zu überwinden und seine Bestimmungen in seiner eigenen unmittelbaren Form zu fassen, nämlich als Sein, Werden u.s.f., als Wesen, Identität u.s.f.

Was die Ansicht des gemeinen Rechnens selbst betrifft, daß es Denken sei, weil es »eine Bestimmung der relativen Vielheit, oder der bestimmbaren Wiederholbarkeit von Einem und Ebendemselben in einem Andern, durch die absolute Einheit des Identischen sei«, so ist insofern das Rechnen freilich Denken. Aber Lesen, Schreiben u.s.f. ist ebensosehr Denken; denn auch in ihnen ist eine Bestimmung eines relativ Vielen durch eine Identität. Das Rechnen hat vor anderen Funktionen des Denkens oder Bewußtseins, wie sich ergeben hat, einerseits das Abstrakte seiner Materie oder Elementes voraus; aber auf der anderen Seite steht es ihnen durch das Begrifflose des Eins nach, das zwar ein rein mit sich Identisches und im Anderen, nämlich im Vielen, sich Wiederholendes ist, aber darin sich wesentlich als beziehungslos halten und seinem Anderen selbst äußerlich bleiben, somit die wahrhafte, nämlich die begreifende Einheit des Denkens in ihm abwesend sein soll.

Was es mit dem Gebrauch der Zahl und des Rechnens auf sich hat, insofern er eine pädagogische Hauptgrundlage ausmachen soll, geht aus dem Bisherigen | von selbst hervor. Die Zahl ist ein unsinnlicher Gegenstand, und die Beschäftigung mit ihr und ihren Verbindungen ein unsinnliches Geschäft; der Geist wird somit dadurch zur Reflexion in sich und einer innerlichen abstrakten Arbeit angehalten. Auf der anderen Seite aber, indem der Zahl der äußerliche, gedankenlose Unterschied zugrunde liegt, so wird jenes Geschäft zugleich ein gedankenloses, mechanisches Geschäft, und die Kraftanstrengung besteht vornehmlich darin, die Lebendigkeit des Geistes zu töten, den Begriff zu unterdrücken, Begriffloses festzuhalten und begrifflos es zu verbinden. Weil das Rechnen ein so sehr äußerliches, somit mechanisches Geschäft ist, so haben sich bekanntlich Maschinen verfertigen lassen, welche die arithmetischen Operationen aufs vollkommenste vollführen. Wenn man über die Natur des Rechnens nur diesen Umstand allein kännte, so läge darin die Entscheidung, was es damit für eine Bewandtnis hat, wenn dem Geiste das Rechnen zum Hauptgeschäft gemacht und er auf die Folter, sich zur Maschine zu vervollkommnen, gelegt wird.

B. Extensives und intensives Quantum

1. Unterschied derselben

1. Das Quantum hat seine Bestimmtheit als Grenze in der Anzahl. Es ist ein in sich Diskretes, ein Vieles, das begrenzt ist; dieses Viele hat, wie sich zeigte, nicht ein Sein für sich, das verschieden wäre von seiner Grenze und sie außer sich hätte. Denn eben innerhalb der Zahl macht die Vielheit die Bestimmtheit gegen die Einheit aus; das Eins als Einheit ist zwar an sich bestimmt als numerisches Eins, aber als Einheit ist es die unbestimmte, in sich unterschiedslose Kontinuität; Unterschied, Anderssein enthält es durch die Vielheit. Sie enthält also das Moment der Grenze, der Negation in der Zahl selbst; der Unterschied-an-sich besteht daher in der Anzahl.

Das Quantum ist also ein Vielfaches, und diese Vielheit ist eins mit seiner Grenze; es ist als Grenze, als bestimmtes Quantum, ein Vielfaches an sich selbst. So ist es extensive Größe.

Die extensive Größe ist von der kontinuierlichen zu unterscheiden; es steht ihr direkt nicht die diskrete, sondern die intensive Größe gegenüber. Die extensive Größe ist die außereinanderseiende in ihrer Bestimmtheit oder insofern die Grenze ein Vielfaches ist; sie hat das Moment der Kontinuität insofern an ihr und auch in ihrer Grenze, als dieses Viele ein Kontinuierliches und die Grenze | als Negation an dieser

Gleichheit der Vielen erscheint. Die kontinuierliche Größe aber ist die sich fortsetzende Quantität ohne Rücksicht auf eine Grenze, oder insofern sie mit einer Grenze vorgestellt wird, fällt diese außer jener Kontinuität und ist begrenzt überhaupt, ohne daß die Diskretion an ihr gesetzt sei. – Die kontinuierliche Größe ist noch nicht die wahrhaft an sich bestimmte Größe, weil sie des vielen Eins, worin das An-sich-Bestimmtsein liegt, entbehrt; ihre Grenze ist daher außer ihr und noch nicht Zahl. – Ebensosehr ist die diskrete Größe unmittelbar in ihrer Bestimmung nur unterschiedenes Vieles überhaupt, das, insofern es als solches eine Grenze haben sollte, nur eine Menge, d. h. ein unbestimmt und äußerlich Begrenztes wäre. – Insofern aber sowohl kontinuierliche als diskrete Größe Quantum sind, sind sie nach dessen wahrhafter Bestimmung Zahl, und dieses ist zunächst als extensives Quantum – die Bestimmtheit, die wesentlich als Anzahl, jedoch als Anzahl einer und derselben Einheit ist.

2. Das extensive Quantum ist die in sich vielfache Grenze. Es hat das unterschiedene Andere an ihm selbst, und deswegen ist die Zahl das vollkommen an sich selbst Bestimmte. Die Bestimmtheit, wie groß etwas ist, durch die Zahl bedarf nicht des Unterschiedes von etwas anderem Großem, so daß zur Bestimmtheit dieses Großen es selbst und ein anderes Großes gehörte; es ist an-sich-bestimmte und dadurch gleichgültige, einfach auf sich bezogene Grenze. Das Viele der Grenze aber ist wie das Viele überhaupt nicht ein in sich Ungleiches, sondern ein Kontinuierliches; jedes der Vielen ist, was das andere ist; es als vieles Außereinanderseiendes oder Diskretes macht daher die Bestimmtheit als solche nicht aus. Dieses Viele fällt also für sich selbst in seine Kontinuität zusammen und wird einfache Einheit. – Das Viele war jedoch hier nicht überhaupt Vieles für sich, sondern die Bestimmung des Vielen, Anzahl gegen die Einheit. Allein die Zahl ist Eins der Einheit und der Anzahl oder die aus der Verschiedenheit dieser Bestimmungen in sich zurückgekehrte Einheit. Die Anzahl ist darin nur Moment oder ist aufgehoben; sie macht also nicht die Bestimmtheit der Zahl aus als eine Menge von numerischen Eins; sondern diese als Gleichgültige, sich Äußerliche sind im Zurückgekehrtsein der Zahl in sich aufgehoben; die Äußerlichkeit, welche die

Eins der Vielheit ausmachte, verschwindet in der Beziehung der Zahl auf sich selbst.

Das Quantum, das als extensives seine Bestimmtheit an der sich selbst äußerlichen Anzahl hatte, geht also in einfache Bestimmtheit über. In dieser einfachen Bestimmung der Grenze ist es intensive Größe; und die Grenze oder Bestimmtheit als solche, die vorher als Anzahl war, ist ein Einfaches, der Grad.

Der Grad ist also bestimmte Größe, Quantum, aber nicht zugleich Menge oder Mehreres innerhalb seiner selbst; er ist nur eine Mehrheit; die Mehrheit ist das Mehrere in die einfache Bestimmung zusammengenommen. Seine Bestimmt|heit wird zwar durch eine Zahl ausgedrückt als dem An-sich-Bestimmtsein des Quantums, aber ist nicht eine Anzahl, sondern einfach, nur Ein Grad. Wenn von 10, 20 Graden gesprochen wird, so ist das Quantum, das so viele Grade hat, nicht die Anzahl und Summe derselben; so wäre es ein extensives; sondern es ist nur Einer, der zehnte, zwanzigste Grad. Er enthält dieselbe Bestimmtheit, welche in der Anzahl zehn, zwanzig liegt, aber er enthält sie nicht als Mehrere, sondern ist die Zahl als aufgehobene Anzahl, als einfache Bestimmtheit.

Aber diese Form der Beziehung auf sich, welche das Quantum erreicht hat, ist zugleich das Äußerlichwerden desselben. Die Zahl hat als extensives Quantum die Bestimmtheit an sich selbst nur in der numerischen Vielheit; aber diese, als Vieles überhaupt, fällt in die Ununterschiedenheit zusammen, und als sich äußerliches Vieles hebt es sich auf in dem Eins der Zahl, in der Beziehung derselben auf sich selbst. Das intensive Quantum bleibt bestimmten Quantum. Die Bestimmtheit aber des Quantums ist sich äußerliches, gleichgültiges Anderssein. Der Grad, der in sich selbst einfach ist und dieses äußerliche Anderssein nicht mehr in ihm hat, hat es außer ihm und bezieht sich darauf als auf seine Bestimmtheit. Es ist also eine äußerliche Vielheit, aber so, daß dieses Äußerliche zugleich die einfache Grenze, die Bestimmtheit, welche er für sich ist, ausmacht. Die Anzahl als solche bleibt also die Bestimmtheit der Zahl, aber außer der Zahl, deren Bestimmtheit sie ist. Daß somit die Anzahl, insofern sie sich innerhalb der Zahl im extensiven Quantum befinden sollte, [sich] darin aufhob, dies bestimmt sich näher so, daß sie außerhalb derselben gesetzt worden ist. Indem die Zahl Eins in sich reflektierte Beziehung auf sich selbst ist, so schließt sie damit die Gleichgültigkeit und Äußerlichkeit der Anzahl aus sich aus und ist Beziehung auf sich als Beziehung durch sich selbst auf ein Äußerliches.

Hierin hat das Quantum die seinem Begriff gemäße Realität. Das Quantum ist bestimmte Quantität. Die Bestimmtheit der Quantität ist gleichgültige Bestimmtheit, die nicht ist als auf Anderes bezogen; sie hat damit das Anderssein an ihr selbst und ist in sich selbst äußerlich. So ist sie Anzahl, das bestimmte Unterschiedensein in sich selbst; die Anzahl macht eine bestimmte Größe aus, und dieses Bestimmtsein, – ob es drei oder vier u.s.f. sind, fällt ganz in die Zahl selbst; es bedarf dazu nicht einer Vergleichung mit Anderen, noch ist es ein qualitativer Unterschied von Anderem. Da diese Äußerlichkeit innerliche, sich auf sich beziehende Äußerlichkeit ist, so ist sie die Äußerlichkeit ihrer selbst. Sie ist also intensive Größe, einfache Bestimmtheit als Beziehung auf sich selbst, welche ebensosehr ihre Bestimmtheit in Äußerlichem hat; die Bestimmtheit, die an ihr selbst die sich äußerliche Bestimmtheit ist. |

Sonach ist also der Grad einfache Größenbestimmtheit unter einer Mehrheit von Intensitäten, die verschieden, aber in wesentlicher Beziehung aufeinander sind, so daß jede in dieser Kontinuität mit den anderen ihre Bestimmtheit hat. Diese Beziehung des Grades durch sich selbst auf sein Anderes macht das Auf- und Absteigen der Skala der Grade zu einem stetigen Fortgang, einem Fließen, das eine ununterbrochene, unteilbare Veränderung ist. Jedes der Mehreren, die darin unterschieden werden, wird damit nicht getrennt von den anderen, sondern es hat sein Bestimmtsein nur in diesen anderen. Als sich auf sich beziehende Größebestimmung ist jeder der Grade gleichgültig gegen die anderen; aber er ist ebensosehr an sich auf diese Äußerlichkeit bezogen und hat darin seine Bestimmtheit; seine Beziehung auf sich ist also ebensosehr die nicht gleichgültige Beziehung auf das Äußerliche. Das Äußerliche ist in der Einfachheit des Grades aufgehoben; aber es ist ebensosehr auch als Äußerliches außer ihm aufgehoben; denn es ist in wesentlicher Beziehung auf die einfache Bestimmtheit, also derselben ebensosehr nicht äußerlich.

2. Identität der extensiven und intensiven Größe

Die intensive Größe ist die Anzahl der extensiven Größe in die Einfachheit zusammengenommen: ein bestimmtes Eins, das seine Bestimmtheit nicht als ein Mehreres an ihm selbst hat; der Grad ist nicht innerhalb seiner ein sich Äußerliches. Allein er ist nicht nur das unbestimmte Eins, das Prinzip der Zahl überhaupt, das nicht Anzahl ist, als nur die negative, keine Anzahl zu sein. – Aber die intensive Größe hat zugleich ihre Bestimmtheit nur in einer Anzahl. Sie ist ein einfaches Eins der Mehreren; es sind mehrere Grade; aber bestimmt sind sie nicht weder als einfaches Eins noch als Mehrere, sondern nur in der Beziehung dieses Außersichseins oder in der Identität des Eins und der Mehrheit. Wenn also die Mehreren als solche außer dem einfachen Grade sind, so besteht in seiner Beziehung auf sie eine Bestimmtheit; er enthält also die Anzahl. Wie zwanzig als extensive Größe die zwanzig Eins als Diskrete in sich enthält, so enthält der bestimmte Grad sie als Kontinuität, welche diese bestimmte Mehrheit einfach ist; er ist der zwanzigste Grad, und ist der zwanzigste Grad nur als diese Anzahl. Diese Anzahl aber, die im Grade einfach ist, ist zugleich Äußerlichkeit an sich selbst; sie ist Anzahl nur als Menge von numerischen Eins, die ebensosehr außer jener Einfachheit des Grades ist.

Die Bestimmtheit der intensiven Größe ist daher von doppelter Seite zu betrachten. Sie ist **erstens** bestimmt durch andere intensive Quanta; sie ist in Kontinuität mit ihrem Anderssein, und in dieser Beziehung auf ihr Anderssein besteht | ihre Bestimmtheit. Insofern sie die **einfache** Bestimmtheit ist, ist sie also bestimmt **gegen** andere Grade; sie schließt dieselben aus sich aus und hat ihre Bestimmtheit in diesem Ausschließen.

Aber **zweitens** ist sie an ihr selbst bestimmt; insofern ist sie es in der Anzahl als in **ihrer** Anzahl, nicht als in der ausgeschlossenen oder nicht in der Anzahl anderer Grade. Der zwanzigste Grad enthält die Zwanzig an sich selbst; er ist nicht nur als bestimmt als unterschieden vom neunzehnten, einundzwanzigsten u.s.f., sondern seine Bestimmtheit ist seine gleichgültige Anzahl. Aber insofern die Anzahl die seinige ist, und zwar ist die Bestimmtheit zugleich wesentlich als Anzahl, so ist er extensives Quantum.

Extensive und intensive Größe sind also eine und dieselbe Bestimmtheit des Quantums; sie sind nur dadurch unterschieden, daß die eine dasselbe ist in einfacher Bestimmtheit, die andere in vielfacher. Die extensive Größe geht in intensive Größe über, weil ihr Vieles an und für sich in die Einheit zusammenfällt und als Bestimmtheit des Vielen, sich äußerlichen numerischen Eins gegen die Einheit, in der Beziehung der Zahl auf sich selbst gegen diese Einheit, außer ihr tritt. Aber umgekehrt hat dieses Einfache seine Bestimmtheit nur an der Anzahl, und zwar als seiner; denn es ist zugleich gleichgültig gegen die anders bestimmten Intensitäten. Die intensive Größe ist also ebenso wesentlich extensive Größe.

Der Unterschied von extensiver und intensiver Größe beruht auf dem Unterschied ihrer Momente, der Anzahl und der Einheit; sie ist die eine und die andere Größe in der Bestimmung des einen oder des anderen Momentes gesetzt. Aber weil diese Momente ihr wesentlich sind, weil die Bestimmtheit ebensosehr Bestimmtheit des Vielen als eines Kontinuierlichen oder einfachen Beziehung auf sich wie als des Diskreten, des sich Äußerlichen ist, so ist ihr Gesetztsein in einem derselben ebensosehr ihr Gesetztsein in dem anderen; oder ihr Dasein ist dieses gedoppelte Dasein, das aber in Rücksicht auf die Bestimmtheit des Quantums selbst gleichgültig ist.

Anmerkung

In der gewöhnlichen Vorstellung pflegen extensives und intensives Quantum so als Arten von Größen unterschieden zu werden, als ob es Gegenstände gäbe, die nur intensive, andere, die nur extensive Größe hätten. Ferner ist die Vorstellung einer philosophischen Naturwissenschaft hinzugekommen, welche das Mehrere, das Extensive, z. B. in der Grundbestimmung der Materie, einen Raum zu erfüllen, sowie in anderen Begriffen in ein Intensives verwandelt, in dem Sinne, daß das Intensive als das Dynamische die wahrhafte Bestimmung sei und z. B. die Dichtigkeit oder spezifische Raumerfüllung wesentlich nicht | als eine gewisse Menge und Anzahl materieller Teile in einem Quantum Raum, sondern als ein gewisser Grad der raumerfüllenden Kraft der Materie gefaßt werden müsse.

Es sind hierbei zweierlei Bestimmungen zu unterscheiden; es kommt der Begriff von außereinander bestehenden, selbständigen Teilen, die nur äußerlich in ein Ganzes verbunden sind, und der davon verschiedene Begriff von Kraft vor. Was in der Raumerfüllung einerseits nur als eine Menge einander äußerlichen Atome angesehen wird, wird andererseits als die Äußerung einer zugrunde liegenden einfachen Kraft betrachtet. – Diese Verhältnisse von Ganzem und Teilen, der Kraft und ihrer Äußerung, gehören aber nicht hierher, sondern werden unten betrachtet werden. – Das andere aber ist die quantitative Bestimmtheit, die dabei vorkommt, und in Ansehung deren die Größe als extensives Quantum aufgehoben und in den Grad als die wahrhaft sein sollende Bestimmung verwandelt wird.

In Ansehung dieser vermeinten Wesentlichkeit des Unterschiedes ist es hinreichend, gezeigt zu haben, daß er für die Bestimmtheit des Quantums selbst unwesentlich, die eine Form aber für die andere wesentlich ist und daher jedes Dasein seine Größebestimmung ebensosehr als extensives wie als intensives Quantum darstellt.

Als Beispiel hiervon dient daher alles, insofern es in einer Größebestimmung erscheint. Die Zahl selbst hat diese gedoppelte Form notwendig unmittelbar an ihr selbst. Sie ist eine Anzahl, insofern ist sie extensive Größe. Aber sie [ist] auch ein Eins, ein Zehn, ein Hundert; insofern steht sie auf dem Übergang zur intensiven Größe, indem in dieser Einheit das Vielfache in Einfaches zusammengeht. Das Zehnte, das Hundertste ist dieses Einfache an ihm selbst, das seine Bestimmtheit an dem außer ihm fallenden Mehreren hat, und ist insofern eigentliche intensive Größe. Die Zahl ist Zehn, Hundert, und dieselbe ist zugleich die Zehnte, Hundertste im Zahlensystem; beides ist dasselbe; jede Bestimmung kann für die andere genommen werden; die zehnte Zahl im Zahlensystem ist Zehn.

Das Eins im Kreise heißt Grad, weil ein Teil des Kreises wesentlich seine Bestimmtheit in einem Mehreren außer ihm hat, nur als eines einer gewissen Anzahl solcher Eins bestimmt ist. Der Grad des Kreises ist aber nur Prinzip der Zahl einer Größe des Kreises, nur ihr Eins. Ein Quantum selbst vom Kreise ist ein Bogen von bestimmter Größe, eine gewöhnliche Zahl, nämlich eine Anzahl solcher Eins, die Grade sind. Diese Zahl ist extensive Größe und intensive nur insofern, wie soeben erinnert, die Zahl dies überhaupt ist. |

Die Größe wirklicher Gegenstände stellt ihre gedoppelte Seite, extensiv und intensiv zu sein, an den gedoppelten Bestimmungen des Daseins des Gegenstandes dar, in deren einer er als ein Äußerliches, in der anderen aber als ein Innerliches erscheint. So ist z. B. eine Masse als Gewicht ein Extensiv-Großes, insofern sie eine Anzahl von Pfunden, Zentnern u. s. f. ausmacht, ein Intensiv-Großes, insofern sie einen gewissen Druck ausübt; diese Größe des Drucks ist ein Einfaches, ein Grad, der seine Bestimmtheit an einer Skala von Graden des Drucks hat. Als drückend erscheint die Masse als ein In-sich-sein, als Subjekt, dem der intensive Größenunterschied zukommt. – Umgekehrt, was diesen Grad des Drucks ausübt, ist vermögend, eine gewisse Anzahl von Pfunden u.s.f. von der Stelle zu bewegen, und mißt seine Größe hieran.

Oder die Wärme hat einen Grad; der Wärmegrad, er sei der 10te, 20ste u.s.f. ist eine einfache Empfindung, ein Subjektives. Aber dieser Grad ist ebensosehr vorhanden als extensive Größe, als die Ausdehnung einer Flüssigkeit, des Quecksilbers im Thermometer, der Luft oder des Tons u.s.f. Ein höherer Grad der Temperatur drückt sich aus als eine längere Quecksilbersäule oder als ein schmälerer Tonzylinder; er erwärmt einen größeren Raum auf dieselbe Weise als ein geringerer Grad den kleineren Raum.

Der höhere Ton ist als der intensivere zugleich eine größere Menge von Schwingungen, oder ein lauterer Ton, dem ein höherer Grad zugeschrieben wird, macht sich in einem größeren Raume hörbar. – Mit der intensiveren Farbe läßt sich eine größere Fläche als mit einer schwächeren auf gleiche Weise färben; oder das Hellere, eine andere Art von Intensität, ist weiter sichtbar als das weniger Helle u.s.f.

Ebenso im Geistigen ist die hohe Intensität des Charakters, Talentes, Genies von ebenso weitgreifendem Dasein, ausgedehnter Wirkung und vielseitiger Berührung. Der tiefste Begriff hat die allgemeinste Bedeutung und Anwendung.

3. *Veränderung des Quantums*

Der Unterschied des extensiven und intensiven Quantums ist der Bestimmtheit des Quantums an ihm selbst gleichgültig; er ist nur ein Unterschied seines Daseins, oder es hat die Bestimmungen, welche das Extensive und Intensive ausmachen, als seine Momente in ihm selbst. Aber wenn es dagegen als gegen einen Unterschied des Daseins gleichgültig ist, so sind dafür seine Momente in einen inneren Gegensatz getreten. Das extensive Quantum ist als sich auf sich beziehendes Eins in das intensive Quantum übergegangen. Dieses aber, welches somit allein zu betrachten ist, ist die Größebestimmtheit, die einfach in sich, aber eben in dieser sich auf sich beziehenden Bestimmtheit sich äußerlich ist, nicht in sich, sondern in einem anderen Mehreren besteht.

Die intensive Größe ist also fürsichseiendes Quantum und darin wesentlich auf ein Anderes bezogen. Dieses Andere ist ein Anderes dieser Größe, ein anderes Quantum. Sie ist also nur, als ihre Bestimmung in einer anderen Größe habend. Aber sie hat ihre Bestimmung, ihr Ansichsein, in einer anderen Größe, heißt, sie ist nicht sie selbst, sondern ein anderes Quantum. Oder sie geht wesentlich in eine andere Größe über.

Die intensive Größe ist aber überhaupt das reale Quantum. Das Quantum ist die als aufgehoben gesetzte Bestimmtheit, die gleichgültige Grenze; das heißt also, es ist die Bestimmtheit, welche ebensosehr die Negation ihrer selbst ist. So ist das Quantum als Grad gesetzt. Er ist die einfache sich auf sich beziehende Bestimmtheit, welche die Negation ihrer selbst ist, indem sie ihre Bestimmtheit nicht an ihr, sondern in einem anderen Quantum hat; er ist also, indem er dieses bestimmte Quantum ist, vielmehr wesentlich nicht er, sondern ein anderes Quantum.

Ein Quantum ist also überhaupt in absoluter Kontinuität mit seiner Äußerlichkeit, mit seinem Anderssein. Es kann daher nicht nur über jede Größebestimmtheit hinausgegangen, sie kann nicht nur verändert werden, sondern sie muß sich verändern. Die Quanta erschienen zuerst als äußerliche gegeneinander, in der Bestimmung von numerischen Eins. Aber sie sind nicht nur äußerlich gegeneinander, sondern sind sich selbst äußerlich. Die Größebestimmung kontinuiert sich also so in ihr Anderssein, daß sie ihr Sein nur in dieser Kontinuität mit einem Anderen hat. Ein Quantum ist also es selbst und ebenso wesentlich nicht es selbst, sondern die Negation seiner, ein Anderes. Es ist nicht eine seiende, sondern eine werdende Grenze.

Das Eins ist unendlich oder die sich auf sich beziehende Negation; es ist daher die Repulsion seiner von sich selbst. Das Quantum ist gleichfalls unendlich und repelliert sich von sich selbst. Aber das Quantum ist das bestimmte Eins, das Eins, welches in Dasein und in die Grenze übergegangen ist. Das Quantum ist also die Repulsion der Bestimmtheit von sich selbst; sie ist daher nicht das Erzeugen des sich selbst Gleichen wie die Repulsion des Eins, sondern seines Andersseins. Wie über das Eins nicht von einem Dritten hinausgegangen wird, sondern es selbst sich von sich abstößt, so ist auch der Begriff des Quantums [sich] über sich hinauszuschicken und ein Anderes zu werden. Es besteht darin, sich zu vermehren oder zu vermindern; es ist die Äußerlichkeit der Bestimmtheit an sich selbst. |

Das Quantum schickt sich selbst über sich hinaus; dieses Andere, zu dem es wird, ist zunächst selbst ein Quantum; eine nicht seiende, sondern sich über sich selbst hinaustreibende Grenze; es kontinuiert sich in sein Anderssein; es ist sich äußerlich; und diese Äußerlichkeit seiner selbst ist es selbst. Die in diesem Hinausgehen wieder entstandene Grenze ist also schlechthin nur eine solche, die sich wieder aufhebt und so fort ins Unendliche.

C. Quantitative Unendlichkeit

1. Begriff derselben

Das Quantum verändert sich und wird ein anderes Quantum; es ist aber eine weitere Bestimmung dieser Veränderung, daß sie ins Unendliche fortgeht.

Das Quantum wird ein Anderes; es kontinuiert sich in sein Anderssein; das Andere ist also auch ein Quantum. Aber das Andere ist zugleich das Andere nicht nur eines Quantums, sondern des Quantums selbst. Denn das Quantum ist die gleichgültige Bestimmtheit, welche gegen Anderes, aber auch gegen sich gleichgültig ist. Wie sich seine Momente in dem intensiven Quantum bestimmt haben, ist es die Bestimmtheit, die sich nicht auf Anderes, sondern auf sich selbst bezieht; ebensosehr aber ist diese Bestimmtheit schlechthin nur die Bestimmtheit in einem Anderen; die Beziehung auf Anderes ist ihm äußerlich, aber es ist selbst diese Äußerlichkeit seiner. Es ist also das Quantum selbst, welches sich widerspricht und somit sich an sich auflöst; es selbst ist somit die Negation seiner selbst; die Veränderung betrifft nicht nur ein Quantum, sondern das Quantum. Das Quantum ist ein Sollen; es enthält, an sich bestimmt zu sein, und dieses An-sich-Bestimmtsein selbst ist vielmehr das Bestimmtsein in einem Anderen; und umgekehrt ist es das aufgehobene Bestimmtsein in einem Anderen; es ist gleichgültiges Bestimmtsein. Es ist also gegen sich sich selbst ein Anderes und Äußerliches; es enthält dies, endlich zu sein und über die Endlichkeit, über das Bestimmtsein in einem Anderen hinauszugehen und unendlich zu sein.

Bei der qualitativen und quantitativen Unendlichkeit ist es wesentlich zu bemerken, daß nicht von einem Dritten über das Endliche hinausgegangen wird, sondern daß die Bestimmtheit als sich in sich selbst auflösend über sich hinausgeht. Aber das qualitative und quantitative Unendliche unterscheiden sich dadurch, daß im ersten der Gegensatz des Endlichen und Unendlichen qualitativ ist und der Übergang des Endlichen in das Unendliche oder die Beziehung | beider aufeinander nur im Ansich, in ihrem Begriff liegt. Die qualitative Bestimmtheit ist zunächst unmittelbar, seiend und bezieht sich auf das Anderssein wesentlich als auf ein ihr Anderes; sie ist nicht gesetzt, ihre Negation, ihr Anderes an ihr selbst zu haben. Die Größe hingegen ist als solche aufgehobene Bestimmtheit; sie ist gesetzt, die Negation, ungleich mit sich und das Veränderliche zu sein. Das qualitative Endliche und Unendliche stehen sich daher absolut gegeneinander über; ihre Einheit ist die zugrunde liegende innerliche Beziehung; das Endliche kontinuiert sich daher nicht unmittelbar in sein Anderes. Hingegen das quantitative Endliche bezieht sich an ihm selbst in sein Unendliches. Ihre Beziehung ist daher der unendliche Progreß.

2. Der unendliche Progreß

Der Progreß ins Unendliche ist nichts anderes als der Ausdruck des Widerspruchs, den das Quantitativ-Endliche oder das Quantum überhaupt enthält. Er ist die Wechselbestimmung des Endlichen und Unendlichen, die in der qualitativen Sphäre betrachtet worden ist, aber mit dem Unterschied, daß, wie soeben erinnert, im Quantitativen sich die Grenze an ihr selbst in ihr Jenseits fortsetzt und somit umgekehrt auch das Quantitativ-Unendliche gesetzt ist, das Quantum, sein Anderes an ihm selbst zu haben. Endliches und Unendliches ist, das eine das Nichtsein des anderen. Aber weil die quantitative Bestimmtheit der nur aufgehobene Unterschied ist, so ist das Quantitative in seinem Außersichsein [es] selbst. Das Quantitativ-Unendliche ist also zwar das aufgehobene Quantum nicht nur als ein Quantum, sondern als das Quantum. Aber weil das Quantum sich in sein Aufgehobensein kontinuiert, so ist das Unendliche ebensosehr als das Gegenteil seiner selbst, als Quantum bestimmt.

Das Quantum also ist die Bestimmtheit-an-sich, die gegen Anderes gleichgültige Bestimmtheit, welche aber ebensosehr nur ist als sich äußerlich. Der unendliche Progreß ist der Ausdruck dieses Widerspruchs, nicht die Auflösung desselben; er bleibt schlechthin im Widerspruch stehen und geht nicht über ihn hinaus.

Oder der Progreß ins Unendliche ist nur die Aufgabe des Unendlichen, nicht die Erreichung desselben. Er ist das perennierende Erzeugen desselben, ohne über das Quantum selbst hinauszukommen und ohne daß das Unendliche ein Positives und Gegenwärtiges würde. Das Quantum ist ein solches, in dessen Begriff| es ist, ein Jenseits seiner zu haben. Dieses Jenseits ist erstlich das reine Moment des Nichtseins des Quantums, denn es löst sich an sich selbst auf. So bezieht es sich auf sein Jenseits, auf seine Unendlichkeit. Dies ist das qualitative Moment des Gegensatzes. Aber zweitens steht das Quantum in Kontinuität mit diesem seinem Jenseits, das ein Nichtsein als Nichtsein des Quantums ist; denn das Quantum besteht eben darin, das Andere seiner selbst, sich selbst äußerlich zu sein; also ist dieses Andere, dieses Äußerliche ebensosehr nicht ein Anderes als das Quantum. Das Jenseits oder das Unendliche ist also selbst ein Quantum. Das Jenseits ist auf diese Weise aus seiner Flucht zurückgerufen, und das Unendliche erreicht. Aber weil dies zum Diesseits Gewordene wieder ein Quantum ist, ist nur wieder eine neue Grenze gesetzt worden. Das wieder entstandene Quantum ist darum, weil es Quantum ist, auch wieder von sich selbst geflohen, ist als solches über sich hinaus und hat sich in sein Nichtsein von sich selbst repelliert; es hat somit ein perennierendes Jenseits. Aber das Quantum besteht zugleich eben darin, sich äußerlich zu sein. Also ist jenes Jenseits selbst wieder das Quantum.

Wird dies, daß hierin das Jenseits oder das Unendliche als Quantum und umgekehrt das Quantum als Unendliches bestimmt wird, in einen Ausdruck vereinigt, so gibt diese Verbindung ein Unendlichgroßes oder Unendlichkleines. Aber diese Verbindung ist selbst nichts anderes als nur der falsche Ausdruck des Widerspruchs oder des unendlichen Progresses. Denn das Quantum und sein Jenseits sind darin in ihrer absoluten Bestimmtheit gegeneinander, das eine als das Nichtsein des anderen, erhalten. Das Unendlichgroße und Unendlichkleine wird als ein Quantum vorgestellt; es ist ein Großes oder Kleines; aber als Quantum hat es sein Jenseits ebensosehr von sich abgestoßen; es ist nicht zum Unendlichen erweitert, sondern im perennierenden Gegensatz gegen dasselbe erhalten. Das Große, noch so sehr erweitert, schwindet daher zur Unbeträchtlichkeit zusammen; denn insofern es sich auf das Unendliche als auf sein Nichtsein bezieht, ist der Gegensatz nach diesem Moment qualitativ; das erweiterte Quantum hat also dem Unendlichen nichts abgewonnen, sondern dieses ist vor wie nach das Nichtsein desselben. Oder die Vergrößerung des Quantums ist keine Näherung zum Unendlichen, denn der Unterschied des Quantums und seiner Unendlichkeit hat wesentlich das Moment, ein nicht quantitativer Unterschied zu sein. – Ebenso das Unendlichkleine ist als Kleines ein Quantum und bleibt daher absolut, d. h. qualitativ zu groß für das Unendliche und ist diesem entgegengesetzt.

Das Unendlichgroße oder -kleine ist daher nur selbst der unendliche Progreß. Diese Unendlichkeit, welche als das Jenseits des Endlichen bestimmt ist, ist als die | schlechte quantitative Unendlichkeit zu bezeichnen. Sie ist Unendlichkeit des

Progresses und wie die qualitative schlechte Unendlichkeit nur das perennierende Herüber- und Hinübergehen von dem einen Gliede des bleibenden Widerspruchs zum anderen, von der Grenze zu ihrem Nichtsein, von diesem aufs neue zurück zu ebenderselben, zur Grenze. Es ist nicht sowohl ein Fortgehen, sondern ein Wiederholen von einem und eben demselben, Setzen, Aufheben und Wiedersetzen und Wiederaufheben: eine Ohnmacht des Negativen, dem das, was es aufhebt, durch sein Aufheben selbst als ein Kontinuierliches wiederkehrt. Es sind zwei so zusammengeknüpft, daß sie sich schlechthin fliehen; und indem sie sich fliehen, können sie sich nicht trennen, sondern sind in ihrer Trennung verknüpft.

Anmerkung 1
Die schlechte Unendlichkeit pflegt vornehmlich in der Form des Progresses des Quantitativen ins Unendliche – dieses fortgehende Überfliegen der Grenze, das die Ohnmacht ist, sie aufzuheben, und der perennierende Rückfall in dieselbe – für etwas Erhabenes und für eine Art von Gottesdienst gehalten zu werden, so wie derselbe in der Philosophie als ein Letztes angesehen worden ist. Es finden sich allenthalben Tiraden solcher Art, die als erhabene Produktionen bewundert worden sind. In der Tat aber macht diese moderne Erhabenheit nicht den Gegenstand groß, welcher vielmehr entflieht, sondern nur das Subjekt, das so große Quantitäten in sich verschlingt. Es tut sich aber die Dürftigkeit dieser subjektiv bleibenden Erhebung, die an der Leiter des Quantitativen hinaufsteigt, damit kund, daß sie in der vergeblichen Arbeit dem unendlichen Ziele nicht näher kommt, welches zu erreichen ganz anders anzugreifen ist.

Bei folgenden Tiraden dieser Art ist es zugleich ausgedrückt, in was solche Erhebung übergeht und aufhört. Kant z. B. führt es als erhaben auf,

»wenn das Subjekt mit dem Gedanken sich über den Platz erhebt, den es in der Sinnenwelt einnimmt, und die Verknüpfung ins unendlich Große erweitert, eine Verknüpfung mit Sternen über Sternen, mit Welten über Welten, Systemen über Systemen, überdem noch in grenzenlose Zeiten ihrer periodischen Bewegung, deren Anfang und Fortdauer. – Das Vorstellen erliegt diesem Fortgehen ins Unermeßlich-Ferne, wo die fernste Welt immer noch eine fernere hat, die so weit zurückgeführte Vergangenheit noch eine weitere hinter sich, die noch so weit hinausgeführte Zukunft immer noch eine andere vor sich; der Gedanke erliegt dieser Vorstellung des Unermeßlichen; wie ein Traum, daß einer einen langen | Gang immer weiter und unabsehbar weiter fortgehe, ohne ein Ende abzusehen, mit Fallen oder mit Schwindel endet.«

Diese Darstellung außer dem, daß sie den Inhalt den quantitativen Erhebens in einen Reichtum der Schilderung zusammendrängt, verdient wegen der Wahrhaftigkeit vornehmlich Lob, mit der sie es angibt, wie es dieser Erhebung am Ende ergeht: der Gedanke erliegt, das Ende ist Fallen und Schwindel. Was den Gedanken erliegen macht und das Fallen desselben und Schwindel hervorbringt, ist nicht anderes als die Langeweile jener Wiederholung, welche eine Grenze verschwinden und wieder auftreten und wieder verschwinden, so immer das eine um das andere und eins im anderen, in dem Jenseits das Diesseits, in dem Diesseits das Jenseits perennierend entstehen und vergehen läßt und nur das Gefühl der Ohnmacht dieses Unendlichen oder dieses Sollens gibt, das über das Endliche Meister werden will und nicht kann.

Auch die Hallersche, von Kant sogenannte schauderhafte Beschreibung der Ewigkeit pflegt besonders bewundert zu werden, aber oft gerade nicht wegen derjenigen Seite, die das wahrhafte Verdienst derselben ausmacht:

»Ich häufe ungeheure Zahlen,
Gebürge Millionen auf,
Ich setze Zeit auf Zeit und Welt auf Welt zu Hauf,
Und wenn ich von der grausen Höh
Mit Schwindeln wieder nach dir seh,
Ist alle Macht der Zahl, vermehrt zu tausendmalen,
Noch nicht ein Teil von dir.«

»Ich zieh sie ab, und du liegst ganz vor mir.«

Wenn auf jenes Aufbürgen und Auftürmen von Zahlen und Welten als auf eine Beschreibung der Ewigkeit der Wert gelegt wird, so wird übersehen, daß der Dichter selbst dieses sogenannte schauderhafte Hinausgehen für etwas Vergebliches und Hohles erklärt und daß er damit schließt, daß nur durch das Aufgeben dieses leeren unendlichen Progresses das wahrhafte Unendliche selbst zur Gegenwart vor ihn komme.

Bekanntlich tun sich auch die Astronomen auf das Erhabene ihrer Wissenschaft gern darum viel zugute, weil sie mit einer unermeßlichen Menge von Sternen, mit so unermeßlichen Räumen und Zeiten zu tun haben, in denen Entfernungen und Perioden, die für sich schon so groß sind, zu Einheiten dienen, welche noch so vielmal genommen, sich wieder zur Unbedeutenheit verkürzen. Das schale Erstaunen, dem sie sich dabei überlassen, die abgeschmackten Hoffnungen, erst noch in jenem Leben von einem Sterne zum anderen zu reisen und ins Unermeßliche fort dergleichen neue Kenntnisse zu erwerben, geben sie für ein Hauptmoment der Vortrefflichkeit ihrer Wissenschaft aus, – welche allerdings bewunderungswürdig ist, aber nicht um der quantitativen Unendlichkeit willen, die in ihr vorkommt, sondern im Gegenteil um der Maßverhältnisse und der Gesetze willen, welche die Vernunft in diesen Gegenständen erkannt hat und die das vernünftige Unendliche gegen jene unvernünftige Unendlichkeit sind.

Der Unendlichkeit, die sich auf die äußere sinnliche Anschauung bezieht, setzt Kant die andere Unendlichkeit gegenüber, wenn

»das Individuum auf sein unsichtbares Ich zurückgeht und die absolute Freiheit seines Willens als ein reines Ich allen Schrecken des Schicksals und der Tyrannei entgegenstellt, von seinen nächsten Umgebungen anfangend, sie für sich verschwinden, ebenso das, was als dauernd erscheint, Welten über Welten in Trümmer zusammenstürzen läßt und einsam sich als sich selbst gleich erkennt.«

Ich in dieser Einsamkeit mit sich ist zwar das erreichte Jenseits; im reinen Selbstbewußtsein ist die absolute Negativität zur Gegenwart gebracht und bei sich selbst, welche in jenem Fortgehen über das sinnliche Quantum nur flieht. Aber indem dieses reine Ich in seiner Abstraktion und Inhaltslosigkeit sich fixiert, hat es das Dasein überhaupt, die Fülle des natürlichen und geistigen Universums als ein Jenseits sich gegenüber. Es stellt sich derselbe Widerspruch dar, der dem unendlichen Progreß zugrunde liegt, nämlich ein Zurückgekehrtsein in sich, das unmittelbar zugleich Außersichsein, Beziehung auf sein Anderes als auf sein Nichtsein, ist. Welche Beziehung eine Sehnsucht bleibt, weil Ich sich seine Leere einerseits und die Fülle als sein Jenseits fixiert hat.

Kant fügt diesen beiden Erhabenheiten die Bemerkung bei, »daß Bewunderung (für die erstere, äußerliche) und Achtung (für die zweite, innerliche) Erhabenheit zwar zur Nachforschung reizen, aber den Mangel derselben nicht ersetzen können.« – Er erklärt damit jene Erhebungen als unbefriedigend für die Vernunft, welche bei ihnen und den damit verbundenen Empfindungen nicht stehenbleiben und das Jenseits und das Leere nicht für das Letzte gelten lassen kann.

Als ein Letztes ist der unendliche Progreß vornehmlich in seiner Anwendung auf die Moralität genommen worden. Der soeben angeführte zweite Gegensatz des Endlichen und Unendlichen, der mannigfaltigen Welt und des in seine Freiheit erhobenen Ichs, ist zunächst in seiner Reinheit qualitativ. Indem das Selbstbestimmen des Ich zugleich darin besteht, die Natur zu bestimmen und sich von ihr zu befreien, so bezieht es sich durch sich selbst auf sein Anderes, welches als äußerliches Dasein ein Vielfältiges und Quantitatives ist. Das Bestimmen eines Quantitativen wird aber selbst quantitativ, und die negative Beziehung des Ich darauf, die Macht des Ich über das Nicht-Ich oder über die Sinnlichkeit und äußere Natur, wird daher so vorgestellt, daß die Moralität immer größer, die Macht der Sinnlichkeit aber immer kleiner werden könne und solle; die völlige Angemessenheit des Willens aber zum moralischen Gesetz wird in den ins Unendliche gehenden Progreß verlegt, das heißt, als ein absolutes unerreichbares Jenseits vorgestellt, und eben dies solle der wahre Anker und der rechte Trost sein, daß es ein Unerreichbares ist.

In diesem Gegensatz werden Ich und Nicht-Ich oder der reine Wille und die Natur und Sinnlichkeit als vollkommen selbständig und gleichgültig gegeneinander vorgestellt. Der reine Wille hat sein eigentümliches Gesetz, das in wesentlicher Beziehung auf die Sinnlichkeit steht; ebenso hat die Natur Gesetze, die weder aus dem Willen genommen und ihm entsprechend sind, noch auch nur, wenn gleich verschieden

* davon, an sich eine wesentliche Beziehung auf ihn hätten, sondern sie sind überhaupt für sich bestimmt, in sich fertig und geschlossen. Zugleich sind beide aber Momente eines und desselben einfachen Wesens, des Ich; der Wille ist das Negative, das darin besteht, die Natur aufzuheben, also nur ist, insofern ein solches von ihm Verschiedenes ist, das von ihm aufgehoben werde. Er setzt sich in ein Verhalten gegen die Sinnlichkeit, sie zu bestimmen; er geht dadurch über sich hinaus, berührt sie und ist so selbst von ihr affiziert. Die Natur und Sinnlichkeit ist als ein selbständiges System von Gesetzen vorausgesetzt; das Beschränken durch ein Anderes ist ihr also gleichgültig; sie erhält sich in diesem Begrenztwerden, tritt selbständig in die Beziehung ein und begrenzt den Willen ebensosehr, als er sie begrenzt. – Es ist Ein Akt, daß der Wille sich selbst bestimmt und das Anderssein einer Natur aufhebt und daß dieses Anderssein gesetzt ist oder daß es sich in sein Aufgehobenwerden kontinuiert. Der Widerspruch, der hierin liegt, wird im unendlichen Progreß nicht aufgelöst, sondern im Gegenteil als unaufgelöst und unauflösbar dargestellt und behauptet; der Kampf der Moralität und der Sinnlichkeit wird vorgestellt, als das an und für sich seiende, absolute Verhältnis.

Die Ohnmacht über den Gegensatz des Endlichen und Unendlichen Meister zu werden, nimmt zur Größe ihre Zuflucht, um sie als die Mittlerin zu gebrauchen, weil sie das aufgehobene Qualitative, der gleichgültig gewordene Unterschied ist. Allein indem beide Glieder des Gegensatzes als qualitativ verschieden zugrunde liegen, so wird dadurch, daß sie sich in ihrer gegenseitigen Beziehung als Quanta verhalten, eben jedes gegen diese Veränderung gleichgültig. Die Natur wird durch Ich bestimmt; aber weil diese Negation nicht den qualitativen, sondern | nur den quantitativen Unterschied enthält, so ist es eben ein solcher, der die Natur nicht selbst betrifft, sondern sie als das bestehen läßt, was sie ist.

* In der abstrakteren Darstellung der Kantischen Philosophie oder wenigstens ihrer Prinzipien, nämlich in der Fichteschen Wissenschaftslehre, macht der unendliche Progreß auf dieselbe Weise die Grundlage und das Letzte aus. Auf den ersten Grundsatz dieser Darstellung, Ich = Ich, folgt ein zweiter, davon
* unabhängiger, die Entgegensetzung des Nicht-Ich; die Bezie-

hung beider wird als der quantitative Unterschied angenommen, daß Nicht-Ich zum Teil durch Ich bestimmt wird, zum Teil auch nicht. Das Nicht-Ich kontinuiert sich auf diese Weise in sein Nichtsein als ein seinem Nichtsein entgegengesetzt Bleibendes, als ein nicht Aufgehobenes. Nachdem daher die Widersprüche, die darin liegen, entwickelt worden sind, so ist das schließliche Resultat dasjenige Verhältnis, welches der Anfang war; das Nicht-Ich bleibt ein unendlicher Anstoß, ein Absolut-Anderes; die letzte Beziehung seiner und des Ich aufeinander ist der unendliche Progreß, derselbe Widerspruch, mit welchem angefangen wurde. Das Endliche und das endliche Verhältnis soll das absolute Wahre sein.

Weil das Quantitative überhaupt die Negation der Bestimmtheit ist, so glaubte man für die Einheit des Absoluten, für die Eine Substantialität, viel oder vielmehr alles gewonnen zu haben, indem man den Gegensatz überhaupt zu einem nur quantitativen Unterschied herabsetzte. Aller Gegensatz ist nur quantitativ, war einige Zeit ein Hauptsatz der neueren Philosophie; die entgegengesetzten Bestimmungen haben dasselbe Wesen, denselben Inhalt; – ferner hat auch jede Seite des realen Gegensatzes beide Bestimmungen, beide Faktoren in ihr, nur daß auf der einen Seite der eine Faktor, auf der anderen der andere überwiegend ist; und das Überwiegende wurde häufig auch in dem Sinne genommen, daß in der einen Seite der eine Faktor, eine Materie oder eine Tätigkeit, in größerer Menge oder in stärkerem Grade vorhanden sei als in der anderen. Was das letztere betrifft, insofern verschiedene Stoffe oder Tätigkeiten vorausgesetzt werden, so bestätigt und vollendet der quantitative Unterschied vielmehr ihre Äußerlichkeit und Gleichgültigkeit gegeneinander. Was aber das erstere betrifft, daß der Unterschied der absoluten Einheit nur quantitativ sein soll, so ist das Quantitative zwar die aufgehobene unmittelbare Bestimmtheit, aber es ist die nur unvollkommene Negation; denn es ist erst die erste Negation, nicht die unendliche, nicht die Negation der Negation. – Oder indem Sein und Denken als quantitative Bestimmungen der absoluten Substanz vorgestellt werden, so werden sie als Quanta eben dadurch, wie in untergeordneter Sphäre der Kohlenstoff, Stickstoff u.s.f., sich vollkommen äußerlich und beziehungslos. Es ist ein Drittes, eine äußerliche Reflexion, welche von ihrem Unterschied abstrahiert und ihre innere, nur ansichseiende Einheit erkennt. Diese Einheit wird auf diese Weise nur als | erste unmittelbare vorgestellt oder nur als Sein, welches in seinem quantitativen Unterschied sich gleich bleibt, aber nicht sich durch sich selbst gleich setzt; oder es ist nicht begriffen als Negation der Negation, als unendliche Einheit. Es ist nur der qualitative Gegensatz, welcher die wahrhafte Unendlichkeit enthält, und der quantitative Unterschied geht, wie sich sogleich näher ergeben wird, in das Qualitative über.

Anmerkung 2

Es ist oben erinnert worden, daß die Kantischen Antinomien Darstellungen des Gegensatzes des Endlichen und Unendlichen in einer konkreteren Gestalt, auf speziellere Substrate der Vorstellung angewendet, sind. Die oben betrachtete Antinomie enthielt mehr den Gegensatz der qualitativen Endlichkeit und Unendlichkeit. In einer anderen, der ersten der vier kosmologischen Antinomien, ist es mehr die quantitative Grenze, die in ihrem Widerstreit betrachtet wird. Ich will die Untersuchung dieser Antinomie daher hier anstellen.

Sie betrifft nämlich die Begrenztheit oder Unbegrenztheit der Welt in Zeit und Raum. – Es konnte ebensogut dieser Gegensatz auch in Rücksicht auf Zeit und Raum selbst betrachtet werden, denn ob Zeit und Raum Verhältnisse der Dinge selbst oder aber nur Formen der Anschauung sind, ändert nichts für das Antinomische der Begrenztheit oder Unbegrenztheit.

Die nähere Auseinanderlegung dieser Antinomie wird gleichfalls zeigen, daß die beiden Sätze und ebenso ihre Beweise, die wie bei der oben betrachteten apopogisch geführt sind, auf nichts als auf die zwei einfachen, entgegengesetzten Behauptungen hinauslaufen: es ist eine Grenze, und es muß über die Grenze hinausgegangen werden.

Die Thesis ist:

»Die Welt hat einen Anfang in der Zeit und ist dem Raume nach auch in Grenzen eingeschlossen.«

Der eine Teil des Beweises, die Zeit betreffend, nimmt das Gegenteil an,

»die Welt habe der Zeit nach keinen Anfang, so ist bis zu jedem gegebenen Zeitpunkt eine Ewigkeit abgelaufen und mithin eine unendliche Reihe aufeinander folgender Zustände der Dinge in der Welt verflossen. Nun besteht aber eben darin die Unendlichkeit einer Reihe, daß sie durch sukzessive Synthesis niemals vollendet sein kann. Also ist eine unendliche verflossene Weltreihe unmöglich, mithin ein Anfang der Welt eine notwendige Bedingung ihres Daseins, welches zu erweisen war.« |

Der andere Teil des Beweises, der den Raum betrifft, wird auf die Zeit zurückgeführt. Das Zusammenfassen der Teile einer im Raume unendlichen Welt erforderte eine unendliche Zeit, welche als abgelaufen angesehen werden müßte, insofern die Welt im Raume nicht als ein Werdendes, sondern als ein vollendetes Gegebenes anzusehen ist. Von der Zeit aber wurde im ersten Teile des Beweises gezeigt, daß eine unendliche Zeit als abgelaufen anzunehmen unmöglich ist.

Man sieht aber sogleich, daß es unnötig war, den Beweis apogogisch zu machen oder überhaupt einen Beweis zu führen, indem in ihm selbst unmittelbar die Behauptung dessen zugrunde liegt, was bewiesen werden sollte. Es wird nämlich irgendein oder jeder gegebene Zeitpunkt angenommen, bis zu welchem eine Ewigkeit (– Ewigkeit hat hier nur den geringen Sinn einer schlecht-unendlichen Zeit) abgelaufen sei. Ein gegebener Zeitpunkt heißt nichts anderes als eine bestimmte Grenze in der Zeit. Im Beweis wird also eine Grenze der Zeit als wirklich vorausgesetzt; sie ist aber eben das, was bewiesen werden sollte. Denn die Thesis besteht darin, daß die Welt einen Anfang in der Zeit habe.

Nur der Unterschied findet statt, daß die angenommene Zeitgrenze ein Jetzt als Ende der vorher verflossenen [Zeit], die zu beweisende aber Jetzt als Anfang einer Zukunft ist. Allein dieser Unterschied ist unwesentlich. Jetzt wird als der Punkt angenommen, in welchem eine unendliche Reihe aufeinander folgender Zustände der Dinge in der Welt verflossen sein soll, also als Ende, als qualitative Grenze. Würde dieses Jetzt nur als quantitative Grenze betrachtet, über welche hinauszugehen und die fließend sei, so wäre die unendliche Zeitreihe in ihr nicht verflossen, sondern führe fort zu fließen, und das Räsonnement des Beweises fiele weg. Dieser als qualitative Grenze für die Vergangenheit angenommene Zeitpunkt aber ist zugleich Anfang für die Zukunft – denn an sich ist jeder Zeitpunkt die Beziehung der Vergangenheit und der Zukunft –, und zwar ist er absoluter Anfang für dieselbe. Denn es tut nichts zur Sache, daß vor seiner Zukunft und vor dem Anfang derselben schon eine Vergangenheit ist; indem dieser Zeitpunkt qualitative Grenze ist – und als qualitative ihn anzunehmen, liegt in der Bestimmung des Vollendeten, Abgelaufenen, also sich nicht Kontinuierenden –, so ist die Zeit in ihm abgebrochen, und die Vergangenheit, von der die Rede ist, ohne Beziehung auf die Zeit, welche nur Zukunft in Rücksicht auf diese Vergangenheit genannt werden konnte, und daher nur Zeit überhaupt ist, die einen absoluten Anfang hat. Stünde sie aber (– wie sie es denn tut –) durch das Itzt, den gegebenen Zeitpunkt, in einer Beziehung auf die Vergangenheit, wäre sie in der Tat Zukunft, so wäre auch dieser Zeitpunkt von der anderen Seite keine Grenze, die unendliche Zeitreihe kontinuierte sich in dem, was Zukunft hieß, und wäre nicht, wie angenommen worden, vollendet.

In Wahrheit ist die Zeit reine Quantität; der im Beweis gebrauchte Zeitpunkt, in welchem sie unterbrochen sein sollte, ist vielmehr nur das sich selbst aufhebende Fürsichsein des Itzt. Der Beweis leistet nichts, als daß er die in der Thesis behauptete Grenze der Zeit als einen gegebenen Zeitpunkt vorstellig macht und geradezu annimmt, eine populäre Bestimmung, welche das sinnliche Vorstellen leicht als eine Grenze passieren, somit im Beweis dies als Annahme gelten läßt, was vorher als das zu Beweisende aufgestellt wurde.

Die Antithesis heißt:

»Die Welt hat keinen Anfang und keine Grenzen im Raume, sondern ist sowohl in Ansehung der Zeit als des Raums unendlich.«

Der Beweis setzt das Gegenteil:

»Die Welt habe einen Anfang. Da der Anfang ein Dasein ist, wovor eine Zeit vorhergeht, darin das Ding nicht ist, so muß eine Zeit vorhergegangen sein, darin die Welt nicht war, d. i. eine leere Zeit. Nun ist aber in einer leeren Zeit kein Entstehen irgendeines Dings möglich, weil kein Teil einer solchen Zeit vor einem anderen irgendeine unterscheidende

Bedingung des Daseins vor der des Nichtdaseins an sich hat. Also kann zwar in der Welt manche Reihe der Dinge anfangen, die Welt selbst aber keinen Anfang nehmen und ist in Ansehung der vergangenen Zeit unendlich.«

Dieser apogogische Beweis enthält, wie die anderen, nur die direkte und unbewiesene Behauptung dessen, was er beweisen sollte. Er nimmt nämlich zuerst ein Jenseits des weltlichen Daseins, eine leere Zeit, an; aber kontinuiert alsdann auch das weltliche Dasein ebensosehr über sich hinaus in diese leere Zeit hinein, hebt diese dadurch auf und setzt somit das Dasein ins Unendliche fort. Die Welt ist ein Dasein; der Beweis setzt voraus, daß dieses Dasein entstehe und das Entstehen eine in der Zeit vorhergehende Bedingung habe. Darin aber eben besteht die Antithesis selbst, daß es kein unbedingtes Dasein, keine absolute Grenze gebe, sondern das weltliche Dasein immer eine vorhergehende Bedingung fordere. Diese Bedingung ist zugleich selbst bedingt; sie wird in der leeren Zeit gesucht, was so viel heißt, als daß sie selbst als zeitlich und somit als Dasein und Beschränktes angenommen wird. Überhaupt also ist die Annahme gemacht, daß die Welt als Dasein ein anderes Dasein voraussetze und so fort ins Unendliche.

Der Beweis in Ansehung der Unendlichkeit der Welt im Raume ist dasselbe. Apogogischer Weise wird die räumliche Endlichkeit der Welt angenommen; »sie befände sich somit in einem leeren unbegrenzten Raume und hätte ein Verhältnis zu ihm; ein solches Verhältnis der Welt zu keinem Gegenstand aber ist Nichts.« |

Was bewiesen werden sollte, ist hier im Beweise gleichfalls direkt vorausgesetzt. Es wird nämlich direkt angenommen, daß die begrenzte räumliche Welt sich in einem leeren Raume befinden und ein Verhältnis zu ihm haben sollte, das heißt, daß über sie hinausgegangen werden müsse einerseits in das Leere, in das Jenseits und Nichtsein derselben; andererseits aber daß sie damit im Verhältnis stehe, also sich darein hinein kontinuiere und das Jenseits mit weltlichem Dasein erfüllt vorzustellen sei. Was die Antithesis behauptet, die Unendlichkeit der Welt im Raume, ist nichts anderes als einesteils der leere Raum, andernteils das Verhältnis der Welt zu ihm, das heißt die Kontinuität derselben in ihm oder die Erfüllung desselben;

welcher Widerspruch, der Raum zugleich als leer und zugleich als erfüllt, der unendliche Progreß des Daseins im Raume ist. Aber dieser Widerspruch selbst, das Verhältnis der Welt zum leeren Raume, ist im Beweise direkt angenommen.

Die Thesis und Antithesis und die Beweise derselben stellen daher nichts dar als die entgegengesetzten Behauptungen, daß eine Grenze ist und daß die Grenze ebensosehr nur eine aufgehobene ist, daß nämlich die Grenze ein Jenseits hat, mit dem sie in Beziehung steht, wohin über sie hinauszugehen ist, worin aber wieder eine solche Grenze entsteht, die keine ist.

Die Auflösung dieser Antinomien ist, wie die der obigen transzendental, das heißt, sie besteht in der Behauptung der Idealität des Raums und der Zeit als Formen der Anschauung, in dem Sinne, daß die Welt an ihr selbst nicht im Widerspruch mit sich, nicht ein sich aufhebendes, sondern das Bewußtsein in seinem Anschauen und in der Beziehung der Anschauung auf Verstand und Vernunft ein sich selbst widersprechendes Wesen sei.

3. Unendlichkeit des Quantums

1. Das unendliche Quantum als unendlichgroßes oder unendlichkleines ist selbst der unendliche Progreß; es ist Quantum als ein Großes oder Kleines und ist Nichtsein des Quantums als Unendliches. Das Unendlichgroße und Unendlichkleine sind daher Bilder der Vorstellung, die bei näherer Betrachtung sich als nichtiger Nebel und Schatten zeigen. Der unendliche Progreß aber drückt nichts anderes aus als die Natur des Quantums, das als intensive Größe seine Realität erreicht hat.

Das Quantum, in sich zurückgekehrt, ist einfach, auf sich bezogen und als an sich bestimmt. Aber indem durch diese Einfachheit das Anderssein und die Bestimmtheit an ihm selbst aufgehoben ist, so ist diese ihm äußerlich; es hat seine absolute Bestimmtheit vielmehr außer ihm. Dieses sein Außersichsein ist zunächst | das abstrakte Nichtsein des Quantums überhaupt, die schlechte Unendlichkeit. Aber ferner ist es auch ein Großes; das

Quantum kontinuiert sich in sein Nichtsein, denn es hat eben seine Bestimmtheit in seiner Äußerlichkeit; diese seine Äußerlichkeit ist daher ebensosehr selbst Quantum, das aber wieder wie das erste sich aufhebt.

Das Quantum ist also an sich bestimmtes; diese seine Bestimmtheit aber hat es außer sich, es hebt sich also auf; umgekehrt ist es in seinem Außersichsein in sich zurückgekehrt; sein Außersichsein ist ebensosehr aufgehoben.

Dieser Kreis ist das Wahrhafte, was im unendlichen Progreß gesetzt ist. Es ist vorhanden das Quantum und sein Jenseits. **Erstens** hebt sich das Quantum auf, es ist an sich selbst das Hinausgehen über seine Grenze; das Jenseits ist die Unendlichkeit, aber es ist die schlechte Unendlichkeit, denn **zweitens** kontinuiert sich das Quantum in sie. Dieses Jenseits, das Nichtsein des Quantums, die Unendlichkeit wird selbst begrenzt und von neuem ein Quantum gesetzt, das heißt, dieses Jenseits wird selbst aufgehoben. Das Quantum ist eben es selbst durch sein Äußerlichsein; dies macht gerade die Bestimmtheit des Quantums oder das aus, was das Quantum ist. Es ist also im unendlichen Progreß der Begriff des Quantums, wie er an sich ist; und es ist in dem Progreß vorhanden, das Aufheben des Quantums aber ebensosehr seines Jenseits oder die Negation des Quantums sowohl als die Negation dieser Negation.

Das Hinausgehen über das Quantum ist die Negation desselben, das Unendliche; aber es wird ein neues Quantum gesetzt, dies ist die Negation des Unendlichen, dieses schlechten Unendlichen, das der Vorstellung als ein Absolutes gilt, als ein Letztes, das sich nicht wieder aufhebt und über das nicht mehr hinausgegangen werden könne. Die Wahrheit des unendlichen Progresses ist also, daß Quantum und sein Jenseits gesetzt sind, aber daß sie gesetzt sind als Aufgehobene. Seine Wahrheit ist also ihre Einheit, worin sie sind, aber als Momente.

Dies ist somit die wahre Auflösung des Widerspruchs, dessen Ausdruck der unendliche Progreß ist. Sie besteht in nichts anderem als in der Wiederherstellung des Begriffs der Größe, daß sie gleichgültige oder äußerliche Grenze ist. Im unendlichen Progreß als solchem pflegt nur darauf reflektiert zu werden, daß jedes Quantum, es sei noch so groß oder klein, verschwinden, daß über dasselbe muß hinausgegangen werden können, aber nicht darauf, daß dies sein Aufheben, das Jenseits, das Schlecht-Unendliche selbst auch verschwindet. Dies geschieht aber darin, daß das Quantum sich in seine Negation hinein kontinuiert, daß über jedes Quantum hinaus, in sein Aufheben, ein neues Quantum gesetzt wird. Das erste Aufheben ist zwar an sich das Aufheben der Negation – denn das Quantum ist aufgehobene Grenze –, aber es ist zugleich nur an sich | dies; dieses Unendliche ist nämlich fixiert als das Jenseits des Quantums, das noch als ein Diesseits bestehenbleibt; oder das Quantum ist nur genommen als ein unmittelbares und das Unendliche nur als die erste Negation. Aber im unendlichen Progreß ist mehr vorhanden – als nur das Aufheben des unmittelbaren Quantums oder als nur ein erstes Aufheben; es wird darin auch dieses schlechte Unendliche – durch die neue Begrenzung aufgehoben; es ist also darin vorhanden die Negation oder das, was das Unendliche in Wahrheit ist. – Der Begriff des Quantums aber ist nicht nur wiederhergestellt, sondern er hat seine nähere Bestimmung erhalten; es ist das durch seinen Begriff bestimmte Quantum entstanden, was verschieden ist, von dem unmittelbaren Quantum.

2. Das Jenseits des Quantums hat nämlich eine bestimmtere, positive Bedeutung als nur die des Nichtseins des Quantums, und ebenso das Aufheben dieses Jenseits und die Vereinigung desselben mit dem Quantum selbst.

Das Quantum ist als gleichgültige Grenze an sich selbst bestimmt; dieses sich auf sich beziehende Bestimmtsein ist das Verschwundensein seiner Äußerlichkeit, die es an ihm selbst hat; diese tritt damit außer demselben; sein Hinausgehen über sich ist sein wesentliches Moment, es bezieht sich durch sich selbst auf seine Äußerlichkeit; diese aber macht sein Ansichbestimmtsein aus, und die Natur seines Ansichbestimmtseins besteht in dieser Äußerlichkeit. Das Jenseits des Quantums ist also nicht das bloße Nichtsein, die leere, unbestimmte Negation desselben. Sondern das Quantum geht darum über sich hinaus, insofern es gleichgültige Grenze ist; es hebt diese Gleichgültigkeit auf und setzt das Ansichsein derselben als ein unendliches Jenseits, als das, worin es negiert, worin es nicht es selbst, sondern die Äußerlichkeit seiner selbst ist. Aber vielmehr ist diese Äußerlichkeit das Gegenteil ihrer selbst; sie ist **absolutes Moment der Größe** selbst; denn das Quantum ist nicht es in seiner Unmittelbarkeit, sondern ist wesentlich Hinausgehen über sich; dieses Hinausgehen über sich, diese seine Äußerlichkeit gehört also ihm selbst.

Sein Hinausgehen über sich aber ist das Aufheben seiner Gleichgültigkeit gegen das Äußerliche, das seine Bestimmtheit ist; es setzt damit diese als sich selbst. Es hebt sein Jenseits, seine Negation auf, das heißt, es hebt die Äußerlichkeit seines Bestimmtseins auf, vereinigt es mit sich und macht sich dadurch **an sich bestimmt**.

Jedes der Momente der Bewegung des unendlichen Progresses ist das Gegenteil seiner selbst; denn der unendliche Progreß ist der gesetzte Widerspruch. Das Quantum geht **erstens** über sich hinaus; dies heißt also: 1) es hebt sich auf, setzt seine Negation, sein Jenseits; und 2) es setzt damit vielmehr sein absolutes Bestimmtsein, das, was es an sich ist. **Zweitens**: Dieses Unendliche wird wieder | bestimmt, es wird eine neue Grenze gesetzt; dies heißt somit 1) das Ansichsein des Quantums wird aufgehoben, es entsteht nur wieder ein gleichgültiges Quantum; 2) es wird die Negation des Quantums, das **Jenseits** desselben aufgehoben, sein Hinausgehen über sich wird also in es selbst zurückgenommen. Beide Seiten drücken dies aus, daß das Quantum und daß die Negation des Quantums negiert wird; es ist also gesetzt seine unendliche Beziehung auf sich selbst oder sein Ansichbestimmtsein. Die Unendlichkeit, die nur die schlechte und ein Jenseits des Quantums war, gehört ihm an: das Quantum ist selbst unendlich.

In dieser Wiederherstellung des Quantums ist es als gleichgültige Grenze, als dieses perennierende Hinausgehen über sich aufgehoben. Die Gleichgültigkeit und Äußerlichkeit des Quantums verschwindet also nur insofern, als das Jenseits desselben aufgehoben ist. Das Quantum hat die Unendlichkeit, das Ansichbestimmtsein nicht mehr außer sich. Die Grenze ist also als gleichgültige oder als aufgehobene aufgehoben. Sie ist somit wieder **qualitativ** geworden.

Das Unendliche also, welches im unendlichen Progreß nur die leere Bedeutung eines Nichtseins, eines Jenseits hat, ist in der

Tat nichts anderes als die Qualität. Das Quantum ist gleichgültige Grenze; es geht über sich hinaus ins Unendliche; es sucht damit nichts anderes als das Ansichbestimmtsein, das qualitative Moment. Aber dieses qualitative Moment ist nicht ein Jenseits seiner, es liegt in ihm selbst. Denn eben dieses Hinausgehen selbst oder das Jenseits, die Negation seiner ist dasjenige, was das Quantum zum Quantum macht; dies ist seine Bestimmtheit an sich; eben seine Gleichgültigkeit ist seine Bestimmung selbst.

Oder das Quantum ist die aufgehobene Qualität; aber das Quantum ist unendlich, geht über sich hinaus, es ist die Negation seiner. Es ist also die Negation der negierten Qualität, oder es ist die Wiederherstellung derselben.

Das Quantum aber, das als gleichgültige Grenze aufgehoben und qualitativ bestimmt ist, ist das quantitative Verhältnis. Im Verhältnis ist das Quantum sich äußerlich, von sich selbst verschieden; aber diese seine Äußerlichkeit, die Beziehung auf das andere Quantum, macht zugleich seine Bestimmtheit aus; es hat darin nicht eine gleichgültige, sondern qualitative Bestimmung; es ist in seiner Äußerlichkeit in sich zurückgekehrt.

Anmerkung

Das mathematische Unendliche ist einesteils interessant durch die Erweiterung der Mathematik und die großen Resultate, welche seine Einführung in dieselbe hervorgebracht hat; andernteils aber ist es dadurch merkwürdig, daß | es dieser Wissenschaft noch nicht gelungen ist, sich über den Gebrauch desselben durch den Begriff zu rechtfertigen. Die Rechtfertigungen beruhen auf der Richtigkeit der mit seiner Hilfe sich ergebenden Resultate, welche aus sonstigen Gründen erwiesen ist, nicht aber auf der Klarheit des Gegenstandes und der Operation, durch welche die Resultate herausgebracht werden, sogar daß diese Operation vielmehr als unrichtig zugegeben wird.

Dies ist schon ein Mißstand an und für sich, denn ein solches Verfahren ist unwissenschaftlich. Es führt aber auch den Nachteil mit sich, daß die Mathematik, indem sie die Natur dieses ihres Instrumentes nicht kennt, weil sie mit der Metaphysik oder Kritik desselben nicht fertig ist, den Umfang seiner

Anwendung nicht bestimmen und von Mißbräuchen desselben sich nicht sichern kann.

In philosophischer Rücksicht aber ist das mathematische Unendliche darum wichtig, weil ihm in der Tat der Begriff des wahrhaften Unendlichen zugrunde liegt und weil es viel höher steht als das gewöhnlich sogenannte metaphysische Unendliche, von dem aus die Einwürfe gegen ersteres gemacht werden. Gegen diese Einwürfe weiß sich die Wissenschaft der Mathematik gewöhnlich nur dadurch zu retten, daß sie die Kompetenz der Metaphysik verwirft, indem sie behauptet, daß sie mit dieser Wissenschaft nichts zu schaffen und sich um ihren Begriff nicht zu bekümmern habe, wenn sie nur auf ihrem eigenen Boden konsequent verfahre. Sie habe nicht zu betrachten, was an sich, sondern was auf ihrem Felde das Wahre sei. Die Metaphysik weiß die glänzenden Resultate des Gebrauchs des mathematischen Unendlichen nicht zu leugnen oder umzustoßen, und die Mathematik weiß mit der Metaphysik ihres eigenen Begriffs und daher auch mit der Ableitung der Verfahrungsweisen, die der Gebrauch des Unendlichen nötig macht, nicht ins Reine zu kommen.

Wenn es die einzige Schwierigkeit des Begriffs überhaupt wäre, von der die Mathematik gedrückt würde, so könnte sie diesen ohne Umstände auf der Seite liegenlassen, insofern nämlich der Begriff mehr ist als nur die Angabe der wesentlichen Bestimmtheit einer Sache; denn sie ist nicht eine Wissenschaft, die es mit den Begriffen ihrer Gegenstände zu tun und durch die Entwicklung des Begriffs, wenn auch nur durch Räsonnement, ihren Inhalt zu erzeugen hat. Allein bei der Methode ihres Unendlichen findet sie den Hauptwiderspruch an der eigentümlichen Methode, worauf sie überhaupt als Wissenschaft beruht. Denn die Rechnung des Unendlichen erlaubt und erfordert Verfahrungsweisen, welche die Mathematik sonst bei Operationen mit endlichen Größen durchaus verwerfen muß, und zugleich behandelt sie ihre unendlichen Größen wie endliche Quanta und will auf jene dieselben Verfahrungsweisen anwenden, welche bei diesen gelten.

Die Mathematik zeigt bei ihrem Gebrauch des Unendlichen und bei den der mathematischen Verfahrungsart geradezu widerstreitenden Operationen, die | er nötig macht, daß Resultate, die sie dadurch findet, ganz mit denen übereinstimmen, welche durch die eigentlich mathematische, die geometrische und analytische Methode gefunden werden. Aber teils betrifft dies nicht alle Resultate, und der Zweck der Einführung des Unendlichen ist nicht allein, den gewöhnlichen Weg abzukürzen, sondern zu Resultaten zu gelangen, die durch diesen nicht geleistet werden können. Teils aber rechtfertigt der Erfolg die Manier des Wegs nicht an und für sich. Diese Manier aber der Rechnung des Unendlichen ist immer durch den Schein der Ungenauigkeit gedrückt, den sie sich gibt, indem sie endliche Größen um eine unendlich kleine Größe das eine Mal vermehrt, sie in der ferneren Operation zum Teil beibehält, aber einen Teil derselben auch vernachlässigt. Dieses Verfahren zeigt die Sonderbarkeit, daß der eingestandenen Ungenauigkeit unerachtet ein Resultat herauskommt, das nicht nur ziemlich und so nahe, daß der Unterschied außer acht gelassen werden könnte, sondern vollkommen genau ist. In der Operation selbst aber, die dem Resultat vorhergeht, kann die Vorstellung nicht entbehrt werden, daß einiges nicht gleich Null, aber so unbeträchtlich sei, um außer acht gelassen werden zu können. Bei dem aber, was unter mathematischer Bestimmtheit zu verstehen ist, fällt aller Unterschied einer größeren oder geringeren Genauigkeit gänzlich hinweg, wie in der Philosophie nicht von größerer oder geringerer Wahrscheinlichkeit, sondern von der Wahrheit allein die Rede sein kann. Wenn die Methode und der Gebrauch des Unendlichen durch den Erfolg, und selbst dies nur zum Teil, gerechtfertigt wird, so ist es nicht so überflüssig dessen ungeachtet die Rechtfertigung derselben zu fordern, als es bei der Nase überflüssig scheint, nach dem Erweis des Rechtes, sich ihrer zu bedienen, zu fragen. Denn es ist bei der mathematischen als einer wissenschaftlichen Erkenntnis wesentlich um den Beweis zu tun, und auch in Ansehung der Resultate ist es der Fall, daß die streng mathematische Methode nicht zu allen den Beleg des Erfolgs liefert, der aber ohnehin nur ein äußerlicher Beleg ist.

Es ist der Mühe wert, den mathematischen Begriff des Unendlichen und einige der merkwürdigsten Versuche näher zu betrachten, welche die Absicht haben, den Gebrauch

desselben zu rechtfertigen, und die Schwierigkeit, von der sich
die Methode gedrückt fühlt, zu beseitigen. Die Betrachtung
dieser Rechtfertigungen und Bestimmungen des mathematischen Unendlichen, welche ich in dieser Anmerkung weitläufiger anstellen will, wird zugleich das beste Licht auf die
Natur des wahren Begriffs selbst werfen und zeigen, wie er
ihnen vorgeschwebt und zugrunde gelegen hat.

Die gewöhnliche Bestimmung des mathematischen Unendlichen ist, daß es eine Größe sei, über welche es keine
größere oder kleinere mehr gebe. – In dieser Definition ist
zwar der wahre Begriff noch nicht unmittelbar | ausgedrückt,
aber, wenn sie näher betrachtet wird, darin enthalten. Denn eine
Größe wird in der Mathematik so definiert, daß sie etwas sei, das
vermehrt und vermindert werden könne, überhaupt also eine
gleichgültige Grenze. Indem nun das Unendlichgroße oder
-kleine ein solches ist, das nicht mehr vermehrt oder vermindert
werden kann, so ist es in der Tat kein Quantum als solches
mehr.

Diese Konsequenz ist notwendig und unmittelbar. Aber die
Reflexion, daß das Quantum – und ich nenne in dieser
Anmerkung das endliche Quantum nur Quantum überhaupt –
aufgehoben ist, ist es, die gewöhnlich nicht gemacht wird,
welche für das gewöhnliche Begreifen die Schwierigkeit
ausmacht, indem das Quantum, indem es unendlich ist, als ein
aufgehobenes, als ein solches zu denken gefordert wird, das
zugleich nicht ein Quantum ist.

Um das anzuführen, wie Kant jenen Begriff beurteilt*, so
findet er ihn nicht übereinstimmend mit dem, was man unter
einem unendlichen Ganzen versteht. »Nach dem gewöhnlichen
Begriff sei eine Größe unendlich, über die keine größere (d. i.
über die darin enthaltene Menge einer gegebenen Einheit)
möglich ist. – Durch ein unendliches Ganzes sei nicht vorgestellt,
sagt er, wie groß es sei, mithin sei sein Begriff nicht der Begriff
eines Maximums (oder Minimums) sondern es werde dadurch
nur sein Verhältnis zu einer beliebig anzunehmenden Einheit

---

* In der Anmerkung zur Thesis der ersten kosmologischen
Antinomie in der Kritik der reinen Vernunft. |

gedacht, in Ansehung deren dasselbe größer ist als alle Zahl. Je nachdem diese Einheit größer oder kleiner angenommen würde, würde das Unendliche größer oder kleiner sein; allein die Unendlichkeit, da sie bloß in dem Verhältnis zu dieser gegebenen Einheit bestehe, würde immer dieselbe bleiben, obgleich freilich die absolute Größe des Ganzen dadurch gar nicht erkannt würde.«

Kant tadelt es also, daß unendliche Ganze als ein Maximum, als eine vollendete Menge einer gegebenen Einheit angesehen werden. Das Maximum oder Minimum ist nämlich selbst ein Quantum, eine Menge, nicht bloß ein Verhältnis. Die gewöhnliche Vorstellung, der das Unendlichgroße oder -kleine als ein Etwas, das ein Quantum sei, erscheint, kann die von Kant angeführte Konsequenz nicht ablehnen, die auf ein größeres oder kleineres Unendliches führt, je nachdem die zum Grunde liegende Einheit als größer oder kleiner angenommen würde, die ein Veränderliches ist. Oder überhaupt indem das Unendliche als Quantum vorgestellt wird, so gilt noch für dasselbe der Unterschied eines größeren oder kleineren. Allein die Kritik trifft nicht den Begriff des wahrhaften mathematischen Unendlichen, der unendlichen Differenz, denn diese ist kein endliches Quantum mehr.

Kants Begriff dagegen, den er den wahren transzendentalen nennt, ist, »daß die sukzessive Synthesis der Einheit in Durchmessung eines Quantum nie|mals vollendet sein könne.« Einerseits ist hier zwar ein Quantum als gegeben vorausgesetzt; aber dies solle erst synthesiert, und zwar solle dieses Synthesieren, wodurch es zu einer Anzahl und einem Quantum gemacht würde, niemals vollendet werden. Hiermit ist, wie erhellt, nichts als der Progreß ins Unendliche ausgesprochen, nur transzendental oder eigentlich subjektiv und psychologisch vorgestellt. An sich soll zwar das Quantum vollendet sein, aber transzendentalerweise, nämlich im Subjekt, entstehe nur ein solchen Quantum, das unvollendet und schlechthin mit einem Jenseits behaftet sei. Es wird also hier überhaupt beim Widerspruch, den die Größe enthält, stehengeblieben, aber verteilt an das Objekt und das Subjekt, so daß jenem die Begrenztheit, diesem aber das Hinausgehen über sie, das schlechte Unendliche, zukommt.

Das wahrhafte unendliche Quantum aber ist an sich selbst unendlich; es ist dies, wie sich oben ergeben hat, als solches, in welchem das endliche Quantum oder das Quantum überhaupt und sein Jenseits, das schlechte Unendliche, auf gleiche Weise aufgehoben sind. Das aufgehobene Quantum aber ist in die Einfachheit und in die Beziehung auf sich selbst zurückgegangen, – nicht nur wie das extensive, indem es in intensives Quantum überging, als welches seine Bestimmtheit nur an sich an einer äußeren Vielfachheit hat, gegen welches es jedoch gleichgültig und wovon es verschieden sein soll. Das unendliche Quantum dagegen enthält die Äußerlichkeit und die Negation seiner an ihm selbst; so ist es nicht mehr irgendein endliches Quantum, nicht eine Größebestimmtheit, die ein Dasein als Quantum hätte, sondern es ist einfach als Moment; es ist nur der Begriff seines Bestimmtseins oder eine Größebestimmtheit in qualitativer Form. Als Moment ist es in wesentlicher Einheit mit seinem Anderen, nur als bestimmt durch dieses sein Anderes. Oder es hat nur Bedeutung in Beziehung auf ein im Verhältnis mit ihm Stehendes. Außer diesem Verhältnis ist es Null; – da gerade das Quantum als solches gegen das Verhältnis gleichgültig sein und zu seiner Bestimmung keines anderen bedürfen soll. In dem Verhältnis aber ist es ebenso kein Quantum, eben darum, weil es nur Moment, nur etwas ist im Verhältnis, nicht ein für sich Gleichgültiges.

Indem das Quantum somit nach seiner Wahrheit nur als Größebestimmung ist, hat es qualitative Natur und ist unendlich; denn erstlich enthält dies seine Negation, – es hat nämlich aufgehört, das, was es seiner Bestimmung nach sein sollte, ein Gleichgültiges zu sein. Zweitens hat es das Ansich-Bestimmtsein an ihm, denn es hat sie nicht mehr als ein Jenseits außer ihm.

Dieser Begriff wird sich zeigen, dem mathematischen Unendlichen zugrunde [zu] liegen, und er wird deutlicher werden, indem wir die verschiedenen Stufen|des Ausdrucks des Quantum als eines Verhältnis-Momentes betrachten, von der untersten an, wo es zugleich Quantum als solches ist, bis zu der höheren, wo es die Bedeutung und den Ausdruck eigentlicher unendlicher Größe hat.

Nehmen wir zuerst das Quantum in dem Verhältnis, wie es

eine gebrochene Zahl ist. Der Bruch $\frac{2}{7}$ z. B. ist nicht ein Quantum wie 1, 2, 3 u.s.f.; er ist zwar eine gewöhnliche endliche Zahl, jedoch nicht eine unmittelbare wie die ganzen Zahlen, sondern als Bruch ist er mittelbar bestimmt durch zwei Zahlen, die Anzahl und Einheit gegeneinander sind, so daß die Einheit selbst eine bestimmte Anzahl ist. Aber von dieser näheren qualitativen Bestimmung derselben gegeneinander abstrahiert und sie bloß nach dem, was ihnen als Quantum hier widerfährt, betrachtet, so sind 2 und 7 sonst gleichgültige Quanta, hier treten sie aber nur als Momente eines anderen auf. Aus diesem Grunde soll nun sogleich 2 und 7 hier nicht als 2 und 7, sondern als ihre Bestimmung gegeneinander gelten. Statt ihrer kann daher ebensogut 4 und 14 oder 6 und 21 u.s.f. gesetzt werden. Hiermit fangen sie an, einen qualitativen Charakter zu haben. Gälten sie als bloße Quanta, so ist 2 und 7 schlechthin nur 2 und 7; 4 und 14, 6 und 21 u.s.f. sind schlechthin etwas anderes und können nicht an die Stelle jener Zahlen gesetzt werden. Insofern 2 und 7 nicht nach dieser Bestimmtheit gelten, so ist ihre gleichgültige Grenze aufgehoben, sie haben somit, ob zwar noch unvollkommen, das Moment der Unendlichkeit an ihnen, indem sie zugleich nicht bloß nicht sind, sondern auch ihre Bestimmtheit als eine an sich seiende qualitative – nämlich nach dem, was sie im Verhältnis gelten – bleibt. Es können unendlich viele andere an ihre Stelle gesetzt werden, so daß zugleich der Wert des Bruchs, die Bestimmtheit, welche die Seiten des Verhältnisses haben, sich nicht ändert.

Die Darstellung, welche die Unendlichkeit an einem Zahlenbruch hat, ist aber darum noch unvollkommen, weil die beiden Seiten des Bruchs, 2 und 7, wenn sie aus dem Verhältnis genommen werden, gewöhnliche gleichgültige Quanta sind; die Beziehung derselben, im Verhältnis und Momente zu sein, ist ihnen etwas Äußerliches und Gleichgültiges.

Die Buchstaben, mit denen in der allgemeinen Arithmetik operiert wird, haben die Eigenschaft nicht, daß sie einen bestimmten Zahlenwert haben, sondern sind allgemeine Zeichen und unbestimmte Möglichkeiten jedes bestimmten Wertes. Der Bruch $\frac{a}{b}$ scheint daher um seiner Elemente willen ein passenderer Ausdruck des Unendlichen zu sein, weil a und b, aus ihrer Beziehung aufeinander genommen, unbestimmt bleiben und auch getrennt keinen besonderen eigentümlichen Wert haben. – Allein diese Buchstaben sind zwar unbestimmte Größen; ihr Sinn aber ist, daß sie irgendein endliches Quantum seien. Da sie also zwar nur die allgemeine | Vorstellung, aber von der bestimmten Zahl sind, so ist es ihnen ebenfalls gleichgültig, im Verhältnis zu sein, und außer demselben behalten sie diesen Wert.

Die beiden Seiten, die die Größen im Bruche haben, bestanden darin, endliche Größen, Quanta, und zugleich unendlich, keine Quanta zu sein. Das Verhältnis selbst als solches ist erstlich ein Quantum; zweitens aber nicht ein unmittelbares, sondern das den qualitativen Gegensatz in ihm hat: ein gegen das Andere nicht Gleichgültiges, sondern dadurch Bestimmtes, in seinem Anderssein in sich Zurückgekehrtes und somit Unendliches zu sein. Diese beiden Seiten stellen sich auf folgende Weise dar.

Der Bruch $\frac{2}{7}$ kann ausgedrückt werden als 0,285714... wie $\frac{1}{1-a}$ als $1 + a + a^2 + a^3$ u.s.f. So ist er als eine unendliche Reihe dargestellt, und der Bruch selbst heißt die Summe oder der endliche Ausdruck derselben. Vergleichen wir diese beiden Ausdrücke, so stellt die unendliche Reihe den Bruch nicht mehr als ein Verhältnis, sondern nur nach der Seite dar, daß er ein Quantum ist, als eine Menge von solchen, die zueinander hinzukommen, als eine Anzahl, oder hat wenigstens die Bestimmung, ihn so darzustellen. – Daß die Größen, die ihn als Anzahl ausmachen sollen, wieder aus Dezimalbrüchen, also selbst aus Verhältnissen bestehen, darauf kommt es hier nicht an; denn dieser Umstand betrifft ihre Einheit, nicht sie, insofern sie die Anzahl konstituieren; wie eine aus mehreren Ziffern bestehende ganze Zahl des Dezimalsystems wesentlich als eine Anzahl gilt und nicht darauf gesehen wird, daß sie aus Produkten einer Zahl und der Zahl Zehn und deren Potenzen besteht. So wie es hier auch nicht darauf ankommt, daß es andere Brüche gibt als der zum Beispiel genommene $\frac{2}{7}$, die, zu Dezimalbrüchen gemacht, nicht eine unendliche Reihe geben; es ist nur davon die Rede, daß jeder als eine solche ausgedrückt werden könne.

In der unendlichen Reihe, die den Bruch wesentlich als Anzahl darstellen soll, verschwindet also die Seite, daß er

Verhältnis ist, und wenn er auch als eine Summe von Verhältnissen ausgedrückt wird, so wird, indem diese als Glieder einer Summe genommen werden, davon abstrahiert, daß sie Verhältnisse sind. Mit dem Verhältnis schwindet also auch die Seite, nach welcher der Bruch die Unendlichkeit an ihm hatte. Diese aber ist auf eine andere Weise hereingekommen: die Reihe ist nämlich selbst unendlich.

Von welcher Art aber die Unendlichkeit der Reihe sei, erhellt von sich selbst; es ist die schlechte Unendlichkeit des Progresses. Denn die Reihe enthält den Widerspruch, etwas, das ein Verhältnis und qualitativer Natur ist, als ein Verhältnisloses, als ein bloßes Quantum, als Anzahl darzustellen. An der Anzahl, die in der Reihe ausgedrückt ist, fehlt immer etwas, so daß über das, was gesetzt ist, immer hinausgegangen werden muß, um die geforderte Bestimmtheit zu erreichen. Das Gesetz des Fortgangs ist bekannt; es liegt in der Bestimmung des Quantums, die im Bruche enthalten ist, und in der Natur der Form, in der sie ausgedrückt werden soll. Sie kann durch Fortsetzung der Reihe so genau gemacht werden, als man nötig hat; aber immer bleibt die Darstellung durch sie nur ein Sollen; sie ist mit einem Jenseits behaftet, das nicht aufgehoben werden kann, weil ein Qualitatives als Anzahl auszudrücken, der bleibende Widerspruch ist.

In dieser unendlichen Reihe ist jene Ungenauigkeit wirklich vorhanden, von der am wahrhaften mathematischen Unendlichen nur der Schein vorkommt. Diese beiden Arten des mathematischen Unendlichen sind so wenig zu verwechseln als die beiden Arten des philosophischen Unendlichen. Bei der Darstellung des wahrhaften mathematischen Unendlichen ist anfangs die Form der Reihe gebraucht oder auch neuerlich wieder hervorgerufen worden. Aber sie ist für dasselbe nicht wesentlich; im Gegenteil ist das Unendliche der unendlichen Reihe wesentlich von ihm unterschieden, wie die Folge zeigen soll; es steht sogar dem Ausdruck des Bruchs nach.

Die unendliche Reihe enthält nämlich darum die schlechte Unendlichkeit, weil das, was sie ausdrücken soll, ein Sollen bleibt; und was sie ausdrückt, mit einem Jenseits, das nicht verschwindet, behaftet und verschieden von dem ist, was ausgedrückt werden soll. Sie ist unendlich nicht um der Glieder willen, die gesetzt sind, sondern darum, weil sie unvollständig sind, weil das Andere, das zu ihnen wesentlich gehört, jenseits ihrer ist; was in ihr da ist, der gesetzten Glieder mögen so viele sein als wollen, ist nur ein Endliches, und zwar gesetzt als Endliches, als solches, das nicht ist, was es sein soll. Dagegen ist das, was der endliche Ausdruck oder die Summe einer solchen Reihe genannt wird, ohne Mangel; er enthält vielmehr das, was die Reihe nur sucht, vollständig; das Jenseits ist aus seiner Flucht zurückgerufen; was er ist und was er sein soll, ist nicht getrennt, sondern ist dasselbe. Er enthält also keine Endlichkeit, nicht ein solches, über das hinausgesehen werden muß.

Dies kann auch so betrachtet werden, daß in der unendlichen Reihe das Negative außerhalb ihrer Glieder ist, welche Gegenwart haben, indem sie nur als Teile der Anzahl gelten. In dem endlichen Ausdruck dagegen, der ein Verhältnis ist, ist das Negative immanent als das Bestimmtsein der Seiten des Verhältnisses durcheinander.

In der Tat ist also die gewöhnlich sogenannte Summe, das $\frac{2}{7}$ oder $\frac{1}{1-a}$, ein Verhältnis; und der sogenannte endliche Ausdruck ist der wahrhaft unendliche Ausdruck. Die unendliche Reihe aber ist in Wahrheit die Summe; ihr Zweck ist das, was an sich Verhältnis ist, in der Form einer Summe darzustellen, und die vorhandenen Glieder der Reihe sind nicht als Glieder eines Verhältnisses, sondern eines Aggregates. Ferner ist sie vielmehr der endliche Ausdruck; denn sie ist das unvollkommene Aggregat und bleibt wesentlich ein Mangelhaftes. – Wird der Bruch insofern der endliche Ausdruck genannt, weil er ein bestimmtes Quantum ist, so ist die unendliche Reihe erstens nach dem, was in ihr da ist, gleichfalls ein bestimmtes Quantum, zugleich aber ein geringeres, als sie sein soll; alsdann auch das, was ihr fehlt, ist ein bestimmtes Quantum; und das, was in ihr da ist, zusammen mit dem, was ihr fehlt, ist ein eben solches, dasselbe, was der Bruch ist. Insofern also der Bruch ein endliches, d. h. ein bestimmtes Quantum ist, ist sie es gleichfalls und noch mehr als er. Insofern er aber unendlich, und zwar im wahrhaften Sinne unendlich an ihm selbst ist, weil er das negative Jenseits an ihm selbst hat, ist sie mangelhaft und hat das Unendliche nur als ein Jenseits außer ihr.

Mit unendlichen Reihen aber, die nicht summierbar sind, hat es eine andere Bewandtnis; die Mathematik bleibt jedoch bei diesem Unterschied als einem äußerlichen und zufälligen Umstand, ob sie summiert werden können oder nicht, stehen. Sie enthalten nämlich eine höhere Art der Unendlichkeit als die summierbaren: eine Inkommensurabilität oder die Unmöglichkeit, das darin enthaltene quantitative Verhältnis als ein Quantum – sei es auch als Bruch – darzustellen; die Form der Reihe jedoch, die sie haben, ist dieselbe schlechte Unendlichkeit, welche in der summierbaren Reihe ist.

Dieselbe hier am Bruch und an seiner Reihe bemerkte Verkehrung findet statt, insofern das mathematische Unendliche, nämlich das wahrhafte, das relative Unendliche, das gewöhnliche metaphysische dagegen das absolute Unendliche genannt worden ist. In der Tat ist vielmehr das metaphysische nur das relative, weil die Negation, die es ausdrückt, nur im Gegensatz einer Grenze ist, die von ihm nicht aufgehoben wird; das mathematische Unendliche hingegen hat die endliche Grenze wahrhaft in sich aufgehoben, weil das Jenseits derselben mit ihr vereinigt ist.

In dem Sinne, in welchem ich aufgezeigt habe, daß die sogenannte Summe oder der endliche Ausdruck einer unendlichen Reihe vielmehr als der unendliche anzusehen ist, ist es vornehmlich, daß Spinoza den Begriff der wahren Unendlichkeit gegen den der schlechten aufstellt und durch Beispiele erläutert. Sein Begriff gewinnt am meisten Licht, indem ich das, was er hierüber sagt, an diese Entwicklung anschließe.

Er definiert zunächst das Unendliche als die absolute Affirmation der Existenz irgendeiner Natur, das Endliche im Gegenteil als Bestimmtheit, als Verneinung. Die absolute Affirmation einer Existenz ist nämlich als ihre Beziehung auf sich selbst zu nehmen, nicht dadurch zu sein, daß ein Anderes ist; das Endliche hingegen ist die Verneinung, ein Aufhören, insofern ein Anderes außer ihm anfängt. Die absolute Affirmation einer Existenz erschöpft nun zwar | den Begriff der Unendlichkeit nicht; dieser enthält, daß die Unendlichkeit Affirmation ist nicht als unmittelbare Affirmation, sondern nur als wiederhergestellte durch die Reflexion des Anderen in sich selbst oder als Negation des Negativen. Aber bei Spinoza hat die

Substanz und deren absolute Einheit die Form von unbewegter Einheit, von einer Starrheit, worin der Begriff der negativen Einheit das Selbst, die Subjektivität, sich noch nicht findet.

Sein mathematisches Beispiel vom wahren Unendlichen ist bekanntlich ein Raum zwischen zwei ungleichen Kreisen, deren einer innerhalb des anderen, ohne ihn zu berühren, fällt und die nicht konzentrisch sind. Er machte, wie es scheint, sich viel aus dieser Figur und dem Begriff, als deren Beispiel er sie gebrauchte, daß er sie zum Motto seiner Ethik machte. – »Die Mathematiker, sagt er, schließen, daß die Ungleichheiten, die in einem solchen Raume möglich sind, unendlich sind, nicht aus der unendlichen Menge der Teile, denn seine Größe ist bestimmt und begrenzt, und ich kann größere und kleinere solche Räume setzen, sondern weil die Natur der Sache jede Bestimmtheit übertrifft.« – Man sieht, Spinoza verwirft jene Vorstellung vom Unendlichen, nach welcher es als Menge oder als Reihe vorgestellt wird, die nicht vollendet ist, und erinnert, daß hier an dem Raume des Beispiels das Unendliche nicht jenseits, sondern gegenwärtig und vollständig ist; dieser Raum ist darum ein unendlicher, »weil die Natur der Sache jede Bestimmtheit übersteigt«, weil die darin enthaltene Größenbestimmung zugleich nicht ein Quantum ist. Jenes Unendliche einer Reihe nennt Spinoza das Unendliche der Imagination; das Unendliche hingegen als Beziehung auf sich selbst das Unendliche des Denkens oder *infinitum actu*. Es ist nämlich *actu*, es ist wirklich unendlich, weil es in sich vollendet und gegenwärtig ist. So ist die Reihe 0,285714... oder $1 + a + a^2 + a^3$... das Unendliche bloß der Einbildung oder des Meinens; denn es hat keine Wirklichkeit, es fehlt ihm schlechthin etwas; hingegen $\frac{2}{7}$ oder $\frac{1}{1-a}$ ist das wirklich, nicht nur was die Reihe in ihren vorhandenen Gliedern ist, sondern noch das dazu, was ihr mangelt, was sie nur sein soll. Das $\frac{2}{7}$ oder $\frac{1}{1-a}$ ist gleichfalls eine bestimmt Größe, wie der zwischen den zwei Kreisen eingeschlossene Raum Spinozas und dessen Ungleichheiten, und kann wie dieser Raum größer oder kleiner gemacht werden. Aber es kommt damit nicht die Ungereimtheit eines größeren oder kleineren Unendlichen heraus; denn dieses Quantum des Ganzen geht das Verhältnis seiner Momente, die Natur der Sache, d. h. die qualitative Größenbestimmung nichts an. Die

Einbildung dagegen bleibt beim Quantum als solchem stehen und reflektiert nicht auf die qualitative Beziehung, welche den Grund der vorhandenen Inkommensurabilität ausmacht. |

Diese Inkommensurabilität im allgemeineren Sinne ist auch schon am $\frac{2}{7}$ vorhanden, insofern 2 und 7 Primzahlen zueinander sind, somit das Quantum $\frac{2}{7}$ nicht als ganze Zahl oder nicht als unmittelbares, verhältnisloses Quantum ausgedrückt werden kann. Die höhere, eigentliche Inkommensurabilität aber schließt das Beispiel Spinozas, überhaupt die Funktionen krummer
10 Linien in sich. Sie führt uns näher auf das Unendliche, das die Mathematik bei solchen Funktionen, überhaupt bei den Funktionen veränderlicher Größen braucht und welches das wahrhafte mathematische Unendliche, überhaupt das absolute quantitative Unendliche ist, das auch Spinoza sich dachte.

Der Begriff der Größen, deren Beziehung diese Funktionen ausdrücken, nämlich der veränderlichen Größen, ist aber genauer zu fassen, als es gewöhnlich geschieht. Sie sind nämlich veränderlich nicht im Sinne, wie im Bruche $\frac{2}{7}$ die beiden Zahlen
20 2 und 7 veränderlich sind, indem ebensosehr 4 und 14, 6 und 21 und so fort ins Unendliche andere Zahlen an ihre Stelle gesetzt werden können, ohne die im Bruch gesetzte Größenbestimmung zu ändern. So kann auch in $\frac{a}{b}$ an die Stelle von a und b jede beliebige Zahl gesetzt werden, ohne das zu ändern, was $\frac{a}{b}$ ausdrücken soll. In dem Sinne, daß jede beliebige Zahl an die Stelle von dem x und y einer Funktion gesetzt werden könne, sind a und b so sehr veränderliche Größe, oder sind es noch mehr, insofern die Funktion das x und y in eine Grenze überhaupt oder wenigstens in Beziehung aufeinander ein-
30 schließt. Der Ausdruck: veränderliche Grössen ist daher oberflächlich und ungeschickt, das zu bestimmen, was die Größe einer Funktion auszeichnet.

Ihr wahrhafter Begriff liegt in folgendem. In $\frac{2}{7}$ oder $\frac{a}{b}$ sind 2 und 7, jedes für sich, bestimmte Quanta und die Beziehung ist ihnen nicht wesentlich; a und b sollen gleichfalls solche Quanta vorstellen, die auch außer dem Verhältnis bleiben, was sie sind. Ferner ist $\frac{2}{7}$ und $\frac{a}{b}$ ein fixes Quantum, ein Quotient; das Verhältnis ist eine Anzahl, deren Einheit der Nenner und die Anzahl dieser Einheiten der Zähler – oder umgekehrt ausgedrückt; wenn auch

4 und 14 u.s.f. an die Stelle von 2 und 7 treten, bleibt das Verhältnis auch als Quantum dasselbe. In der Funktion $\frac{y^2}{x} = p$ z.B. dagegen haben x und y zwar den Sinn, bestimmte Quanta sein zu können; aber nicht x und y, sondern nur x und y^2 haben einen bestimmten Quotienten. Dadurch sind die Seiten des Verhältnisses **erstens** nicht nur keine bestimmten Quanta, sondern **zweitens** ihr Verhältnis ist nicht ein fixes, sondern ein veränderliches Quantum. Sie sind auch nicht bloß allgemeine Quanta, bei denen so wie bei ihrem Verhältnis ein bestimmtes Quantum gemeint sein sollte. Sondern ihr Verhältnis selbst ist als Quantum an und für sich veränderlich. Dies ist aber darin enthalten, daß x nicht zu y ein Verhältnis hat, sondern zum Quadrat von y, weil das Verhältnis einer Größe zur Potenz nicht ein Quantum, sondern ein Begriffsverhältnis ist. Das Potenzverhältnis ist | nicht eine äußerliche, sondern eine durch sich selbst bestimmte Begrenzung, also ein wesentlich qualitatives Verhältnis, wovon unten weiter die Rede sein wird. Wenn dem x ein bestimmter Wert gegeben wird, so erhält auch y durch die Funktion einen bestimmten Wert; wenn aber x einen anderen Wert erhält, so bleibt das vorige Verhältnis als Quantum nicht, sondern ist verändert. In der Funktion der geraden Linie y = a x ist $\frac{y}{x} = a$ ein gewöhnlicher Bruch und Quotient; diese Funktion ist daher nur formell eine Funktion von veränderlichen Größen, oder x und y sind hier, was a und b in $\frac{a}{b}$, nicht wahrhaft das, was die veränderlichen Größen in den eigentlichen Funktionen sind.
– Um der besonderen Natur der veränderlichen Größen in den eigentlichen Funktionen wäre es wohl zweckmäßig gewesen, für sie andere Bezeichnungen einzuführen als die gewöhnlichen der **unbekannten Größen** in jeder endlichen, bestimmten oder unbestimmten Gleichung, indem sie auch wesentlich verschieden von solchen bloß unbekannten Größen, die an sich vollkommen bestimmte Quanta oder ein bestimmten Umfang von bestimmten Quantis sind.

In Funktionen wahrhaft veränderlicher Größen also ist das Verhältnis als Quantum ein veränderliches. Was beständig im Verhältnis dieser Größen ist – denn der Parameter oder die Konstante drückt nicht ein unmittelbares Verhältnis derselben aus, sondern insofern sie, wie gesagt, noch durch ein Potenzenverhältnis gegeneinander bestimmt sind –, ist nicht durch eine

Zahl oder Zahlenbruch auszudrücken oder auf die Funktion einer geraden Linie zurückzubringen, sondern ist Qualitätsverhältnis, das nur qualitativer Natur ist.

Die Seiten x und y einer solchen Funktion können aber auch noch Quanta bedeuten; allein ihre Bestimmung zueinander ist qualitativer Natur, und ihr Bestimmtsein durch das Verhältnis macht ihre wesentliche Größe aus. Sie sollen die quantitative Bestimmtheit, die ihnen zukommt, nicht außer dem Verhältnis für sich schon unmittelbar haben und ihnen die Beziehung nicht wie dem 2 und 7 in $\frac{2}{7}$ nur äußerlich sein. Wenn 2 als Zähler eines Bruchs angenommen ist, so ist der Nenner dadurch noch nicht bestimmt. In eine Funktion aber verbunden ist, wenn die eine Größe bestimmt wird, die andere gleichfalls dadurch bestimmt, und zwar nicht nach einem konstanten Quotienten. Die quantitative Bestimmtheit, der Exponent des Verhältnisses der veränderlichen Größen, ist also qualitativer Natur. Dabei haben jedoch die veränderlichen Größen, als die Seiten der Verhältnisses, ob zwar nicht mehr der Exponent, noch die Bedeutung von Quantis.

Diese Bedeutung aber geht vollends in den unendlich kleinen Differenzen gänzlich verloren. dx, dy sind kein Quantum mehr, noch sollen sie ein solches bedeuten, sondern haben allein in ihrer Beziehung eine Bedeutung, einen Sinn bloß als Momente. Sie sind nicht mehr Etwas, das Etwas als Quantum genommen, nicht endliche Differenzen; aber auch nicht Nichts, nicht die bestimmmungslose Null. Außer ihrem Verhältnis sind sie reine Nullen, aber sie sollen nur als Momente des Verhältnisses, als Bestimmung des Differential-Koeffizienten $\frac{dx}{dy}$ genommen werden.

In diesem Begriff des Unendlichen ist das Quantum wahrhaft zu einem qualitativen vollendet; es ist wirklich unendlich gemacht; es ist nicht nur als dieses oder jenes Quantum aufgehoben, sondern als Quantum überhaupt. Es bleibt aber Quantitätsbestimmtheit, Element von Quantis, Prinzip, oder sie in ihrem ersten Begriff.

Gegen diesen Begriff des Unendlichen ist aller Angriff gerichtet, der auf die Mathematik des wahrhaft Unendlichen, die Differential- und Integralrechnung, gemacht worden ist. Unrichtige Vorstellungen der Mathematiker selbst veranlaßten es zuweilen, daß er nicht anerkannt worden ist; vornehmlich aber ist die Unvermögenheit, den Gegenstand als Begriff darzustellen, Schuld an diesen Anfechtungen. Den Begriff kann aber die Mathematik, wie schon oben erinnert worden, hier nicht umgehen; denn als Mathematik des Unendlichen schränkt sie sich nicht auf die endliche Bestimmtheit ihrer Gegenstände ein – wie in der reinen Mathematik der Raum und die Zahl und deren Bestimmungen nur nach ihrer Endlichkeit betrachtet und aufeinander bezogen werden –, sondern setzt eine Bestimmung in die Identität mit ihrer entgegengesetzten. Die Operationen, die sie sich als Differential- und Integralrechnung erlaubt, sind daher der Natur bloß endlicher Bestimmungen und deren Beziehungen gänzlich widersprechend und haben darum ihre Rechtfertigung allein in dem Begriff.

Wenn die Mathematik des Unendlichen daran festhielt, daß jene Quantitäts-Bestimmungen verschwindende Größen, d. h. solche, die nicht mehr irgendein Quantum, aber auch nicht Nichts, sondern noch eine Bestimmtheit gegen anderes sind, so schien nichts klarer, als daß es keinen solchen Mittelzustand, wie man es nannte, zwischen Sein und Nichts gebe. – Was es mit diesem Entwurf und sogenannten Mittelzustand auf sich habe, ist oben bereits gezeigt. Allerdings ist die Einheit des Seins und Nichts kein Zustand; ein Zustand wäre eine Bestimmmung des Seins und Nichts, in welchen diese Momente nur etwa zufälligerweise gleichsam als eine Krankheit oder äußerliche Affektion geraten sollen; sondern diese Mitte und Einheit, das Verschwinden oder ebenso das Werden, ist vielmehr allein ihre Wahrheit.

Was unendlich sei, ist ferner gesagt worden, sei nicht vergleichbar als ein Größeres oder Kleineres; es könne daher nicht als Verhältnis von Unendlichkeiten zu Unendlichen noch Ordnungen oder Dignitäten des Unendlichen geben, als welche Unterschiede der unendlichen Differenzen in der Wissenschaft derselben vorkommen. – Es liegt bei diesen Entwürfen immer die Vorstellung zugrunde, daß hier von Quantis die Rede sein sollte, die als Quanta verglichen werden, die Bestimmungen, die keine Quanta mehr sind, kein Verhältnis mehr zueinander haben. Vielmehr ist aber das, was nur ein Verhältnis ist, kein Quantum; denn das Quantum ist eine solche

Bestimmung, die außer ihrem Verhältnis ein vollkommen gleichgültiges Dasein haben, der ihr Unterschied von einem Anderen gleichgültig sein soll, da hingegen das Qualitative nur das ist, was es in seinem Unterschied von Anderen ist. Jene unendlichen Größen sind daher nicht nur vergleichbar, sondern sind nur Momente der Vergleichung oder des Verhältnisses.

Ich führe hier die wichtigste Bestimmung an, welche von Mathematikern über dieses Unendliche gegeben worden ist. Es wird daraus erhellen, daß diesen ihren Bestimmungen der Gedanke der Sache, übereinstimmend mit dem hier entwickelten Begriff, zugrunde liegt, daß sie ihn aber als Begriff nicht ergründeten und deswegen bei der Anwendung wieder Auskunftsmittel nötig hatten, welche ihrer besseren Sache widersprechen.

Der Gedanke kann nicht richtiger bestimmt werden, als Newton ihn gegeben hat. Ich trenne dabei die Bestimmungen ab, die der Vorstellung der Bewegung und der Geschwindigkeit angehören (von welcher er vornehmlich den Namen Fluxionen nahm), weil der Gedanke hier nicht in der gehörigen Abstraktion, sondern konkret, vermischt mit außerwesentlichen Begriffen erscheint. – Diese Fluxionen erklärt Newton näher (Princ. mathem. phil. nat. L. 1. Lemma XI. Schol.) dahin, daß er nicht Unteilbare – eine Form, deren sich frühere Mathematiker, Cavalieri und andere, bedienten und welche den Begriff eines an sich bestimmten Quantums erhält – verstehe, sondern verschwindende Teilbare. Ferner nicht Summen und Verhältnisse bestimmter Teile, sondern die Grenzen (limites) der Summen und Verhältnisse. Es werde die Einwendung gemacht, daß verschwindende Größen kein letztes Verhältnis haben, weil es, ehe sie verschwunden, nicht das letzte, und wenn sie verschwunden, keines mehr ist. Aber unter dem Verhältnis verschwindender Größen sei das Verhältnis zu verstehen, nicht eh sie verschwinden und nicht nachher, sondern mit dem sie verschwinden (quacum evanescunt). Ebenso ist das erste Verhältnis werdender Größen das, mit dem sie werden.

Nach dem damaligen Stande der wissenschaftlichen Methode wurde nur erklärt, was unter einem Ausdruck zu verstehen sei; daß nun dieses oder jenes dar|unter zu verstehen sei, ist eigentlich eine subjektive Zumutung oder auch eine historische Forderung, wobei nicht gezeigt wird, daß ein solcher Begriff an und für sich notwendig ist und innere Wahrheit hat. Aber das Angeführte zeigt, daß der von Newton aufgestellte Begriff dem entspricht, wie die unendliche Größe sich in der obigen Darstellung aus der Reflexion des Quantums in sich ergab. Es sind Größen verstanden in ihrem Verschwinden, d. h. die nicht mehr Quanta sind; ferner nicht Verhältnisse bestimmter Teile, sondern die Grenzen des Verhältnisses. Denn das unmittelbare Verhältnis, insofern es einen Exponenten hat, ist ein Quantum; es sollten also sowohl die Quanta für sich, die Seiten des Verhältnisses, als damit auch das Verhältnis, insofern es ein Quantum wäre, verschwinden; die Grenze des Größen-Verhältnisses ist, worin es ist und nicht ist; dies heißt genauer, worin das Quantum verschwunden und damit das Verhältnis erhalten ist. – Newton fügt hinzu, daß daraus, daß es letzte Verhältnisse der verschwindenden Größen gebe, nicht zu schließen sei, daß es letzte Größen, Unteilbare, gebe. Dies wäre nämlich wieder ein Absprung von dem Verhältnis als solchem auf die Seiten desselben, welche für sich außer ihrer Beziehung einen Wert haben sollten, als Unteilbare, als etwas, das nicht ein Relatives wäre. – An der Teilbarkeit hält er darum fest, um noch das Quantitative zu erhalten, weil das Unteilbare oder Atome, das Eins, ein Verhältnisloses sein würde.

Gegen jenen Mißverstand erinnert er noch, daß die letzten Verhältnisse nicht Verhältnisse letzter Größen seien, sondern Grenzen, denen die Verhältnisse der ohne Grenze abnehmende Größen näher als jeder gegebene, d. h. endliche Unterschied, welche Grenze sie aber nicht überschreiten, so daß sie Nichts würden. – Unter letzten Größen hätten nämlich, wie gesagt, Unteilbare oder Eins verstanden werden können. In der Bestimmung des letzten Verhältnisses aber ist sowohl die Vorstellung des gleichgültigen Eins, des Verhältnislosen, als auch des endlichen Quantums entfernt. Es bedürfte aber weder des Abnehmens ohne Grenze, in das Newton das Quantum versetzt und das nur den Progreß ins Unendliche ausdrückt, noch der Bestimmung der Teilbarkeit, welche hier keine unmittelbare Bedeutung mehr hat, wenn der geforderte Begriff sich zum Begriff einer Größenbestimmung, die rein nur Moment des Verhältnisses ist, fortgebildet hätte.

Gleich interessant ist die andere Form der Newtonschen Darstellung dieser Größen, nämlich als erzeugter Größen. Eine erzeugte Größe (genita) ist ein Produkt oder Quotient, Wurzeln, Rechtecke, Quadrate, auch Seiten von Rechtecken, Quadraten, – überhaupt eine endliche Größe. – »Sie als veränderlich betrachtet, wie sie in fortdauernder Bewegung und Fließen zu- oder abnehmend ist, so verstehe er ihre momentanen Inkremente oder Dekremente unter | dem Namen von Momenten. Diese sollten aber nicht für Teilchen von bestimmter Größe genommen werden (particulae finitae). Solche sind nicht selbst Momente, sondern aus Momenten erzeugte Größen; es sind vielmehr die werdenden Prinzipien oder Anfänge endlicher Größen zu verstehen.« – Das Quantum wird hier von sich selbst unterschieden, wie es als ein Produkt oder Daseiendes und wie es in seinem Werden, in seinem Anfang und Prinzip, das heißt, wie es seinem Begriff oder, was hier dasselbe ist, in seiner qualitativen Bestimmung ist; in der letzten sind quantitative Unterschiede, die unendlichen Inkremente oder Dekremente nur Momente; erst das Gewordene ist in die Gleichgültigkeit des Daseins und in die Äußerlichkeit übergegangen, in der es Quantum ist. – Die Inkremente und Dekremente fallen zwar innerhalb der sinnlichen Vorstellung des Quantums; die angeführten anderen Bestimmung aber muß die Philosophie des Begriffs des wahrhaft mathematischen Unendlichen anerkennen.

Gegen die betrachteten Bestimmungen steht die gewöhnliche Vorstellung von unendlich-kleinen Größen weit zurück. Nach derselben sollen sie von der Beschaffenheit sein, daß nicht nur sie gegen endliche Größen, sondern auch deren höhere Ordnungen gegen die niedrigere oder auch die Produkte aus mehreren gegen eine einzelne zu vernachlässigen seien. – Leibniz, wie die vorhergehenden Erfinder von Methoden, die sich auf diese Größe bezogen, hielt sich an diese Vorstellung; sie ist es vornehmlich, die diesem Kalkül beim Gewinn der Bequemlichkeit den Schein von Ungenauigkeit in dem Wege seiner Operationen gibt. – Wolff hat sie in seiner Weise, die Sachen populär zu machen, d. h. den Begriff zu verunreinigen und unrichtige sinnliche Vorstellungen an dessen Stelle zu setzen, verständlich zu machen gesucht. Er vergleicht nämlich die Vernachlässigung der unendlichen Differenz höherer Ordnungen gegen niedrigere mit dem Verfahren eines Geometers, der bei der Messung der Höhe eines Bergs um nicht weniger genau gewesen sei, wenn der Wind indes ein Sandkörnchen von der Spitze weggeweht habe.

Wenn die Billigkeit des gemeinen Menschenverstandes eine solche Ungenauigkeit erlaubt, so haben dagegen alle Geometer diese Vorstellung verworfen. – Es drängt sich von selbst auf, daß in der Wissenschaft der Mathematik von einer solchen empirischen Genauigkeit ganz und gar nicht die Rede ist, daß das mathematische Messen durch Operationen des Kalküls oder durch Konstruktionen und Beweise der Geometrie gänzlich vom Feldmessen, vom Messen empirischer Linien, Figuren u.s.f. unterschieden ist. Ohnehin zeigen, wie oben angeführt, die Analytiker durch die Vergleichung des Resultates, wie es auf streng geometrischem Wege und wie es nach der Methode der unendlichen Differenzen erhalten wird, daß das eine dasselbe ist als das andere und daß ein Mehr oder Weniger von Genauigkeit ganz und gar nicht stattfindet. Und es versteht sich von selbst, daß ein absolut genaues Resultat nicht aus einem Verfahren herkommen könne, das ungenau wäre. Jedoch kann auf der anderen Seite wieder das Verfahren selbst jene Vernachlässigung aus dem Grunde der Unbedeutenheit nicht entbehren. Und dies ist die Schwierigkeit, um welche die Bemühungen der Analytiker gehen, sich selbst das hierin liegende Widersinnige begreiflich zu machen.

Euler, indem er die allgemeine Newtonsche Definition zugrunde legt, dringt vornehmlich darauf, daß die Differentialrechnung die Verhältnisse der Inkremente einer Größe betrachte, daß aber die unendliche Differenz als solche ganz als Null zu betrachten sei. Es ist zur Genüge erläutert, wie dies zu verstehen ist; die unendliche Differenz ist Null nur des Quantums, nicht eine qualitative Null, sondern als Null des Quantums ist sie vielmehr reines Moment nur des Verhältnisses. Sie ist nicht ein Unterschied um eine Größe, wie wenn ein Quantum von einem anderen subtrahiert wird, wo ihr Unterschied selbst auch ein Quantum ist, dem es gleichgültig ist, ob es als eine Differenz oder als eine Summe, Produkt u.s.f. angesehen wird und das also nicht nur den Sinn einer Differenz hat. Indem die Verhältnisse der unendlichen Differenz aus den Verhältnissen veränderlicher, aber als endlich betrachteter Größen abgeleitet werden, so enthalten jene Verhältnisse als Resultat dasjenige als Moment in sich, was jene als daseiend oder in endlicher Bestimmung ausdrücken – oder vielmehr nur in endlicher Bestimmbarkeit; denn die endlichen Größen, die solche Inkremente haben, als hier betrachtet werden, sind veränderliche, die nicht selbst ein bestimmtes Quantum haben, aber eines haben können. Einerseits ist es, wie erinnert, überhaupt schief und der sinnlichen Vorstellung angehörig, die unendlich-kleinen Größen als Inkremente oder Dekremente und als Differenzen auszusprechen. Denn dieser Darstellung liegt zugrunde, daß zu der zuerst vorhandenen endlichen Größe etwas hinzukomme oder davon abgezogen werde, eine Subtraktion oder Addition, eine arithmetische, äußerliche Operation vorgehe; vielmehr ist der Übergang von der veränderlichen Größen in ihre unendliche Differenz oder der Funktion in ihr Differential von ganz anderer Natur; es ist als Zurückführung derselben auf das qualitative Verhältnis ihrer Quantitätsbestimmungen zu betrachten. – Andererseits hat es deswegen eine schiefe Seite, wenn gesagt wird, daß die Inkremente für sich Null seien, daß nur ihre Verhältnisse betrachtet werden. Denn eine Null hat überhaupt keine Bestimmtheit mehr. Diese Vorstellung kommt also zwar bis zum Negativen des Quantums und spricht es bestimmt aus, aber faßt dieses Negative nicht zugleich in seiner positiven Bedeutung auf, welche, wie gezeigt, darin besteht, daß die veränderlichen Größen, indem ihr Verhältnis in seiner qualitativen Bestimmtheit zurückgeht, kein Quanta, aber auch nicht bestimmungslose Nullen, sondern Momente sind;| es ist ein Verhältnis von Qualitätsbestimmungen, die, wenn sie aus dem Verhältnisse gerissen und als Quanta genommen werden wollten, nur Nullen wären. – Lagrange urteilt über die Methode, welche die Vorstellung der Grenzen oder letzten Verhältnisse zugrunde legt, – welche besonders L'Huilier ausbildete –, daß man gleich sehr gut das Verhältnis zweier Größen sich vorstellen könne, so lange sie endlich bleiben, so gebe dieses Verhältnis dem Verstand keinen deutlichen und bestimmten Begriff, sobald seine Glieder zugleich Null werden – In der Tat muß der Verstand über diese bloß negative Seite, daß die Verhältnisglieder Nullen als Quanta sind, hinausgehen und sie positiv als qualitative Momente auffassen.

In Rücksicht der Erhaltung des Verhältnisses im Verschwinden der Quantorum findet sich, z. B. bei Carnot, der Ausdruck, daß vermöge des Gesetzes der Stetigkeit, die verschwindenden Größen noch das Verhältnis, aus dem sie herkommen, ehe sie verschwinden, behalten. – Diese Vorstellung drückt die wahre Natur der Sache aus, insofern nicht diejenige Stetigkeit des Quantums verstanden wird, welche es im unendlichen Progreß hat, wo es sich in sein Verschwinden kontinuiert, nämlich im Jenseits seiner wieder nur ein endliches Quantum, ein neues Glied der Reihe, oder die Summe desselben mit den vorhergehenden entsteht. In derjenigen Negation dagegen, welche das wahrhafte Unendliche ist, verschwinden die Quanta als gleichgültige, äußerliche Bestimmungen und werden nur Momente des Verhältnisses. Das Verhältnis ist daher in diesem Übergang so sehr stetig und sich erhaltend, daß es vielmehr allein darin besteht, das Verhältnis rein herauszuheben und die verhältnislose Seite verschwinden zu machen. Diese Reinigung des quantitativen Verhältnisses ist nichts anderes, als wenn ein empirisches Dasein begriffen wird. Dies wird hierdurch so über sich selbst erhoben, daß sein Begriff dieselbe Bestimmung enthält als es selbst, aber in ihre Wesentlichkeit und in die Einheit des Begriffs gefaßt, worin sie ihr gleichgültiges, begriffloses Bestehen verloren haben.

Ich enthalte mich, die Anführungen zu vermehren, indem die betrachteten Bestimmungen zur Genüge gezeigt haben, daß ihnen der wahrhafte Begriff des quantitativen Unendlichen zugrunde liegt, ob er gleich nicht in seiner Bestimmtheit herausgehoben und gefaßt worden ist. Aus diesem Grunde aber geschieht es, daß er sich nicht in seiner Anwendung erhält und die Operation ihm ungetreu wird. Sie gründet sich vornehmlich auf die Vorstellung eines bloß Relativ-Kleinen. Der Kalkül macht es notwendig, die unendlichen Größen den gewöhnlichen arithmetischen Operationen des Addierens u.s.f., welche sich auf die Natur endlicher Größen gründen, zu unterwerfen und sie somit als endliche Größe für | einen Augenblick gelten zu lassen und als solche behandeln. Der Kalkül hätte sich einesteils darüber zu rechtfertigen, daß er sie das eine Mal in diese Sphäre herabzieht und daß er auf der anderen Seite sie hin und wieder wegläßt und als Quanta vernachlässigt, nachdem er soeben die Gesetze der endlichen Größen auf sie angewendet hatte.

Ich führe noch einiges über die Versuche der Geometer an, die Schwierigkeit, welche der Methode den Schein von Ungenauigkeit gibt, zu beseitigen.

Die älteren Analytiker machten sich hierüber weniger Skrupel; aber die Bemühungen der Neueren gingen vornehmlich dahin, den Kalkül des Unendlichen zur Evidenz der eigentlichen geometrischen Methode zurückzubringen und in ihr die Strenge der Beweise der Alten in der Mathematik zu erreichen. Allein da das Prinzip der Analyse des Unendlichen höherer Natur als das Prinzip der Mathematik endlicher Größen ist, so muß jene auf das geringere Verdienst der Evidenz, das diese vornehmlich der Begrifflosigkeit ihres Inhaltes und ihrer Methode verdankt, notwendig Verzicht tun, wie die Philosophie auch auf diejenige Deutlichkeit keinen Anspruch machen kann, die die Wissenschaft des Sinnlichen, z. B. Naturgeschichte hat, und wie Essen und Trinken für ein verständlicheres Geschäft gilt als Denken und Begreifen.

Mehrere haben versucht, den Begriff des Unendlichen ganz zu entbehren und ohne ihn das zu leisten, was an den Gebrauch desselben gebunden schien. – Lagrange spricht z. B. von der Methode, die Landen erfunden hat, und sagt von ihr, daß sie rein analytisch sei und die unendlichen kleinen Differenzen nicht gebrauche, sondern zuerst verschiedene Werte der veränderten Größen einführe und sie in der Folge gleichsetze. Er urteilt übrigens, daß darin die der Differentialrechnung eigenen Vorzüge, Einfachheit der Methode und Leichtigkeit der Operationen verloren gehen. – Es erhellt aus dem Angeführten, daß das Verschwinden des Quantums auch in dieser Methode vorkommt, nämlich darin, daß die verschiedenen angenommenen Werte veränderlicher Größen einander gleichgesetzt werden; denn ein Quantum einem anderen, ihm ungleichen gleichsetzen, heißt nichts anderes, als sie aufheben, und zwar hier, um dadurch ihre allgemeine Verhältnisbestimmung zu gewinnen. – L'Huiliers Methode, die sich auf die Vorstellung der Grenzen eines Verhältnisses gründete, dringt vornehmlich darauf, dx und dy schlechthin nur als Momente des Differential-Koiffizienten und $\frac{dx}{dy}$ als ein einziges unteilbares Zeichen anzusehen. Aber wenn diese Methode dem philosophischen Begriff des quantitativen Unendlichen am getreuesten bleibt, so leistet sie nach dem Urteil der Geometer nicht dasjenige, was die Rechnung des Unendlichen dadurch erreicht, daß sie die Seiten des Differential-Koeffizienten voneinander absondert. Außerdem, daß die Grenze immer das Positive, hier nämlich ein Quantum, einerseits, andererseits aber das Negative davon getrennt | vorstellt und beide nicht in die einfache Bestimmung des qualitativen Quantitätsmoment vereinigt, – so scheint diese Methode nicht den für die Rechnungsweise, die den Vorzug der Leichtigkeit des Kalküls des Unendlichkeiten ausmacht, notwendigen Übergang der Verhältnismomente in die Gestalt endlicher Größen und die Angabe der Gesetze, die für sie auf diesem Boden und für den Rückgang derselben in ihre Eigentümlichkeit erforderlich sind, zu leisten.

Die Älteren unter den Neueren, wie z. B. Fermat, Barrow und andere, die sich zuerst des Unendlich-Kleinen in derjenigen Anwendung bedienten, welche später zur Differential- und Integralrechnung ausgebildet wurde, und dann auch Leibniz und die Folgenden, haben immer unverhohlen die Produkte von unendlichen Differenzen sowie ihre höheren Potenzen nur aus dem Grunde weglassen zu dürfen geglaubt, weil sie relativ gegen die niedrige Ordnung verschwinden. Hierauf beruht bei ihnen allein der Fundamentalsatz der ganzen Lehre, was das Differential eines Produktes oder einer Potenz ist. Aus dem gleichen Grunde wird der Hauptsatz, die Kurven betreffend, angenommen, der darin besteht, daß die Elemente der Kurven, nämlich die Inkremente der Abszisse und der Ordinate, das Verhältnis der Subtangente und der Ordinate zueinander haben; indem für die Absicht, ähnliche Dreiecke zu erhalten, der Bogen, der die dritte Seite eines Dreiecks zu den beiden Inkrementen ausmacht, als eine gerade Linie, als Teil der Tangente und damit das eine der Inkremente bis an die Tangente reichend angesehen wird. Diese Annahmen erheben diese Momente einerseits über die Natur endlicher Größen; anderer seits wird ein Verfahren auf sie angewendet, das nur von endlichen Größen gilt und bei dem nichts aus Rücksicht der Unbedeutenheit vernachlässigt werden darf. Die Schwierigkeit, von der die Methode gedrückt wird, bleibt in der angeführten Verfahrensweise in ihrer ganzen Stärke.

Newton hat (Princ. Math. phil. nat. Lib. II. Lemma II nach Propos. VII.) ein sinnreiches Kunststück gebraucht, um das arithmetisch unrichtige Weglassen der Produkte unendlicher Differenzen oder höherer Ordnungen derselben bei dem Finden der Differentialien zu beseitigen. Er findet das Differential des Produktes – woraus sich dann die Differentialien der Quotienten, Potenzen u.s.f. leicht herausleiten – auf folgende Art. Das Produkt, wenn x, y, jedes um die Hälfte seiner unendlichen Differenz kleiner genommen wird, geht über in x y $-\frac{xdy}{2} - \frac{ydx}{2} + \frac{dxdy}{4}$; aber wenn x und y um ebensoviel zunimmt, in x y $+ \frac{xdy}{2} + \frac{ydx}{2} + \frac{dxdy}{4}$. Von diesem zweiten Produkt das erste abgezogen, bleibt y d x + x d y als Überschuß, und dies sei der Überschuß des Wachstums um ein ganzes dx und dy, denn um dieses Wachstum sind beide Produkte unterschieden; es ist also das Differential von x y. – Man sieht, in diesem Verfahren fällt das Glied, welches die Hauptgeschwindigkeit ausmacht, das Produkt der beiden unendlichen Differenzen, d x d y durch sich selbst hinweg. Aber es ist unrichtig, daß |

$$(x + \tfrac{dx}{2})(y + \tfrac{dy}{2}) - (x - \tfrac{dx}{2})(y - \tfrac{dy}{2}) = (x + dx)(y + dy) - xy$$

oder daß der Überschuß eines Produktes, dessen Faktoren jeder um ein ganzes Inkrement zunimmt über das Produkt der ursprünglichen Faktoren, – gleich sei dem Überschuß des Produktes, wenn seine Faktoren jeder um die Hälfte des Inkrementes wächst über das Produkt, insofern seine Faktoren um diese Hälfte abgenommen haben.

Andere Formen, die Newton bei der Ableitung des Differentials gebraucht, sind an konkrete Bedeutungen der Elemente und deren Potenzen gebunden. – Beim Gebrauch der Reihen, der seine Methode auszeichnet, liegt die gewöhnliche Vorstellung der Reihe zu nahe, daß man es immer in seiner Macht habe, durch das Hinzufügen weiterer Glieder die Größe so genau zu nehmen, als man nötig habe, und daß die weggelassenen relativ unbedeutend, überhaupt das Resultat nur eine Näherung sei. – Der Fehler, in welchen Newton bei der Auflösung eines Problems durch das Weglassen wesentlicher höherer Potenzen verfiel, der seinen Gegnern eine Gelegenheit des Triumphs ihrer Methode über die seinig gab und von dem Lagrange in seiner neuerlichen Untersuchung desselben den wahren Ursprung aufgezeigt hat, – beweist wenigstens das Formelle und die Unsicherheit, die im Gebrauch seines Instrumentes noch vorhanden war. Lagrange (in seiner Theorie des Fonctions analytiques) zeigt, daß Newton dadurch in den Fehler fiel, daß er das Glied der Reihen vernachlässigte, das die Potenz enthielt, auf welche es in der bestimmten Aufgabe ankam.

Es ist nämlich merkwürdig, daß in der Mechanik die Glieder der Reihe, in der die Funktion einer Bewegung entwickelt wird, ihre bestimmte Bedeutung haben, so daß das erste Glied oder die erste Funktion sich auf das Moment der Geschwindigkeit, die zweite auf die beschleunigte Kraft und die dritte auf den Widerstand von Kräften bezieht. Die Glieder der Reihe sind also hier nicht nur als Teile einer Summe anzusehen, sondern als qualitative Momente eines Ganzen des Begriffs. Hierdurch erhält das Weglassen der übrigen Glieder, die der schlecht unendlichen Reihe angehören, eine gänzlich verschiedene Bedeutung von dem Weglassen aus dem Grunde der relativen Kleinheit derselben. Sie sind wegzulassen, weil durch die Begriffsbestimmungen, denen die ersteren Glieder angehören, das Ganze des Gegenstandes als Begriff und dadurch auch als Summe, überhaupt seine Quantitätsbestimmung vollendet ist. Die Newtonsche Auflösung enthielt jenen Fehler, nicht weil in ihr Glieder der Reihe als Teile einer Summe, sondern weil ein Glied, das eine Begriffsbestimmung enthält, welche zum Ganzen gehörte, weggelassen wurde. |

In dieser Rücksicht ist es auch, daß das Differential von x^n durch das erste Glied der Reihe, die durch Entwicklung von $(x + dx)^n$ sich ergibt, gänzlich erschöpft ist, – eine Ansicht, auf welche L'Huilier vornehmlich drang. Daß die übrigen Glieder nicht berücksichtigt werden, kommt nicht von ihrer relativen Kleinheit her; – es wird dabei nicht eine Ungenauigkeit, ein Fehler oder Irrtum vorausgesetzt, der durch einen anderen

Irrtum ausgeglichen und verbessert würde; eine Ansicht, von welcher aus Carnot vornehmlich die gewöhnliche Methode der Infinitesimalrechnung rechtfertigt. Sondern indem hier nicht von einer Summe die Rede ist, sondern von einem Verhältnis, so ist das Differential vollkommen durch das erste Glied erschöpft, indem die ferneren Glieder oder Differentiale höherer Ordnung sich auf dieselbe Weise aus ihren vorhergehenden entwickeln als das Differential der ursprünglichen Funktion aus derselben, somit in ihnen nichts [liegt] als nur die Wiederholung eines und desselben Verhältnisses, das man allein will und das somit im ersten Glied bereits vollkommen erreicht ist.

Ich führe die Erläuterungen, welche Carnot über die Methode der unendlichen Größe gibt, nicht besonders an. Sie enthalten das Geläutertste, was in den oben angeführten Vorstellungen vorkam. Aber bei dem Übergang zur Operation selbst treten mehr oder weniger die gewöhnlichen Vorstellungen von der unendlichen Kleinheit der weggelassenen Glieder gegen die anderen ein. Er rechtfertigt die Methode vielmehr durch die Tatsache, daß die Resultate richtig werden und durch den Nutzen, den die Einführung unvollkommener Gleichungen, d. h. solcher, in denen eine solche arithmetisch unrichtige Weglassung geschehen ist, für die Vereinfachung und Abkürzung des Kalküls hat, als durch die Natur der Sache selbst.

Lagrange hat bekanntlich die ursprüngliche Methode Newtons, die Methode der Reihe, wieder aufgenommen, um die Schwierigkeiten, welche die Vorstellung des Unendlich-Kleinen sowie derjenigen, welche die Methode der ersten und letzten Verhältnisse und Grenzen mit sich führt, überhoben zu sein. Es ist von seinem Funktionen-Kalkül, dessen sonstige Vorzüge in Rücksicht auf Präzision, Abstraktion und Allgemeinheit hier nicht weiter auszuheben sind, nur dies anzuführen, daß er auf dem Fundamentalsatz beruht, daß die Differenz, ohne daß sie Null werde, so klein angenommen werden könne, daß jedes Glied die Summe aller folgenden an Größe übertreffe. – Man sieht, daß die wegzulassenden Glieder der Reihe hier nur in der Rücksicht, daß sie eine Summe konstituieren, in Betracht kommen und der Grund, sie wegzulassen, in das Relative ihres Quantums gesetzt wird. Die

Weglassung ist also | hier auch nicht für das Allgemeine auf denjenigen Grund zurückgeführt, der in einigen Anwendungen vorkommt, worin nämlich, wie vorhin erinnert, die Glieder der Reihe eine bestimmte qualitative Bedeutung haben und folgende Glieder außer acht gelassen werden, nicht darum, weil sie unbedeutend an Größe sind, sondern weil sie unbedeutend der Qualität nach sind.

Ich stelle diesen einzigen richtigen Gesichtspunkt, die qualitative Natur der unendlichen Differenzen, zum Schlusse dem Mißverstande entgegen, welcher besonders in den älteren Darstellungen vorzukommen scheint und der die unendlichen Differenzen als gänzlich verhältnislose Momente nimmt und mit den Quantis auch die Verhältnis-Bestimmung verschwinden läßt.

Indem nämlich die unendlichen Differenzen das Verschwinden der Seiten des Verhältnisses, als Quantorum, sind, so ist das, was übrigbleibt, ihr Quantitätsverhältnis, rein insofern es von der qualitativen Bestimmung abhängt. Das qualitative Verhältnis geht hierin so wenig verloren, daß es vielmehr das Bestimmende und dasjenige ist, das eben durch die Verwandlung endlicher Größen in unendliche resultiert. Hierin besteht, wie gezeigt worden, die ganze Natur der Sache. – So verschwinden also im letzten Verhältnis die Quanta der Abszisse und der Ordinate; aber die Seiten dieses Verhältnisses bleiben wesentlich die eine Inkrement oder Element der Ordinate, die andere Inkrement oder Element der Abszisse. Indem man nach der gewöhnlichen Vorstellungsweise die eine Ordinate sich der anderen unendlich nähern läßt, so geht die vorher unterschiedene Ordinate in die andere Ordinate und die vorher unterschiedene Abszisse in die andere Abszisse über (– wie, nach dem obigen, Landen den veränderlichen Größen zuerst verschiedene Werte beilegt und diese dann gleichsetzt –); in diesem Übergehen verschwindet ihr endlicher Unterschied, und es bleibt nur die unendliche Differenz als Moment des Übergehens, das Element der Ordinate und das Element der Abszisse. Es geht wesentlich nicht die Ordinate in die Abszisse oder die Abszisse in die Ordinate über. Das qualitative Verhältnis kontinuiert sich, wie dies oben ausgedrückt wurde, so sehr in die unendlich-werdenden, d. h. verschwindenden Quantumsunterschiede, daß es allein das ist, wodurch die Quantitätsbestimmung noch getragen wird.

Hiernach nun ist es wesentlich, gegen den Gesichtspunkt, den die gewöhnliche Ansicht von den unendlichen Differenzen hat, und der es vornehmlich erschwert, den richtigen Begriff der Sache zu erfassen, – zu bemerken, daß das Element der Ordinate – um bei diesem Beispiel von veränderlichen Größen stehenzubleiben – nicht der Unterschied einer Ordinate von einer anderen Ordinate mehr ist, denn diese sind keine verschiedene Quanta mehr gegeneinander, indem sie unendlich einander genähert sind, sondern es ist vielmehr der Unterschied oder die qualitative Größenbestimmung gegen das Element der | Abszisse; das Prinzip der einen veränderlichen Größe gegen das der anderen steht im Verhältnis miteinander. Der Unterschied, indem er nicht mehr Unterschied endlicher Größen ist, hat aufgehört, ein Vielfaches innerhalb seiner selbst zu sein; er ist in die einfache Intensität zusammengesunken, in die Bestimmtheit eines qualitativen Verhältnismomentes gegen das andere.

Die Betrachtung dieser Elemente als Differenzen oder auch als Inkremente hält wesentlich nur den Unterschied des Quantums einer Ordinate zwischen dem Quantum einer anderen Ordinate fest. Die Grenze wird als der letzte Wert genommen, dem sich eine andere Größe, übrigens von gleicher Art, beständig nähere, so daß sie von ihm, so wenig als man will, unterschieden sein könne und daß das letzte Verhältnis ein Verhältnis der Gleichheit sei. So ist die unendliche Differenz ein Schweben als Unterschied eines Quantums von einem anderen Quantum, und die qualitative Natur, nach welche d x wesentlich nicht eine Verhältnisbestimmung gegen x, sondern gegen d y ist, tritt in der Vorstellung zurück. Man läßt d x^2 gegen d x verschwinden, aber noch vielmehr verschwindet d x gegen x, oder es hat nur ein Verhältnis zu d y. – Es ist erinnert worden, daß am meisten in L'Huiliers Methode diese Seite herausgehoben ist. Aber sie ist noch nicht auf den Begriff der qualitativen Größenbestimmung gebracht, und es ist den Geometern, die sich an die Vorstellung der Grenzen halten, immer vorzüglich darum zu tun, die Annäherung einer Größe an ihre Grenze begreiflich zu machen und sich an diese Seite des Unterschiedes

des Quantums vom Quantum, wie er kein Unterschied und doch noch ein Unterschied ist, zu halten.

Indem es aber geschehen ist, daß die Inkremente oder unendlichen Differenzen bloß nach der Seite des Quantums und als verhältnislose Momente genommen wurden, so ist die unstatthafte Vorstellung hieraus entsprungen, welche es sich erlaubt, in dem letzten Verhältnis Abszisse und Ordinate oder auch Sinus, Kosinus, Tangente, Sinus versus und was alles noch, einander gleichzusetzen.

Auch der Bogen ist wohl inkommensurabel mit der geraden Linie, und sein Element zunächst von anderer Qualität als das Element der geraden Linie. Es scheint somit noch widersinniger und unerlaubter als die Verwechslung der Abszisse, Ordinate, des Sinus, Kosinus u.s.f., wenn quadrata rotundis, wenn ein ob zwar unendlich kleiner Teil des Bogens für einen Teil der Tangente oder überhaupt als Hypotenuse in einem rechtwinkligen Dreieck, worin die beiden Katheten die Elemente der Abszisse und der Ordinate sind, genommen und somit als gerade Linie behandelt wird. – Allein diese Behandlung ist von der gerügten Verwechslung wesentlich zu unterscheiden; sie hat ihre Rechtfertigung darin, daß in einem solchen Dreieck, das Verhältnis des Elementes eines Bogens zum Element der Abszisse und der Ordinate dasselbe ist, als wenn jenes Element das Element einer geraden Linie, der Tangente, wäre; denn die Winkel, welche | das wesentliche Verhältnis konstituieren, nämlich dasjenige, das diesen Elementen bleibt, nachdem die ihnen zugehörigen endlichen Größen als Quanta verschwunden sind, sind die nämlichen. – Man kann sich hierüber auch so ausdrücken, gerade Linien, als unendlich klein, seien in krumme Linien übergegangen, und das Verhältnis ihrer in ihrer Unendlichkeit sei ein Kurvenverhältnis. Denn wenn man die gewöhnliche Definition der geraden Linie nimmt, daß sie der kürzeste Weg zwischen zwei Punkten ist, so gründet sich ihr Unterschied von krummer Linie auf die Bestimmung von Menge, auf die geringere Menge des Unterscheidbaren auf diesem Wege, was also eine Bestimmung von Quantum ist. Aber diese Bestimmung verschwindet in ihr, sie als intensive Größe, als unendliches Moment, als Element genommen; somit auch ihr Unterschied von der krummen Linie, der bloß auf dem

Quantumsunterschied beruhte. – Oder: eine unendliche gerade Linie ist die aufgehobene gerade Linie, denn die unendliche gerade Linie ist die in sich zurückgehende, das ist, eine Kurve. Also als unendlich behalten gerade Linie und Kurve kein qualitatives Verhältnis mehr gegeneinander, sondern geht jene vielmehr in diese über .

Ganz anders aber ist es mit den Verhältnissen von Sinus, Tangente u.s.f. zueinander beschaffen. Es ist leicht einzusehen, und ist auch von anderen erinnert worden, daß, wenn man mit der allgemeinen Ausrede, daß im letzten Verhältnis alles gleich, d. h. auch das Verhältnis selbst aufgehoben sei, sich erlaubt, für die Abszisse die Ordinate zu setzen, das Ungereimteste sich herausbringen oder, wie es genannt wird, sich beweisen lasse. Durch eine solche Verwechslung wird der zugrunde liegende Begriff, daß den veränderlichen Größen in ihrem Verschwinden das Verhältnis, aus dem sie herkommen, erhalten bleibt, gänzlich zerstört. Es entsteht im eigentlichen Sinne ein Verhältnis von Null zu Null, dem es ganz willkürlich und zufällig ist, welche qualitative und quantitative Bedeutung gegeben werde. Mit der Erlaubnis solcher Gleichsetzung kann es nicht schwer sein, Formeln hervorzubringen, die als Resultat ergeben, daß der Diameter größer sei als die Peripherie, die Hypotenuse kleiner als eine Kathete u.s.f.

Es kann wohl keinen anderen Grund geben, daß man sich Beweise, die auf jenes Gleichsetzen gebaut sind, hat gefallen lassen, als den, daß das, was herauskam, immer schon vorher bekannt war, und der Beweis, der so eingerichtet wurde, daß es herauskam, ungeachtet sich auf solche Art ebensogut das Gegenteil herausbringen ließ, wenigstens den Schein eines Gerüstes von Beweis zustande brachte, – einen Schein, den man dem bloßen Glauben oder dem Wissen aus sinnlicher Erfahrung immer noch vorzog. Ich trage kein Bedenken, diese Manier für nicht mehr als eine bloße Taschenspielerei und Scharlatanerie des Beweisens | anzusehen und hierunter selbst eine Menge der Newtonschen Beweise zu rechnen, besonders aber derjenigen, wegen welcher man Newton bis an den Himmel und über Kepler erhob, das, was dieser bloß durch Erfahrung gefunden, mathematisch dargetan zu haben. So lange die Mathematik des Unendlichen des gründlichen Begriffs ihres

Gegenstands entbehrt, vermag sie die Grenze nicht anzugeben, bis zu welcher jenes Gleichsetzen gehen darf, und auch den richtigen ihrer Operationen hängt immer das Mißtrauen an, welches aus der Unsicherheit und, bei der angeführten Verwechslung, – der Sinnlosigkeit dieses Verfahrens entspringt –, eines Verfahrens, das dem schon öfters erwähnten Gerede neuerer Philosophen – das zugleich ihre ganze Philosophie auszumachen pflegt –, daß im Absoluten alles Eins ist, nichts vorzuwerfen hat.

Das leere Gerüst Newtonscher Beweise jener Art wurde vornehmlich errichtet, um physische Gesetze zu beweisen. Aber die Mathematik vermag überhaupt nicht Größenbestimmungen der Physik zu beweisen, insofern sie Gesetze sind, welche die qualitative Natur der Momente zum Grunde haben, aus dem einfachen Grunde, weil diese Wissenschaft nicht Philosophie ist, nicht vom Begriff ausgeht und das Qualitative daher, insofern es nicht lemmatischerweise aus der Erfahrung aufgenommen wird, außer ihrer Sphäre liegt. Jenem Gerüst wird ohne Zweifel noch dasselbe Recht widerfahren, das dem grundlosen Newtonischen Kunstgebäude von optischen Experimenten und damit verbundenem Schließen kürzlich angetan worden ist. Die angewandte Mathematik ist noch voll von einem gleichen Gebräu aus Erfahrung und Reflexion, aber wie von jener Optik seit geraumer Zeit bereits ein Teil nach dem anderen anfing, faktisch ignoriert zu werden, so ist es auch Faktum, daß bereits ein Teil jener trügerischen Beweise, die sich auf jenes regellose und sinnleere Gleichsetzen qualitativer Bestimmungen unter dem Vorwand ihrer unendlichen Kleinheit gründen, wenn auch deren Mangel nicht eingesehen worden, von selbst in Vergessenheit geraten oder durch andere ersetzt worden ist. |

Drittes Kapitel
Das quantitative Verhältnis

Das Quantum, unendlich geworden, hat das negative Jenseits an ihm selbst. Dieses Jenseits ist das Qualitative überhaupt. Das unendliche Quantum ist die Einheit von beiden Momenten, der quantitativen und der qualitativen Bestimmtheit. Es ist Verhältnis.

Im Verhältnis hat also das Quantum nicht mehr eine gleichgültige Bestimmtheit, sondern ist qualitativ bestimmt als schlechthin bezogen auf sein Jenseits. Das Quantum kontinuiert sich in sein Jenseits; dieses ist zunächst ein anderes Quantum überhaupt. Aber wesentlich sind sie nicht bloß als äußerliche Quanta aufeinander bezogen; das eine hat nicht seine Bestimmtheit als gleichgültig gegen die des anderen, sondern jedes hat sie in dieser Beziehung auf das andere. Sie sind daher in diesem ihrem Anderssein in sich zurückgekehrt; denn das, was jedes ist, ist es nicht unmittelbar für sich, sondern in dem anderen; das andere macht die Bestimmtheit eines jeden aus. – Ein Quantum geht über sich hinaus als Quantum, aber weder, daß es sich nur in ein anderes veränderte noch in sein abstraktes Anderes, in sein negatives Jenseits, sondern in seine Bestimmtheit; es findet sich selbst in seinem Jenseits, welches ein anderes Quantum ist.

Dieses Bestimmtsein der Quantorum durch einander, in welchem jedes die wesentliche Bedeutung hat, nicht gleichgültig für sich, sondern Moment des Verhältnisses und nur in der Beziehung auf das andere das zu sein, was es ist, macht das qualitative Moment des Verhältnisses aus. Das Verhältnis bleibt aber zugleich quantitativ. Es sind Quanta, die zugrunde liegen und die Beziehung, die sich ergab, aufeinander haben; oder es ist ein Quantum überhaupt, das die qualitative Bestimmtheit innerhalb seiner hat. Das Quantum, indem es Verhältnis ist, drückt sich als in sich geschlossene Totalität und seine Gleichgültigkeit gegen die Grenze aus, dadurch daß es die Äußerlichkeit seines Bestimmtseins innerhalb seiner selbst hat und in ihr nur auf sich bezogen ist. – Das Qualitative und Quantitative sind hier noch nicht auseinandergetreten; das Qualitative ist das des Quantums selbst oder das, wodurch das Quantum Quantum ist.|

A. Das direkte Verhältnis

1. Im Verhältnis ist die Bestimmtheit des einen Quantums die Bestimmtheit des anderen. Es ist nur Eine Bestimmtheit oder Grenze beider. Von zwei verhältnislosen Quantis hat jedes seine

eigene, gegen die des anderen gleichgültige Bestimmtheit. Aber die Quanta des Verhältnisses haben nur Eine gemeinschaftliche Bestimmtheit, den Exponenten des Verhältnisses. Dieser ist in dem unmittelbaren Verhältnis selbst eine unmittelbare quantitative Bestimmung oder irgendein Quantum überhaupt. Er macht das eine Quantum aus, das allein als solches im Verhältnis ist. Die Quanta, welche die Seiten des Verhältnisses ausmachen, sind die als aufgehoben gesetzten Quanta; sie sind nicht gleichgültige Quanta, also nicht zwei, sondern jedes hat seine Bestimmtheit an dem anderen; sie machen daher nur eines aus, den einfachen Exponenten, und sie selbst sind in dieser Einheit als Gleichgültige gesetzt.

2. Der Exponent ist die einfache Bestimmtheit des Verhältnisses. Aber so ist er nicht die qualitative Bestimmtheit, sondern irgendein Quantum. Als das qualitativ bestimmte Quantum ist er das Quantum, das den Unterschied seiner, sein Jenseits und Anderssein an ihm selbst hat. Dies ist nicht der äußerliche Unterschied des Quantums, wodurch es größer oder kleiner gegen ein anderes ist, sondern seine qualitative Bestimmtheit, sein eigener Unterschied an ihm selbst. Aber der Unterschied des Quantums an ihm selbst ist der Unterschied der Einheit und der Anzahl. Die Einheit ist selbst das einfache, absolute Bestimmtsein; die Anzahl aber das gleichgültige Hin- und Hergehen an der Bestimmtheit, die äußere Gleichgültigkeit des Quantums. Einheit und Anzahl waren zuerst die Momente des Quantums; jetzt erscheint zugleich jedes dieser Momente als ein eigenes Quantum; sie sind die Bestimmungen seines Daseins, die Begrenzungen, in denen die sonst nur äußerlichen, gleichgültigen Größen gegeneinander gesetzt sind.

Diese beiden Momente des Quantums machen die Momente des quantitativen Verhältnisses selbst aus; denn es ist die Einheit der qualitativen und der quantitativen Bestimmtheit. So ist in ihm das Quantum teils als an sich bestimmt, teils als gleichgültig und äußerlich. Es ist also die immanente Bestimmtheit des Quantums selbst oder seine Qualität, welche die Seiten des Verhältnisses gegeneinander haben. Das eine Quantum desselben ist nicht bloß Anzahl, sondern diese Anzahl ist Einheit gegen die Anzahl und hat wesentlich diesen Wert und [diese] Bedeutung, als Einheit zu gelten; und das andere ist ebenso nicht bloß Anzahl überhaupt als ein gleichgültiges Quantum überhaupt, sondern ist Anzahl als gegen das andere Quantum, insofern dieses die Einheit ist. |

Der Exponent ist dieser Unterschied als einfache Bestimmtheit; er ist **erstens** Quantum, so ist er die Seite der Anzahl. Wenn die eine Seite des Verhältnisses, welche als Einheit genommen wird, als numerisches Eins ausgedrückt ist, so ist die andere, die Anzahl, das Quantum des Exponenten selbst; **zweitens** ist er die einfache Einheit, das Qualitative der Quantorum, welche Seiten des Verhältnisses sind; sie sind Momente in dieser Einheit. Wenn das eine bestimmt ist, ist auch das andere durch den Exponenten bestimmt, und es ist völlig gleichgültig, wie das erste bestimmt wird; es hat als für sich bestimmtes, als gleichgültiges Quantum keine Bedeutung mehr, sondern kann ebensogut jedes andere sein, ohne die Bestimmtheit des Verhältnisses zu ändern, die allein auf dem Exponenten beruht.

3. Indem die Seiten des Verhältnisses durch die Momente des Quantums gegeneinander bestimmt sind, so machen sie darin eigentlich nur Ein Quantum aus. Sie sind umgekehrt nicht qualitativ gegeneinander bestimmt, insofern sie verschiedene Quanta sind. – Was die erste Rücksicht betrifft, so hat das eine Quantum nur den Wert der Einheit, nicht einer Anzahl; das andere nur den der Anzahl; **nach ihrer Bestimmtheit also sind sie nicht vollständige Quanta**. Wenn das eine verändert wird, so wird das andere um ebensoviel vermehrt oder vermindert; das heißt, es wird schlechthin nur das eine, die Einheit, verändert, und die andere bestimmte Seite, die Anzahl, bleibt immer dasselbe Quantum. Sie sind sonach als Quanta nicht qualitativ gegeneinander bestimmt; oder diese Veränderung, in der sich beide als Quanta verhalten, ist keine negative Bestimmung am Verhältnis als solchem. – Der Exponent seinerseits ist nur die Anzahl des Verhältnisses und hat keine negative Bestimmung an ihm selbst. – Insofern die andere Seite, die der Einheit, ein Quantum ist, so sind zwei gleichgültige Quanta, der Exponent oder die Anzahl als solche und jenes Quantum vorhanden, und als Gleichgültige, nicht durch das Verhältnis Bestimmte. Insofern aber die andere Seite als Einheit gilt, so ist die andere, die Anzahl oder der Exponent, nicht durch sie bestimmt, sondern ein gleichgültiges Quantum überhaupt.

Das Quantum aber ist im Verhältnis nur als unendlich gesetzt, insofern es im anderen Quantum sein Jenseits, sein Nichtsein hat. Die beiden Seiten des Verhältnisses sind nicht nur bestimmt als Einheit und Anzahl; nach diesen Momenten machen sie nur Ein Quantum; sie sind aber beide Quanta, und indem sie dies in der einfachen Einheit des Verhältnisses sind, so ist darin wesentlich ihre Negativität gesetzt. – Sie sind qualitativ aufeinander bezogen; aber die Qualität ist wesentlich Negation, und die eine Seite verhält sich in der Tat zu der anderen nur als Andere, insofern sie als ein Nichtsein, als ein Aufheben derselben ist. Die einfache Bestimmtheit, der Exponent, ist auf diese Weise wahrhafte Bestimmtheit, insofern sie nicht nur unmittelbares, seiendes Quantum ist, sondern zugleich | nichtseiendes und in ihrer Einfachheit nicht ein Bestimmtes gegen Anderes, sondern an sich Bestimmtes, also das Negative ihrer selbst ist.

B. Das umgekehrte Verhältnis

1. Das Verhältnis hat sich jetzt so bestimmt, daß das Gesetztsein eines Quantums zugleich als Nichtsein dieses Quantums ist. Im umgekehrten Verhältnis ist dies vorhanden, daß dasselbe Quantum gesetzt ist als seiend und als nichtseiend. Die eine Seite desselben verhält sich so zu der anderen, daß so groß die eine ist, so viel mangelt der anderen. Um so viel die eine zunimmt, um so viel nimmt die andere ab.

Die eine der in diesem Verhältnis stehenden Größen kontinuiert sich also nicht so in die andere hinein, daß sie die Einheit ihrer anderen, der Anzahl, bliebe, sondern sie kontinuiert sich negativ in sie; sie hebt so viel in ihr auf, als sie selbst ist. Jede ist als Anzahl die negative der anderen; jede ist so groß als der anderen abgeht. Jede enthält auf diese Weise die andere und ist an ihr gemessen; denn jede ist nur das Quantum, das die andere nicht ist. – Die Kontinuität jeder in der anderen macht das Moment der Einfachheit in diesem Verhältnis aus. Das eine Quantum ist Nichtsein des anderen; somit ist keines ein gleichgültiges; sondern es ist erstlich als es selbst, zweitens ist es als negiert, so ist es das andere. Insofern es als es selbst ist, ist es die Negation des anderen Quantums.

Diese beiden Seiten, die jede der beiden im Verhältnis stehenden Größen hat, fallen nicht auseinander oder in eine äußere Reflexion, welche sie nur vergliche und fände, daß das eine Quantum weniger ist als das andere, daß in einem ein Sein sei, das im anderen ein Nichtsein ist. Das, was ein Quantum für diese äußere Reflexion oder in der Vergleichung nicht ist, geht dasselbe nichts an. Was in derselben das kleinere Quantum ist, oder die positive Größe desselben ist nicht Nichtsein, ein Mangel des anderen, des größeren, sondern das Größere enthält das Kleinere in sich.

In der negativen Beziehung der Quantorum aber, in der sie im umgekehrten Verhältnis sind, ist das Anderssein eigene Einschränkung und das Nichtsein ein Mangel und Sollen der eigenen Vergleichung mit sich. Das Quantum hat darin ein anderes Quantum sich so gegenüber, daß es an sich selbst dieses andere Quantum ist, aber zugleich als sein Nichtsein. Die Veränderung des einen ist also dieses Gedoppelte, daß sie erstlich eine Veränderung seiner als seienden | Quantums ist und zugleich seiner anderen Seite, nämlich seines Nichtseins oder des anderen Quantums; zweitens aber, daß was dadurch Sein des einen wird, Nichtsein des anderen ist, also nicht wie im direkten Verhältnis eigentlich nur die eine Seite, die Einheit, sich ändert.

2. Das Quantum im umgekehrten Verhältnis geht also so über sich hinaus, daß es seine Bestimmtheit in dem hat, worauf es bezogen ist; es hat sie darin als in seinem Nichtsein, und eben damit, weil sein Nichtsein es zu dem macht, was es ist, ist dieses sein Nichtsein es selbst.

Das eine Quantum macht auf diese Weise mit seinem Anderen Eine Sphäre aus; jedes der beiden Quantorum ist selbst dieses Ganze. Dieses Ganze ist somit hier der Exponent. Er ist die Grenze und die einfache Bestimmtheit dieses Verhältnisses. Er ist erstlich die einfache Bestimmtheit desselben als unmittelbares Quantum. So ist er irgendeine gleichgültige Größe: das Ganze als seiendes Quantum. Denn das quantitative Verhältnis hat überhaupt das Quantum zu seiner Grundlage. – Er ist in dieser unmittelbaren Bestimmtheit die

Grenze der Seiten seines Verhältnisses, innerhalb deren sie gegeneinander zu- und abnehmen, die sie aber nicht überschreiten können. Er macht ihre Grenze, ihr Nichtsein aus, indem er das seiende Ganze, die Seiten aber nur das Ganze sind, nach einem Teile seiend, nach dem anderen aber nichtseiend. Er ist so ihr Jenseits, dem sie sich unendlich nähern, aber das sie nicht erreichen können. Diese Unendlichkeit, in der sie sich ihm nähern, ist die schlechte Unendlichkeit des unendlichen Progresses; sie ist selbst endlich, beschränkt durch ihr Gegenteil, daher nur Näherung; denn eines der Quantorum kann das andere nicht überwinden und das Ganze erreichen, sondern bleibt von dieser seiner Negation, seinem Anderen, affiziert. Die schlechte Unendlichkeit ist aber hier gesetzt als das, was sie in Wahrheit ist, nämlich nur als Moment des Ganzen, des Exponenten. Sie ist zugleich aufgehoben, das Jenseits ist erreicht; denn die Sphäre ist die Einheit des Jenseits und des Diesseits jeder der beiden Größen; das Jenseits einer jeden ist die andere, und jede ist an sich ihre Andere; jede ist an sich dieses Ganze.

3. Von den beiden Größen des negativen Verhältnisses nimmt die eine zu, wie die andere abnimmt und umgekehrt; das Sein der einen ist wesentlich das Nichtsein der anderen. Dies macht aber keinen Unterschied derselben aus; denn dasselbe ist der Fall bei der einen wie der anderen. Ihr quantitativer Unterschied, welche die größere oder kleinere oder ob sie gleich sein, ist ohnehin ihr gleichgültiger Unterschied, und zwar ist er im Verhältnis als unwesentlicher gesetzt; sie gelten nur als solche, die zu- oder abnehmen können. Es ist daher nicht eine | der Seiten gegen die andere, sondern das Zusammen derselben, die ganze Sphäre, der der Unterschied zukommt.

Das Ganze nun oder der Exponent ist, wie er sich ergab, ein unmittelbares Quantum, das die Grenze für die unter ihm enthaltenen Quanta ausmacht. Er ist nicht nur ein unmittelbares Quantum, sondern ist das Unterschiedensein an ihm selbst in zwei Seiten zunächst, deren jede an sich die ganze Sphäre ist; sie selbst ist und wesentlich auch die andere als ihre Negation an ihr hat. Dadurch ist das Ganze selbst auf gedoppelte Weise gesetzt. – Erstlich ist es die Summe der beiden Seiten, insofern sie seiende Quanta sind, das ganze seiende Quantum. Aber zweites ist dieses Ganze auch als Negatives. Denn jede der beiden Seiten ist der Mangel oder ist als Negiertsein der anderen; jede ist so groß, als der anderen fehlt. Somit ist auch das Ganze zugleich als ein Sollen, als ein Negiertes gesetzt. Wie erinnert, ist jede nicht in einer äußerlichen Reflexion nur ein Nichtsein der anderen, sondern dies ist hier ihr Wert, daß das Nichtsein einer jeden die andere ist; beide sind somit, und hierdurch das Ganze als ein Nichtsein gesetzt.

Hiermit ist aber drittens dieses Sein und Nichtsein ein und dasselbe. Die ganze Sphäre ist zunächst unmittelbares Quantum; alsdann ist es als ein Nichtsein gesetzt; aber eben dieses sein Nichtsein ist selbst nur die ganze seiende Sphäre. Denn jede der beiden Seiten, insofern sie die Negation der anderen ist, hat sie Dasein; was von der anderen verschwindet, wächst ihr zu; das Nichtsein einer jeden macht also das aus, was die andere ist, und das Aufgehobensein ist in dieser Gegenseitigkeit das Dasein dessen, das aufgehoben ist.

Was also vorhanden ist, besteht darin, daß der Exponent des Verhältnisses, ein unmittelbares Quantum, als sein Nichtsein, als Anderes ist, aber daß dieses Anderssein er selbst ist. Das Quantum kontinuiert sich in sein Anderssein hinein, und die Negation ist nur ein Anderssein, in welchem es sich als zugrunde liegender Sphäre erhält und die Einheit in diesem Anderssein bleibt.

Somit ist das umgekehrte Verhältnis, wie es seiner Bestimmung nach erscheint, aufgehoben. Es besteht darin, daß das Quantum sich darin so auf sein Anderes beziehen sollte, daß dieses nur sein Nichtsein sei, daß das Positive seines Jenseits ein von ihm verschiedenes Quantum sein sollte. Aber die Natur des Quantums ist, eine gleichgültige Grenze zu sein, somit dieses Nichtsein, die absolute Grenze aufgehoben zu haben und sich in derselben zu erhalten.

Das umgekehrte Verhältnis ist also ein solches Sollen, das seine Schranke, sein Anderssein, aufgehoben hat: eine Unendlichkeit, die als Jenseits zugleich verschwunden und in eine Einheit mit ihrem Diesseits zurückgekehrt ist.

Indem das Quantum sich auf diese Weise in sein Anderssein kontinuiert, ist es die Einheit seiner und seines Andersseins. Es liegt seinem Anderssein zugrunde; es ist dessen Einheit. Somit hat sich das direkte Verhältnis wiederhergestellt. Aber | so zugleich, daß das Andere nicht ein unmittelbares Quantum ist, sondern schlechthin seine Bestimmtheit, sein Anderssein nur in der Einheit selbst hat.

Das Verhältnis ist zum Potenzenverhältnis übergegangen.

C. Potenzenverhältnis

1. Das Potenzenverhältnis hat nach dem, was sich ergab, einerseits die Äußerlichkeit, womit das direkte behaftet ist, nämlich die Gleichgültigkeit der Bestimmung des Quantums, welches Einheit ist, gegen das andere Quantum, welches Anzahl oder Exponent ist, – und das entgegengesetzte Nichtsein, die abstrakte qualitative Bestimmtheit des umgekehrten Verhältnisses, aufgehoben.

Das Anderssein oder der Unterschied des Quantums ist zunächst die Mehrheit, aber qualitativ bestimmt, so, daß sie sich zu einem anderen Quantum als Anzahl zu seiner Einheit verhält. Nunmehr im Potenzenverhältnis ist die Einheit, welche Anzahl an ihr selbst ist, zugleich die Anzahl gegen sich als Einheit. Oder das Anderssein, die Anzahl der Einheit, ist die Einheit selbst.

Das Quantum erhebt sich in seine Potenz, insofern es sich ein Anderes wird; aber dieses sein Anderssein ist zugleich rein durch sich selbst begrenzt. Insofern es im direkten Verhältnis Einheit ist, ist es auch die Einheit der Anzahl; die Seite, welche Anzahl als solche ist, hat den Unterschied des Quantums an ihr; sie ist eine Anzahl von Einheiten, diese sind Anzahl, und zwar die Anzahl, welche die erste Seite ist. Aber von dieser Anzahl, welche die Einheit ist, ist die Anzahl der zweiten Seite unterschieden; sie ist der Exponent oder ein unmittelbares Quantum. In der Potenz aber ist das Anderssein, die Seite, welche im Verhältnis als Anzahl ist, von der Anzahl, insofern sie ihre Einheit ist, nicht unterschieden; oder umgekehrt, die Potenz ist eine Menge, von der jedes diese Menge selbst ist. Dadurch enthält sie zugleich das Moment des umgekehrten Verhältnisses; das Anderssein, die Anzahl als solche ist durch ihr erstes Quantum bestimmt. – Das Quantum ist also in der Potenz in sich selbst zurückgekehrt; es ist unmittelbar es selbst und auch sein Anderssein.

Der Exponent dieses Verhältnisses ist nun nicht mehr ein

unmittelbares Quantum wie im direkten. Auch im umgekehrten Verhältnis ist er, als Summe betrachtet, zwar ein vermitteltes, aber zugleich nur ein gleichgültiges Quantum, oder als Beziehung der Summe zu einer der schlechthin veränderlichen Seiten derselben genommen, ist er nur dieses schlechthin veränderliche Quantum. – Im Potenzenverhältnis aber ist der Exponent ganz qualitativer Natur, einfache Bestimmtheit, daß die Anzahl die Einheit selbst, die Identität des Quantums in seinem Anderssein mit sich selbst ist. Darin liegt auch seine quantitative Natur, daß das | Anderssein, die Grenze oder Negation, schlechthin nur als aufgehobenes, das Dasein in sein Anderssein kontinuiert ist; denn die Wahrheit der Qualität ist eben dies, Quantität zu sein.

2. Das Potenzenverhältnis erscheint als eine äußere Veränderung, in welche irgendein Quantum versetzt wird und als ob es so gut in jede andere Veränderung versetzt werden könnte. Allein dieses Verhältnis hat eine engere Beziehung auf den Begriff des Quantums; das Quantum ist, nach dem Bisherigen, selbst in diese Veränderung übergegangen und hat in diesem Dasein seinen Begriff erreicht oder sich darin auf vollständige Weise realisiert. Dieses Verhältnis ist die Darstellung dessen, was das Quantum an ihm selbst ist; es drückt dessen Bestimmtheit aus, wodurch es sich von anderem unterscheidet. Das Quantum ist nämlich die gleichgültige, aufgehobene Bestimmtheit, das heißt, die Bestimmtheit, welche in ihr Anderssein sich kontinuiert und darin sich selbst gleich ist. So aber ist das Quantum als Potenzenverhältnis; denn sein Anderssein ist darin es selbst. – Im direkten Verhältnis ist diese Qualität des Quantums, der Unterschied seiner von sich selbst zu sein, nur erst überhaupt oder unmittelbar gesetzt, somit noch die Gleichgültigkeit der beiden Seiten des Unterschiedes, nicht der Unterschied seiner von sich, sondern von einem Äußerlichen vorhanden. Im umgekehrten Verhältnis ist das Quantum der Unterschied seiner von sich als von seinem Nichtsein, das Verhalten zu sich als zu seiner Negation. Im Potenzenverhältnis endlich ist es der Unterschied seiner als von sich selbst; sein Anderssein durch es selbst bestimmt oder darein schlecht kontinuiert.

Das Quantum hat sich damit nicht bloß dargestellt mit einer qualitativen Bestimmtheit, sondern als Qualität. Es ist aber insofern zugleich in eine andere Bestimmung übergegangen. Es hat nämlich das Moment seiner Äußerlichkeit oder Gleichgültigkeit aufgehoben, welche seine Bestimmung war, und ist zu seinem Anderen, der Qualität, geworden. Daß das Quantum in das Verhältnis und bestimmter in das Potenzen-Verhältnis tritt, erscheint zunächst als bloße Beschaffenheit, als eine Äußerlichkeit des Quantums. Aber in dieser Äußerlichkeit wird die Bestimmung des Quantums, welche selbst Äußerlichkeit ist, aufgehoben; diese Äußerlichkeit wird sich selbst äußerlich; – indem sie sich damit aufhebt, so findet sie ebensosehr sich darin oder kehrt darin in sich zurück, denn die Äußerlichkeit ist die Bestimmung des Quantums selbst.

Das Quantum ist somit jetzt Einheit seiner Bestimmung und seines Anderswerdens oder seiner Beschaffenheit: es ist Qualität.

Zunächst erscheint die Quantität als solche der Qualität gegenüber; aber die Quantität ist selbst eine Qualität, sich auf sich beziehende Bestimmtheit, unterschieden von der ihr anderen Bestimmtheit, von der Qualität als solcher. Aber damit ist sie selbst eine Qualität. |

Allein sie ist nicht nur eine Qualität, sondern die Wahrheit der Qualität selbst ist die Quantität; jene ist in diese übergegangen. Aber die Quantität ist dagegen in ihrer Wahrheit die in sich selbst zurückgekehrte, nicht gleichgültige Äußerlichkeit. So ist sie die Qualität selbst, so daß außer dieser Bestimmung nicht die Qualität als solche noch etwas wäre.

Die Quantität, welche zunächst Bestimmtheit überhaupt, Quantum ist, oder das Quantum ist nunmehr nicht mehr gleichgültige oder äußerliche Bestimmung, sondern das, wodurch etwas das ist, was es ist. Die Wahrheit des Quantums ist, Maß zu sein.

Anmerkung

Das Potenzenverhältnis wurde in neuerer Zeit auf Begriffsbestimmungen angewendet. Der Begriff in seiner Unmittelbarkeit ist die erste Potenz, in seinem Anderssein oder der Differenz, dem Dasein seiner Momente, die zweite und in seiner Rückkehr in sich oder als Totalität die dritte Potenz genannt worden. – Die nähere Bedeutung der besonderen

Potenzen gehört jedoch nicht hierher; die Potenz wird selbst wieder zu einem formellen Zahlen-Verhältnis, insofern zur zweiten, dritten, vierten und so fort in Unendliche gegangen wird. Ihre Bedeutung als zweiter, dritter und so fort ins Unendliche, würde von einem Begriffswert der Zahlen überhaupt abhängen, wovon oben schon die Rede gewesen.

Was aber die Anwendung der Potenzenbestimmung selbst betrifft, um Begriffsmomente zu bezeichnen, so erhellt, daß die Potenz dem Quantum wesentlich angehört. Sie ist ein Anderswerden desselben, worin es selbst bleibt. Der Unterschied ist ein Unterschied der Einheit und Menge oder Anzahl, schlechthin nur ein Anderssein des Quantums. Es ist sein Unterschied, worin es sich als Qualität ausdrückt oder als diejenige Bestimmtheit, die es wesentlich ist. Das Potenzenverhältnis ist also nur der wahrhafte Unterschied des besonderen Begriffs des Quantums, nicht der Unterschied des Begriffs selbst. Dem Begriff aber ist das Quantum sehr untergeordnet; es enthält die Negativität, welche zur Natur des Begriffs gehört, nicht in ihrer eigentümlichen Bestimmung; Unterschiede, die dem Quantum zukommen, sind daher sehr oberflächliche Bestimmungen für den Begriff selbst.

Insofern der Potenzen-Ausdruck nur als Symbol gebraucht wird, so ist dagegen so wenig zu sagen als gegen Symbole anderer Art für Begriffe; aber zugleich ebensoviel als gegen alle Symbolik überhaupt, in welcher reine Begriffs- oder philosophische Bestimmungen überhaupt dargestellt werden sollen. Die Philosophie bedarf einer solchen Hilfe nicht, weder aus der sinnlichen Welt noch aus der vorstellenden Einbildungskraft, auch nicht aus Sphären ihres eigentümlichen Bodens, welche untergeordnet sind, deren Bestimmungen daher nicht für höhere Kreise und für das Ganze passen. Es ist dies dasselbe, als wenn überhaupt Kategorien des Endlichen auf das Unendliche angewendet werden. Wie die geläufigen Bestimmungen von Kraft oder Substantialität, Ursache und Wirkung u.s.f. unpassende Symbole für den Ausdruck z. B. lebendiger oder geistiger Verhältnisse sind, so noch mehr die Potenzen des Quantums und gezählte Potenzen für dergleichen und für spekulative Verhältnisse überhaupt.

DRITTER ABSCHNITT
DAS MASS

Im Maße sind Qualität und Quantität vereinigt. Das Sein als solches ist unmittelbare Gleichheit mit sich selbst. Diese Unmittelbarkeit hat sich aufgehoben. Die Quantität ist das in sich zurückgekehrte Sein, einfache Gleichheit mit sich als Gleichgültigkeit gegen die Bestimmtheit. Aber diese Gleichgültigkeit zeigt sich, reine Äußerlichkeit zu sein, nicht an sich selbst, sondern in anderem die Bestimmung zu haben. Das Dritte ist nun die sich auf sich selbst beziehende Äußerlichkeit; um der Beziehung auf sich willen ist sie zugleich aufgehobene Äußerlichkeit, Gleichgültigkeit gegen das Bestimmtsein, dadurch daß sie an ihr selbst ihren Unterschied von sich hat.

Wenn das Dritte als bloße Äußerlichkeit genommen würde, so wäre es Modus. – In diesem Sinne ist das Dritte nicht Rückkehr in sich, sondern indem das Zweite, die beginnende Beziehung auf Äußerlichkeit, ein Herausgehen ist, das mit dem Ursein noch in Beziehung steht, so ist das Dritte der vollendete Abfall. – Die Modalität unter den Kategorien des transzendentalen Idealismus hat die Bedeutung, die Beziehung des Gegenstandes auf das Denken zu sein. Es ist hierin von einer Seite nur die reine Äußerlichkeit enthalten; denn die Beziehung auf das Denken, welche das Moment der Reflexion in sich sein könnte, ist vielmehr hier die Äußerlichkeit selbst; im Sinne des transzendentalen Idealismus ist das Denken nämlich dem Ding-an-sich wesentlich äußerlich. Insofern aber auch die anderen Kategorien nur die transzendentale Bestimmung haben, dem Bewußtsein anzugehören, so enthält die Modalität als die Kategorie der Beziehung auf das Subjekt insofern relativ die Bestimmung der Reflexion in sich. – Bei Spinoza ist der Modus nach Substanz und Attribut gleichfalls das Dritte; er erklärt ihn für die Affektionen der Substanz oder für dasjenige, was in einem Anderen ist, durch welches es auch begriffen wird. Dieses Dritte ist nach diesem Begriff nur Äußerlichkeit; wie sonst erinnert worden, daß bei Spinoza überhaupt der starren Substantialität die Rückkehr in sich selbst fehlt.

Nach dem Vorhergehenden hat hier der Modus seine bestimmte Bedeutung als Maß. Das Maß ist noch nicht die absolute Rückkehr des Seins in sich, sondern vielmehr seine Rückkehr in sich innerhalb seiner Sphäre. Es ist die in sich reflektierte Äußerlichkeit des Quantums; durch seine Reflexion hat sich sein Wert | bestimmt, nämlich dafür zu gelten, daß es das Ansichsein ist. Das Quantum ist die Qualität. Das in sich reflektierte, das gültige Sein besteht also in der Art und Weise, in dem Mehr oder Weniger, in dem Maße, in dem Etwas ist. –
Dies ist die Wahrheit, zu der das Sein nunmehr sich bestimmt hat, die Gleichheit der Äußerlichkeit mit sich selbst zu sein.

Das Quantum hat in seiner Rückkehr in sich seine Äußerlichkeit und damit sich selbst als Quantum aufgehoben. Aber dieses Aufheben hat zunächst das Quantum zu seiner Grundlage; und die Form des Quantums, die es erlangt hat, sich auf sich beziehende Gleichgültigkeit zu sein, macht das Ansichsein aus. Das Maß ist die Einheit der Qualität und der Quantität, des an sich und des äußerlich Bestimmtseins, aber die unmittelbare Einheit derselben; diese unmittelbare Einheit aber ist hiermit qualitative Bestimmtheit gegen die Vermittlung und Äußerlichkeit des Quantums; die Einfachheit seines In-sich-Zurückgekehrtseins steht dieser gegenüber. Das Maß ist daher eine Beziehung des Qualitativen und Quantitativen, worin sie noch Unterschiedene sind. In der Bewegung also, worin sich das Maß realisiert, vergleichen sie sich aneinander in der bestimmten Bedeutung, die sie gegeneinander haben; sie setzen sich aber dadurch in die negative Identität, in der die Bestimmung der Unmittelbarkeit des Seins absolut verschwindet und zum Wesen wird.

Es liegt dem Maße bereits die Idee des Wesens vor, nämlich in der Unmittelbarkeit des Bestimmtseins identisch mit sich zu sein, oder die Reflexion, deren Bestimmungen selbständig bestehen, aber in der Selbständigkeit schlechthin nur Momente ihrer negativen Einheit sind. Im Maße ist das Qualitative quantitativ, es hat ein gleichgültiges Bestehen, der Unterschied ist ihm gleichgültig; damit ist es ein Unterschied, der keiner ist; er ist aufgehoben; diese Quantitativität ist die Rückkehr in sich, das An- und Fürsichsein, welches das Wesen ist. Aber im Maße haben das Qualitative und Quantitative, wie erinnert, zuerst noch ihre Bestimmtheit gegeneinander; es ist die erste Negation der Äußerlichkeit des Quantums; oder die Identität des Qualitativen und Quantitativen, der Begriff des Wesens, der im Maße schon geworden ist, ist noch nicht in seinen Momenten realisiert und damit noch nicht gesetzt.

Das Maß ist zunächst unmittelbare Einheit des Qualitativen und Quantitativen, so daß es

erstens ein Quantum ist, das qualitative Bedeutung hat und als Maß ist. – Das Maß aber bestimmt sich weiter, das an sich Bestimmte insofern zu sein, als es an ihm selbst der Unterschied seiner Momente, des qualitativen und quantitativen Bestimmtseins, ist. Diese Momente bestimmen sich weiter zu | Ganzen des Maßes, dem unmittelbar an sich bestimmten und dem anderes spezifizierenden Verhältnis; das Maß als Einheit von ihnen ist Selbständiges. – Das Maß wird hierdurch

zweitens Verhältnis von spezifischen Quantis als selbständigen Maßen. Indem aber ihre Selbständigkeit nur auf dem quantitativen Verhältnis und dem Größenunterschied beruht, so sind sie an sich dasselbe und das Übergehen ineinander. Näher betrachtet geht damit das Maß im Maßlosen zugrunde. – Dieses Jenseits des Maßes ist die Negativität desselben nur an sich selbst; es ist dadurch

drittens das Maß gesetzt als umgekehrtes Verhältnis von Maßen. In diesem Verhältnis wird der qualitative Unterschied der Selbständigen zu ihrer identischen Beziehung, und ihre gleichgültige Unmittelbarkeit besteht in der Reflexion in diese ihre negative Unmittelbarkeit und Einheit, welche das Wesen ist. Die Gleichgültigkeit und Unmittelbarkeit der selbständigen Seiten selbst macht ihre negative Unmittelbarkeit aus, die das Wesen ist. |

Erstes Kapitel
Die spezifische Quantität

Die qualitative Quantität ist zunächst ein spezifisches Quantum. Aber sie wird

zweitens zu einer Regel, welche nicht selbst Quantum, sondern quantitatives Spezifizieren, ein Aufheben des gleichgültigen Quantums ist. Die Regel enthält die beiden Momente des Maßes unterschieden, nämlich die ansichseiende quantitative Bestimmtheit und das äußerliche Quantum. Durch diesen Unterschied werden die beiden Seiten zu Qualitäten, und die Regel zu einem Verhältnis; das Maß stellt sich daher dar

drittens als Verhältnis von Qualitäten, die zunächst Ein Maß haben, aber ferner auch sich zu eigentümlichen Maßen gegeneinander spezifizieren.

A. Das spezifische Quantum

Das Maß ist die einfache Beziehung des Quantums auf sich, seine eigene Bestimmtheit an sich selbst; so ist das Quantum qualitativ. In dieser unmittelbaren Einheit mit sich ist es ein Quantum, welches die Qualität von Etwas ausmacht: ein unmittelbares Maß. Es ist ein Quantum, aber diese an sich gleichgültige Grenze mit der Bestimmung, nicht gleichgültige, sondern sich auf sich beziehende Äußerlichkeit zu sein, die nicht über sich hinausgeht; so ist es in die einfache Gleichheit mit sich zurückgekehrte Bestimmtheit, die mit ihrem Sein eins ist, eine unmittelbare Bestimmtheit, eine Qualität.

Insofern man mit dieser Unmittelbarkeit die Formen des Daseins zurückkehren lassen und aus der erhaltenen Bestimmung einen Satz machen will, so kann man sich ausdrücken: Alles, was ist, hat ein Maß. Diese Größe gehört zur Natur von Etwas selbst, oder vielmehr sie macht allein seine bestimmte Natur und sein Insichsein aus. Etwas ist gegen diese Größe nicht gleichgültig, so daß, wenn sie geändert würde, es bliebe, was es ist, sondern die Änderung derselben änderte seine Qualität. Das Quantum hat als Maß aufgehört, Grenze zu sein, die keine ist; es ist nunmehr die Bestimmung der Sache, so daß sie, über dieses Maß ver|mehrt oder vermindert, zugrunde ginge. – Ein Maß, als Maßstab im gewöhnlichen Sinne, ist ein Quantum, das als die an sich bestimmte Einheit gegen äußerliche Anzahl genommen wird, jedoch für sich willkürlich ist. Eine solche Einheit kann zwar wohl auch in der Tat an sich bestimmte Einheit sein wie Fuß und dergleichen ursprüngliche Maße; insofern sie aber als Maßstab zugleich für andere Dinge gebraucht wird, ist sie für diese nur äußerliches, nicht ihr ursprüngliches Maß. – So mag der Erddurchmesser oder die Pendellänge, als spezifisches Quantum, für sich genommen werden. Aber es ist willkürlich, den wievielsten Teil des Erddurchmessers oder der Pendellänge und unter welchem Breitengrade man diese nehmen wolle, um sie als Maßstab zu gebrauchen. Noch mehr aber ist für andere Dinge ein solcher Maßstab etwas Äußerliches. Diese haben das allgemeine spezifische Quantum wieder auf besondere Art spezifiziert und sich dadurch zu besonderen Dingen gemacht. Ohnehin soll aber ein allgemeiner Maßstab nur für die äußerliche Vergleichung dienen; in diesem oberflächlichsten Sinne, in welchem er als allgemeines Maß genommen wird, ist es völlig gleichgültig, was dafür gebraucht wird. Er soll nicht ein Grundmaß in dem Sinne sein, daß die Naturmaße der besonderen Dinge daran dargestellt und daraus nach einer Regel als Spezifikation Eines allgemeinen Maßes, des Maßes ihres allgemeinen Körpers, erkannt würden. Ohne diesen Sinn aber verliert ein absoluter Maßstab seine Bedeutung und sein Interesse. –

Das unmittelbare Maß ist eine einfache Größenbestimmung wie z. B. die spezifische Schwere der Metalle, die Größe der organischen Wesen, ihrer Gliedmaßen und so fort. – So aber als Quantum daseiend ist es gleichgültige Größe, äußerlicher Bestimmung offen und des Auf- und Abgehens am Mehr oder Weniger fähig. Aber als Maß zugleich ist es Bestimmtheit an sich und ist insofern von sich selbst als Quantum, als völlig gleichgültiger Bestimmung, verschieden und vielmehr das Negative dieser gleichgültigen Unmittelbarkeit. Das Maß ist das, was das Quantum an sich ist; es hat also überhaupt die gedoppelte Seite, Quantum zu sein als An-sich-Seiendes und Quantum als Äußerliches oder Unmittelbares. Als das letztere ist es die gleichgültige Grenze; das Maß selbst aber ist einfache, innere Quantitätsbestimmtheit, welche die Veränderung des äußerlichen Quantums aufhebt und dadurch sich als an sich seiende Bestimmtheit erweist und erhält.

Es ist wesentlich nicht selbst ein fixes Quantum, sondern eine Regel desselben. |

B. Die Regel

Die Regel hat
erstlich die qualitative und quantitative Größen-Bestimmtheit zu ihren Momenten;
zweitens trennen sich diese Momente in den Unterschied von Qualität und ihrer quantitativen Bestimmung;
drittens bestimmen sich diese beiden Seiten zu Qualitäten gegeneinander.

1. Die qualitative und quantitative Größen-Bestimmtheit

Die Regel ist zunächst spezifisches Bestimmen der äußerlichen Größe. Sie enthält die beiden Bestimmungen des Qualitativen und Quantitativen. Diese sind in ihrem Unterschied zugleich in der Einheit der Regel. In dieser Einheit sind sie Momente, jede [Bestimmung] in wesentlicher Beziehung auf die andere. Die Regel ist somit das Maß als diese reflektierte Einheit seiner sich unterscheidenden Momente.

Sie ist also erstlich die an sich bestimmte Größe oder vielmehr Größebestimmtheit; dieses Moment ist nicht selbst Quantum, sondern das Qualitative als das Quantum bestimmend. Zweitens hat sie das Quantum als Seite der Äußerlichkeit, des Seins-für-Anderes; dieses geht an dem gleichgültigen Vermehren und Vermindern hin und her; aber seine Beziehung auf das erste Moment ist sein wesentliches Sein, nämlich nach seiner Gleichgültigkeit aufgehoben zu werden.

An Etwas, insofern es ein Maß ist, kommt äußerlich eine Veränderung seiner Größe; es nimmt davon nicht die arithmetische Menge an. Sein Maß reagiert dagegen, verhält sich als ein Intensives gegen die Menge und nimmt sie auf eine eigentümliche Weise auf. Es verändert die äußerlich gesetzte Veränderung, macht aus diesem Quantum ein Anderes und zeigt sich durch diese Spezifikation als Fürsichsein in dieser Äußerlichkeit.

Es entstehen in diesem Verhalten zwei Quanta; das eine ist äußerliche Menge, das andere die spezifisch-aufgenommene. – Die letztere ist selbst ein Quantum und abhängig von der ersteren. Sie ist daher auch veränderlich; aber es ist darum nicht ein Quantum als solches, sondern das äußere Quantum als auf eine konstante Weise spezifiziert. Das Maß hat also sein Dasein als ein Verhältnis, und das Spezifische desselben ist überhaupt der Exponent dieses Verhältnisses. |

Im intensiven und extensiven Quantum ist es, wie sich oben bei diesen Bestimmungen ergab, dasselbe Quantum, welches das eine Mal in der Form der Intensität, das andere Mal in der Form der Extensität vorhanden ist. Das zugrunde liegende Quantum erleidet in diesem Unterschied keine Veränderung, er ist nur eine äußere Form. In der Regel hingegen ist das Quantum das eine Mal in seiner unmittelbaren Größe, das andere Mal aber wird es durch den Verhältnisexponenten in einer anderen Anzahl genommen.

Der Exponent, der das Spezifische ausmacht, kann zunächst ein fixes Quantum zu sein scheinen als Quotient des Verhältnisses zwischen dem äußerlichen und dem qualitativ bestimmten Quantum. Aber so wäre er nichts als ein äußerliches Quantum; es ist unter dem Exponenten hier nichts anderes als das Moment des Qualitativen selbst zu verstehen, welches das Quantum als solches spezifiziert. Denn was hier in Beziehung steht, ist das Quantum und das Qualitative, nicht zwei unmittelbare Quanta. – Aber das eigentliche immanente Qualitative des Quantums ist, wie sich ergeben hat, nur die Potenz-Bestimmung. Sie zeigte sich als die an sich seiende Bestimmtheit des Quantums selbst, so daß das Quantum durch seine Natur oder [seinen] Begriff es ist, welches sich selbst produziert und in die Potenz erhebt. Hier ist dieser Begriff als die an sich seiende Bestimmung dem Quantum als der äußerlichen Beschaffenheit gegenübergetreten. Denn indem, wie sich oben ergab, das Maß unmittelbare Einheit des Quantums und der Qualität ist, so ist diese Einheit selbst das Qualitative, und es steht dem Quantum als solches gegenüber. – Insofern sowohl das Spezifizierte als das Äußerliche als Quantum erscheinen, so zeigen sie den Unterschied ihrer Natur an ihrer Veränderung. Das äußerliche Quantum hat zu seinem Prinzip das numerische Eins; dies macht sein An-sich-Bestimmtsein aus, und die Beziehung des numerischen Eins ist die äußerliche. Die durch die Natur des unmittelbaren Quantums als solchen bestimmte Veränderung desselben besteht daher in dem Hinzutreten eines solchen numerischen Eins und wieder eines solchen und so fort. Wenn also das äußerliche Quantum in arithmetischer Progression sich verändert, so bringt die spezifizierende Reaktion der qualitativen Natur des Maßes eine andere Reihe hervor, welche sich auf die erste bezieht, mit ihr zu- und abnimmt, aber nicht in einem durch einen Zahlexponenten bestimmten, sondern in einem einer Zahl inkommensurablen Verhältnis.

2. *Qualität und Quantum*

Die Regel enthält das Quantum in der gedoppelten Bestimmung als Unmittelbares und als Spezifiziertes, und beide sind verschiedene Quanta. Das Qualitative als spezifizierend, der Exponent des Verhältnisses, ist die negative Beziehung auf das unmittelbare Quantum; er hat sein Dasein als das spezifizierte Quantum und ist das mit sich identische Moment dieses zweiten Quantums, das Qualitative gegen die Unmittelbarkeit des ersten. Beide Seiten sind Quanta, gehen über sich hinaus und haben ihr Jenseits an der anderen; die qualifizierte ist selbst nicht gegen das Quantum gleichgültig, sondern vielmehr schlechthin darauf bezogen und eben dadurch selbst Quantum. Weil beide Seiten Quanta, äußerliche Unterschiede sind, so ist ihre Beziehung das an sich Bestimmte, das Moment des Exponenten, insofern er einfache Einheit mit sich ist. In dieser Beziehung sind das unmittelbare und das spezifizierte Quantum selbst Momente; sie ist die Kontinuität, in der beide Quanta als die gleichgültigen Bestimmungen sind. Wie das äußerliche Quantum die unmittelbare Äußerlichkeit ist, so ist sie das unmittelbare An-sich-Bestimmtsein. Sie ist eine Qualität.

Diese Qualität und das Quantum machen zwei Extreme gegeneinander aus, welche durch das spezifizierte Quantum sich vermitteln, welches beide Momente, das Qualitative und das Quantitative, vereinigt enthält. Das Qualitative scheidet sich insofern zur abstrakten Qualität aus, als das Quantum in seinem Anderssein, nämlich in seiner Spezifikation, die Gleichheit mit sich erlangt und diese Gleichheit mit sich sein gegen das Quantum gleichgültiges Ansichsein ausmacht. Dieses Ansichsein hat den Charakter der Unmittelbarkeit als des Seins im Gegensatz gegen die sich aufhebende und vermittelnde Unmittelbarkeit des Quantums. Es ist also ein Sein, und zwar ein gegen diese Vermittlung negatives, ein bestimmtes Sein; seine Bestimmtheit geht ferner nicht über sein Sein hinaus, sondern indem das Quantum über sich hinausgeht und das spezifizierte Quantum selbst nur im Verhältnis zum ersten ist, ist jene Bestimmtheit das negative Moment beider, der mit sich gleiche Exponent als die einfache Beziehung derselben. Es ist also das bestimmte Sein als Qualität.

Diese Qualität ist so das unmittelbare Sein, es hat ein Dasein, und dieses sein Dasein ist das Quantitative, das äußerliches Quantum und dann durch die Qualität des Seins, unmittelbar an sich bestimmt zu sein, bestimmt ist. – Es ist also hier erst die Qualität entstanden als diejenige, was ein Quantum hat; sie ist die reine Quantität, an der die Bestimmtheit als eine gleichgültige ist. Insofern sie erstens unmittelbare Bestimmtheit ist, ist sie irgendeine Qualität; aber sie ist zweitens gesetzt als bestimmt in Beziehung auf das Quantum, so ist sie reine Quantität; das äußerlich Bestimmbare, das gleichgültig dagegen ist. Aber indem das Quantum als an ihr Aufgehobenes, indem sie Qualität ist durch die Rückkehr des Quantums in sich selbst, so ist sie die negative Einheit ihrer eigenen ersten Unmittelbarkeit und des Quantums; sie ist Aufhebendes, reagierende Negation ihres äußerlichen Bestimmtseins. Es ist ein Insichsein gegen diese seine Grenze und ein bestimmendes Fürsichsein gegen dieses sein Dasein vorhanden. |

Dieses fürsichseiende Etwas hat eine Qualität, eine Bestimmtheit; diese ist Beschaffenheit, und zwar ist diese Beschaffenheit das Quantum. Die Qualität geht aber nicht mehr in diese ihre Beschaffenheit über, sondern erhält sich in ihr; denn diese ist das Quantum, das sich selbst aufhebt und in die Qualität zurückgeht. Die Qualität selbst ist eigentlich nur diese Bestimmtheit, die Unmittelbarkeit des Quantums aufzuheben und es zu spezifizieren. Eine weitere Bedeutung, die sie als sonst eine Bestimmtheit hat, ist hier unwesentlich; eine solche Bedeutung gehört nur jenem abstrakten Moment an, nach welchem der qualitative Exponent Qualität, unmittelbares, nicht reflektiertes An-sich-Bestimmtsein überhaupt, oder nach welchem er nicht Exponent ist. Das Qualitative aber, wie es wesentlich ist, als Exponent, ist das Fürsichseiende, das somit seine Bestimmung, wodurch es sich von anderen unterscheidet, allein darin hat, daß es sich als Maßbestimmendes kundgibt; seine Natur besteht in der Regel, die es ist, und sein Dasein in diesem negativen Verhalten gegen die äußerliche Unmittelbarkeit. Dieses Verhalten selbst aber besteht näher, wie sich vorhin ergab, in dem Qualifizieren, d.i. Potenzieren des äußerlichen Quantums.

– So ist, um ein Beispiel anzuführen, die Temperatur eine Qualität, an der diese beiden Seiten, äußerliches und spezifiziertes Quantum zu sein, sich unterscheiden. Als Quantum ist sie eine äußerliche Temperatur, welche an der Skala der arithmetischen Progression fortgehend und als gleichförmig zu- oder abnehmend betrachtet, dagegen von den verschiedenen in ihr befindlichen Körpern verschieden aufgenommen wird, indem dieselben durch ihr immanentes Maß die äußerlich empfangene Temperatur bestimmen. Insofern verschiedene Körper in einer und derselben Temperatur verglichen werden, so geben die Verhältniszahlen der Vergleichung ihre spezifischen Wärmen oder ihre Kapazitäten. Aber die Kapazitäten der Körper ändern sich in verschiedenen Temperaturen. Es zeigt sich in der Vermehrung oder Verminderung der Temperatur eine besondere Spezifikation. Das Verhältnis der Temperatur, die als äußerliche vorgestellt wird, zur Temperatur eines bestimmten Körpers hat nicht einen festen Verhältnisexponenten; die Vermehrung oder Verminderung der am Körper daseienden Wärme geht nicht gleichförmig mit der Zu- und Abnahme der äußerlichen fort. Wenn daher die äußere als eine Abszisse, die andere als Ordinate vorgestellt würde, so würde, indem jene gleichförmig wüchse, durch die entsprechende Veränderung von dieser eine krumme Linie beschrieben werden. – Es wird dabei eine Temperatur als äußerlich überhaupt angenommen, deren Veränderung bloß äußerlich oder rein quantitativ sei. Aber sie ist Temperatur der Luft oder sonst spezifische Temperatur und, näher betrachtet, würde daher das Verhältnis eigentlich nicht als Verhältnis von einem bloß quantitativen zu einem qualifizierenden, sondern von zwei spezifischen Quantis zu nehmen sein. Wie sich das spezifizierende Ver|hältnis gleich weiter bestimmen wird, daß die Momente des Maßes nicht nur in einer quantitativen und einer das Quantum qualifizierenden Seite einer und derselben Qualität bestehen, sondern im Verhältnis zweier Qualitäten, welche an ihnen selbst Maße sind.

3. *Unterscheidung beider Seiten als Qualitäten*

Das Fürsichseiende hat seine Bestimmung in seinem spezifischen Verhalten zum Quantum. Es hat zwei Seiten, jene die qualitative, das An-sich-Bestimmtsein, diese die äußerlich quantitative. Aber jene ist nur als Beziehung auf diese; sie ist das aufgehobene Quantum; sie hat daher dasselbe zur Voraussetzung und fängt von ihm an. Das Quantum ist also zwar nur als aufgehobene Unmittelbarkeit; aber damit hat es selbst eine Unmittelbarkeit gegen sein Aufgehobensein, das Qualitative. Das Qualitative und Quantitative ist überhaupt qualitativ voneinander unterschieden; die Quantität ist selbst eine Qualität gegen die Qualität als solche. Hier an dem Maße verhält sich das Quantitative selbst als ein Qualitatives; insofern es bloß Quantum ist, verhält es sich nur zu einem anderen Quantum; hier aber verhält es sich zum Qualitativen. – Oder die quantitative Seite für sich betrachtet, so ist sie selbst an sich bestimmt. Die Qualität nämlich als solche ist das Moment der einfachen Bestimmtheit des Exponenten; dieser steht gegenüber die andere Seite, die Beziehung des äußerlichen Quantums auf das spezifizierte. Diese Seite ist die quantitative als solche; sie enthält nicht ein unmittelbares Quantum, sondern dasselbe als Verhältnis und als quantitativen Exponenten; es ist also das Quantitative selbst als Qualität überhaupt.

Diese beiden Qualitäten sind aber ferner noch im Maße begriffen, sie haben es zur Grundlage und machen Ein Maß aus. Denn erstlich nach der ersten Betrachtung, insofern die beiden eigentlichen Seiten des Maßes, das spezifizierte und das äußerliche Quantum, sich zu Qualitäten bestimmen, machen diese beiden quantitativen Seiten die Bestimmtheit aus, welche ihre Qualitäten gegeneinander haben. Zweitens nach der anderen Betrachtung ist die eine Qualität zwar das unmittelbare Ansichbestimmtsein, und der ganze Unterschied des Quantums fällt auf die andere Seite, und diese ist nur insofern selbst Verhältnis und

Qualität, insofern sie den ganzen Unterschied des Quantum an ihr hat. Allein jene ist nun nicht mehr die reine Quantität, an der der Unterschied gleichgültig ist; sondern indem dieser als sich auf sich beziehender Unterschied selbst das Ansichbestimmtsein ist, so ist jene erst hierdurch wahrhafte Qualität und bestimmt gegen eine andere.| Diese Bestimmtheiten aber oder die Grenze, in der sie sich aufeinander beziehen, ist das Quantitative überhaupt; sie haben dasselbe zu ihrer Grundlage; das Qualitative hat hier überhaupt keine andere Bedeutung als diese, Beziehung des Quantums auf sich zu sein.

Es sind also nunmehr Qualitäten, welche in der Beziehung des Maßes aufeinander sind. Nach ihrer abstrakten Seite als Qualität überhaupt haben sie irgendeine besondere Bedeutung (z. B. Raum und Zeit). Aber ferner treten sie in das Maßverhältnis als Größebestimmtheiten, und von den Größebestimmtheiten des Maßes ist die eine Anzahl, die in äußerlicher, arithmetischer Progression auf- und abgeht, die andere eine Anzahl, welche durch das Maß spezifisch bestimmt ist.

Was den Unterschied der Seiten in Vergleichung ihrer qualitativen Bestimmung zu ihrer quantitativen betrifft, so ist jede zunächst eine besondere Qualität überhaupt. Insofern liegt kein Unterschied in ihnen, welche von den beiden Qualitäten in Rücksicht auf die quantitative Bestimmung als die bloß äußerlich quantitative und welche als die in quantitativer Spezifikation sich verändernde genommen werde. Wenn die eine Seite, die nur als Quantum angesehen wird, sich zur anderen z. B. verhält als Wurzel zum Quadrat, so ist es gleichviel, an welcher die Vermehrung oder Verminderung als bloß äußerlich, in arithmetischer Progression fortgehend, und welche dagegen als an diesem Quantum sich spezifisch bestimmend angesehen wird. Läßt man die Seite der Wurzel sich in arithmetischer Progression fortgehen, so enthält die andere die entsprechenden Quadrate, welche die nicht arithmetisch progredierende Reihe ausmachen; läßt man hingegen die Seite des Quadrats in der arithmetischen Progression sich verändern, so enthält die andere Seite die entsprechenden Wurzeln und stellt ihre Veränderung als nicht in äußerlicher Progression, sondern spezifisch bestimmt dar.

Aber die Qualitäten sind nicht unbestimmt verschieden

gegeneinander, denn sie gehen aus dem Maße hervor, und es liegen ihnen die zwei Seiten des Maßes zugrunde, des ursprünglichen Verhältnisses von Quantis, welche qualitative Bedeutung haben, das eine die gleichgültige, das andere die qualitative Quantitätsbestimmtheit zu sein. Die Qualitäten sind daher wesentlich nach dem bestimmten Charakter der quantitativen Momente des Maßes unterschieden. Die eine hat also die Bestimmtheit gegen die andere, das Extensive, die Äußerlichkeit an ihr selbst zu sein; die andere aber das Intensive, das Insichseiende oder Negative gegen jene; jene die reelle, gleichgültige, diese die ideelle, spezifische Seite. Das quantitative Moment von dieser ist also auch als die Einheit und das von jener als die Anzahl, jenes als Divisor, dieses als Dividend im einfachen Verhältnis oder | jenes als Wurzel und dieses als die Potenz oder das Anderswerden im spezifizierenden Verhältnis zu nehmen. – Insofern nun auch ein solches Verhältnis an gleichgültigen Quantis seiner Seiten Dasein hat und an dem gleichgültigen Quantum Veränderungen vorgehen, so ist die spezifische Seite als die Grundlage in arithmetischer Progression, die äußerliche Seite hingegen in der spezifizierten Reihe sich verändernd darzustellen; denn jene als die an sich spezifische, durch ihr arithmetisches Progredieren, zeigt [sich] das Quantum als ein Äußerliches zu haben; hingegen die äußerliche Seite zeigt sich durch ihre spezifizierte Reihe als eine solche, deren Quantum durch ein Anderes bestimmt ist. – Oder insofern die arithmetische Progression als natürliche Regel angesehen wird, so geht die an sich spezifizierte Seite in ihr fort, weil sie selbst das Qualifizierende, Bestimmende ist; die andere aber in einer Reihe, welche sich zeigt, in einem Anderen die Regel zu haben.

Anmerkung

Das hier Erörterte in Rücksicht des Zusammenhangs der qualitativen Natur eines Daseins und seiner Quantitätsbestimmung im Maße hat seine Anwendung zum Beispiel darin, daß in der Geschwindigkeit, als dem direkten Verhältnis von durchlaufenem Raume und verflossener Zeit, die Größe der Zeit als Nenner, die Größe des Raums dagegen als Zähler angenommen wird. Wenn Geschwindigkeit überhaupt ein Verhältnis vom Raum und der Zeit einer Bewegung ist, so ist es gleichgültig, welches von beiden Momenten als die Zahl oder als die Einheit, als Ganzes oder als Moment des Ganzen betrachtet werden soll. Aber Raum, wie in der spezifischen Schwere das Gewicht, ist Zahl, äußerliches, reales Ganzes überhaupt; die Zeit hingegen, wie das Volumen, ist das Ideelle, das Negative, die Seite der Einheit. – Weiter gründet sich aber hierauf das wichtigere Verhältnis, warum in der freien Bewegung – zuerst der noch bedingten – des Falls, Zeit- und Raum-Quantität, jene als Wurzel, diese als Quadrat, – oder in der absolut freien Bewegung der Himmelskörper die Umlaufszeit und die Entfernung, jene um eine Potenz tiefer als diese, – jene als Quadrat, diese als Kubus gegeneinander bestimmt seien. Dergleichen Grundverhältnisse beruhen auf der Natur der im Verhältnis stehenden Qualitäten des Raums und der Zeit und der Art der Beziehung, in welcher sie stehen, entweder als mechanische Bewegung oder als Fall oder als freie himmlische Bewegung; – insofern nämlich überhaupt das Qualitative, zwar nicht als solches, sondern als bestimmter Begriff, der sowohl die Raum- und Zeitbestimmung nach ihrer qualitativen als quantitativen Natur enthält, zugrunde zu legen ist. –

In Rücksicht auf die absoluten Maßverhältnisse ist überhaupt zu erinnern, daß die Mathematik der Natur, wenn sie des Namens von Wissenschaft würdig sein | will, wesentlich die Wissenschaft der Maße sein müsse, – eine Wissenschaft für welche empirisch wohl viel, aber wissenschaftlich wenig getan ist. Mathematische Prinzipien der Naturphilosophie, – wie Newton sein Werk genannt hat –, wenn sie diese Bestimmung in einem tieferen Sinn erfüllen sollten, als er und das ganze Baconische Geschlecht von der Philosophie und Wissenschaft hatte, müßten noch ganz andere Dinge enthalten, um ein Licht in diese noch dunklen, aber höchst betrachtungswürdigen Regionen zu bringen. – Es ist ein großes Verdienst, die empirischen Zahlen der Natur kennenzulernen, z. B. Entfernungen der Planeten voneinander; aber ein unendlich größeres, die empirischen Quanta verschwinden zu machen und sie in eine allgemeine Form von Quantitätsbestimmungen zu erheben, so daß sie Momente eines Gesetzes oder Maßes werden, – unsterbliche Verdienste, die sich z. B. Galilei in Rücksicht auf den Fall und Kepler in Rücksicht auf die

Bewegung der himmlischen Körper erworben haben. Das
Höhere aber ist, diese Gesetze zu beweisen. Dies heißt aber
nichts anderes als ihre Quantitätsbestimmungen aus den Qualitäten oder bestimmten Begriffen, die bezogen sind (wie Zeit
und Raum), zu erkennen. Von dieser Art des Beweisens aber
findet sich in jenen mathematischen Prinzipien der Naturkenntnis sowie in den ferneren Arbeiten dieser Art noch keine Spur.
Es ist oben bei Gelegenheit des Scheins mathematischer Beweise
von Naturverhältnissen, der sich auf den Mißbrauch des
Unendlichkleinen begründet, bemerkt worden, daß der Versuch, solche Beweise eigentlich mathematisch zu führen, ein
widersinniges Unternehmen ist. Diese Beweise setzen ihre
Theoreme aus der Erfahrung voraus, und was sie leisten, besteht
allein darin, diese auf abstrakte Ausdrücke und bequeme
Formeln zu bringen. Das ganze reelle Verdienst, das Newton im
Vorzug gegen Kepler in Beziehung auf die nämlichen Gegenstände zugeschrieben wird, wird, das das Scheingerüste von
Beweisen abgezogen, – ohne Zweifel bei gereinigterer Reflexion über das, was die Mathematik zu leisten vermag und was sie
geleistet hat, einst mit deutlicher Kenntnis auf jene Umformung
des Ausdrucks eingeschränkt werden.

C. Verhältnis von Qualitäten

Das Maß hat sich zu einem Verhältnis von Qualitäten
bestimmt. Die Regel ist zunächst nur qualitatives Verhalten
gegen das Quantum als solches. Die Qualitäten haben zunächst
nur Ein Maß und sind Momente desselben.

Diese Qualitäten haben die beiden Seiten, als Qualitäten erstens gleichgültig gegen ihre Maßbeziehung als gegen die quantitative Seite zu sein, und zweitens | in dieser Beziehung zu stehen. Es ist soeben gezeigt worden, wie ihre rein qualitative Bestimmung in Beziehung steht auf diejenige Bestimmung, die sie
im Maßverhältnis zueinander haben. Aber ihre Gleichgültigkeit
gegen das Maß hat noch eine andere Seite, nämlich die direkte
Bedeutung ihres Heraustretens aus dem Maße. – Die Qualitäten
sind nämlich nur durch das Maß selbst; denn in diesem liegt das
Moment der an sich bestimmten Unmittelbarkeit. Aber dieses

Moment ist als Unmittelbarkeit der einfache, unvermittelte Quotient des Maßes, oder er ist das aufgehobene Maß; denn das Maß ist die Vermittlung, ein Ansichbestimmtsein durch das Aufheben des unmittelbaren Quantums. Insofern sie also außer dem Maße und von seiner Beziehung freie Seiten selbst nur in Beziehung auf das Maß sind, so sind sie nur das negierte Maß, die wieder aufgehobene qualitative Bestimmung des Quantums oder das wiederhergestellte unmittelbare Quantum. Dieses Moment gehört zur Vervollständigung des Begriffs der Qualität, wie sie hier bestimmt ist; denn sie ergab sich als der Exponent eines Verhältnisses, dessen Seiten das unmittelbare und das spezifizierte Quantum sind; sie enthält also selbst beide Seiten. Wie die beiden Qualitäten als Qualitäten Eines spezifizierenden Maßes und als die Verhältnismomente desselben betrachtet wurden, so war in dieser Bestimmung nur die eine ihrer Seiten vorhanden, nämlich die qualitativ bestimmte, nicht aber die Seite der Unmittelbarkeit. – Oder die Qualität ist überhaupt die Einheit des Ansichseins und des Seins-für-Anderes; jenes ist das spezifische, dieses das unmittelbare Quantum.

Diese Seite ist also ihre unbestimmte Beschaffenheit, das äußerliche Quantum, das ihnen außer der spezifischen Bestimmung zukommt. Aber die Seite des Quantums kommt ihnen nur in Beziehung auf das Maß zu. Das Maß ist als abstrakte unmittelbare Bestimmtheit eine Bestimmtheit als Quantum, das aber Maßbestimmtheit oder Exponent eines unmittelbaren direkten Verhältnisses ist, das seine Seiten an dem Moment der Qualitäten, äußerliche Quanta zu sein, hat. Die Qualitäten sind also nur insofern unmittelbare Quanta, als sie Seiten dieses Verhältnisses sind; oder umgekehrt, die Quanta, in deren Unmittelbarkeit sich die qualitativen Maßmomente herabsetzen, haben ihre Unmittelbarkeit allein in der Bestimmtheit gegen Anderes.

Die Quanta näher betrachtet, wie sie in diesem direkten Verhältnis bestimmt sind, so sind es die Einheiten derselben, deren Maßbestimmung gegeneinander es ist; und diese Maßbestimmung bleibt in aller übrigen spezifischen Bestimmung ihrer Anzahlen dieselbe. (– Es ist das Verhältnis, das z. B. in der Bewegung den Raum ausdrückt, den der Körper in dem ersten Zeitmoment durchlaufe; es ist aber das ebensosehr im zweiten, dritten u.s.f. Zeitmoment bleibende Ver|hältnis und drückt überhaupt das Verhältnis eines Quantum des Raums aus, das einer Zeiteinheit entspricht; jenes Quantum des Raums ist die Einheit zu der sonstigen durch das spezifizierende Maß bestimmten Anzahl desselben. –) – Dies ergibt sich aus folgendem. Das spezifizierende Maß ist das rein qualitative Verhältnis, das insofern an und für sich ist, als in ihm das Quantum in seiner wesentlichen Qualität ist; es ist die Form der Beziehung desselben auf sich in seinem Anderssein; aber als diese Form setzt es das Quantum als ein Unmittelbares voraus. Das Potenzenverhältnis hat irgendein Quantum zu seiner Grundlage, das sich in ihm zu sich verhält. Diese Unmittelbarkeit ist es, die das spezifizierende Maß an dem ersten oder unmittelbaren Verhältnisse hat. – Das spezifizierende Verhältnis besteht ferner darin, ein äußerliches Quantum zu spezifizieren; eine unbestimmte Anzahl überhaupt wird in ein anderes qualifiziertes Quantum verändert; es sind Anzahlen, die einander gegenüberstehen, deren Exponent als Quantum schlechthin veränderlich ist; sie haben nur einen qualitativ bestimmten. Die Anzahlen sind aber Anzahl von Einheiten; so sind sie die Qualitäten, welche die Seiten des Maßes ausmachen; das Quantum ist Qualität zunächst als Beziehung von Anzahl und Einheit; die potenzierte oder reale Qualifikation des Quantums ist das Maßverhältnis selbst. – Sie sind ferner im Verhältnis bestimmte Seiten gegeneinander; so haben sie auch jede ihre besondere Einheit; und indem diese Einheiten zugleich Anzahlen angehören, die wesentlich im Verhältnis sind, oder indem überhaupt Qualitäten im Maßverhältnis stehen, so ist auch diese Seite derselben, die Einheiten, bestimmt gegeneinander; oder sie haben ein Maß. Dieses Maß ist also Verhältnis ihrer als Einheiten, somit nicht das spezifizierende, sondern ein unmittelbares direktes Verhältnis. – Oder unmittelbar das spezifizierende Verhältnis ist vorhanden nur als rein qualitatives; seine einfache Beziehung auf sich selbst ist seine Unmittelbarkeit. Diese aber als Unmittelbarkeit zugleich des Maßes ist der Exponent als Quantum und als Verhältnis ein direktes Verhältnis; es ist also das, in dem das spezifizierende in sich zurückgekehrt ist.

Die Beziehung, die sich ergeben hat, ist hiermit so vorhanden. Es ist ein erstes unmittelbares Verhältnis, das zugrunde liegt und dessen Exponent nicht verändert wird. Seine Seiten verändern ihr Quantum, und zwar so, daß die Veränderung der einen Seite als äußerliche in arithmetischer Progression fortgeht, die der anderen Seite aber qualitativ und eine Reihe von spezifizierten Quantis ist. Die Einheiten dieser beiden Quantorum aber treten als Einheiten nicht in diese Veränderung ihrer Anzahl ein; sie bleiben in ihrem ersten direkten Verhältnis, indem sie das unmittelbar an sich bestimmte Moment ihrer Seiten ausmachen und in dem rein qualitativen Verhältnis den Wert von verhältnislosen Einheiten haben. Aber außer demselben sind diese zwei Einheiten gegeneinander ein bestimmtes Quantum und stehen in einem unmittelbaren Verhältnis. |

Diese zwei Verhältnisse, das spezifizierende und das unmittelbar direkte, zeigen sich als die realisierten Momente des Maßes. Das Maß enthält nämlich die Seite der Unmittelbarkeiten des Quantums oder seiner als eines Gleichgültigen. Indem das Moment selbst das Ganze ist, ist es Maß, und in der Bestimmung des unmittelbaren Quantums das unmittelbare direkte Verhältnis. – Auf der anderen Seite enthält das Maß die wesentlich qualitative Bestimmung des Quantums; so ist es das qualitative Verhältnis gegen jenes erste direkte Verhältnis. Beide Seiten des Maßes sind somit selbst Maßverhältnisse.

Das Maß ist durch diese Realisierung in sich zurückgekehrt, es ist in seinem Anderen mit sich gleich geworden. Denn das Qualitative desselben bezog sich zuerst auf ein äußerliches Quantum; nun aber ist diese Seite selbst Maß. Und zwar ist sie zugrunde liegendes Maß. Das spezifizierende Maß, indem es sich auf das unmittelbare Quantum bezieht und dasselbe spezifiziert, hat die Anzahl zu seinem Inhalt; die qualifizierte Größe ist nach diesem Inhalt unbestimmt und von der äußerlichen Größe abhängig. Hingegen im direkten Maßverhältnis stehen die Einheiten der Seiten in Beziehung; die Einheit ist das an und für sich Bestimmte des Quantums.

In der Regel ist das Qualitative und das Quantitative getrennt, und die Spezifikation dasjenige, was das Maß ausmachte; aber das Maß ist seinem Begriff nach dies, daß das Quantum das Qualitative ist. Hier hat sich dies wiederhergestellt, daß ein Quantum die Grundlage des Maßes ausmacht, aber ein Quantum, das selbst Exponent und als Verhältnis bestimmt ist.

Das Maß ist Qualität überhaupt als Ansichbestimmtsein. Sie ist Einheit des Ansichseins und des Seins-für-Anderes, der Bestimmung und der Beschaffenheit. Diese ihre Momente haben nun den näheren Inhalt, daß das Ansichsein oder die Bestimmung ein direktes Maßverhältnis, das Sein-für-Anderes oder die Beschaffenheit aber das spezifizierende Maß ist. Indem die beiden Seiten selbst Maße, also die Bestimmung und Beschaffenheit an sich dasselbe sind, so ist die Qualität eine Selbständigkeit geworden. |

Zweites Kapitel
Verhältnis selbständiger Maße

In dem unmittelbaren Maße ist das Quantum die Qualität; die quantitative Bestimmung liegt zum Grunde. Wie das Maß sich aber zum Selbständigen bestimmt hat, so ist nunmehr die qualitative Bestimmtheit das Erste; das Maß ist an sich bestimmte Einheit, welche sich zur Anzahl verhält. Die Selbständigkeit des Maßes beruht also auf einem unmittelbaren zugrunde liegenden Verhältnis; es ist nicht mehr das einfache, bloß äußerliche Quantum, das Qualität sein soll, sondern es ist Qualität, insofern es an sich selbst Verhältnis ist. Dieses direkte Verhältnis ist aber zugleich Verhältnis zu anderen Maßen, und insofern ist es spezifizierendes. Es ist also

erstens ein selbständiges Maß, das sich zu anderen verhält und in diesem Verhalten dieselben spezifiziert. Diese Spezifikation aber ist das Hervorbringen anderer direkter Verhältnisse, somit anderer Maße; und die spezifische Selbständigkeit besteht nicht in einem direkten Verhältnis, sondern in der spezifischen Bestimmtheit zu der Reihe selbständiger Maße.

Zweitens sind die dadurch entstehenden direkten Verhältnisse an sich bestimmte und ausschließende Maße; indem aber ihr Unterschied voneinander zugleich nur quantitativ ist, so ist ein Fortgang von Verhältnissen vorhanden, der zum Teil bloß äußerlich quantitativ ist, aber auch durch qualitative Verhältnisse unterbrochen wird und eine Knotenlinie von spezifischen Selbständigen bildet.

Drittens aber tritt in diesem Fortgang für das Maß die

Maßlosigkeit überhaupt und bestimmter die Unendlichkeit des Maßes ein, in welcher die sich ausschließenden Selbständigkeiten eins miteinander sind und das Selbständige in negative Beziehung zu sich selbst tritt. |

A. Das Verhältnis selbständiger Maße

1. Neutralität

Etwas, das durch sein Maß selbständig ist, ist an sich ein unmittelbares Verhältnis, und dies macht seine Natur und den Grund seines Unterschiedes gegen andere aus. Es ist seine Bestimmung oder sein Ansichsein; insofern es Verhältnis ist, ist es eine Qualität. Alsdann aber bezieht sich dieses Etwas auch auf Andere, ist aber in dieser Beziehung selbständig oder erhält sich darin; so spezifiziert es das äußerliche Quantum, das an dasselbe kommt. – Diese Seite ist seine Beschaffenheit oder Sein-für-Anderes. Sie ist als Verhältnis seiner Bestimmung zu der Äußerlichkeit selbst eine Qualität. Das Etwas ist ein Selbständiges, indem es die Einheit dieser seiner Qualitäten ist. Es ist deswegen hier nicht bloß eine Qualität, die in Beziehung auf eine andere Qualität steht.

Das unmittelbare Verhältnis, welches das Etwas an ihm selbst ist, ist nunmehr sein wahrhaftes spezifisches Quantum. Der Exponent dieses Verhältnisses ist ein unmittelbares Quantum nur in Vergleichung mit anderen dergleichen Verhältnissen; aber diese Bestimmung durch Anderes geht dasselbe nichts an; es ist an sich selbst, indem es Verhältnis in sich ist. – Insofern seine Seiten als Quanta sich verändern, so erhält es sich in ihnen wie ein unmittelbares Verhältnis überhaupt; indem die eine Seite die Einheit ist, ist die andere die Anzahl, und es verändert sich hierin nur die Einheit, nicht die spezifische Anzahl oder der Exponent. (– Ein solches Maß ist die spezifische Schwere der Körper.)

Aber ferner hat dieses Maß eine Seite des Verhaltens zu anderen. Dieses Verhalten betrifft die Anzahl. Durch dasselbe vergleicht nämlich das Selbständige sich selbst mit anderen; es hat darin die Äußerlichkeit an ihm, setzt sich also nach dem Exponenten seines an sich seienden Verhältnisses in Beziehung.

Allein er ist darin wesentlich Exponent, qualitativer Natur; seine Beziehung auf Andere ist weder die gleichgültige Unmittelbarkeit eines Quantum gegen andere Quanta noch auch eine ebenso äußerliche gleichgültige Veränderung desselben. Sondern indem er an sich bestimmtes Quantum oder quantitative Qualität ist, verhält er sich als Maß gegen das äußerliche Quantum und spezifiziert dasselbe. Aber umgekehrt, insofern er selbst Quantum ist, wird er darin ebenfalls verändert. Es ist eine gegenseitige Spezifikation, welche von unmittelbar bestimmten Maßen ausgeht und daher nicht an und für sich bestimmtes, sondern äußerliches Maß ist. Das spezifische Verhalten zu Anderen ist daher zwar eine negative Richtung auf | das unmittelbare Maß, denn das An-sich-Bestimmte tritt durch dieses Verhalten in die Äußerlichkeit, aber das unmittelbare Maß macht die Grundlage des entstandenen Verhältnisses der Beziehung aus.

Diese Beziehung ist eine Neutralisierung beider Seiten; durch ihre quantitative Natur, die in der Beziehung zugrunde liegt, kontinuieren sie sich ineinander; es ist dadurch ihr gleichgültiger Unterschied gesetzt, und indem darin zugleich die qualitative Bestimmung liegt, die sie haben, so modifiziert sich auch diese. Die Einheit des Qualitativen ist hier nicht das Übergehen der einen Qualität in die andere, auch ihr Resultat nicht das bloß Negative ihres gegenseitigen Aufhebens, sondern es ist hier gesetzt, daß sie in ihrem Aufgehobensein sich auch erhalten; denn ihr Unterschied ist als quantitativ ein gleichgültiger und ein solcher, worin das Unterschiedene sich auch in sein Anderssein kontinuiert und in seiner Änderung sich erhält. Das Selbständige bleibt also in der Neutralisation zwar nicht, was es unmittelbar ist; es stellt sein Ansichbestimmtsein nur als einen Modus, als eine Art und Weise des Seins-für-Anderes dar; aber umgekehrt ist seine Veränderung ebenso nur ein Modus für es und betrifft nicht seine Bestimmung an und für sich.

2. *Spezifikation der Neutralität*

Das Grundmaß eines Selbständigen also (sein Gewicht in sich selbst oder seine eigentümliche Schwere) ist erstens Quantum und in der Verbindung, die es mit anderen eingeht, verändert sich dieses Quantum; dieses Quantum ist **zweitens** Exponent; es macht die Qualität des Selbständigen aus; diese wird dadurch verändert; aber **drittens** ist diese Veränderung nur eine Modifikation, es ist nur als Anzahl, daß es spezifiziert wird, und Anzahl ist es nur in Vergleichung mit anderem. Weil nun das Selbständige gegen diese Veränderung in der Neutralisation gleichgültig ist, so geht es mit **Mehreren** solche **neutrale Verbindungen** ein. Wenn es nur qualitativer Natur wäre, so hätte es an dem Anderen nur sein **Nichtsein**; eine Qualität hat nur an **einer** anderen ihre Bestimmtheit. Erst in das Quantitative eingehüllt ist ihr der Unterschied von einem Anderen auch gleichgültig. Das Selbständige ist nicht **eine** Qualität, sondern negative Einheit von Qualitäten, und darin ist es wesentliches Quantum. Diese Verbindungen mit mehreren sind nun verschiedene Verhältnisse, die also verschiedene Exponenten haben. Das Selbständige hat den Exponenten seines An-sich-Bestimmtseins nur in der Vergleichung mit Anderen; die Neutralität mit Anderen macht seine wahrhafte Vergleichung mit denselben aus, denn es ist seine Vergleichung mit ihnen durch sich selbst. – Die Exponenten dieser Verhältnisse aber sind verschieden, | und es stellt hiermit seinen qualitativen Exponenten als die **Reihe dieser verschiedenen Anzahlen** dar, zu denen es die Einheit ist, – als eine **Reihe von spezifischem Verhalten zu Anderen.** Der qualitative Exponent ist an und für sich nicht ein unmittelbares Quantum. Von Anderen unterscheidet sich also das Selbständige durch die **eigentümliche Reihe der Exponenten,** die es als Einheit angenommen mit anderen Selbständigen bildet, indem ein anderes Selbständiges mit ebendenselben in Beziehung gebracht und als Einheit angenommen eine andere Reihe formiert.

* Das Selbständige ist, wie betrachtet worden, die Einheit zu diesen Exponenten oder Anzahlen, die sein Verhalten zu anderem ausdrücken. Denn es ist das Ansichbestimmtsein gegen seine Beschaffenheit, das ist, gegen sich als Quantum. Sein Quantum ist als solches seine Äußerlichkeit, welche modifiziert wird; es stellt daher sein quantitatives Bestimmtsein nicht in einem Quantum, sondern vielmehr dieses als ein veränderliches dar und zeigt sein Ansichbestimmtsein daher in einer Reihe von

Exponenten. Das Verhältnis dieser Reihe innerhalb ihrer macht das Qualitative des Selbständigen aus, welches in dieser Mannigfaltigkeit der quantitativen Bestimmung die Einheit mit sich ist. – Insofern also ein Selbständiges mit einer Reihe von Selbständigen eine Reihe von Exponenten bildet, so ist es zunächst von einem Selbständigen nicht dieser Reihe, sondern einem anderen, mit welchem es verglichen wird, nur dadurch unterschieden, daß dieses eine andere Reihe von Exponenten mit denselben Selbständigkeiten macht. Aber auf diese Weise wären diese beiden Selbständigen nicht vergleichbar, insofern jedes als Einheit gegen seine Exponenten zu betrachten ist und die beiden hierdurch entstehenden Reihen unbestimmt andere sind. Das Selbständige ist aber nicht an sich bestimmt als die Einheit, welche einfaches Eins ist, sondern wesentlich als Verhältnis; es ist Eins wohl gegenüber der Zahlenreihe seiner Exponenten; an sich bestimmte Einheit ist es weder als dieses Eins noch in dem Verhältnis zu einem derselben; so hätte es seine Bestimmtheit in einem Quantum als solchen; sondern es hat sein Ansichbestimmtsein nur in dem Verhältnis der Reihe, in dem Verhältnis, das diese in ihr selbst hat. Diese ist seine Einheit, und insofern das andere mit ihm vergleichbare Selbständige von derselben Art überhaupt ist, nämlich insofern es an den Selbständigen der anderen Seiten gleichfalls diejenigen hat, mit denen es sich neutralisiert, so hat es ebenso sein Ansichbestimmtsein in ihr. Diese aber ist nur insofern an sich bestimmt, als die Glieder derselben ein konstantes Verhältnis untereinander zu beiden haben; so ist sie ihre gemeinschaftliche Einheit. In dieser gemeinschaftlichen Einheit liegt allein die Vergleichbarkeit der beiden Selbständigen, die als sich nicht miteinander neutralisierend, sondern als gleichgültig gegeneinander angenommen wurden. Sie sind in dieser Rücksicht Quanta gegeneinander; als solche aber sind sie nur vergleichbar in der aufgezeigten gemeinschaftlichen Einheit. |

Diejenigen Selbständigen aber, welche mit den ihnen gegenüberstehenden, unter sich nur verglichenen sich neutralisieren und die Reihe der Exponenten des Verhaltens von jenen abgeben, sind an ihnen selbst gleichfalls Selbständige; sie sind insofern gleichfalls jedes als Einheit zu nehmen, die an den erst genannten, unter sich bloß verglichenen Beiden oder vielmehr unbestimmt Mehreren die Reihe ihrer Exponenten haben, welche Exponenten die Vergleichungszahlen jener erst genannten unter sich sind, so wie die Vergleichszahlen der zweiten Reihe unter sich gleichfalls umgekehrt die Reihe der Exponenten für die erste Reihe ist. Beide Seiten sind auf diese Weise Reihen von Zahlen, in denen jede erstens Einheit ist gegen ihre gegenüberstehende Reihe, an der sie ihr Quantum als eine Reihe von Exponenten hat; zweitens ist sie selbst einer der Exponenten für die gegenüberstehende Reihe; und drittens Vergleichungszahl zu den übrigen Zahlen ihrer Reihe und hat als diese Anzahl ihr An-sich-Bestimmtsein oder ihre Einheit an der gegenüberstehenden Reihe. – Insofern also jedes der als selbständig sich verhaltenden Einheit mit sich an sich bestimmt ist, hat es diese seine Einheit an einer Reihe gegenüberstehender Exponenten seines Verhaltens. Insofern es Quantum oder Anzahl ist, ist es ein spezifiziertes Quantum unter anderem und unterscheidet sich dadurch von ihnen. Also sein Ansichbestimmtsein ist die gegenüberstehende Reihe, welche für die anderen seiner Seite nur die gemeinschaftliche Einheit ist; durch sein Ansichbestimmtsein also ist es den anderen gleich. Ein Anderes gegen sie aber ist es oder eine Vergleichungszahl und gleichgültiges Quantum hat es, insofern es von einer fremden Einheit spezifiziert und gesetzt ist. In diese Äußerlichkeit seiner selbst also hat sich die Natur des selbständigen Maßes verkehrt, insofern es ein unmittelbares Verhältnis sein sollte, das gegen Anderes spezifizierend sei und sich in dieser Spezifikation gleichgültig erhalte. Seine Beziehung auf sich sollte von seiner Beziehung zu Anderem nicht leiden; aber seine Beziehung auf sich ist zunächst unmittelbares Verhältnis; seine Gleichgültigkeit gegen Anderes besteht in dem Quantum; darum ist seine qualitative Seite gegen es selbst gerichtet; sein Verhalten zu Anderem als das wahrhaft Qualitative wird zu dem, was die spezifische Bestimmung dieses Selbständigen ausmacht; sie besteht daher schlechthin in der Art und Weise, sich zu Anderem zu verhalten, und diese Art und Weise ist so sehr durch das Andere als durch es selbst bestimmt.

Die Äußerlichkeit, in welche sich die spezifische Selbständigkeit verkehrt, ist, näher betrachtet, der Übergang des Qualitativen in das Quantitative und umgekehrt des Quantitativen in das Qualitative, der hier eingetreten ist. Im Maße sind sie überhaupt in unmittelbarer Einheit; im realen Maße, in der spezifischen Selbständigkeit sind sie unterschieden, aber um ihrer wesentlichen Einheit willen wird dieses Unterscheiden zu einem Übergehen des einen Momentes in das andere. | Die selbständigen Maße sind an sich unmittelbar bestimmt, so sind sie Quanta; aber diese Bestimmung schlägt um in qualitatives Verhältnis zu Anderen, in die Neutralisierung. Gegen diese negative Einheit sind sie gleichgültig; sie geht in quantitative Bestimmung über; sie sind in dieser Beziehung mit **Mehreren**; diese Mehreren sind durch die qualitative Beziehung gegeneinander bestimmt; aber ihr Unterschied ist nur die Verschiedenheit des Quantums. – Aber sie sind somit nur Mehrere und verschiedene Quanta überhaupt gegeneinander; es ist die spezifische Bestimmtheit, die Rückkehr dieses Verhaltens in sich, noch nicht vorhanden.

Allein die Neutralisation gegenüberstehender Selbständiger ist so ihre qualitative Einheit, daß das eine darin nicht in das andere übergegangen, also nicht nur **eine** Negation überhaupt, sondern **beide** darin negativ gesetzt sind; oder daß, indem jedes sich gleichgültig darin erhält, **seine Negation auch wieder negiert** ist. Ihre qualitative Einheit ist somit für sich seiende **ausschließende** Einheit. Die Exponenten, welche Vergleichszahlen unter sich sind, haben in dem Moment ihres Ausschließens gegeneinander erst ihre wahrhaft spezifische Bestimmtheit. – Ihr Unterschied ist erst so nicht bloß der gleichgültige des Quantums, sondern auch qualitativer Natur. Zugleich aber gründet er sich, wie erhellt, auf das Quantitative; nämlich das Selbständige verhält sich nur darum zu einem Mehreren seiner qualitativ anderen Seite, weil es in diesem Verhalten zugleich gleichgültig ist; und durch die Quantitativität der neutralen Beziehung ist diese in ihrer Natur unendlich, nicht bloß Negation überhaupt, sondern Negation der Negation: für sich seiende, ausschließende Einheit. Dadurch ist die **Verwandtschaft** eines Selbständigen zu den Mehreren der anderen Seite nicht nur eine indifferente Beziehung, sondern eine ausschließende, eine **Wahlverwandtschaft**.

3. Wahlverwandtschaft

In der Wahlverwandtschaft hat das spezifisch Selbständige seinen ersten Charakter vollständig verloren, unmittelbar an sich bestimmt zu sein; es ist an sich bestimmt nur als fürsichseiende negative Einheit. Diese Einheit hat sich gezeigt, als das in sich zurückgegangene Übergehen des Quantitativen und Qualitativen, die absolute Einheit des Quantitativen und des Qualitativen zu sein. Sie ist dadurch so bestimmt, daß sie, als in sich quantitativer Unterschied, gegen sich selbst gleichgültig in sich zerfällt oder als in sich qualitativ sich negativ gegen sich verhält – beides ist hier dasselbe – und sich auf die aufgezeigte Weise spezifiziert. In diesem Abstoßen trennen sich teils die Verhältnisse in ihre allgemeinen qualitativen Seiten, teils spezifizieren diese einander und damit sich selbst und schließen sich voneinander aus. Hieraus ist dann erst das Selbständige als Verhältnis hervorgegangen, in welchem das als gleichgültiges Quantum Erscheinende zugleich nur Moment ist. Dieses Selbständige hat die gedoppelte Beziehung, sich zu Anderen neutralisierend zu verhalten und einerseits unmittelbar in dieser seiner sich aufhebenden Beziehung nicht überzugehen in das Andere, sondern sich nur zu modifizieren, andererseits sich als sich rein auf sich beziehend zu verhalten, andere Verhältnisse von dieser seiner Modifikation auszuschließen und die Neutralität mit ihnen von sich abzuhalten. In diesem Verhalten zu Anderem besteht die Selbständigkeit, und zwar so, daß es ebenso sehr Verhalten der Anderen gegen es oder überhaupt aller gegen alle ist. Ferner ist jedes Moment ebenso sehr qualitativer als quantitativer Natur; so auch die letzte Bestimmung, der Unterschied der sich Ausschließenden, ist ein Unterschied des Quantums.

Die Kontinuität eines spezifischen Moments mit seinem Anderen ist Neutralisierung; sie ist auch negativer Natur, spezifizierend und ausschließend. Das von dieser Wahlverwandtschaft Ausgeschlossene aber ist zugleich einer der Exponenten; es ist als Quantum unterschieden; und so ist auch das Ausschließende ein verschiedenes Quantum. Die Zahlen haben in dieser Seite des ausschließenden Verhaltens ihre Kontinuität und Zusammenfließbarkeit miteinander verloren;

es ist das Mehr oder Weniger, was diesen negativen Charakter erhalten hat und den Vorzug dem einen Exponenten gegen andere und unter diesen wieder einem gegen die übrigen gibt. Allein indem es zugleich wieder nur Quanta sind, was sich ausschließt, so setzt sich ein Moment, das als selbständig angesehen werden kann, ausschließend mit einem Exponenten, der ein Mehr für dasselbe ist, in spezifische Neutralität; aber es ist auch einem Moment wieder gleichgültig, von mehreren ihm gegenüberstehenden Momenten dieses neutralisierende Quantum zu erhalten, von jedem nach seiner spezifischen Bestimmtheit gegen das Andere. Ob zwar das ausschließende Verhalten derselben hier das Bestimmende ist, so leidet doch dieses negative Verhalten auch diesen Eintrag von der quantitativen Seite her.

Das reale Maß fing also von einem an sich bestimmten, direkten Verhältnis an, dem Verhältnis der Einheiten, des An-sich-einfach-Bestimmten der Seiten, das als das Unmittelbare fest zugrunde liegen und sich von dem spezifizierenden, dem qualifizierenden Verhältnis der Anzahlen unterscheiden sollte. Allein es hat sich gezeigt, daß vielmehr nur dieses spezifizierende, als Verhalten zu Anderen sich Bestimmende, das totale Verhältnis und jenes erste unmittelbare in dieses andere überging. Die an-sich-bestimmten Einheiten, welche die Seiten des direkten Verhältnisses ausmachten, sind selbst zu Anzahlen geworden, zu solchen, die ihre an-sich-bestimmte Einheit in einer gegenüberstehenden Reihe haben und als sich unterscheidende ausschließende Anzahlen nur Glieder einer spezifizierten Reihe sind. Die unmittelbare qualitative Einheit des ersten Verhält|nisses selbst ist übergegangen in die negative ausschließende Einheit, welche nicht eine Beziehung unmittelbarer an-sich-bestimmter Einheiten, sondern ein Spezifizieren derselben ist. Was eine Neutralisation unmittelbar vorhandener Selbständiger war, ist eine Beziehung von Quantis, welche ihr Dasein allein in dieser qualifizierenden Negation haben, die auch ihre Neutralisation ausmacht. Was hiermit vorhanden ist, ist die negative Beziehung der unmittelbaren Einheit des Verhältnisses und der spezifizierten Einheit und damit der qualitative Unterschied des Quantitativen und Qualitativen selbst. Jene unmittelbare Einheit ist damit als gleichgültige Unmittelbarkeit überhaupt, als Quantum als solches bestimmt, und das Spezifische als das Qualitative. Indem ferner die Verhältnisse nun unter diesen Bestimmungen und diese Bestimmungen schlechthin aufeinander bezogen sind, so ist überhaupt ein Umschlagen von gleichgültigem, bloß quantitativem Verhalten umgekehrt ein Übergehen des spezifischen Bestimmtseins in das bloß äußerliche Verhältnis, – eine Reihe von Verhältnissen, die bald bloß quantitativer Natur, bald spezifische und Maße sind.

Anmerkung

Die chemischen Stoffe sind solche Maße oder Maßmomente, als sich soeben ergeben haben, die dasjenige, was ihre Bestimmung ausmacht, allein im Verhalten zu Anderen haben. Säuren und Kalien oder Basen überhaupt erscheinen als unmittelbar an sich bestimmte Dinge, aber zugleich vielmehr als unvollkommene Körperelemente, als Bestandteile, die eigentlich nicht für sich existieren, sondern nur diese Existenz haben, ihr isoliertes Bestehen aufzuheben und sich mit einem Anderen zu verbinden. Ihr Unterschied, wodurch sie Selbständige gegeneinander sind, besteht nicht in unmittelbaren Qualitäten, sondern in der quantitativen Art und Weise des Verhaltens. Dieser Unterschied ist ferner nicht auf den chemischen Gegensatz von Säure und Kali oder Basis überhaupt eingeschränkt, sondern ist weiter zu einem Maße der Sättigung spezifiziert und besteht in der spezifischen Bestimmtheit der Quantität der sich neutralisierenden Stoffe. Diese Quantitäts-Bestimmung in Rücksicht auf die Sättigung macht die qualitative Natur eines Stoffs aus; sie macht ihn zu dem, was er für sich ist; die Zahl, die dies ausdrückt, ist wesentlich einer von mehreren Exponenten für eine gegenüberstehende Einheit. – Ein solcher Stoff steht mit einem anderen in sogenannter Verwandtschaft. Insofern diese Beziehung rein qualitativer Natur bliebe, so wäre – wie die Beziehung der magnetischen Pole oder der Elektrizitäten – die eine Bestimmtheit nur die negative der anderen und beide nicht auch zugleich gleichgültig gegeneinander. Aber weil die Beziehung auch quantitativer Natur ist, ist jeder dieser Stoffe fähig, mit mehreren sich zu neutralisieren, und nicht auf einen gegenüberstehenden eingeschränkt. Es verhält sich nicht nur die Säure und das Kali oder Basis, sondern Säuren und Kalien oder Basen zueinander. Sie charakterisieren sich in dem Unterschied der Säuren von Säuren und der Kalien von Kalien dadurch gegeneinander, je nachdem ihre Verwandtschaften sich ausschließend gegeneinander verhalten und eine vor der anderen den Vorzug hat, indem für sich eine Säure mit allen Kalien und umgekehrt eine Verbindung eingehen kann. Es macht daher den Hauptunterschied einer Säure gegen eine andere aus, ob sie zu einer Basis eine nähere Verwandtschaft habe als eine andere. Und die nähere Verwandtschaft beruht auf dem Unterschied der Menge, welche von ihr hinreicht, ein gegenüberstehendes qualitatives Moment zu sättigen; es ist daher eine Verhältniszahl, durch welche die spezifische Eigenschaft eines solchen Stoffs ausgedrückt ist.

Über die chemischen Verwandtschaften der Säuren und Kalien haben Richter und Guyton das Gesetz gefunden, daß, wenn zwei neutrale Solutionen gemischt werden und dadurch eine Scheidung entsteht, die Produkte gleichfalls neutral sind. Es folgt hieraus, daß die Mengen von zwei kalischen Basen, die zur Sättigung einer Säure erfordert werden, in demselben Verhältnis zur Sättigung einer anderen nötig sind; überhaupt wenn für ein Kali, als Einheit genommen, die Reihe der Verhältniszahlen bestimmt worden ist, in denen die verschiedenen Säuren dasselbe sättigen, so ist für jedes andere Kali diese Reihe dieselbe, nur daß die verschiedenen Kalien gegeneinander in verschiedenen Anzahlen zu nehmen sind; – Anzahlen, die wieder ihrerseits eine eben solche beständige Reihe von Exponenten für jede der gegenüberstehenden Säuren bilden, indem sie ebenso zu jeder einzelnen Säure sich in demselben Verhältnis beziehen als zu jeder anderen. – Fischer hat diese Reihen aus den Richterischen Arbeiten in ihrer Einfachheit herausgehoben (s. in s. Anmerkungen zur Übersetzung von Berthollets Abhandlung über die Gesetze der Verwandtschaft in der Chemie, S. 232. und Berthollet Statique chimique I. Part. p. 134. ff.)

Bekanntlich hat Berthollet ferner die allgemeine Vorstellung von der Wahlverwandtschaft durch den Begriff von der Wirksamkeit einer chemischen Masse modifiziert. Diese Modifikation hat auf die Quantitäts-Verhältnisse der chemischen Sättigungs-Gesetze selbst keinen Einfluß, sondern nur auf das qualitative Moment der ausschließenden Wahlverwandtschaft. Weil die Grundlage des qualitativen Verhaltens Quantitäts-Bestimmungen sind, so wird dasselbe durch die gleichgültige Natur von diesen geschwächt. Wenn zum Beispiel zwei Säuren auf ein Kali wirken und diejenige, die eine größere Verwandtschaft zu derselben hat, auch in dem Quantum vorhanden ist, welches fähig ist, das Quantum der Basis zu sättigen, so erfolgt nach der Vorstellung der Wahlverwandtschaft nur diese Sättigung; die andere Säure bleibt ganz unwirksam und von der neutralen | Verbindung ausgeschlossen. Nach jenem Begriff der Wirksamkeit einer chemischen Masse hingegen ist jede von beiden wirksam in einem Verhältnis, das aus ihrer vorhandenen Menge und ihrer Sättigungsfähigkeit oder Affinität zusammengesetzt ist. Bertholletts Untersuchungen haben die näheren Umstände angegeben, unter welchen die Wirksamkeit der chemischen Masse aufgehoben wird [und] eine stärker verwandte Säure die andere schwächere auszutreiben und deren Wirkung auszuschließen, somit nach dem Sinne der Wahlverwandtschaft tätig zu sein scheint. Er hat gezeigt, daß es Umstände, z. B. die Stärke der Kohäsion, Unauflösbarkeit der gebildeten Salze im Wasser, sind, unter welchen jenes Ausschließen stattfindet, nicht die Natur der Agentien selbst, – Umstände, welche durch andere Umstände z. B. die Temperatur in ihrer Wirkung aufgehoben werden können. Durch die Beseitigung dieser Hindernisse tritt die chemische Masse in Wirksamkeit, und das, was als rein qualitatives Ausschließen, als Wahlverwandtschaft erschien, zeigt sich nur in äußerlichen Modifikationen zu liegen.

Das, was in der Darstellung des Textes die unmittelbaren selbständigen Maße, die an sich bestimmten Verhältnisse sind, welche sich von ihrem Verhalten zu anderen unterscheiden, ist durch die spezifischen Schweren der Körper repräsentiert. – Sie sind innerhalb ihrer selbst ein Verhältnis von Gewicht zum Volumen. Der Verhältnisexponent, welcher die Bestimmtheit einer spezifischen Schwere zum Unterschied von anderen ausdrückt, ist zunächst bestimmtes Quantum nur der Vergleichung; was ein ihnen äußeres Verhältnis in dem Beziehen einer äußeren Reflexion ist und sich nicht auf das eigene qualitative Verhalten zu einer gegenüberstehenden Einheit gründet. Indem aber diese Unterschiede als Bestimmung überhaupt eine spezifizierende Einheit zugrunde liegen haben und das bestimmte Qualifizieren eine Identität mit sich in ihrem Unterscheiden, eine Regel, ist, – so ist die Aufgabe vorhanden, die Verhältnisexponenten der Reihe der spezifischen Schweren als ein System aus einer Regel zu erkennen, welche eine arithmetische Progression zu einer Reihe harmonischer Knoten spezifiziert; jedem solchen Knoten hätte ein Exponent zu entsprechen, der das Quantum der spezifischen Schwere eines vorhandenen Körpers ist. Auf diese Weise würden die einfachen Zahlen der spezifischen Schweren – Zahlen, welche für sich eine begrifflose Unmittelbarkeit haben und daher keine Ordnung zeigen können, – als die letzten Resultate von Verhältnissen erscheinen, in welchen die zugrunde liegende spezifizierende Regel erkennbar wäre. – Dieselbe Forderung ist für die Erkenntnis der angeführten chemischen Verwandtschaftsreihen vorhanden.

Die spezifischen Schweren, ob sie gleich zunächst kein qualitatives Verhältnis | zueinander zu haben scheinen, zeigen sich jedoch gleichfalls in einer qualitativen Beziehung. Indem die Körper chemisch verbunden, auch nur amalgamiert oder synsomatisiert werden (selbst schon indem nur die Temperatur sich ändert), so zeigt sich die Vereinigung gleichfalls als eine Neutralisation der spezifischen Schweren. Bekanntlich ist das Volumen auch des Gemisches von vermengten, chemisch gegeneinander eigentlich gleichgültigen Flüssigkeiten oder Basen nicht von gleicher Größe mit der Summe des Volumens der vermischten vor ihrer Vermischung. Sie modifizieren in derselben gegenseitig das Quantum ihrer Bestimmtheit, mit dem sie in die Beziehung eintreten und geben sich auf diese Weise als qualitative Bestimmungen gegeneinander kund. Hier äußert sich somit das Quantum der spezifischen Schwere nicht bloß als eine fixe Vergleichungszahl, sondern als eine Verhältniszahl, die verrückbar, mit anderen eine besondere Neutralität eingeht.

B. Knotenlinie von Maßverhältnissen

Es ist das Maßverhältnis vorhanden, das sich als ausschließend und dadurch als selbständig erweist; der Vorzug, den die Seite des

Verhältnisses einem ihrer Exponenten gegen andere gibt, beruht auf dem Quantum desselben gegen andere. Das Mehr oder Weniger ist das Ausschließende, Qualitative. Umgekehrt aber ist es das Spezifische, wodurch ein solches Mehr oder Weniger bestimmt ist. Das Qualitative, das sich auf diese Weise zu einem quantitativen Unterschied macht, wird ein Äußerliches, Vorübergehendes. Es ist überhaupt vorhanden, der Übergang des spezifischen in das bloß quantitative und des quantitativen in das spezifische Verhältnis. Indem das qualitative Verhältnis sich zu einem quantitativen Unterschied macht, so besteht es einerseits in diesem; es bleibt darin, was es ist, und das Quantitative ist die Gleichgültigkeit seines Bestehens; es ist diese Einheit beider, worin das Quantitative durch das Spezifische bestimmt ist, welche ein Selbständiges ausmacht. Andererseits aber ist es dadurch verändert; das Quantitative ist sein Anderes. Umgekehrt macht das Quantitative seinerseits ebenso die Grundlage des spezifischen Verhältnisses aus. Durch das quantitative Moment erhält sich das Selbständige in seinem Anderssein; andererseits aber ist das quantitative Moment in seiner Einheit mit dem spezifischen gleichfalls verändert. – Jedes der beiden Momente tritt daher als das Bestimmende auf, in welchem das andere nur als aufgehobenes ist, und damit jedes auch als aufgehobenes. |

Die schließliche Bestimmung des Maßverhältnisses war, daß es als ausschließend spezifisch ist. Aber dieses repellierende Ausschließen ist teils an und für sich Beziehung auf das Ausgeschlossene und gegenseitige Attraktion beider; teils aber, insofern das gleichgültige Bestehen der Ausgeschlossenen das quantitative Moment ist, so ist das Ausschließende gleichgültig unterschieden von dem Anderen und kontinuiert sich in dasselbe. Es kontinuiert sich darein einesteils als sich selbst erhaltend; sein Anderes ist ein Quantitatives, also ein gleichgültiger Unterschied, der das Spezifische nicht affiziert; andererseits aber ist es qualitativ von ihm unterschieden; es wird in diesem seinem Anderssein ein anderes Verhältnis und damit ein anderes Maß.

Die spezifizierende Einheit bestimmt, wie sich ergeben hat, Zahlenverhältnisse, welche qualitativer Natur und Maße sind. Aber die Seiten oder auch die Exponenten derselben sind

Anzahlen überhaupt, daher das an sich Unbestimmte und Äußerliche. Einesteils bleibt das Maß unverändert in diesem Unterschied seiner Quantität; anderntteils wird es verändert, und zwar nicht durch sich selbst, oder so, daß es sich in seinem Anderssein als in dem, worauf es sich bezieht, erhielte; sondern das Quantitative, worein es übergeht, ist die Beschaffenheit, das an sich Äußerliche; es ist also darin nur untergegangen. Allein indem das Quantitative selbst ebenso zugleich qualitative Natur hat, so wird ein anderes quantitatives Verhältnis auch wieder ein Maß und ein an-sich-bestimmtes, das nicht aus der Äußerlichkeit und bloßen Beschaffenheit kommt, sondern mit dem vorhergehenden Maß zusammenhängt und durch eine Regel mit ihm in qualitativer Beziehung steht. Es ist also dieses Gedoppelte vorhanden. Der Übergang von einem Maße in ein anderes ist äußerlich, unzusammenhängend, eines ist ohne das andere, jedes erscheint als ein Unmittelbares; sie unterscheiden sich durch ein Mehr und Weniger; dies ist die Beziehung derselben in der Vergleichung, die ihnen äußerlich und gleichgültig ist. Aber sie haben auch eine Regel zugrunde liegen und verhalten sich als qualitative Unterschiede zueinander; denn das Quantum hat seine Bestimmtheit in der Spezifikation.

Die selbständigen Maße also, sowohl bloß quantitativ als auch qualitativ voneinander unterschieden, sowohl einander ganz äußerlich als auch durch eine Regel bestimmt, bilden eine Knotenlinie von Maßen auf einer Skala des Mehr und Weniger. Es ist ein Maßverhältnis vorhanden; dies ist ein selbständiges Dasein, eine Realität, die qualitativ von anderen unterschieden ist. Ein solches Dasein ist zugleich, weil es auf einem Verhältnis von Quantis beruht, der Äußerlichkeit und der Quantumsveränderung offen, und insofern ist das, wodurch es verändert wird, ein unbestimmt Anderes überhaupt, Zufälligkeiten, äußere Umstände. Es hat eine Weite, innerhalb deren es gegen diese Veränderung gleichgültig bleibt und seine Qualität nicht ändert. Aber es tritt ein Punkt dieser Än|derung des quantitativen Verhältnisses ein, auf welchem die Qualität geändert wird oder das Quantum sich als spezifizierend erweist, wo ein solches anderes quantitatives Verhältnis stattfindet, welches selbst Maß und damit eine neue Qualität und ein neues Etwas ist. Insofern das vorhergehende Verhältnis auf sein

Anderes, das Quantitative, worin es zugrunde geht, sich qualitativ bezieht, indem das Qualitative und Quantitative überhaupt sich qualitativ gegeneinander verhalten, so ist auch das Verhältnis, das an die Stelle des ersten getreten, durch dieses bestimmt. Aber dieses neue Etwas verhält sich ebenso gleichgültig gegen das Vorhergehende, denn ihr Unterschied ist der äußerliche des Quantums; es ist also nicht aus dem Vorhergehenden, sondern unmittelbar aus sich hervorgetreten. Die neue Qualität oder das neue Etwas ist demselben Fortgang seiner Veränderung unterworfen und so fort ins Unendliche.

Insofern der Fortgang von einer Qualität in stetiger Kontinuität der Quantität ist, so sind die einem qualifizierenden Punkte sich nähernden Verhältnisse quantitativ betrachtet nur durch das Mehr und Weniger unterschieden. Die Veränderung ist nach dieser Seite eine allmähliche. Aber die Allmählichkeit betrifft bloß das Äußerliche der Veränderung, nicht das Qualitative derselben. Das vorhergehende quantitative Verhältnis, das dem folgenden unendlich nahe ist, ist noch eine andere Realität. Von der qualitativen Seite wird daher das bloß quantitative Fortgehen der Allmählichkeit, das keine Grenze an sich selbst ist, absolut abgebrochen, und indem die neu eintretende Qualität um ihres quantitativen Unterschiedes selbst willen eine gegen die verschwindende unbestimmt andere, eine gleichgültige ist, so ist der Übergang ein Sprung; die verschwundene und die neu eintretende sind völlig Äußerliche. – Man sucht sich gern durch die Allmählichkeit des Übergangs eine Veränderung begreiflich zu machen; aber vielmehr ist die Allmählichkeit gerade die bloß gleichgültige Änderung, gerade das Gegenteil der qualitativen. In der Allmählichkeit ist vielmehr der Zusammenhang der beiden Realitäten – sie werden als Zustände oder als selbständige Dinge genommen – aufgehoben; es ist gesetzt, daß keine die Grenze der anderen, sondern eine der anderen schlechthin äußerlich ist, daß in dem bloß quantitativen Fortgang sich Verhältnisse zeigen, die gegen ihre unmittelbar vorhergehenden und nachfolgenden qualitativ unterschieden und gegen sie die bloß äußeren qualitativ gleichgültigen sich als spezifische darstellen.

Anmerkung

Das natürliche Zahlensystem ist schon eine solche Knotenlinie von qualitativen Momenten, die sich in einem bloß äußerlichen Fortgang hervortun. Es ist einesteils ein bloß quantitatives Vor- und Zurückgehen, ein fortwährendes | Hinzutun oder Wegnehmen, so daß jede Zahl dasselbe arithmetische Verhältnis zu ihrer vorhergehenden und nachfolgenden hat als diese zu ihrer vorhergehenden und nachfolgenden u.s.f. Aber die hierdurch entstehenden Zahlen haben auch zu anderen vorhergehenden oder folgenden ein spezifisches Verhältnis, entweder ein solches Vielfaches von einer derselben, als eine ganze Zahl ausdrückt, oder Potenz oder Wurzel zu sein. – In den musikalischen Verhältnissen tritt ein harmonisches Verhältnis in der Skala des quantitativen Fortgehens durch ein Quantum ein, ohne daß dieses Quantum für sich auf der Skala zu seinem vorhergehenden und nachfolgenden ein anderes Verhältnis hätte als diese wieder zu ihren vorhergehenden und nachfolgenden. Indem folgende Töne vom Grundton sich immer mehr zu entfernen oder Zahlen durch das arithmetische Fortgehen nur noch mehr andere zu werden scheinen, tut sich vielmehr auf einmal eine Rückkehr, eine überraschende Übereinstimmung hervor, die nicht durch das unmittelbar vorhergehende qualitativ vorbereitet war, sondern als eine actio in distans, als eine Beziehung zu einem Entfernten erscheint. Der Fortgang an bloß gleichgültigen Verhältnissen, welche die vorhergehende spezifische Realität nicht ändern oder auch überhaupt keine solche bilden, unterbricht sich auf einmal, und indem er in quantitativer Rücksicht auf dieselbe Weise fortgesetzt ist, tritt somit durch einen Sprung ein spezifisches Verhältnis ein.

In chemischen Verbindungen kommen allenthalben bei der progressiven Änderung der Mischungsverhältnisse solche qualitative Knoten und Sprünge vor, daß zwei Stoffe auf besonderen Punkten der Mischungsskala Produkte von besonderen Qualitäten bilden. Diese Produkte unterscheiden sich nicht bloß durch ein Mehr und Weniger voneinander, noch sind sie mit den Verhältnissen, die jenen Knotenverhältnissen naheliegen, schon vorhanden, etwa nur in einem schwächeren Grade, sondern sie sind an solche Punkte selbst gebunden. Z. B.

die Verbindungen von Sauerstoff und Stickstoff geben die verschiedenen Stickstoffoxide und Salpetersäuren, die nur an bestimmten Quantitäts-Verhältnissen der Mischung hervortreten und wesentlich verschiedene Qualitäten haben, so daß in dazwischenliegenden Mischungsverhältnissen keine Verbindungen und spezifische Existenzen erfolgen. – Die Metalloxide, z. B. die Bleioxide, bilden sich auf gewissen quantitativen Punkten der Oxidation und unterscheiden sich durch Farben und andere Qualitäten. Sie gehen nicht allmählich ineinander über, sondern die zwischen jenen Knoten liegenden Verhältnisse kommen nicht als ein spezifisches Dasein vor, sie vermögen kein Produkt zu bilden. Ohne durch Zwischenverhältnisse durchgegangen zu sein, tritt eine spezifische Verbindung auf, die auf einem Maßverhältnis beruht und eigene Qualitäten hat. – Oder das Wasser, indem es seine Temperatur ändert, wird damit nicht bloß mehr oder weniger warm, sondern geht durch die Zustände der Härte, der tropfbaren Flüssigkeit und elastischen Flüssigkeit hindurch; diese verschiedenen Zustände treten nicht allmählich ein, sondern eben das bloß allmähliche Fortgehen der Temperatur-Änderung wird durch diese Punkte mit einem Male unterbrochen und gehemmt, und der Eintritt eines anderen Zustandes ist ein Sprung. – Alle Geburt und Tod sind, statt eine fortgesetzte Allmählichkeit zu sein, vielmehr ein absolutes Abbrechen derselben und der Sprung aus dem Quantitativen in das Qualitative.

Es gibt keinen Sprung in der Natur; und die gewöhnliche Vorstellung, wenn sie ein Entstehen oder Vergehen begreifen soll, meint, wie bereits erinnert, es damit begriffen zu haben, daß sie es als ein allmähliches Hervorgehen oder Verschwinden vorstellt. Es hat sich aber gezeigt, daß die Veränderungen des Seins überhaupt nicht nur das Übergehen eines Quantums in ein anderes Quantum, sondern Übergang vom Qualitativen in das Quantitative und umgekehrt sind, ein Anderswerden, das ein Abbrechen des Allmählichen und ein Qualitativ-Anderes gegen das vorhergehende Dasein ist. – So wird das Wasser durch die Erkältung nicht nach und nach hart, so daß es breiartig würde und allmählich bis zur Konsistenz des Eises sich verhärtete, sondern es ist auf einmal hart; schon wenn es die ganze Temperatur des Eispunktes hat, aber ruhig steht, hat es noch seine ganze Flüssigkeit, und eine geringe Erschütterung bringt es in den Zustand der Härte. – Bei der Allmählichkeit des Entstehens liegt die Vorstellung zugrunde, daß das Entstehende schon sinnlich oder überhaupt wirklich vorhanden, nur wegen seiner Kleinheit noch nicht wahrnehmbar, so wie bei der Allmählichkeit des Verschwindens, daß das Nichtsein oder das Andere an seine Stelle Tretende gleichfalls vorhanden, nur noch nicht bemerkbar sei; – und zwar vorhanden nicht in dem Sinne, daß das Andere in dem vorhandenen Anderen an sich enthalten, sondern daß es als Dasein, nur unbemerkbar, vorhanden sei. Es wird damit das Entstehen und Vergehen überhaupt aufgehoben, oder das An-sich, das Innere, in welchem etwas vor seinem Dasein ist, in eine Kleinheit des äußerlichen Daseins verwandelt und der wesentliche oder der Begriffsunterschied in einen äußerlichen, bloßen Größenunterschied. – Das Begreiflichmachen eines Entstehens oder Vergehens aus der Allmählichkeit der Veränderung hat die der Tautologie eigene Langweiligkeit, weil es das Entstehende oder Vergehende schon vorher ganz fertig hat und die Veränderung zu einer bloßen Änderung eines äußerlichen Unterschiedes macht, wodurch sie in der Tat nur eine Tautologie ist.

Im Moralischen, insofern es in der Sphäre des Seins zu betrachten ist, findet derselbe Übergang des Quantitativen ins Qualitative statt; oder verschiedene Qualitäten gründen sich auf eine Verschiedenheit des Quantums. Es ist ein Mehr | oder Weniger, wodurch das Maß des Leichtsinns überschritten wird und etwas ganz anderes, Verbrechen, hervortritt, wodurch Recht in Unrecht, Tugend in Laster übergeht. – So erhalten auch Staaten durch ihren Größenunterschied, wenn das Übrige als gleich angenommen wird, einen verschiedenen qualitativen Charakter. Gesetze und Verfassung werden zu etwas anderem, wenn der Umfang des Staates und die Anzahl der Bürger sich erweitert. Der Staat hat ein Maß seiner Größe, über welche hinausgetrieben er haltungslos in sich zerfällt, unter derselben Verfassung, welche bei einem anderen Umfang sein Glück und seine Stärke ausmachte.

C. Das Maßlose

Das Maß ist an sich seiende Größe, welche der Äußerlichkeit und Gleichgültigkeit des unmittelbaren Quantums widersteht und sich dagegen erhält. Diese gleichgültige Selbständigkeit der spezifischen Maße aber beruht auf dem quantitativen Unterschied und ist darum des Auf- und Absteigens an der Skala des Quantums fähig, auf welcher die Verhältnisse sich ändern; Etwas oder eine Qualität wird über sich hinaus in das Maßlose getrieben und geht durch die bloße Änderung seines Quantums zugrunde. Die Größe ist die gleichgültige äußerliche Beschaffenheit, an der ein Dasein ergriffen und wodurch es zerstört werden kann.

Das qualitative Verhältnis geht über in bloß quantitative Verhältnisse, die keine negative Einheit haben und damit keine qualitativen Verhältnisse sind; die mit ihnen eingetretene Änderung ist nicht eine Qualitäts-Änderung. Aber umgekehrt wird diese zunächst gleichgültige Äußerlichkeit des Verhältnisses wieder eine qualifizierende Bestimmtheit und so fort ins Unendliche. Es ist insofern die schlechte Unendlichkeit des unendlichen Progresses vorhanden. – Das Maßlose besteht in dem bloß Quantitativen, in welches ein Maß übergeht; das Quantum ist als solches das Maßlose. Da aber umgekehrt das maßlose quantitative Verhältnis selbst wieder zu einem spezifischen wird, so hebt sich das Maßlose so wieder an ihm selbst auf. Was also vorhanden ist, ist nicht nur die Negation des spezifischen Verhältnisses, sondern auch die Negation des quantitativen Fortgangs selbst. Das Unendliche ist diese Negation beider Momente; es ist die absolute Bestimmung, welche ihnen fehlt. Das spezifische Verhältnis ist zunächst das an sich bestimmte, weil es als Verhältnis den Unterschied an ihm selbst hat und weil auch seine Seiten nicht unmittelbare Größen, nicht Einheiten wie im unmittelbaren direkten Verhältnis, sondern spezifizierte, gesetzte Quantitätsbestimmungen | sind. Aber dieses Bestimmtsein an sich hält sich nicht, es kontinuiert sich mit seinem Anderen und geht in den bloß quantitativen Unterschied über, einen Unterschied, der in unmittelbaren, nicht durch die negative Einheit spezifizierten Quantis besteht; dieser aber geht vielmehr in das spezifische Verhältnis zurück.

Keins von beiden ist also absolutes Bestimmtsein. Diese Unendlichkeit besteht also überhaupt in der Negation beider Seiten. Aber zugleich ist diese Negation nicht das Jenseits einer jeden, eine außer ihnen befindliche oder nur ihre innere Unendlichkeit, sondern ihre an ihnen selbst gesetzte Unendlichkeit. – Die qualitative Unendlichkeit war nämlich das Hervorbrechen des Unendlichen am Endlichen, der unmittelbare Übergang und das Verschwinden des Diesseits in seinem Jenseits. Die quantitative Unendlichkeit hingegen ist die Kontinuität des Quantums, eine Kontinuität desselben über sich hinaus. Das Qualitativ-Endliche wird zum Unendlichen; das Quantitativ-Endliche ist sein Jenseits an ihm selbst und weist über sich hinaus. Aber die Unendlichkeit der Spezifikation des Maßes ist an ihr selbst diese Totalität, die das Andere nicht als ein Jenseits seiner hat, sondern nur dies in seiner über sich hinausgehenden Negation setzt, daß es Totalität ist, daß es nicht ein Anderes gegen sich hat oder setzt. Das spezifische Verhältnis ist die negative Einheit von Quantitäten, die durch sie bestimmt sind; es ist als diese negative Einheit das selbständige gleichgültige Bestehen. Aber zu was es sich spezifiziert hat, sind Quantitätsbestimmungen; es geht somit in das quantitative Verhältnis nicht über, sondern bezieht sich darin nur auf sich selbst; und die Maßlosigkeit oder seine Negation, nämlich das Quantitative des Verhältnisses, ist seine negative Beziehung auf sich selbst. Seine Unendlichkeit ist also das Aufheben nicht seiner selbst, sondern seiner, daß es ein Anderes ist; es ist dies die Negation seiner als das, wodurch es ist. Das qualitative Verhältnis also als Beziehung spezifischer Quantitäten macht sich dadurch äußerlich, zu einem qualitätslosen Bestehen; aber eben diese seine Negation ist es, wodurch es ist, was seine spezifische Beschaffenheit ausmacht. – Dies ist seine Natur, aber es ist zugleich in dem unendlichen Progreß vorhanden. Nämlich das spezifische Verhältnis, als gleichgültig gegen sich selbst, stößt sich von sich selbst ab und macht sich zu einem anderen spezifischen Verhältnis. Dieses ist ein anderes quantitatives Verhältnis; darum sind beide gleichgültig gegeneinander, und ihre qualitative Beziehung aufgehoben. Aber eben damit sind sie nur äußerlich unterschieden; die Beziehung auf das Andere ist also eine Beziehung auf sein nicht Unterschiedenes, auf sich selbst als auf seine Negation.

Dieses Abstoßen des Spezifischen von sich ist seine Selbständigkeit; sie besteht also darin, sich auf sein Anderes, nur quantitativ Unterschiedenes so zu beziehen, daß es in seiner Negation das ist, was es ist. – So umgekehrt, die quantitative Bestimmung schlägt in spezifische Bestimmung um; aber weil diese an ihr selbst das Quantitative ist, so erhält dieses sich in seinem Anderswerden und ist somit in seiner Beschaffenheit das, was es seiner Bestimmung nach ist, in seiner Negation das zu sein, was es ist.

Der unendliche Progreß als solcher besteht nur darin, daß das spezifische Selbständige in das Quantitative übergeht und dieses in jenes und daß in diesem Übergehen das Übergehen sich selbst aufhebt, indem das neue Verhältnis wieder als ein unmittelbares, gleichgültiges ist. Die Unendlichkeit selbst aber ist die Einheit des Qualitativen und Quantitativen, die sich von sich abstößt und unmittelbar nur dieses Abstoßen selbst ist. – Das Quantitative und Qualitative sind im unmittelbaren Maße unmittelbare Einheit. Aber sie sind sich ebenso qualitativ entgegengesetzt; jedes ist, was das andere nicht ist; so sind sie im unendlichen Progreß die Bestimmungen der Verhältnisse gegeneinander. In dieser qualitativen Bestimmung aber sind sie zugleich schlechthin jedes an ihm selbst das Übergehen in sein Anderes. Dieses Übergehen ist der Form nach betrachtet dasselbe, wodurch die Qualität überhaupt zur Quantität und diese zu jener wird; nämlich das Spezifische des Verhältnisses geht als ausschließende Repulsion mit dem Ausgeschlossenen in eins zusammen oder wird Attraktion und damit Quantität. Umgekehrt, diese als die Äußerlichkeit an sich, die im Progreß die Äußerlichkeit ihrer selbst wird, ist damit in sich zurückgekehrt und Quantum als das, was es an sich ist, Qualität.

Es ist aber nicht nur dieses Übergehen der Qualität und Quantität ineinander vorhanden, das sich an ihnen als den Bestimmungen des Seins zeigt, sondern es kommt hier in der Beziehung beider zurück; ihr Übergehen ineinaner geschieht auf dem Boden ihrer Einheit. Es ist ein Übergehen, welches zugleich der Rückschlag seiner gegen sich selbst ist und sich aufhebt. Das Qualitative geht nämlich über in das Quantitative zunächst als in sein Anderes; aber dieses ist hier selbst als solches, das an sich Übergehen in das Qualitative ist – und so gegenseitig.

Jedes geht also über in sein Anderes, das aber an ihm selbst sich aufhebt und nur das Werden zu seinem Anderen ist. Indem jedes also ein Anderes wird, hebt es vielmehr nur dies auf, ein Anderes zu sein; es geht in seiner Änderung somit nur mit sich selbst zusammen.

Indem also das Übergehen spezifisch Selbständiger ineinander zugleich das Negieren dieses Übergehens als eines Anderswerdens ist, so ist dasjenige, was sich ändert, keine Selbständigkeit; die Veränderung ist nur Änderung eines Zustandes, und das Übergehende bleibt an sich dasselbe. Die quantitative Beziehung, das Spezifische des Unterschiedes von Qualitativem und Quantitativem, wird in dieser Unendlichkeit aufgehoben. Wie zuerst das unmittelbare Maßverhältnis sich in der spezifischen Selbständigkeit aufhob, so ist diese nun eben|falls verschwunden, indem sie zum Zustand herabgesetzt ist. Sie sollte überhaupt das aufgehobene unmittelbare Maßverhältnis, das Quantitative in ihr sollte ein qualitativ bestimmtes und als ausschließende negative Einheit mit sich absolut an sich bestimmtes Fürsichsein sein. Aber diese Selbständigkeit hat sich als übergehend in das Quantitative, das in ihr nur aufgehoben sein sollte, zum Moment herabgesetzt. Aber indem das Übergehen sich überhaupt aufgehoben, ist die Selbständigkeit in ihrem Übergehen nur mit sich zusammengegangen. Dadurch, daß sie im Übergehen ihr Übergehen aufhebt, ist sie erst wahrhafte Selbständigkeit. Das Selbständige setzt in einer und derselben Rücksicht, worin es seine spezifische Qualität aufhebt, sich als selbständig; denn damit ist es erst die wahrhafte Beziehung auf sich selbst.

Was also vorhanden ist, ist die Selbständigkeit, welche durch ihre Negation sich mit sich selbst vermittelt. Die spezifische Selbständigkeit, die ausschließende Beziehung auf sich hat, hat ihre Gleichgültigkeit gegen sich, das Quantitative als ihre Negation zu ihrem vermittelnden Moment, und als diese Rückkehr in sich ist sie absolute Selbständigkeit. |

Drittes Kapitel
Das Werden des Wesens

A. Die Indifferenz

Das spezifische Selbständige ist durch seine Negation mit sich selbst vermittelt, so ist es nicht mehr spezifische, sondern absolute Selbständigkeit. – Zunächst ist zwar das Spezifische das unmittelbare Sein überhaupt, das Qualitative; die Negation desselben aber ist das Quantitative, wodurch es in sich zurückkehrt. Allein das Quantitative ist ebensosehr Qualität und damit Spezifisches gegen die Qualität als solche, und diese ist seine Negation; beide haben also nur noch eine unbestimmte Bedeutung gegeneinander. – Ferner ist das Spezifische nicht mehr Selbständiges zu nennen; das Qualitative und das Quantitative sind schlechthin nur noch Momente. Das absolute Selbständige, das ihr Unendliches ist, in welchem sie aufgehoben sind, ist ihre Einheit, insofern sie aus ihnen herkommt. Sie ist nicht das Werden derselben; – dies war die Knotenlinie und der unendliche Fortgang derselben, denn sie ist nicht ihre Einheit, in der sie noch ihren qualitativen Unterschied hätten. Noch ist sie auch in die Bestimmung ihrer unmittelbaren Einheit zurückgegangen; denn die Momente sind als im Unterschied voneinander eins, oder es ist nicht ihre Einheit vorhanden, in der sie nur als aufgehobene eins wären, sondern sie sind dies, eines im anderen sich zu kontinuieren. Ihre Einheit ist daher die in ihnen gegen sie gleichgültige Einheit, ihre Indifferenz.

Diese Indifferenz des Qualitativen und Quantitativen ist die Gleichgültigkeit beider Bestimmungen überhaupt, deren jede in der anderen nicht über-, sondern nur mit sich selbst zusammengeht. Darum ist sie aber ferner auch nur die an-sich-seiende, noch nicht die für-sich-seiende Selbständigkeit. Indem sie die Gleichgültigkeit gegen den Unterschied der beiden Bestimmungen ist, so hat sie denselben noch nicht an ihr selbst. Sie ist ansichseiende, gleichgültige Einheit, so ist [sie] in der Bestimmung der Quantität gesetzt, und der qualitative Unterschied steht ihr gegenüber als das, wogegen sie gleichgültig ist. – Oder insofern sie das Unendliche ist, das aus dem Insichgehen des Qualitativen und Quantitativen resultiert, so hat sie diese

Bewegung hinter sich und ist auf sie | bezogen. – Der
Indifferenz mangelt also dies, an ihr selbst die qualitative Einheit
mit sich, die absolute Negativität [zu sein]. Sie ist in der
Bestimmung der Gleichgültigkeit gegen das Negative, also
nicht das absolut Selbständige.

B. Das Selbständige
als umgekehrtes Verhältnis seiner Faktoren

Die Indifferenz ist nur die an sich seiende Einheit des
Qualitativen und Quantitativen; sie hat die bestimmte Beziehung auf ihr Anderes, gegen welches sie gleichgültig ist; sie ist als
ansichseiend zwar Unmittelbarkeit, aber von der ihre Vermittlung verschieden ist; sie ist also in der Tat selbst vermittelt.
Somit ist sie das spezifische Selbständige, das sich durch seine
Negation mit sich vermittelt und dadurch absolute Selbständigkeit wird, so, daß sie die beiden Bestimmungen, die spezifische
Selbständigkeit und deren Negation, noch als Momente an ihr
hat, die von ihrer Indifferenz unterschieden sind; diese
Momente erhalten dadurch auf einen Augenblick wieder ihre
bestimmte Bedeutung gegeneinander. Aber nicht als Selbständige, welche es unmittelbar für sich sind, sondern die ihre
Selbständigkeit allein in ihrer Indifferenz haben und deren
Momente sind.

Es ist zuerst das Moment der spezifischen Selbständigkeit
vorhanden, das in seiner Bestimmtheit das qualitative ist; es ist
nicht an ihm selbst die indifferente Einheit mit sich, sondern ist
gegen sie das Bestimmte, somit in sich Unterschiedene. Es sind
also zwei Selbständigkeiten überhaupt; sie sind selbständig nur
an sich, in ihrer Einheit; denn in ihr sind sie nicht bestimmte
gegen anderes; nur in der Negation seiner ist das Spezifische
selbständig. In ihrer spezifischen Bestimmtheit aber sind sie das
eine, was das andere nicht ist, und daher jedes zugleich nur,
insofern das andere ist. Aber ihre bestimmte Verschiedenheit
gegeneinander macht der quantitative Unterschied aus; der
qualitative seine Beschaffenheit, seine spezifische Beziehung auf
anderes durch das Quantum. Dieses, das das Sein der Seiten des
Verhältnisses ausmacht, ist qualitativ gegeneinander bestimmt,

so daß das Sein der einen das Nichtsein der anderen ist. Sie stehen somit im umgekehrten Verhältnis.

Das umgekehrte Verhältnis kehrt hier zurück; es ist aber nicht das erste, formelle. In diesem war die qualitative Beziehung den Seiten selbst, daß die eine nicht ist, was die andere, gleichgültig, denn sie waren nur Quanta überhaupt. Hier in der Realität dieses Verhältnisses ist es die eigene Qualitativität der Seiten, welche sie so bezieht; ihre spezifische Bestimmung enthält das Moment des Ausschließens, an sich selbst zu sein, insofern das andere nicht ist. Zugleich ist diese Rückkehr der Seiten in sich die gleichgültige Beziehung auf sich, das Quantum; sie haben es zur | Bestimmung ihres gleichgültigen Bestehens gegeneinander. So ist das Quantum seinerseits als spezifisches nicht die unmittelbare äußerliche Bestimmtheit, sondern qualitative Beziehung.

Die beiden Seiten dieses umgekehrten Verhältnisses haben ihre Selbständigkeit an der ansichseienden Indifferenz ihrer Momente; sie sind diese Einheit selbst, aber die differenzierte Einheit; sie sind spezifizierte Selbständige. Als die Einheit des Qualitativen und Quantitativen sind an sich beide dasselbe und selbständig, aber sie sind diese Einheit als vermittelt durch ihre Negation oder das Anderssein; jedes hat an dem anderen seine Rückkehr in sich; das Qualitative ist das an sich Bestimmte nur in der Quantität als dem gleichgültigen Bestehen und das Quantitative nur Spezifisches in dem Qualitativen. Diese negative Einheit, in der sie Selbständiges sind, ist von ihrer absoluten Indifferenz noch unterschieden; daher tritt das Negative in seiner Bestimmtheit sich gegenüber. Ihre Einheit ist daher als ihre Selbständigkeit überhaupt in dem Unterschied von zweien vorhanden, die, wie sich bereits bestimmt hat, im umgekehrten Verhältnis zueinander stehen. Sie sind spezifisch Selbständige, als bestimmte, und jedes die Vermittlung seiner mit sich durch seine Negation; aber seine Negation ist von seiner nur erst an sich seienden Selbständigkeit unterschieden; sie ist also anderes Selbständiges. Die Rückkehr in sich besteht damit auch nur erst in der Unmittelbarkeit eines jeden, in der es sich gegen seine Veränderung erhält; die Unmittelbarkeit seines Bestehens und seine Gleichheit mit sich als in der Veränderung oder seine Vermittlung mit sich fallen auseinander. Es ist ein unmittelbarer Teil an jedem, der für sich ist und ihm nicht aus der Negation des anderen zuwächst, ein Teil, der größer oder kleiner oder als unendlich klein angesehen werden kann, der überhaupt das Moment der spezifischen Selbständigkeit ist.

Was also im realen umgekehrten Verhältnis vorhanden ist, sind zwei spezifische Selbständigkeiten, die an sich dasselbe und als Quanta unterschieden sind. Somit ist ihre ansichseiende Indifferenz nur ihre Summe, ein bestimmtes Quantum. Diese hat ihre qualitative Bestimmtheit an den unterschiedenen Verhältnissen, in die die gleichgültigen Quanta miteinander treten; denn die Beziehung, welche solche qualitativ bestimmten Quanta des Ganzen im Verhältnis haben, ist die spezifische Verschiedenheit dieses Ganzen. Diese Seiten des Verhältnisses sind Faktoren, die, an sich dasselbe Ganze, durch ihre bestimmte quantitative Veränderung das Ganze bestimmen, nicht nach seiner Indifferenz, sondern nach seiner Bestimmtheit; denn eben diese machen sie aus.

Diese Bestimmtheit der Faktoren besteht nun in dem verschiedenen Verhältnis ihrer Quantorum. Aber sie sind wesentlich zugleich qualitativ gegeneinander bestimmt; ihre quantitative Verschiedenheit ist nicht ein Auseinanderfallen derselben, sondern ist in Einer Einheit. Das eine hat also eine Größe nur, insofern die andere Seite sie nicht hat; so viel der einen abgeht, geht der anderen zu. Darum nun aber, weil ihre Quantitativität schlechthin von dieser qualitativen Natur ist, so reicht jede nur so weit als die andere. Insofern sie als Quanta verschieden und ein bestimmtes Verhältnis ausmachen sollten, ginge die eine über die andere hinaus und hätte in ihrem Mehr ein Sein, welches die andere nicht hätte. Aber in ihrer qualitativen Beziehung ist jede nur, insofern die andere ist. – Sie sind daher im Gleichgewicht, daß um so viel die eine sich vermehrte oder verminderte, die andere gleichfalls zu- oder abnähme und in demselben Verhältnis zu- oder abnähme.

Aus dem Grunde ihrer qualitativen Beziehung kann es also zu keinem quantitativen Unterschied kommen. – Aber die quantitative Bestimmung kann als die erste, also eines unmittelbar als größer gegen das Andere angenommen werden. So geht es aber über sich selbst hinaus; denn in seiner Bestimmung ist es dem

Anderen gleich; als dem Anderen ungleich geht es über sich hinaus und enthält das Andere. Mehr als das Andere hat es nur vom Anderen; aber diesem bleibt nichts übrig, denn um der qualitativen Bestimmung willen, die der quantitative Unterschied hat, ist das, was das Eine über das Andere hinaus wäre, nur dieses Andere selbst. Es ist nur das Eine und Andere; insofern das Eine einen Zuwachs erlitte, so ist dieser Zuwachs nur das Andere.

Insofern also von der quantitativen Vorstellung aus das Gleichgewicht gestört und [der] eine Faktor größer genommen wird, so wird er so das Überwiegende, daß der andere mit beschleunigter Geschwindigkeit abnimmt und von dem ersten überwältigt wird, so daß dieser sich zum einzigen Selbständigen macht, aber damit nicht mehr ein Spezifisches, sondern das Ganze ist.

Insofern also am Ganzen, dessen Faktoren die Seiten des umgekehrten Verhältnisses sein sollen, eine Bestimmtheit vorhanden ist und eine Veränderung vorgeht, so geht sie nur an ihm selbst, nicht an den Faktoren vor, die keine Bestimmtheit gegeneinander haben. Ferner ist es, insofern solche Faktoren – ob zwar, wie sich gezeigt, überflüssigerweise – als Bestimmungen des Ganzen angenommen werden, vollkommen gleichgültig, welchen man sich verändern läßt, oder der andere verändert sich ebenso; es ist nur eines überhaupt, das Ganze, das sich verändert; der Unterschied der Faktoren ist bedeutungslos.

Aber auch das Ganze verändert sich nicht; denn dieses Ganze, die an sich seiende Indifferenz, ist überhaupt nicht mehr qualitativ oder quantitativ bestimmt; es ist nicht Summe oder Quantum, noch sonst eine qualitative Bestimmtheit. Die Bestimmtheit ist nicht mehr erste Negation, sondern absolute Negativität. Die Indifferenz ist an sich nur dies, gegen Qualität und Quantum gleichgültig zu | sein. Die Bestimmtheit aber, die sie noch als ansichseiende hatte und die in dem Unterschied ihrer Faktoren bestand, hat sich dadurch vollends aufgehoben, daß sie sich als die in sich zurückgehende zeigte; diese Faktoren sind dadurch nicht nur an sich dasselbe, sondern in ihrem bestimmten Anderssein; es ist ihre negative Beziehung, durch welche sie eins sind.

Anmerkung

Dieses Verhältnis eines Ganzen, das seine Bestimmtheit an dem Größenunterschiede qualitativ gegeneinander bestimmter Faktoren haben soll, wird zum Beispiel bei der elliptischen Bewegung der Himmelskörper gebraucht. In dieser Bewegung beschleunigt sich ihre Geschwindigkeit, indem sie sich dem Perihelium, und sie vermindert sich, indem sie sich dem Aphelium nähern. Zur sogenannten Erklärung dieses Phänomens werden eine Zentripetal- und Zentrifugalkraft als qualitative Momente der Bewegung in der krummen Linie angenommen. Ihr qualitativer Unterschied besteht in der Verschiedenheit der Richtung. In quantitativer Rücksicht werden sie als ungleich und entgegengesetzt bestimmt, daß wie die eine zu-, die andere abnehmen soll und umgekehrt, und zugleich daß auch das Verhältnis derselben wieder umschlage, daß, nachdem die Zentripetalkraft eine Zeitlang zugenommen, die Zentrifugalkraft aber abgenommen, ein Punkt eintrete, wo die Zentripetalkraft ab-, die Zentrifugalkraft aber zunehme. Ich habe in einer früheren Dissertation diesen Gegenstand beleuchtet und das Nichtige dieser Unterscheidung und der darauf gebauten Erklärungen dargetan. Die nähere Betrachtung zeigt leicht, daß überhaupt in den Operationen und Formeln, welche auf jene Unterscheidung gebaut werden, in der Tat nicht eine quantitative Verschiedenheit dieser Momente vorkommt, sondern vielmehr nur immer das Ganze, die Geschwindigkeit der Bewegung, das in Rede Stehende ist, so daß, was sich als Größe der Wirkung des einen Faktors ergibt, ebensosehr Größe des anderen sowie gleichfalls die Größe des Ganzen ist. Weil sie die qualitative Bestimmtheit gegeneinander haben, so sind sie schlechthin nicht auseinander zu bringen; jede hat nur Bedeutung in Rücksicht auf die andere; insofern also eine einen Überschuß über die andere hätte, insofern hätte sie keine Beziehung auf die andere und wäre nicht vorhanden. – Bei der Annahme, daß die eine das eine Mal größer sei als die andere, wenn sie als größere in Beziehung auf die kleinere stünde, tritt das oben Gesagte ein, daß sie absolut das Übergewicht erhielte und die andere verschwände. Es ist eine sehr einfache Betrachtung, daß, wenn z. B., wie vorgegeben wird, die Zentripetalkraft des Körpers, indem er sich dem Perihelium nähert, zunehmen, die Zentrifugalkraft hingegen um ebenso viel abnehmen soll, die letztere nicht mehr vermag, ihn der ersteren zu entreißen und | von seinem Zentralkörper wieder zu entfernen; im Gegenteil, da die erstere einmal das Übergewicht hat, so ist die andere überwältigt, und der Körper wird mit beschleunigter Geschwindigkeit seinem Zentralkörper zugeführt. Wie umgekehrt, wenn die Zentrifugalkraft an der unendlichen Nähe des Apheliums die Oberhand hat, es ebenso widersprechend ist, daß sie nun im Aphelium selbst von der schwächeren überwältigt werden sollte. – Es erhellt, daß es eine fremde Kraft wäre, welche diese Umkehrung bewirkte; dies heißt, daß die bald beschleunigte, bald retardierte Geschwindigkeit der Bewegung nicht aus jenen Faktoren erkannt werden könne, welche gerade deswegen angenommen worden sind, um diesen Unterschied zu erklären.

Dasselbe Verhältnis wurde später auf die Attraktiv- und Repulsivkraft angewendet, um die verschiedene Dichtigkeit der Körper zu begreifen; auch das umgekehrte Verhältnis der Sensibilität und Irritabilität hat dazu dienen sollen, um aus der Verschiedenheit dieser Faktoren des Lebens die verschiedenen Bestimmungen des Ganzen, der Gesundheit, wie auch die Verschiedenheit der Gattungen der Lebendigen zu begreifen. Aber die Verwirrung und der Galimathias, in welchen sich dieses Erklären in dem unkritischen Gebrauch dieser Begriffsbestimmungen verwickelte, hat zur Folge gehabt, daß dieser Formalismus bald wieder aufgegeben worden zu sein scheint, da hingegen in der Wissenschaft besonders der physikalischen Astronomie derselbe in seiner ganzen Ausdehnung fortgeführt wird.

– In Ansehung der absoluten Indifferenz, des Grundbegriffs der Spinozistischen Substanz, kann noch erinnert werden, daß dieser Begriff die letzte Bestimmung des Seins ist, ehe es zum Wesen wird, daß er aber das Wesen selbst nicht erreicht. Die absolute Indifferenz enthält die absolute Einheit der spezifisch Selbständigen in ihrer höchsten Bestimmung als des Denkens und des Seins und darin überhaupt aller anderen Modifikationen dieser Attribute. Allein damit ist nur das ansichseiende, nicht das fürsichseiende Absolute gedacht. Oder es ist die äußere Reflexion, welche dabei stehenbleibt, daß die spezifisch Selbständigen an sich oder im Absoluten dasselbe und eins sind, daß ihr Unterschied nur ein gleichgültiger, kein Unterschied an sich ist. Was hier noch fehlt, besteht darin, daß diese Reflexion nicht die äußere Reflexion des denkenden Subjektes sei, sondern daß sie selbst erkannt werde, und zwar als die eigene Bestimmung und Bewegung der Selbständigen, ihren Unterschied aufzuheben und nicht bloß an sich eins, sondern in ihrem qualitativen Unterschied eins zu sein, wodurch dann der Begriff des Wesens [sich erweist], nicht das Negative außer ihm zu haben, sondern an ihm selbst die absolute Negativität, Gleichgültigkeit gegen sich selbst ebensosehr als seines Andersseins gegen sich zu sein. |

C. Hervorgehen des Wesens

Die absolute Indifferenz bestand darin, daß sie das spezifisch Selbständige sei, welches sich durch seine Negation mit sich selbst vermittle und durch diese gereinigt das absolut Selbständige sei. So ist sie die Indifferenz, die das spezifische Selbständige und dessen Negation voraussetzt und dadurch als das Ansichseiende bestimmt ist.

Vors erste ist ihr diese Bestimmtheit wesentlich; zurückkommend aus jenen Momenten ist die Indifferenz als die Bestimmung oder als das Ansichsein von ihnen, als von seiner Beschaffenheit oder seinem Sein-für-Anderes, unterschieden.

Zweitens aber hat sich diese Bestimmtheit näher als das umgekehrte Verhältnis von Faktoren ergeben. Indem sie nämlich wesentlich an dem absolut Selbständigen ist, ist jene spezifische Selbständigkeit und deren Negation nur in ihrer Beziehung auf dasselbe zu betrachten; oder vielmehr sind sie nur Momente dieser ihrer Einheit.

Drittens in dieser Bestimmung, Faktoren der Bestimmtheit des Wesens zu sein, hat sich ihre unvollkommene Einheit, ihr umgekehrtes Verhältnis aufgehoben. Oder die Bestimmtheit der absoluten Indifferenz hat sich gezeigt, die negative Beziehung auf sich selbst zu sein. Die Bestimmtheit ist der Unterschied und die gegenseitige Negation der Faktoren; aber die Negation ist nicht mehr die Negation eines Unmittelbaren, so daß sie selbst nur eine unmittelbare und bestimmt durch ein Anderes wäre, sondern die Negation des Anderen ist Negation der eigenen spezifischen Selbständigkeit gegen das Andere; die negative Beziehung auf das Andere, welche als solche ein Bestimmtsein oder Übergehen ist, ist vielmehr Aufheben der eigenen Bestimmtheit, das Übergehen in sich selbst: Negation des Negativen.

Die Bestimmtheit der ansichseienden Indifferenz ist hiermit die Unendlichkeit ihrer Selbständigkeit, die absolute Negativität. Es ist also nicht die spezifische Selbständigkeit, welche sich durch ihre Negation mit sich selbst vermittelt, sondern es ist die absolute Selbständigkeit, die nur dies ist, durch ihre ihr gleiche Negativität sich mit [sich] zu vermitteln. – Hierin ist zwar eine erste absolute Selbständigkeit ausgesprochen gegen die andere, welche ist als mit sich vermittelte. Insofern ist jene die unmittelbare oder nur ansichseiende, insofern das Spezifische, eine bestimmte überhaupt. Aber das Resultat ist eben dies, erstens, daß die ansichseiende Selbständigkeit, | die Indifferenz als solche, nicht absolut, sondern selbst bestimmt ist und daß sie dies wesentlich, aber daß ihre Bestimmtheit, die Negation der Negation, also fürsichseiende Selbständigkeit ist, welche jene ansichseiende Selbständigkeit als Aufgehobenes, als Moment enthält. Es ist also die Selbständigkeit vorhanden, die dies ist, in der vollständigen Negation ihrer selbst, nämlich in der Selbständigkeit des Andersseins, das heißt des ersten Unmittelbaren, einfache Beziehung auf sich, also zugleich negative Beziehung auf sich zu sein.

Hiermit ist das Sein absolut in sich zurückgegangen; es hat seine Bestimmtheit, das einfache Unmittelbare zu sein, aufgehoben und sich erinnert.

Das Sein ist zuerst Qualität, die ihrer Bestimmung nach das an sich bestimmte Sein, seiende Bestimmtheit ist, dadurch daß es die Negation des Anderen ist. Die Quantität ist ihrer Bestimmung nach die gleichgültige Bestimmtheit, welche nicht Negation einen Anderen, sondern dagegen gleichgültig und der das Andere äußerlich ist. Es hat sich zunächst an ihnen, in ihrer Unmittelbarkeit, gezeigt, daß die Qualität in die Quantität, diese aber in jene übergeht. Ihre Einheit ist das Maß; wie sie vorhin jede für sich gesetzt war, so sind sie in diesem in die Beziehung getreten, zunächst nach ihrer Bestimmtheit gegeneinander, somit nur in relativer Einheit. Durch die Bewegung des Maßes aber wird das gesetzt, was sie, jede für sich betrachtet, zeigten an sich zu sein, und es geht daraus ihre absolute Einheit hervor.

Diese Einheit des Qualitativen und Quantitativen, zunächst Gleichgültigkeit gegen das eine und gegen das andere, ist wesentlich nicht Indifferenz als gegen das eine und das andere, sondern Gleichgültigkeit gegen sich selbst, Zerfallen in sich. Dies ist die Quantitativität der Indifferenz, aber ebensosehr ihre Qualitativität; als Indifferenz ist sie nämlich an sich seiende und unmittelbare Selbständigkeit; aber eben dieses Ansichsein oder die Unmittelbarkeit ist Bestimmtheit, also die Negation der Indifferenz ein anderes Selbständiges. Die negative Beziehung beider Selbständigen aufeinander macht ihre qualitative Bestimmtheit aus, worin also jene erste Unmittelbarkeit nur als Bestimmtheit gesetzt und damit aufgehoben ist; indem dieses Aufheben nicht nur Aufheben der Unmittelbarkeit, sondern derselben als Negation ist, so ist es Negation der Negation, die Bestimmtheit, welche die Selbständigkeit des Ganzen ist: die negative Indifferenz.

Diese Einheit mit sich der Bestimmtheit und der Gleichgültigkeit gegen sie ist die Wahrheit des Seins. Sie ist das einfache Sein, gleichgültige Unmittelbarkeit, als vermittelt mit sich durch seine Negation, durch seine Gleichgültigkeit gegen sich selbst; oder es ist die Vermittlung als reine Gleichheit mit sich, als einfache Unmittelbarkeit, – das Sein, das nur dies ist, in seiner Negation mit sich zusammengegangen und hiermit reines Sein zu sein. |

Das Sein als dies schlechthin erinnerte Sein ist das Wesen. Die Wahrheit des Seins ist so, unmittelbares zu sein als absolut aufgehobene Unmittelbarkeit. Es ist nur als negative Beziehung auf sich, so stößt es sich ab von sich; dieses Abstoßen ist sein Nichtsein, so ist es die erste Unmittelbarkeit, qualitatives Sein. Aber dieses Nichtsein ist Gleichgültigkeit gegen sich, das Aufheben seiner, so ist es zunächst quantitatives Sein; – dies ist schon an sich die Rückkehr in sich, insofern nämlich jenes erste als Nichtsein bestimmt ist; aber es ist nur erst quantitatives Sein, insofern jenes erste unmittelbares Sein ist. Das quantitative

Sein macht sich zum Maß und als dieses zur fürsichseienden Indifferenz; diese ist eben dies, das unmittelbare Sein als ein Nichtsein und das Ansichsein als Bestimmtheit zu bestimmen. Das Sein, indem es ist, das nicht zu sein, was es ist, und das zu sein, was es nicht ist – als diese einfache Negativität seiner selbst, ist das Wesen.

ANMERKUNGEN

Die Anmerkungen beschränken sich in der Regel auf den Nachweis der im Text vorkommenden Zitate, Bezugnahmen auf andere Schriften sowie auf Verweise innerhalb des Textes. Sie sind kein Kommentar. Angeführt werden diejenigen Ausgaben, von denen wir mit Sicherheit wissen oder mit einiger Wahrscheinlichkeit vermuten können, daß Hegel sie benutzt habe; sonst werden nach Möglichkeit die jeweiligen Erstausgaben herangezogen. Dabei wird stets die Rechtschreibung und Zeichensetzung der zugrunde gelegten Ausgaben beibehalten. Soweit möglich, sind die betreffenden Stellen zusätzlich nach Band und Seite heute gebräuchlicher Gesamtausgaben nachgewiesen. Bei Aristoteles wird die heute gebräuchliche Zählung nach Bekker zusätzlich in Klammern angegeben. Öfter herangezogene Schriften werden wie folgt zitiert:

Aristoteles.	Ἀριστοτέλους ἅπαντα. Aristotelis summi semper philosophi, et in quem unum vim suam universam contulisse natura rerum videtur, opera quaecunque hactenus extiterunt omnia: quae quidem ut antea integris aliquot libris supra priores aeditiones omnes à nobis aucta prodierunt, ita nunc quoque, lucis & memoriae causa, in capita diligenter distincta in lucem emittimus. Praeterea quam diligentiam, ut omnibus aeditionibus reliquis, omnia haec exirent à nostra officina emendatiora, adhibuerimus, quoniam uno verbo dici non potest, ex sequenti pagina plenius cognoscere licebit. Per Des. Eras. Roterodamum. 2 Bde. Basileae 1550.
Carnot: Betrachtungen über die Theorie der Infinitesimalrechnung.	Carnot: Betrachtungen über die Theorie der Infinitesimalrechnung. Aus dem Französischen übersezt, und mit Anmerkungen und Zusätzen begleitet von Iohann Karl Friedrich Hauff. Frankfurt am Main 1800.
Diels-Kranz: Die Fragmente der Vorsokratiker.	Die Fragmente der Vorsokratiker. Griechisch und deutsch von Hermann Diels. Neunte Auflage hrsg. von Walther Kranz. Bd 1. Bd 2. Berlin 1959–1960.

Die Vorsokratiker (ed. Capelle).	Die Vorsokratiker: Die Fragmente und Quellenberichte übersetzt und eingeleitet von Wilhelm Capelle. Stuttgart 1968.
Fichte: Grundlage.	Iohann Gottlieb Fichte: Grundlage der gesammten Wissenschaftslehre als Handschrift für seine Zuhörer. Leipzig 1794.
Fichte: Werke.	Johann Gottlieb Fichte's sämmtliche Werke. Hrsg. von I. H. Fichte. 8 Bde. Berlin 1845–1846.
Fichte: Gesamtausgabe.	J. G. Fichte: Gesamtausgabe der Bayerischen Akademie der Wissenschaften. Herausgegeben von Reinhard Lauth und Hans Jacob bzw. Reinhard Lauth und Hans Gliwitzky. Abt. 1. Stuttgart-Bad Cannstatt 1964 ff.
Hegel: Gesammelte Werke.	Georg Wilhelm Friedrich Hegel: Gesammelte Werke. In Verbindung mit der Deutschen Forschungsgemeinschaft herausgegeben von der Rheinisch-Westfälischen Akademie der Wissenschaften. Hamburg 1968 ff.
Hegel: Werke.	Georg Wilhelm Friedrich Hegel's Werke. Vollständige Ausgabe durch einen Verein von Freunden des Verewigten. Berlin 1832 ff. – Bde 13–15: Vorlesungen über die Geschichte der Philosophie. Hrsg. von Karl Ludwig Michelet. Berlin 1833–1836.
Kant: Kritik der praktischen Vernunft.	Immanuel Kant: Critik der practischen Vernunft. Riga 1788.
Kant: Kritik der reinen Vernunft.	Immanuel Kant: Critik der reinen Vernunft. Zweyte hin und wieder verbesserte Auflage. Riga 1787.
Lagrange: Theorie der analytischen Funktionen.	Lagrange's Theorie der analytischen Funktionen. Aus dem Französischen übersetzt von Johann Philipp Grüson. Berlin 1798.
Leibniz: Essais de Theodicée.	Leibnitz: Essais de Theodicée sur la bonté de Dieu, la liberté de l'homme, et l'origine du mal. Nouvelle edition, augmentée de l'histoire de la vie & des ouvrages de l'auteur, par M. L. de Neufville. Tome premier. Tome second. Amsterdam 1734.

Anmerkungen

Leibniz: Monadologie.

Leibniz: Opera (ed. Dutens). Tomus II, Pars I. Darin: Principia philosophiae, seu theses in gratiam principis Eugenii &c. 20–31. – Leibniz: Philosophische Schriften (ed. Gerhardt). Bd 6. 607–623.

Leibniz: Opera (ed. Dutens).

Gothofredi Guillelmi Leibnitii Opera Omnia, Nunc primum collecta, in Classes distributa, praefationibus & indicibus exornata, studio Ludovici Dutens. Genevae 1768.

Leibniz: Philosophische Schriften (ed. Gerhardt).

Die philosophischen Schriften von Gottfried Wilhelm Leibniz. Hrsg. von C. J. Gerhardt. 7 Bde. Berlin 1875 bis 1890.

Leibniz: Vernunftprinzipien der Natur und der Gnade.

Leibniz: Opera (ed. Dutens). Tomus II, Pars I. Darin: Principes de la nature & de la grace, fondés en raison. 32–39. – Leibniz: Philosophische Schriften (ed. Gerhardt). Bd 6. 598–606.

Leibniz: Vernunftprinzipien. Monadologie (ed. Herring).

Gottfried Wilhelm Leibniz: Vernunftprinzipien der Natur und Gnade. Monadologie. Auf Grund der kritischen Ausgabe von André Robinet (1954) und der Übersetzung von Artur Buchenau mit Einführung und Anmerkungen herausgegeben von Herbert Herring. Hamburg 1956.

Newton: Principia mathematica.

Philosophiea naturalis principia mathematica. Auctore Isaaco Newtono. Editio ultima auctior et emendatior. Amstaelodami 1714.

Newton: Mathematische Prinzipien (ed. J. Ph. Wolfers).

Isaac Newton: Mathematische Prinzipien der Naturlehre. Mit Bemerkungen und Erläuterungen herausgegeben von J. Ph. Wolfers. Darmstadt 1963.

Plato.

Πλατωνος απαντα τα σωζομενα. Platonis opera quae extant omnia. Ex nova Ioannis Serrani interpretatione, perpetuis eiusdem notis illustrata: quibus & methodus & doctrinae summa breviter & perspicue indicatur. Eiusdem annotationes in quosdam suae illius interpretationis locos. Henr. Stephani de quorundam locorum interpretatione iudicium, & multorum contextus Graeci emendatio. 3 Bde. Basileae 1578. (Platon: Sämtliche Werke. Nach der Übersetzung von Friedrich Schleiermacher ... hrsg.

Schelling: Werke.	von Walter F. Otto †, Ernesto Grassi und Gert Plamböck. Hamburg 1958 ff.) Friedrich Wilhelm Joseph von Schellings sämmtliche Werke. Hrsg. von K. F. A. Schelling. Erste Abtheilung. 10 Bde. Stuttgart und Augsburg 1856–1861.
Spinoza: Epistolae.	Spinoza: Opera (ed. Gebhardt). Bd 4. – Spinoza: Opera (ed. Paulus). Volumen prius. Darin: Epistolae. 447–700. (Spinoza: Briefwechsel. Übersetzung und Anmerkungen von C. Gebhardt. Zweite, durch weitere Briefe ergänzte Auflage mit Einleitung und Bibliographie von M. Walther. Hamburg 1977.)
Spinoza: Ethica.	Spinoza: Opera (ed. Gebhardt). Bd 2. Darin: Ethica ordine geometrico demonstrata. – Spinoza: Opera (ed. Paulus). Volumen posterius. Darin: Ethica ordine geometrico demonstrata. (Spinoza: Die Ethik nach geometrischer Methode dargestellt. Hrsg. von Otto Baensch. Hamburg 1967.)
Spinoza: Opera (ed. Gebhardt).	Spinoza: Opera. Im Auftrag der Heidelberger Akademie der Wissenschaften herausgegeben von Carl Gebhardt. 4 Bde. Heidelberg o. J.
Spinoza: Opera (ed. Paulus).	Benedicti de Spinoza opera quae supersunt omnia. Iterum edenda curavit, praefationes, vitam auctoris, nec non notitias, quae ad historiam scriptorum pertinent addidit Henr. Eberh. Gottlob Paulus. Volumen prius. Ienae 1802. Volumen posterius. Ienae 1803.

Anmerkungen 281

3,15–17 Die von Hegel kritisierten Darstellungen der Gottesbeweise zum »Behuf der Erbauung und Gemütserhebung« waren damals zahlreich; vgl. u. a. *Johann August Heinrich Tittmann: Ideen zu einer Apologie des Glaubens.* Leipzig 1799. Insbesondere: Dritter Abschnitt. Von dem religiösen Glauben. 203–320; *Karl Heinrich Sintenis: Theophron, oder: es muß durchaus ein Gott seyn! – und zwar was für einer?* Leipzig und Zerbst 1800. Insbesondere Abschnitte 2–5. 38–124; *M. G. U. Brastberger: Ueber den Grund unsers Glaubens an Gott, und unserer Erkenntniß von ihm. Nebst einem doppelten Anhang.* Stuttgart 1802. Insbesondere Fußnote zu 99–102.

3,26–29 Diese Aussage findet sich in der vorliegenden Form nicht in der *Kritik der reinen Vernunft.* Hegel hat sie aus mehreren Textstellen zusammengearbeitet. Zu »überfliegen« vgl. *Kritik der reinen Vernunft.* B 730. Zu »Hirngespinste« vgl. B 269, B 571.

3,31–4,2 Zu Hegels Kritik der modernen Pädagogik vgl. *Friedrich Immanuel Niethammer: Der Streit des Philanthropinismus und Humanismus in der Theorie des Erziehungs-Unterrichts unsrer Zeit.* Jena 1808. Erster Abschnitt. Historischer Gesichtspunkt der Untersuchung. Insbesondere 14–20.

7,17–22 Siehe Hegels Selbstanzeige der *Phänomenologie des Geistes,* in: *Allgemeine Literatur-Zeitung.* Halle und Leipzig. Jg. 1807. Bd 2. *Intelligenzblatt.* Nr 94 (25. November). Sp. 753; vgl. *Hegel: Gesammelte Werke.* Bd 5. Bd 9.

11,30–36 Den Hintergrund dieser Aussage bildet Hegels Plato-Interpretation. Dies zeigen seine *Vorlesungen über die Geschichte der Philosophie.* Vgl. *Hegel: Werke.* Bd 14. 169, 253, 241. An der letztgenannten Stelle bezieht Hegel sich auf *Plato: Parmenides.* 135 d–e:
Τίς οὖν ὁ τρόπος (φάναι) ὦ Παρμενίδη, τῆς γυμνασίας; Οὗτος, εἶπεν, ὅνπερ ἤκουσας Ζήνωνος. πλὴν τοῦτό γέ σοῦ καὶ πρὸς τοῦτο ἠγάσθην, εἰπόντος ὅτι οὐκ εἴας ἐν τοῖς ὁρωμένοις οὐδὲ περὶ ταῦτα τὴν πλάνην ἐπισκοπεῖν· ἀλλὰ περὶ ἐκεῖνα ἃ μάλιστα τις ἂν λόγῳ λάβοι, καὶ ἤδη ἂν ἡγήσαιτο εἶναι. (Welches aber, o Parmenides, ist die Art und Weise, sich zu üben? – Dieselben, o Sokrates, die du eben vom Zenon gehört hast. Indes aber habe ich mich darüber doch gefreut von dir, als du diesem sagtest, du gäbest ihm nicht zu, nur an den sichtbaren Dingen und in Beziehung auf sie die Untersuchung durchzuführen, sondern in Beziehung auf jenes, was man vornehmlich mit dem Verstande auffaßt und für Begriffe hält. –)

12,5–16 Dieser Absatz enthält eine versteckte Kritik an Kant. Darauf deuten vor allem »Erscheinung« und »Hirngespinste«. Zu letzterem vgl. *Kant: Kritik der reinen Vernunft.* B 269, B 571.

14,8–11 Zum Textverständnis: in dem mit »so daß« eingeleiteten

Nebensatz fehlt eine Einschränkung, die einen Bezugspunkt für
»noch weniger« bilden könnte.

14,12–18 Hegel interpretiert hier Fichte; zu Fichtes Kritik an
Kants Begriff des Dings an sich vgl. insbesondere *Grundlage*. 273 f;
276: Wo liegt nun das unabhängige Nicht-Ich unsers Gegners, oder
sein Ding an sich, das durch jene Argumentation erwiesen werden
sollte? Offenbar nirgends, und allenthalben zugleich. Es ist nur da,
inwiefern man es nicht hat, und es entflieht, sobald man es auffassen
will. Das Ding an sich ist etwas für das Ich, und folglich *im* Ich, das
doch *nicht im Ich* seyn soll: also etwas widersprechendes, ... Vgl.
Fichte: Werke. Bd 1. 281, 283; *Fichte: Gesamtausgabe.* Bd 2. 412 f,
414.

15,16–19 Siehe *Hegel: System der Wissenschaft. Erster Theil, die
Phänomenologie des Geistes.* Bamberg und Würzburg 1807. Vgl. *Hegel:
Gesammelte Werke.* Bd 9.

17,9–12 Vgl. *Diels-Kranz: Die Fragmente der Vorsokratiker.* Anaxagoras. Fragmente B 12–14. Hegel bezieht sich auf die Anaxogoras-Interpretation, die unter anderem von *Plato: Phaidon.* 97 b–98 b,
Aristoteles: Metaphysik. A 3. Bd 2. 336 K. (984 b 15); *De anima.* A 2
und in neuerer Zeit von *Jacobi Brvckeri Historia critica philosophiae.*
Bd 1. Lipsiae 1742. 492 ff, *Dieterich Tiedemann: Geist der spekulativen
Philosophie.* Bd 1. Marburg 1791. insbesondere 324–328 und *Wilhelm
Gottlieb Tennemann: Geschichte der Philosophie.* Bd 1. Leipzig 1798.
insbesondere 314, vertreten wurde. *Tiedemann: Geist der spekulativen
Philosophie.* Bd 1. 344 f, berichtet, Simplicius habe sich große Mühe
gegeben, »eine Intellektuel-Welt, wie bey Plato«, im System des
Anaxagoras zu entdecken. Im Unterschied zu seinen *Vorlesungen über
die Geschichte der Philosophie* berücksichtigt Hegel an dieser Stelle
jedoch nicht die kritischen Einwände, die von der Tradition gegenüber Anaxagoras erhoben worden sind.

18,15–21 Hegel kritisiert hier Kant und Fichte. Daß Kant die
»Metaphysik zur Logik« gemacht habe, bezieht sich wahrscheinlich auf die zentrale Stellung, die die transzendentale Logik in der
Kritik der reinen Vernunft einnimmt. Zu »Anstoß« vgl. *Fichte:
Grundlage.* Insbesondere 171 ff, 228; vgl. *Fichte: Werke.* Bd 1. 210 ff,
248; *Fichte: Gesamtausgabe.* Bd 2. 354 ff, 386 f.

18,17 vorhin] Siehe 12,11–16 und 14,3–5.

18,28–36 *Kant: Kritik der reinen Vernunft.* B VIII.

19,19–32 Hegels Kritik richtet sich gegen die Erweiterungen, die
seit Christian Wolff in viele Lehrbücher der Logik aufgenommen
worden sind. Vgl. *Vernünftige Gedancken von den Kräften des
menschlichen Verstandes und ihrem richtigen Gebrauche in Erkäntniss der
Wahrheit.* Halle 1713. Herausgegeben und bearbeitet von Hans

Werner Arndt. Hildesheim 1965. 134: § 22. Nutzen der Vergrösserungs- und Fern-Gläser. 227: 11. Capitel. Wie man Bücher recht mit Nutzen lesen soll. Bereits Kant kritisiert diese Erweiterungen als Verunstaltung; vgl. *Kritik der reinen Vernunft*. B VIII. Dieser Kritik schließt sich Ludwig Heinrich Jakob an; vgl. *Grundriß der allgemeinen Logik und kritische Anfangsgründe der allgemeinen Metaphysik*. Vierte umgearbeitete und vermehrte Auflage. Halle 1800. IV f. Dennoch finden sich auch bei ihm Anweisungen der Art, daß man Gelesenes mit Selbstgedachtem vergleichen und Organe durch Instrumente vervollkommnen müsse; vgl. 171, 175. Hegels Kritik bezieht sich unmittelbar auf *J. G. C. Kiesewetter: Logik zum Gebrauch für Schulen*. Berlin 1797. 114: Man schreibe den gehörigen Vortrag so bald als möglich auf, prüfe und durchdenke ihn. 121: Man komme seinen Sinneswerkzeugen durch künstliche Mittel, den Augen z. B. durch Gläser zu Hülfe.

19,37–38 *Jakob Friedrich Fries: System der Logik*. Ein Handbuch für Lehrer und zum Selbstgebrauch. Heidelberg 1811. – Zu den anthropologischen Grundlagen dieser Logik vgl. *Grundriß der Logik*. Einleitung. § 1: So unterscheidet sich die *philosophische, demonstrative Logik* von der *anthropologischen Logik;* die erstere ist die *Wissenschaft der analytischen Erkenntniß* oder *von den Gesetzen der Denkbarkeit eines Dinges,* die andere ist die Wissenschaft *von der Natur und dem Wesen unseres Verstandes.* Vgl. auch *System der Logik*. Einleitung. § 1; *Jakob Friedrich Fries: Sämtliche Schriften*. Nach den Ausgaben letzter Hand zusammengestellt, eingeleitet und mit einem Fries-Lexikon versehen von Gert König und Lutz Geldsetzer. Abt. 1. Bd 7. Aalen 1971.

20,9–13 Hegel bezieht sich sehr wahrscheinlich auf das von J. H. Lambert entwickelte Verfahren, logische Sätze und Schlüsse durch Linien von unterschiedlicher Länge darzustellen; vgl. *Neues Organon oder Gedanken über die Erforschung und Bezeichnung des Wahren und dessen Unterscheidung vom Irrthum und Schein.* Leipzig 1764. Bd 1. 109 ff, 124 ff. Lamberts Methode wurde unter anderem von G. Ploucquet und G. J. Holland im Hinblick auf den Ploucquet'schen Kalkül erörtert; vgl. *Sammlung der Schriften, welche den logischen Calcul Herrn Prof. Ploucquets betreffen, mit neuen Zusätzen.* Tübingen 1773. 104 f, 162 ff, 215 ff.

20,15–18 Vgl. die Anmerkungen zu 150,30–33 und 153,15–19.

21,2–7 Siehe *Hegel: System der Wissenschaft. Erster Theil, die Phönomenologie des Geistes*. Bamberg und Würzburg 1807. Vorrede. XLVIII–LV; vgl. *Hegel: Gesammelte Werke*. Bd 9. 31–34. – Innerhalb der *Logik* äußert sich Hegel zur Untauglichkeit der geometrischen Methode für die Philosophie ausführlich im Kapitel Die Idee des Erkennens; vgl. *Hegel: Gesammelte Werke*. Bd 12, 226,1–229,4.

21,7–8   Neben Spinoza und Wolff denkt Hegel wahrscheinlich vor allem an *Renati Des Cartes meditationes de prima philosophia in quibus Dei existentia, & animae humanae à corpore distinctio, demonstrantur.* Amstelodami 1663. 85–91: Responsio ad secundas objectiones. Rationes, Dei existentiam & animae à corpore distinctionem probantes, more geometrico dispositae; *René Descartes: Meditationen über die Grundlage der Philosophie mit sämtlichen Einwänden und Erwiderungen.* Zum erstenmal vollständig übersetzt und neu herausgegeben von A. Buchenau. Hamburg 1954. 145–154. Zu Spinoza siehe *Renati Des Cartes principiorum philosophiae Pars I, & II, More Geometrico demonstrata per Benedictum de Spinoza.* Amstelodamensem. Amstelodami 1663; vgl. *Spinoza: Opera* (ed. Paulus). Bd 1; *Spinoza: Opera* (ed. Gebhardt). Bd 1. 125; *Spinoza: Descartes' Prinzipien der Philosophie auf geometrische Weise begründet und mit dem »Anhang, enthaltend metaphysische Gedanken«.* Übersetzung von Artur Buchenau. Einleitung und Anmerkungen von Wolfgang Bartuschat. Hamburg 1978. – *Ethica ordine geometrico demonstrata;* vgl. *Spinoza: Opera* (ed. Paulus). Bd 2. 33; *Spinoza: Opera* (ed. Gebhardt). Bd 2; *Spinoza: Die Ethik nach geometrischer Methode dargestellt.* Hrsg. von Otto Baensch. Hamburg 1967. Zu Wolff vgl. Hegels *Vorlesungen über die Geschichte der Philosophie. Hegel: Werke.* Bd 15. 478, 481. Den *Vorlesungen,* ebenda. 665, ist zu entnehmen, daß Hegel in diese Kritik auch Schellings *Darstellung meines Systems der Philosophie* einbezieht, in der Schelling auch ausdrücklich an die Methode Spinozas anknüpft; vgl. *Zeitschrift für spekulative Physik.* Hrsg. von Schelling. Bd 2, H. 2. Jena und Leipzig 180. XII f; vgl. *Schelling: Werke.* Abt. 1, Bd 4. 113.

22,29–34   Die Einteilung in Elementar- und Methodenlehre findet sich nach Kants *Kritik der reinen Vernunft* u. a. bei *Ludwig Heinrich Jakob: Grundriß der allgemeinen Logik und kritische Anfangsgründe der allgemeinen Metaphysik.* Vierte umgearbeitete und vermehrte Auflage. Halle 1800; *J. G. C. Kiesewetter: Logik zum Gebrauch für Schulen.* Berlin 1797; *Johann Heinrich Tieftrunk: Grundriß der Logik.* Halle 1801. – Die von Hegel zitierten Einteilungen finden sich in *Joh. Gebh. Ehrenr. Maaß: Grundriß der Logik. Zum Gebrauche bei Vorlesungen.* Halle 1793. 7, 8, 11.

22,37–39   Ebenda. 259.

23,8–9   Vgl. ebenda. 89: Der Elementarlehre zweites Kapitel. Von den Urtheilen.

23,31–39   Vgl. *Kant: Kritik der reinen Vernunft.* U. a. B 353 ff.

23,39–24,2   Siehe ebenda. B 432–595.

24,2–4   Siehe vorliegenden Band 133,3–144,27 und 173,12 bis 177,19.

30,1–9   Siehe *Kant: Kritik der reinen Vernunft.* B 79 ff.

Anmerkungen 285

30,9–11 Vgl. *Kant: Kritik der reinen Vernunft.* Insbesondere B 106: Dieses ist nun die Verzeichnung aller ursprünglich reinen Begriffe der Synthesis, die der Verstand a priori in sich enthält, ...

30,16–23 Diese von Hegel »andere(n) Kantianer(n)« zugeschriebenen Äußerungen konnten in der vorliegenden Form nicht nachgewiesen werden. Hegel bezieht sich möglicherweise auf den Ansatz Reinholds, das Verhältnis von Vorstellendem, Vorstellung und Vorgestelltem zu klären; vgl. dessen *Versuch einer neuen Theorie des menschlichen Vorstellungsvermögens.* Prag und Jena 1789 (Nachdruck: Darmstadt 1963). sowie seine *Beyträge zur Berichtigung bisheriger Mißverständnisse der Philosophen. Erster Band das Fundament der Elementarphilosophie betreffend.* Jena 1790. Im letztgenannten Werk entwickelt Reinhold im Rahmen einer Theorie des Bewußtseins den Unterschied zwischen dem Bewußtwerden der Vorstellung und dem Bewußtwerden seiner selbst als des Vorstellenden; vgl. insbesondere 222. – Die Formulierung »Bewußtsein jenes Bewußtseins« erinnert u. a. an *Wilhelm Traugott Krug: Entwurf eines neuen Organon's der Philosophie oder Versuch über die Prinzipien der philosophischen Erkenntniß.* Meissen und Lübben 1801. 60; »ursprüngliches und notwendiges Tun« an Fichte: *Grundlage.* 188; vgl. *Fichte: Werke.* Bd 1. 222; *Fichte: Gesamtausgabe.* Bd 2. 365. Bei beiden stehen die genannten Formulierungen aber in einem anderen Zusammenhang.

36,30–37 Vgl. *Beyträge zur leichtern Uebersicht des Zustandes der Philosophie beym Anfange des 19. Jahrhunderts.* Hrsg. von C. L. Reinhold. H. 1. Hamburg 1801. 74, 90; 101: *Daß* der in dieser *vorläufigen* Erörterung gefundene, und nachmals bey der *Analysis* der Anwendung des Denkens, als Denkens, *anfangs* nur *Hypothetisch* und *Problematisch* zum Grunde zu legende Charakter des Denkens, als Denkens, der *Einzig mögliche und reellwahre sey, kann,* und soll, sich erst in *jener Analysis, dadurch* und *insoferne* ergeben, *daß* man, und *inwieferne* man in derselben auf das *Unwahre am Wahren* und auf das *Wahre durchs Unwahre* gelangt.

38,22 oben] Siehe 35,26–36.

41,21–26 Hegel interpretiert hier Fichte; vgl. insbesondere *Fichte: Grundlage.* § 1. 3–17; vgl. *Fichte: Werke.* Bd 1. 91–101; *Fichte: Gesamtausgabe.* Bd 2. 255–264.

44,11–12 wie erinnert] Siehe 38,33–35.

45,9 bereits] Siehe 31,8–11.

45,17–19 Siehe vorliegenden Band 22,17–26 und 23,10–15.

15,27–29 Vgl. z. B. *Christianus Wolfius: Philosophia prima, sive ontologia, methodo scientifica pertractata, qua omnis cognitionis humanae principia continentur.* Editio nova priori emendatior. Francofurti et Lipsiae 1736. Pars I, Sectio III, Cap. IV: De quantitate & agnatis notionibus; Cap. V: De qualitate & agnatis notionibus. – *Kant: Kritik der reinen Vernunft.* B 106. – Bei Aristoteles ist die Abfolge der Kategorien πόσον und ποῖον nicht festgelegt.

45,29–31 Siehe vorliegenden Band, insbes. 35,18 ff und 38 f.

47,12–13 Siehe vorliegenden Band 66,3.

49,1–6 Vgl. *Diels-Kranz: Die Fragmente der Vorsokratiker.* Bd 1. Parmenides. B 6: χρὴ τὸ λέγειν τε νοεῖν τ' ἐὸν ἔμμεναι· ἔστι γὰρ εἶναι, μηδὲν δ' οὐκ ἔστιν· (Nötig ist zu sagen und zu denken, daß *nur* das Seiende ist, ein Nichts dagegen ist nicht;) Vgl. ferner B 2, B 7, B 8.

49,6–9 »das Sein ist so wenig, als das Nichts« ist vermutlich eine freie Übersetzung von *Aristoteles: Metaphysik.* A 4. Bd 2. 337 A. (985 b 8 f): διὸ καὶ οὐθὲν μᾶλλον τὸ ὂν τοῦ μὴ ὄντος εἶναί φασιν, ὅτι οὐδὲ τὸ κενὸν τοῦ σώματος. (Deshalb behaupten sie auch, daß das Seiende um nichts mehr sei als das Nichtseiende, weil auch das Leere nicht (weniger) als der Körper. *(Aristoteles: Metaphysik.* In der Übersetzung von H. Bonitz neu bearbeitet, mit Einleitung und Kommentar herausgegeben von H. Seidl. Hamburg 1978. 29.)) Vgl. Hegels *Vorlesungen über die Geschichte der Philosophie,* in: *Hegel: Werke.* Bd 13. 332. Hegel bezieht das Zitat auch hier auf Heraklit; jedoch bezieht es sich bei Aristoteles auf Leukipp und Demokrit; vgl. *Diels-Kranz: Die Fragmente der Vorsokratiker.* Bd 2. Leukippos. A 6. Im Leukipp-Kapitel der *Vorlesungen über die Geschichte der Philosophie* spielt Hegel jedoch ebenfalls auf diese Stelle an; vgl. 366. – »Alles fließt« schreibt Hegel auch in den *Vorlesungen über die Geschichte der Philosophie* Heraklit zu; vgl. 333. Zusätzlich bezieht er sich dort auf *Aristoteles: De coelo.* Γ 1. Bd 1. 215 A–B. (298 b 29 ff): οἱ δὲ τὰ μὲν ἄλλα πάντα γίνεσθαί τέ φασι καὶ ῥεῖν, εἶναι καὶ παγίως οὐθέν, ἕν δέ τι μόνον ὑπομένειν, ἐξ οὗ ταῦτα πάντα μετασχηματίζεσθαι πέφυκεν, ὅπερ ἐοίκασι βούλεσθαι λέγειν ἄλλοι τε πολλοί, καὶ ‘Ἡράκλειτος ὁ ἐφέσιος. *(Aristoteles. Vom Himmel. Von der Seele. Von der Dichtkunst.* Eingeleitet und neu übertragen von O. Gigon. Zürich 1950. 140: Einige lassen alles werden und fließen, ohne daß irgend etwas sei, nur etwas würde überdauern, aus welchem dieses alles durch Umgestaltungen entstünde. Dies scheint unter vielen andern Herakleitos von Ephesos lehren zu wollen.) sowie auf *Plato: Cratylus.* 402 a: Λέγει που ‘Ἡράκλειτος ὅτι πάντα χωρεῖ, καὶ οὐδὲν μένει· καὶ ποταμοῦ ῥοῇ ἀπεικάζων τὰ ὄντα, λέγει, ὡς δὶς ἐς τὸν αὐτὸν ποταμὸν οὐκ ἂν ἐμβαίης. (Herakleitos sagt doch, daß alles davongeht und nichts bleibt, und indem er alles Seiende einem strömenden Fluß vergleicht, sagt er, man könne nicht zweimal in denselben Fluß steigen.) Vgl. ferner *Aristoteles: Metaphysik.* A 6. Bd 2. 338 I. (987 a 33 f); M 4. Bd 2. 400 H. (1078 b 14 f).

Anmerkungen 287

49,19 Hegel denkt vermutlich besonders an Xenophanes und Anaxagoras; vgl. seine *Vorlesungen über die Geschichte der Philosophie*, in: *Hegel, Werke*. Bd 13. 285 f, 400. Hegel zitiert ebenda. 301 f die damals für aristotelisch gehaltene Schrift *De Xenophane, Zenone et Gorgia*. Heute ist diese Schrift als pseudoaristotelisch erkannt; die von Hegel zitierten Kapitel werden heute auf Melissos bezogen. Diese Möglichkeit hat Hegel bereits in Betracht gezogen. Vgl. *Diels-Kranz: Die Fragmente der Vorsokratiker*. Bd 1. Melissos. A 5: De Melisso Xenophane Gorgia. 1.1: ᾽Αίδιον εἶναί φησιν εἴ τι ἔστιν, εἴπερ μὴ ἐνδέχεσθαι γενέσθαι μηδὲν ἐκ μηδενός· εἴτε γὰρ ἅπαντα γέγονεν εἴτε μὴ πάντα, ἀίδια ἀμφοτέρως· ἐξ οὐδενός γὰρ γενέσθαι ἂν αὐτὰ γιγνόμενα ... 2.2: καὶ πρώτου τεθέντος, ὃ πρῶτον λαμβάνει, μηδὲν γενέσθαι ἂν ἐκ μὴ ὄντος ... Die zitierte pseudoaristotelische Schrift schreibt aber auch dem Xenophanes diese Lehrmeinung zu; vgl. ebenda. Xenophanes. A 28: De Melisso Xenophane Gorgia. 3.2: εἰ γὰρ γίγνοιτο ἐξ ἀσθενεστέρου τὸ ἰσχυρότερον ἢ ἐξ ἐλάττονος τὸ μεῖζον ἢ ἐκ χείρονος τὸ κρεῖττον, ἢ τοὐναντίον τὰ χείρω ἐκ τῶν κρειττόνων, τὸ ὂν ἐξ οὐκ ὄντος ἂν γενέσθαι ... Zu Anaxagoras vgl. ebenda. Bd 2. Anaxagoras. A 52: ἔοικε δὲ ᾽Αναξαγόρας ἄπειρα οὕτως οἰηθῆναι διὰ τὸ ὑπολαμβάνειν τὴν κοινὴν δόξαν τῶν φυσικῶν εἶναι ἀληθῆ ὡς οὐ γινομένου οὐδενὸς ἐκ τοῦ μὴ ὄντος· *(Die Vorsokratiker* (ed. Capelle). Anaxagoras 25. 260: Es scheint aber Anaxagoras zahllose [Urstoffe] angenommen zu haben, weil er die gemeinsame Ansicht der Physiker für wahr hielt, daß nichts aus dem Nichts entsteht.)

50,15–17 Vgl. *Kant: Kritik der reinen Vernunft*. B 627.

50,25–29 Hegel bezieht sich wahrscheinlich auf *Christianus Wolfius: Theologia naturalis, methodo scientifica pertractata*. Pars posterior, qua existentia et attributa Dei ex notione entis perfectissimi et natura animae demonstrantur ... Francofurti & Lipsiae 1737. § 402. 361: Mundus a Deo conservatur, dum elementa juxta principium rationis sufficientis combinata conservantur (...), consequenter tamdiu existit, quamdiu iisdem actualitatem impertitur Deus (...). Quamobrem si desinere debet, necesse est ut desinant existere elementa.

51,17–52,14 Vgl. *Kant: Kritik der reinen Vernunft*. B 627.

52,30 vorhin] Siehe 51,13–16.

52,34–53,4 Vgl. *Kant: Kritik der reinen Vernunft*. B 628 f und B 627.

55,3 vorhin] Siehe 50,19–22.

55,37–38 Siehe die Anmerkung zu 49,1–6.

56,16 oben] Siehe 37,5–8 und 37,26–38,1.

58,8 unten] Siehe 61,1.

59,29   Siehe vorliegenden Band 17 ff.
60,2–4   Siehe vorliegenden Band 54,14 f.
61,21   unten] Siehe 173,21–177,19.
62,16   unten] Siehe 166,13 ff und 181 ff passim.
62,16–20   Siehe vorliegenden Band, Anmerkung zu 197,15–36.
62,20–25   Vgl. vorliegenden Band 196,15–20.
62,27   Siehe vorliegenden Band 48,15.
67,21–22   Siehe vorliegenden Band 47,31 ff.
70,10   oben] Siehe 65,22–33.
72,29–31   Hegel kritisiert hier wahrscheinlich Schelling; vgl. *Schelling: Ideen zu einer Philosophie der Natur. Als Einleitung in das Studium dieser Wissenschaft*. Erster Theil. Zweite durchaus verbesserte und mit berichtigenden Zusätzen vermehrte Auflage. Landshut 1803. 277. Vgl. vorliegenden Band 73,35 f, 212,8 f.

72,37–73,7   Hegel bezieht sich auf die Form des ontologischen Gottesbeweises, die aus dem Begriff des ens realissimum geführt wird. Vgl. u. a. *Leibniz: Monadologie*. §§ 40 f, 45; in *Leibniz: Opera* (ed. Dutens). Tomus II, Pars I. 25: 40. Judicare etiam licet, quod substantia ista suprema, quae est unica universalis, & necessaria, cum nihil extra se habeat, quod ab ea non dependeat, & simplex rerum possibilium series existat, limitum capax esse nequit, & omnem realitatem possibilem continere debet. / 41. Unde sequitur Deum esse absolute perfectum, cum perfectio non sit nisi magnitudo realitatis positivae praecise sumta, sepositis rerum limitationibus. / 45. Ita Deus solus (seu ens necessarium) hoc privilegio gaudet, quod necessario existat, si possibilis est. Et quemadmodum nihil possibilitatem ejus impedit, quod limitum expers, nec ullam negationem consequenter nec contradictionem involvit; hoc unicum sufficit ad cognoscendum existentiam Dei a priori. Nos eam quoque probavimus per realitatem veritatum aeternarum.; *Leibniz: Philosophische Schriften* (ed. Gerhardt). Bd 6. 613 f; *Leibniz: Vernunftprinzipien. Monadologie* (ed. Herring). 45, 47: 40. Ferner kann man schließen, daß diese oberste Substanz, die einzig, allumfassend und notwendig ist – da es nichts außerhalb ihrer gibt, was von ihr unabhängig wäre, und da sie eine einfache Folge des möglichen Seins ist –, unmöglich Schranken haben kann und alle überhaupt mögliche Realität enthalten muß. / 41. Daraus folgt dann, daß Gott absolut vollkommen ist; *Vollkommenheit* ist nämlich nichts anderes als die Größe der positiven Realität als solcher, die man erhält, wenn man die Grenzen oder Schranken der Dinge, die solche haben, beiseite läßt. Und dort, wo es keine Schranken gibt, d. h. in Gott, ist die Vollkommenheit absolut unendlich ... / 45. So hat allein Gott (bzw. das notwendige Wesen) das Vorrecht, daß er notwendig existiert, wenn seine Existenz möglich ist. Da nun nichts die Möglichkeit dessen hindern kann, was keine Schranken, keine Verneinung und infolgedessen keinen Widerspruch enthält, so genügt das allein schon, um die Existenz Gottes *a priori* zu erkennen. Wir haben sie auch durch die Realität der ewigen Wahrheiten bewiesen. Ferner haben wir sie schon *a posteriori* bewiesen aus der Existenz der zufälligen Wesen, die ihren letzten oder zureichenden Grund nur in dem notwendigen Wesen haben können, das den Grund seiner Existenz in sich selbst hat. Vgl. *Christianus Wolfius: Theologia naturalis, methodo scientifica pertracta.* Pars posterior, qua existentia et attributa Dei ex notione entis perfectissimi et natura animae demonstrantur... Francofurti & Lipsiae 1737. § 6: *Ens perfectissimum* dicitur, cui insunt omnes realitates compossibiles in gradu absolute summo. § 14: Deus est ens perfectissimum, scilicet absolute tale. § 15: Quoniam Deus ens perfectissimum est (...), ens autem perfectissimum omnes realitates compossibiles in gradu absolute summo continet (...).

73,12–16 Vgl. *Leibniz: Monadologie.* § 41. *Vernunftprinzipien der Natur und der Gnade.* § 9; in: *Leibniz: Opera* (ed. Dutens). Tomus II, Pars I. 25 bzw. 35 f; *Leibniz: Philosophische Schriften* (ed. Gerhardt). Bd 6. 613 bzw. 602; *Leibniz: Vernunftprinzipien. Monadologie* (ed. Herring). 45 bzw. 15. – *Leibniz: Essais de Theodicée. Discours de la conformité de la foi avec la raison.* § 4. 5: Sa bonté & sa justice, aussi-bien que sa sagesse, ne different des nôtres, que parce-qu'elles sont infiniment plus parfaites; vgl. *Leibniz: Philosophische Schriften* (ed. Gerhardt). Bd 6. 51; *Leibniz: Die Theodizee.* Übersetzt von A. Buchenau. Hamburg. 1968. 36. – *Essais de Theodicée.* Seconde partie. § 192. Tome second. 90; vgl. *Leibniz: Philosophische Schriften* (ed. Gerhardt). Bd 6. 230; *Leibniz: Die Theodizee.* Übersetzt von A. Buchenau. Hamburg 1968. 250. – *Christianus Wolfius: Theologia naturalis, methodo scientifica pertractata.* Pars posterior, qua existentia et attributa Dei ex notione entis perfectissimi et natura animae demonstrantur... Francofurti & Lipsiae 1737. § 16: Similiter quia ens perfectissimum prorsus illimitatum est (...), nec ulli prorsus in eodem dantur limites (...), Deus vero ens perfectissimum est...

73,16–22 Vgl. *Leibniz: Vernunftprinzipien der Natur und der Gnade.* § 9: Et comme la *justice,* prise généralement, n'est autre chose que la bonté conforme à la sagesse, il faut bien qu'il y ait aussi une justice souveraine en Dieu. In: *Leibniz: Opera* (ed. Dutens). Tomus II, Pars I. 36; *Leibniz: Philosophische Schriften* (ed. Gerhardt). Bd 6. 602. *Leibniz: Vernunftprinzipien. Monadologie* (ed. Herring). 15. *Leibniz: Essais de Theodicée.* Preface. XXIV: Il est leur maître (il est vrai) mais il est un Maître bon & juste: son pouvoir est absolu, mais sa sagesse ne permet pas qu'il l'exerce d'une maniere arbitraire & despotique, qui seroit tyrannique en effet. Vgl. *Leibniz: Philosophische Schriften* (ed. Gerhardt). Bd 6. 36; *Leibniz: Die Theodizee*. Übersetzt von A. Buchenau. Hamburg 1968. 16. – *Christianus Wolfius: Theologia naturalis methodo scientifica pertractata*. Pars prior, integrum systema complectens, qua existentia et attributa Dei a posteriori demonstrantur. Francofurti & Lipsiae 1736. § 1067: Bonitas sapientiae attemperata, aut, temperamentum bonitati vi sapientiae adhibitum est *Justitia*. Ut adeo *Justus* sit, qui bonitatem sapientiae attemperat, seu temperamentum bonitati vi sapientiae adhibet. § 1070: . . . bonitatem suam summam sapientiae attemperat itidem summae, ut ea majorem concipi repugnet (. . .). Quamobrem cum bonitas sapientiae attemperata sit justitia (. . .), neque adeo justitia major concipi possit, quam si bonitas summa, qua majorem concipi repugnat, attemperetur sapientiae summae, qua itidem majorem concipere non datur; Deus est justissimus, ita ut justitiam divina majorem concipere non liceat.

73,35   vorhin] Siehe 72,29–31.
76,20   vorhin] Siehe 68,11–13.
78,14 oben]   Siehe 74,36–38.
78,16–17   Siehe vorliegenden Band 76,9–13.
82,10–18   Vgl. *Jacob Böhme: Theosophia revelata*. Ohne Ort. 1715. Darin: *Aurora, Oder: Morgenröthe im Aufgang*. Sp. 158 f: So die Quell-Geister hätten fein lieblich qualificiret / wie sie tähten ehe sie creatürlich worden / als sie noch in gemein in GOtt waren vor der Schöpfung / so hätten sie auch einen lieblichen und sanften Sohn in sich geboren / der wäre dem Sohn GOttes gleich gewesen; und wäre das Licht im Lucifer und der Sohn GOttes ein Ding gewesen / eine Inqualirung oder Inficirung / ein lieblich Hälsen / Herzen und Ringen. *Jacob Böhme: Sämtliche Schriften*. Faksimile-Neudruck der Ausgabe von 1730 in elf Bänden begonnen von August Faust †, neu herausgegeben von Will-Erich Peuckert. Bd 1. Stuttgart 1955. 173. Im Unterschied zu »Inqualirung« verwendet Böhme »inqualiren« sehr häufig; vgl. besonders 260–264, 276–279; *Jacob Böhme: Sämtliche Schriften* (ed. Peuckert). Bd 1. 286–290, 304–308. Das erste Register der von Hegel sehr wahrscheinlich benutzten Ausgabe gibt zu »Inqualirung« folgende Erläuterung: das hineinwircken u. dringen eins ins andere / wie der Sonnen und Sternen Strahlen in ein Kraut; geschihet auch geistlich in geistliche Dinge. – Zu »Qual« vgl. u. a. 127, 2283, 2446, 2449, 2467; *Jacob Böhme: Sämtliche Schriften* (ed. Peuckert). Bd 1. 137 f, Bd 6. *De signatura rerum, oder Von der Geburt und Bezeichnung aller Wesen*. 113, Bd 6. *De electione gratiae, oder Von der Gnadenwahl*. 46, 48, 69. Das erste Register gibt hierzu folgende Erläuterung: Quaal, Quahl, oder Quall, ist das urkündliche Quellen in der ewigen und zeitlichen Natur / im Finstern peinlich und ist Quahl

/ im Lichte sanft gebärende erfreulich und ist Quall / in der gebärenden Natur vermischt und ist Quaal NB. Dieser Unterschied ist aber allemahl im Truck nicht beobachtet worden / der erleuchtete Leser wolle selbst aus dem Zusammenhang des Textes es bemerken. – »Qualirung« konnte nicht nachgewiesen werden; dagegen gebraucht Böhme häufig »Qualificirung«. Auch stellt er einen Zusammenhang zwischen »Qualificirung« und »Bewegung« her; vgl. 42: Die 3. Elementa, Feur / Luft und Wasser / haben dreyerley Bewegung oder Qualificirung ... Und in dieser Bewegung oder Qualificirung stehet aller Creaturen Leben und Geist ... *Jacob Böhme: Sämtliche Schriften* (ed. Peuckert). Bd 1. 45. Das erste Register erläutert »Qualificirung« durch: das Weben und Leben der Essentien eines Dinges / Wirkung / Beweglichkeit.

84,11 oben] Siehe 79,17.

86,6 Vgl. *Musen-Almanach für das Jahr 1797*. Hrsg. von Schiller. Tübingen. *Xenien. 294:*
Ein Achter.
Auf theoretischem Feld ist weiter nichts mehr zu finden,
 Aber der praktische Satz gilt doch: Du kannst, denn du sollst!
Vgl. *Schillers Werke*. Nationalausgabe. Erster Band. Gedichte. Herausgegeben von Julius Petersen † und Friedrich Beißner. Weimar 1943. 356. – Das Xenion spielt auf die sich bei Kant mehrfach findende Folgerung vom Sollen auf das Können an; vgl. *Kant: Kritik der reinen Vernunft.* B 835. *Kritik der praktischen Vernunft.* 54. *Die Religion innerhalb der Grenzen der bloßen Vernunft.* Königsberg 1793. 46, 54, 56; vgl. *Kant's gesammelte Schriften.* Herausgegeben von der Königlich Preußischen Akademie der Wissenschaften. Bd 6. Berlin 1907/14. 45, 49, 50.

86,15–20 Siehe vorliegenden Band 165,1–167,12.

86,23 oben] 71,9–12.

86,34 unten] Siehe 101,26–31.

87,1 dort] Siehe *Hegel: Gesammelte Werke.* Bd 11. 273,4 ff.

87,11–12* *Spinoza: Epistolae.* Nr L: Quia ergo figura non aliud, quam determinatio et determinatio negatio est; non poterit, ut dictum, aliud quid, quam negatio, esse. In: *Spinoza: Opera* (ed. Paulus). Bd 1. 634; *Spinoza: Opera* (ed. Gebhardt). Bd 4. 240. – (210: Da also Gestalt nichts anderes ist als Bestimmung und Bestimmung Verneinung, so wird sie wie gesagt nichts anderes sein können als eine Verneinung.) Die Formulierung »Determinatio est negatio« findet sich bei *Jacobi: Ueber die Lehre des Spinoza in Briefen an den Herrn Moses Mendelssohn.* Neue vermehrte Ausgabe. Breslau 1789. 31 Anm. und 182; vgl. *Friedrich Heinrich Jacobi's Werke.* Bd 4, Abt. 1. Leipzig 1819. 62 Anm., 182.

87,13–14 Siehe vorliegenden Band 78,34 f.
87,20–22 Siehe vorliegenden Band 73,30–36.
87,25 soeben] Siehe 87,6–9.
87,30 gleich nachher] Siehe 88,26–28.
96,7–10, 12–14 Hegel bezieht sich auf eine Debatte, zu der Jacobis Briefe *Ueber die Lehre des Spinoza* den Anstoß gegeben haben. Vgl. *Jacobi: Ueber die Lehre des Spinoza in Briefen an den Herrn Moses Mendelssohn*. Neue vermehrte Ausgabe. Breslau 1789. 24. Vgl. *Friedrich Heinrich Jacobi's Werke*. Bd 4, Abt. 1. Leipzig 1819. 56. – Schelling knüpft an diese Textstelle an und bezeichnet den »Uebergang vom Unendlichen zum Endlichen« als »das Problem *aller* Philosophie«; vgl. *Schelling: Philosophische Briefe über Dogmatismus und Kriticismus*, in: *Schelling: Werke*. Abt. 1, Bd 1. 313 ff, 310. Vgl. auch *Abhandlungen zur Erläuterung des Idealismus der Wissenschaftslehre. Ebenda. 367 f* und *Fernere Darstellungen aus dem System der Philosophie*, in: *Neue Zeitschrift für speculative Physik*. Hrsg. von Schelling. Bd 1, Stück 2. Tübingen 1802. 44; vgl. *Schelling: Werke*. Abt. 1, Bd. 4. 419. C. A. Eschenmayer nimmt in seiner Schrift *Die Philosophie in Ihrem Uebergang zur Nichtphilosophie*. Erlangen 1803. das Problem des Verhältnisses von Unendlichem und Endlichem bei Schelling auf (66–69) und legt dann seine Lösung dieses Problems dar (70–72). Schelling setzt sich in *Philosophie und Religion* mit Eschenmayers Lösung auseinander; vgl. *Philosophie und Religion*. Tübingen 1804. 24–29, 39, 53 f, in: *Schelling: Werke*. Abt. 1, Bd 6. 31–34,41, 50 f. Auch später noch geht Schelling mehrfach auf dieses Problem ein, u. a. in seiner Abhandlung *Ueber das Verhältniß des Realen und Idealen in der Natur*, in: *Schelling: Werke*. Abt. 1, Bd 2. 360.

97,6–11 Siehe vorliegenden Band 91,34–36.

102,4–5 *Leibniz: Monadologie. §§ 1–4*; in: *Leibniz: Opera* (ed. Dutens). Tomus II, Pars I. Darin: Principia philosophiae, seu theses in gratiam principis Eugenii &c. 20: *Monas*, de qua dicemus, non est nisi substantia simplex, quae in composita ingreditur. *Simplex* dicitur quae partibus caret. / 2. Necesse autem est dari substantias simplices, quia dantur composita: neque enim compositum est nisi aggregatum simplicium. / 3. Ubi non dantur partes, ibi nec extensio, nec figura, nec divisibilitas locum habet. Atque monades istae sunt verae atomi naturae, &, ut verbo dicam, elementa rerum. / 4. Neque etiam in iis metuenda est dissolutio, nec ullus concipi potest modus, quo substantia simplex naturaliter interire potest. *Leibniz: Philosophische Schriften* (ed. Gerhardt). Bd 6. 607; *Leibniz: Vernunftprinzipien. Monadologie* (ed. Herring). 27: 1. Die *Monade*, von der wir hier sprechen wollen, ist nichts anderes als eine einfache Substanz, die in dem Zusammengesetzten enthalten ist; einfach sein heißt soviel wie:

ohne Teile sein ... / 2. Einfache Substanzen muß es geben, da es zusammengesetzte gibt; denn das Zusammengesetzte ist nichts anderes als eine Anhäufung oder ein *Aggregat* von Einfachem. / 3. Nun ist aber da, wo keine Teile sind, weder Ausdehnung, noch Gestalt, noch Teilbarkeit möglich. So sind denn die Monaden die wahren Atome der Natur und – mit einem Wort – die Elemente der Dinge. / 4. Auch ist ihre Auflösung nicht zu befürchten, und es ist völlig unbegreiflich, wie eine einfache Substanz auf natürlichem Wege vergehen könnte. *Vernunftprinzipien der Natur und der Gnade.* §§ 1–2; in: *Leibniz: Opera* (ed. Dutens). Tomus II, Pars I. Darin: Principes de la nature & de la grace, fondés en raison. 32; *Leibniz: Philosophische Schriften* (ed. Gerhardt). Bd 6. 598; *Leibniz: Vernunftprinzipien. Monadologie* (ed. Herring). 3.

102,10   Vgl. *Leibniz: Monadologie.* § 14; in: *Leibniz: Opera* (ed. Dutens). Tomus II, Pars I. 21 f; *Leibniz: Philosophische Schriften* (ed. Gerhardt). Bd 6. 608; *Leibniz: Vernunftprinzipien. Monadologie* (ed. Herring). 31 ff.

102,15–17   *Leibniz: Monadologie.* §§ 7–9; in: *Leibniz: Opera* (ed. Dutens). Tomus II, Pars I. 21; *Leibniz: Philosophische Schriften* (ed. Gerhardt). Bd 6. 607 f; *Leibniz: Vernunftprinzipien. Monadologie* (ed. Herring). 29.

102,21   Auch in den *Vorlesungen über die Geschichte der Philosophie* schreibt Hegel den Ausdruck »Monade der Monaden« Leibniz zu; vgl. *Hegel: Werke.* Bd 15. 464. Dieser Ausdruck konnte nicht nachgewiesen werden. In der Regel verwendet Leibniz den Begriff Monade zur Bezeichnung der geschaffenen Monaden; wo er Gott implizit als Monade bezeichnet, unterscheidet er ihn zugleich als substantia primitiva von der substantia derivativa; vgl. Leibniz' Brief an Bierling vom 12. August 1711: Porrò *Monas* seu substantia simplex in genere continet perceptionem, & appetitum; estque vel primitiva seu *Deus* . . .; in *Leibniz: Opera* (ed. Dutens). Tomus V. 375; *Leibniz: Philosophische Schriften* (ed. Gerhardt). Bd 7. 502.

106,32–33   Vgl. *Diels-Kranz:* Die Fragmente der Vorsokratiker. Bd 2. Demokritos. B 9: 'νόμωι' γάρ φησι 'γλυκύ, [καὶ] νόμωι πικρόν, νόμωι θερμόν, νόμωι ψυχρόν, νόμωι χροιή, ἐτεῆι δὲ ἄτομα καὶ κενόν' *(Die Vorsokratiker* (ed. Capelle). Demokrit 115. 437: Er sagt ja: »Süß und bitter, warm und kalt existierten nur nach der herkömmlichen Meinung, und ebenso die Farben (der Dinge); in Wirklichkeit existierten nur die Atome und das Leere.«). Vgl. B 117, B 125, A 1. §§ 44–45, A 49. In seinen *Vorlesungen über die Geschichte der Philosophie,* in: *Hegel: Werke.* Bd 13. 367. nennt Hegel als Urheber dieses Gedankens Leukipp; vgl. *Diels-Kranz: Die Fragmente der Vorsokratiker.* Bd 2. Leukippos. A 15, A 32.

107,19 Hegel denkt wahrscheinlich an folgende Fragmente von Leukipp und Demokrit: *Diels-Kranz: Die Fragmente der Vorsokratiker.* Bd 2. Demokritos. A 58: ARISTOT. Phys. Θ 9. 265 b 24 διὰ δὲ τὸ κενὸν κινεῖσθαί φασιν· καὶ γὰρ οὗτοι τὴν κατὰ τόπον κίνησιν κινεῖσθαι τὴν φύσιν λέγουσιν. *(Die Vorsokratiker* (ed. Capelle). Demokrit 19. 403 f: Sie erklären aber, daß die Bewegung vermittels des Leeren erfolge. Denn auch diese Philosophen behaupten, daß die Natur sich in Form der örtlichen Bewegung bewege.) Leukippos. A 16: ARISTOT. de caelo Γ 2. 300 b 8 διὸ καὶ Λευκίππωι καὶ Δημοκρίτωι τοῖς λέγουσιν ἀεὶ κινεῖσθαι τὰ πρῶτα σώματα ἐν τῶι κενῶι καὶ τῶι ἀπείρωι, λεκτέον τίνα κίνησιν καὶ τίς ἡ κατὰ φύσιν αὐτῶν κίνησις. *(Die Vorsokratiker* (ed. Capelle). Leukippos 17. 298: Daher müßten Leukipp und Demokrit, wo sie behaupten, daß die Urkörperchen in dem unendlichen Leeren in ewiger Bewegung begriffen seien, darüber Auskunft geben, was für eine Bewegung sie meinen und welches ihre naturgemäße Bewegung ist.) sowie Leukippos. A 7: ARISTOT. de gen. et corr. A 8 ... 325 a 23 ... ταῦτα δ' ἐν τῶι κενῶι φέρεσθαι (κενὸν γὰρ εἶναι) ... *(Die Vorsokratiker* (ed. Capelle). Leukippos 3. 291: Diese (Seienden) bewegten sich in dem Leeren (denn es gäbe ein Leeres), ...) Die letztgenannte Stelle zitiert Hegel auch in den *Vorlesungen über die Geschichte der Philosophie,* in: *Werke.* Bd 13. 370. Vgl. ferner *Diels-Kranz: Die Fragmente der Vorsokratiker.* Bd 2. Leukippos. A 1, A 14; Demokritos A 43.

109,34 vorhin] Siehe 102,4–22.

110,3–5 *Leibniz: Monadologie.* §§ 7–9; in: *Leibniz: Opera* (ed. Dutens). Tomus II, Pars I. 21; *Leibniz: Philosophische Schriften* (ed. Gerhardt). Bd 6. 607 f; *Leibniz: Vernunftprinzipien. Monadologie* (ed. Herring). 29.

110,27 oben] Siehe 102,16–22.

118,38–119,3 Siehe *Kant: Metaphysische Anfangsgründe der Naturwissenschaft.* Zweyte Auflage. Riga 1787. 34 f, 70; vgl. *Kant's gesammelte Schriften.* Herausgegeben von der Königlich Preußischen Akademie der Wissenschaften. Bd 4. Berlin 1911. 498, 517 f.

131,23–32 Unwesentlich verändertes Zitat aus *Spinoza: Ethica.* Pars I, Propositio XV, Scholion; in: *Spinoza: Opera* (ed. Paulus). Bd 1. 50; *Spinoza: Opera* (ed. Gebhardt). Bd 2. 59; *Spinoza: Die Ethik nach geometrischer Methode dargestellt.* Hrsg. von Otto Baensch. Hamburg 1967. 19 f: Wenn nun aber jemand fragt, warum wir von Natur so geneigt sind, die Größe zu teilen, so erwidere ich ihm, daß die Größe von uns auf zweierlei Weise begriffen wird, nämlich einerseits abstrakt oder oberflächlich, wenn wir sie vorstellen, andererseits als Substanz, was allein durch den Verstand geschieht. Wenn wir daher die Größe ins Auge fassen, wie sie im Vorstellungsvermögen ist, was häufig geschieht und uns leichter fällt, so wird sie als endlich, teilbar und aus Teilen zusammengesetzt erscheinen; fassen wir sie aber ins Auge, wie sie im Verstande ist, und begreifen wir sie, sofern sie Substanz ist, was sehr schwierig ist, dann erscheint sie, wie wir schon zur Genüge bewiesen haben, als unendlich, einzig und unteilbar. Das wird für jeden, der gelernt hat, zwischen Vorstellungsvermögen und Verstand zu unterscheiden, am Tage liegen.

132,13–14 *Propositiones ex disputatione metaphysica de principio individui, Quam praeside Jacobo Thomasio, publice proponit Gottfr. Guil. Leibnitius.* Lips. 30 Maii 1663; in: *Leibniz: Opera* (ed. Dutens). Tomus II, Pars I. 400; *Leibniz: Philosophische Schriften* (ed. Gerhardt). Bd 4. 26. – Die von Hegel zitierte propositio lautet übersetzt: Überhaupt ist es nicht unwahrscheinlich, daß Materie und Quantität der Sache nach das Gleiche sind (Übersetzung des Neuherausgebers).

132,33–34 Siehe *Kant: Kritik der reinen Vernunft.* B 462 ff.

133,2–6 Siehe ebenda. Erste Antinomie: B 454–461. Zweite Antinomie: B 462–471. Dritte Antinomie: B 472–479. Vierte Antinomie: B 480–489.

133,18–20 Siehe ebenda. B 438–443, B 453.

133,38–134,3 Vgl. ebenda. B 397, B 354 f, B 449.

134,3–6 Vgl. ebenda. B 449 f.

134,6–8 Vgl. ebenda. B 518 ff.

134,30–34 Siehe ebenda. B 462.

135,38 apogogisch] Diese Schreibweise war zur Zeit Hegels möglich; vgl. z. B. *Johann Heinrich Tieftrunk: Grundriß der Logik.* Halle 1801. 312 ff.

135,39–136,6 Siehe *Kant: Kritik der reinen Vernunft.* B 462.

135,12–15 Siehe ebenda. B 462.

135,16–23 Siehe ebenda. B 462–464.

137,29–32 Vgl. ebenda. B 464: Hieraus folgt unmittelbar, daß die Dinge der Welt insgesamt einfache Wesen seyn, daß die Zusammensetzung nur ein äußerer Zustand derselben sey, und daß, wenn wir die Elementarsubstanzen gleich niemals völlig aus diesem Zustande der Verbindung setzen und isoliren können, doch die Vernunft sie als die ersten Subjecte aller Composition, und mithin, vor derselben, als einfache Wesen denken müsse.

137,36–38 Siehe ebenda. B 458.

138,7–9 Siehe ebenda. B 463.

138,12–19 Geringfügig geändertes Zitat aus *Kant: Kritik der reinen Vernunft.* B 463.

138,20–21 Siehe ebenda. B 463.

138,22 Siehe ebenda. B 463.

138,23–27   Verkürztes und geringfügig geändertes Zitat aus *Kant: Kritik der reinen Vernunft*. B 463.
138,28   Nest] Vgl. ebenda. B 637.
138,37–139,4   Hegel faßt hier das 138,12–19 ausführlich wiedergegebene Zitat zusammen.
139,12–15   Vgl. *Kant: Kritik der reinen Vernunft*. B 39, B 377.
139,35–38   Siehe ebenda. B 469.
140,36–37   Hegel bezieht sich auf Zenons Paradoxien; vgl. *Diels-Kranz: Die Fragmente der Vorsokratiker*. Bd 1. Zenon. A 25–28. Vgl. ebenda Zenon. B 4: Z. δὲ τὴν κίνησιν ἀναιρεῖ λέγων 'τὸ κινούμενον οὔτ' ἐν ὧι ἔστι τόπωι κινεῖται οὔτ' ἐν ὧι μὴ ἔστι'. (Z. hebt die Bewegung auf, wenn er behauptet: Das Bewegte bewegt sich weder in dem Raume, in dem es ist, noch in dem es nicht ist.) Siehe auch *Hegel: Gesammelte Werke*. Bd 12. 242, 39–243,1, 234, 8–12.
141,1–3   Vgl. *Hegel: Encyclopädie der philosophischen Wissenschaften im Grundrisse*. Dritte Ausgabe. Heidelberg 1830. §§ 89, 298. *Hegel: Werke*. Bd 13, 313–326; *Hegel: Enzyklopädie der philosophischen Wissenschaften im Grundrisse*. Hrsg. von Friedrich Nicolin und Otto Pöggeler. Hamburg 1969. 111, 246.
141,9–15   Vgl. *Diogenis Laertii de vitis, dogmatibus et apophthegmatibus clarorum philosophorum libri decem*. Graece et latine. Lipsiae 1759. VI, 39: ὁμοίως καὶ πρὸς τὸν εἰπόντα, ὅτι κίνησις οὐκ ἔστιν, ἀναστὰς περιεπάτει. *(Diogenes Laertius: Leben und Meinungen berühmter Philosophen*. Unter Mitarbeit von Hans Günter Zekl neu herausgegeben sowie mit Vorwort, Einleitung und neuen Anmerkungen zu Text und Übersetzung versehen von Klaus Reich. Hamburg 1967. VI. 313: Ähnlich machte er's mit dem, der behauptete, es gebe keine Bewegung: er stand auf und spazierte hin und her.) und *Sexti Empirici opera graece et latine. Pyrrhoniarum institutionum* libri III. cum Henr. Stephani versione et notis. Contra mathematicos, sive disciplinarum professores, libri VI. Contra philosophos libri V. cum versione Gentiani Herveti. Graeca ex mss. codicibus castigavit, versiones emendavit supplevitque, et toti operi notas addidit Jo. Albertus Fabricius. Lipsiae 1718. Pyrrhonische Hypotyposen. Buch 3, Kap. 8, Abschn. 66: διὸ καὶ τῶν Κυνικῶν τις ἐρωτηθεὶς κατὰ τὸν τῆς κινήσεως λόγον, οὐδὲν ἀπεκρίνατο, ἀνέστη δὲ καὶ ἐβάδισεν· *(Sextus Empiricus: Grundriß der Pyrrhonischen Skepsis*. Einleitung und Übersetzung von Malte Hossenfelder. Frankfurt/M. 1968. 243: Daher antwortete auch einer der Kyniker nichts, als man ihm die Argumentation gegen die Bewegung vorlegte, sondern stand auf und schritt einher...) Siehe auch *Hegel: Gesammelte Werke*. Bd 12. 243,17 f. 24 f. – Auf diese Überlieferung bezieht sich auch *Spinoza: Renati Des Cartes principiorum philosophiae Pars I, & II, More Geome-*

trico demonstratae per Benedictum de Spinoza Amstelodamsem. Amstelodami 1663. Pars II, Propositio VI, Scholium. 52, 55 f. Vgl. *Spinoza: Opera* (ed. Paulus). Bd 1. 50, 54; *Spinoza: Opera* (ed. Gebhardt). Bd 1. 192, 195 f; *Spinoza: Descartes' Prinzipien der Philosophie auf geometrische Weise begründet und mit dem »Anhang, enthaltend metaphysische Gedanken«.* Übersetzung von Artur Buchenau. Einleitung und Anmerkungen von Wolfgang Bartuschat. Hamburg 1978. 64, 67 f.

141,19–21 Vgl. *Kant: Kritik der reinen Vernunft.* B 666, B 730. Siehe auch vorliegenden Band 3,26–29.

150,29–30 Vgl. *Aristoteles: Metaphysik.* A 5. Bd 2. 337 B. (985 b 23–28): Ἐν δὲ τούτοις, καὶ πρὸ τούτων οἱ καλούμενοι Πυθαγόρειοι τῶν μαθημάτων ἁψάμενοι πρῶτον, ταῦτα προήγον, καὶ ἐντραφέντες ἐν αὐτοῖς, τὰς τούτων ἀρχὰς, τῶν ὄντων ἀρχάς ᾠήθησαν εἶναι πάντων. ἐπεὶ δὲ τούτων οἱ ἀριθμοὶ φύσει πρῶτοι, ἐν δὲ τοῖς ἀριθμοῖς ἐδόκουν θεωρεῖν ὁμοιώματα πολλὰ τοῖς οὖσι, καὶ γιγνομένοις ... (*Während dieser Zeit und schon vorher befaßten sich die sogenannten Pythagoreer mit der Mathematik und brachten sie zuerst weiter, und darin eingelebt hielten sie deren Prinzipien für die Prinzipien alles Seienden. Da nämlich die Zahlen in der Mathematik der Natur nach das Erste sind, und sie in den Zahlen viel Ähnlichkeiten (Gleichnisse) zu sehen glaubten mit dem, was ist und entsteht, ... (Aristoteles: Metaphysik.* In der Übersetzung von H. Bonitz neu bearbeitet, mit Einleitung und Kommentar herausgegeben von H. Seidl. Hamburg 1978. 29.)) *Metaphysik.* M 4. Bd 2. 400 Θ. (1078 b 21–23): οἱ δὲ Πυθαγόρειοι πρότερον περί τινων ὀλίγων, ὧν τοὺς λόγους εἰς τοὺς ἀριθμοὺς ἀνῆπτον, οἷον, τί ἐστι καιρός, ἢ τὸ δίκαιον, ἢ γάμος) ἐκεῖνος εὐλόγως ἐζήτει, τὸ τί ἐστι, ... (...; vor diesem aber hatten sich die Pythagoreer nur mit einigen wenigen Gegenständen beschäftigt, deren Begriffe sie auf die Zahlen zurückführten, z. B. was die Reife oder das Gerechte oder die Ehe sei; jener aber frage mit gutem Grunde nach dem Was. *(Aristoteles: Metaphysik.* In der Übersetzung von H. Bonitz neu bearbeitet, mit Einleitung und Kommentar herausgegeben von H. Seidl. Hamburg 1980. 289.))

150,30–33 Hegel kritisiert hier die Theorie des Denkens, die *C. G. Bardili: Grundriß der Ersten Logik.* Stuttgart 1800. und im Anschluß an ihn C. L. Reinhold in: *Beyträge zur leichtern Uebersicht des Zustandes der Philosophie beym Anfange des 19. Jahrhunderts.* Hrsg. von C. L. Reinhold. H. 1. Hamburg 1801. entwickelt haben. Vgl. insbesondere ebenda. 102, 106, 108, 94. Vgl. auch die folgende Anmerkung.

153,15–19 Ebenda. 103: *Die bestimmbare, und insoferne, endliche, Wiederholbarkeit von Einem* und *Ebendemselben in einem Andern, durch die unbestimmbare, und insoferne unendliche, Wiederholbarkeit von Einem und Ebendemselben in Einem und Ebendemselben bestimmen,* heißt *Rechnen.* Mit andern Worten: *Die relative Vielheit und Einheit eines Mannigfaltigen durch die absolute Einheit des Identischen bestimmen,* heißt *Rechnen.*

159,28–38 Hegel bezieht sich hier auf die dynamische Physik, wie sie in Anknüpfung an Kants *Metaphysische Anfangsgründe der Naturwissenschaft* unter anderem von Schelling und Eschenmayer ausgebildet worden ist. Vgl. *Schelling: Ideen zu einer Philosophie der Natur. Als Einleitung in das Studium dieser Wissenschaft.* Erster Theil. Zweite durchaus verbesserte und mit berichtigenden Zusätzen vermehrte Auflage. Landshut 1803. 284, 336; 295: Alle Vorstellungen von Undurchdringlichkeit, Dichteit u.s.w. sind immer nur Vorstellungen von *Graden* . . .; *C. A. Eschenmayer: Principia quaedam disciplinae naturali, in primis Chemiae ex Metaphysica naturae substernenda.* Tubingae 1796. Zitiert in *Schelling: Ideen zu einer Philosophie der Natur.* 448: *Qualitas* materiae sequitur rationem mutuam virium attractiuarum et repulsiuarum. / Omnis materiae varietas hoc respectu earundem virium diuersa unice proportione absoluitur, atque adeo ad graduum discrimen redit. / Quia materia non sola existentia, sed viribus spatium implet, virium autem earundem varians unice proportio nonnisi graduale discrimen affert, omnes materiae diuersitates ad graduum diuersitatem demum redeunt. Qualitates igitur materiae sunt relationes graduales.

167,33–38 Geändertes Zitat aus *Kant: Kritik der praktischen Vernunft.* 289.

167,33–168,8 In der 2. Auflage gibt Hegel zusätzlich an, daß das Zitat sich am Schluß der *Kritik der praktischen Vernunft* findet. Dies trifft jedoch nur für den ersten Teil des Zitats zu (167,33–38). Es handelt sich bei ihm um eine mehrfach veränderte Wiedergabe von *Kritik der praktischen Vernunft.* 289. Der zweite Teil des Zitats konnte nicht nachgewiesen werden.

168,23–24 Vgl. *Kant: Kritik der reinen Vernunft.* B 641.

168,27–34 Vgl. *Albrecht von Haller: Versuch Schweizerischer Gedichte.* Sechste, rechtmäßige, vermehrte und veränderte Auflage. Göttingen 1751. XVI. *Unvollkommenes Gedicht über die Ewigkeit.* 207.

169,5–16 Hegel spielt hier auf eine Vorstellung an, die sich in den populären astronomischen Schriften der damaligen Zeit häufig findet. Vgl. z. B. *August Heinrich Christian Gelpke: Allgemeinfaßliche Betrachtungen über das Weltgebäude und die neuesten Entdekkungen, welche vom Herrn Doktor Herschel und Herrn Oberamtmann Schröter darin gemacht worden sind.* Königslutter 1801. 229 ff.

169,20–31 Das Zitat läßt sich in dieser Form nicht bei Kant

nachweisen. Hegel knüpft an die Gegenüberstellung zweier Formen der Unendlichkeit an, die Kant im Beschluß zur *Kritik der praktischen Vernunft* vornimmt. Der ersten Form der Unendlichkeit, wie sie sich der »Weltbetrachtung« darbietet (siehe oben 167,33–38), stellt Kant die »wahre Unendlichkeit« entgegen; siehe *Kritik der praktischen Vernunft*. 289: Das zweyte fängt von meinem unsichtbaren Selbst, meiner Persönlichkeit, an, und stellt mich in einer Welt dar, die wahre Unendlichkeit hat, ... Wahrscheinlich hat Hegel die soeben zitierte Stelle mit Ausführungen Fichtes verbunden; vgl. *Appellation an das Publikum*. Jena und Leipzig, Tübingen 1799. 110: *Du* bist wandelbar, nicht *ich;* Alle deine Verwandlungen sind nur mein Schauspiel, und ich werde stets unversehrt über den Trümmern deiner Gestalten schweben. 112: und wenn aus euren Trümmern so vielemale neue Sonnensysteme werden zusammengeströmt seyn, als eurer alle sind, ... dann werde ich noch seyn, unversehrt und unverwandelt, derselbe, der ich heute bin; ... Vgl. *Fichte: Werke*. Bd 5. 237; *Fichte: Gesamtausgabe*. Bd 5. 452. Auf die letztgenannte Stelle spielt Hegel schon in *Glauben und Wissen* an; in: *Hegel: Gesammelte Werke*. Bd 4. 402.

170,7–10 Geringfügig geändertes Zitat aus *Kant: Kritik der praktischen Vernunft*. 290.

170,14–171,33 Die von Hegel referierte Anwendung des unendlichen Progresses auf die Moralität erinnert einerseits an Kant, andererseits an Fichte. Auch der Rückverweis 170,16 bezieht sich auf ein aus Kantischen und Fichteschen Elementen zusammengesetztes Zitat; vgl. die vorletzte Anmerkung. Die Formulierung 171,36 f »auf dieselbe Weise« deutet darauf hin, daß Hegel im wesentlichen Kant wiedergeben wollte; oft scheint jedoch die Terminologie seiner Paraphrase Fichte näherzustehen.

170,16 soeben] Siehe 169,22–31.

171,37–39 Vgl. *Fichte: Grundlage*. 8 ff, 21 f. Vgl. *Fichte: Werke*. Bd 1. 94 ff, 104; *Fichte: Gesamtausgabe*. Bd 2. 257 ff, 266 f.

171,39–172,3 Vgl. *Fichte: Grundlage*. 28, 30: *Ich setze im Ich dem theilbaren Ich ein theilbares Nicht-Ich entgegen.* Vgl. *Fichte: Werke*. Bd 1. 108 ff; *Fichte: Gesamtausgabe*. Bd 2. 270, 272.

172,8 Anstoß] Vgl. *Fichte: Grundlage*. Insbesondere 171 ff, 228. Vgl. *Fichte: Werke*. Bd 1. 210 ff, 248; *Fichte: Gesamtausgabe*. Bd 2, 355 f, 386 f.

172,9–10 Vgl. *Fichte: Grundlage*. Insbesondere 181, 246 f. Vgl. *Fichte: Werke*. Bd 1. 217, 261 f; *Fichte: Gesamtausgabe*. Bd 2. 361, 396 f.

172,17–25 Vgl. *Schelling: Darstellung meines Systems der Philosophie*, in: *Zeitschrift für spekulative Physik*. Hrsg. von Schelling. Bd 2, H. 2. Jena und Leipzig 1801. 13 ff: § 23. *Zwischen Subject und Object ist keine andere, als quantitative Differenz möglich* ... 14: So viel wenigstens ist vorerst jedem klar, daß wir keinen Gegensatz zwischen Subject und Object; (denn was an die Stelle des erstern und des letztern gesezt ist, ist ja dasselbe identische; Subject und Object sind also dem Wesen nach Eins), sondern nur etwa einen Unterschied der Subjectivität und Objectivität selbst zugeben, welche ... vielleicht nicht auf gleiche Weise, sondern so beisammen sind, daß sie wechselseitig als überwiegend gesetzt werden können ... 15: Wenn wir dieses Uebergewicht der Subjectivität oder Objectivität durch Potenzen des subjectiven Factors ausdrücken ... Vgl. *Schelling: Werke.* Abt. 1, Bd 4. 123 f.

172,38 Kohlenstoff, Stickstoff] Hegel spielt wahrscheinlich auf die Erwähnung des Kohlenstoffs und des Stickstoffs gegen Ende von Schellings *Darstellung meines Systems der Philosophie* an. In: *Zeitschrift für spekulative Physik.* Hrsg. von Schelling. Bd 2, H. 2. Jena und Leipzig 1801. 119 ff; vgl. *Schelling: Werke.* Abt. 1, Bd 4. 207 ff.

173,12 oben] Siehe 133,28–30.

173,15 oben] Siehe 132,31–141,27.

173,17 ersten] Siehe *Kant: Kritik der reinen Vernunft.* B 454 bis 461.

173,35–36 Siehe ebenda. B 454.

174,1–9 Siehe ebenda. B 454.

174,10 andere Teil] Vgl. ebenda. B 454, B 456.

175,30–32 Siehe ebenda. B 455.

175,34–176,4 Geringfügig geändertes Zitat aus *Kant: Kritik der reinen Vernunft.* B 455.

176,24–27 Freie Wiedergabe von *Kant: Kritik der reinen Vernunft.* B 455, B 457.

177,12 obigen] Siehe 132,31–141,27.

177,12–14 Vgl. *Kant: Kritik der reinen Vernunft.* B 518 ff.

183,30–31 Hegel spielt wahrscheinlich auf das Xenion *Rechtsfrage* an; vgl. *Musen-Almanach für das Jahr 1797.* Hrsg. von Schiller. Tübingen. Xenien. 295:

Rechtsfrage.

Jahre lang schon bedien ich mich meiner Nase zum Riechen,
  Hab ich denn wirklich an sie auch ein erweisliches Recht?

Vgl. *Schillers Werke.* Nationalausgabe. Erster Band. Gedichte. Herausgegeben von Julius Petersen † und Friedrich Beißner. Weimar 1943. 356. Nr 295.

184,29–185,7 Verkürztes Zitat aus *Kant: Kritik der reinen Vernunft.* B 458, B 460.

184,36–37 Siehe ebenda. B 458, B 460.

185,24–26 Siehe ebenda. B 460.

Anmerkungen 301

186,2 oben] Siehe 180,24–29.

188,17–190,28   Hegels Ausführungen enthalten eine Auseinandersetzung mit Leonhard Euler. In seinen *Institutiones calculi differentialis*. Petropolitanae 1755. Pars I, Caput III. §§ 110 f. 97. bezeichnet Euler den Bruch $\frac{1}{1-x}$ sowohl als endlichen Ausdruck als auch als Summe der Reihe $1 + x + x^2 + x^3 \ldots$: id non fit, quatenus expressio finita, verbi gratia $\frac{1}{1-x}$, est summa seriei $1 + x + x^2 + x^3 + \&c.$ sed quatenus ea expressio euoluta hanc seriem praebet ... | ... Dicamus ergo seriei cuiusque infinitae *summam* esse expressionem finitam, ex cuius euolutione illa series nascatur. Hocque sensu seriei infinitae $1 + x + x^2 + x^3 + \&c.$ summa reuera erit $= \frac{1}{1-x}$, quia illa series ex huius fractionis euolutione oritur. Vgl. *Leonhard Euler's Vollständige Anleitung zur Differenzial-Rechnung*. Aus dem Lateinischen übersetzt und mit Anmerkungen und Zusätzen begleitet von Johann Andreas Christian Michelsen. Erster Theil. Berlin und Libau 1790. 99 f.: ..., so geschiehet solches nicht, weil der endliche Ausdruck z. B. $\frac{1}{1-x}$ die Summe der Reihe $1 + x + x^2 + x^3 + \&c.$ ist, sondern nur in so fern, als jener Ausdruck, wenn man ihn entwickelt, diese Reihe giebt. ... Wir wollen also den Ausdruck, aus dessen Entwickelung eine unendliche Reihe entsteht, die Summe dieser Reihe nennen. In diesem Verstande ist also $\frac{1}{1-x}$ in der That die Summe der Reihe $1 + x + x^2 + x^3 + \&c., \ldots$ – Dagegen versteht Hegel den Bruch als nur scheinbar endlichen und vielmehr wahrhaft »unendliche(n) Ausdruck«; die Unendlichkeit der Reihe bezeichnet er hingegen als schlechte Unendlichkeit.

191,24–26   Hegel bezieht sich wahrscheinlich auf *Spinoza: Epistolae*. Nr XXIX (= Epistola XII nach Gebhardts Zählung); in: *Spinoza: Opera* (ed. Paulus). Bd 1. 526–531; *Spinoza: Opera* (ed. Gebhardt). Bd 4. 53–60; *Spinoza: Briefwechsel*. Übersetzung und Anmerkungen von C. Gebhardt. Zweite, durch weitere Briefe ergänzte Auflage mit Einleitung und Bibliographie von M. Walther. Hamburg 1977. 47–53. Siehe die Anmerkungen zu 192.

191,28–30   Vgl. *Spinoza: Ethica*. Pars I, Propositio VIII, Scholium I: Cum finitum esse revera sit ex parte negatio et infinitum absoluta affirmatio existentiae alicujus naturae, sequitur ergo ex sola 7. Prop. omnem substantiam debere esse infinitam. (7 f: Anmerkung I: Da Endlichsein in Wahrheit die teilweise Verneinung, und Unendlichsein die unbedingte Bejahung der Existenz einer Natur ist, so folgt schon allein aus Lehrsatz 7, daß jede Substanz unendlich sein muß.) In: *Spinoza: Opera* (ed. Paulus). Bd 2. 39; *Spinoza: Opera* (ed. Gebhardt). Bd 2. 49.

192,4–7   Vgl. *Spinoza: Epistolae*. Nr XXIX (= Epistola XII nach Gebhardts Zählung); in: *Spinoza: Opera* (ed. Paulus). Bd 1. 531;

Spinoza: Opera (ed. Gebhardt). Bd 4. 59; *Spinoza: Briefwechsel.* 52.

192,7–9 Hegels Feststellung beruht auf einem Irrtum. Das Titelblatt der *Opera posthuma,* in denen Spinozas Ethik 1677 zum erstenmal erschien, trägt eine andere Vignette. Dagegen enthält die von Hegel benutzte Ausgabe von Spinozas *Opera posthuma* (ed. Paulus) eine Titelblattvignette, die der in Epistola XXIX (= Epistola XII nach Gebhardts Zählung) dargestellten Figur ähnelt. Vgl. *Spinoza: Opera* (ed. Paulus). Bd 2. 1. Diese von Paulus verwendete Figur findet sich bereits als Vignette auf dem Titelblatt der Originalausgabe von *Renati Des Cartes Principiorum philosophiae Pars I, & II, More Geometrico demonstratae per Benedictum de Spinoza Amstelodamensem.* Amstelodami 1663; vgl. *Spinoza: Opera* (ed. Gebhardt). Bd 1. 125. Sie ist diesem Werk, Pars II, Propositio IX, entnommen; vgl. 58 (ed. Gebhardt: 198); *Spinoza: Descartes' Prinzipien der Philosophie.* 71. – Diese Figur steht jedoch im Zusammenhang einer anderen Thematik: sie stellt nicht Spinozas mathematisches Beispiel vom wahren Unendlichen dar, sondern veranschaulicht einen kreisförmigen, an einer Stelle verengten Kanal, der zu Versuchen in der Strömungslehre dient. Hegel identifiziert diese Figur irrtümlich mit der in Epistola XXIX (= Epistola XII nach Gebhardts Zählung) von Spinoza zur Veranschaulichung des mathematisch-Unendlichen eingeführten Figur, die die planimetrische Grundform des Kanals bildet. Vgl. *Spinoza: Opera* (ed. Paulus). Bd 1. 531; *Spinoza: Opera* (ed. Gebhardt). Bd 4. 59; *Spinoza: Briefwechsel.* 52. – Diese irrtümliche Identifizierung der beiden unterschiedlichen Figuren vollzieht Hegel bereits in *Glauben und Wissen;* dort berichtet er aber korrekt, daß Spinoza diese Vignette auf das Titelblatt der *Principien der cartesianischen Philosophie* setzen ließ; vgl. *Gesammelte Werke.* Bd 4. 357.

192,9–15 Dieses Zitat ist eine stark verkürzte Wiedergabe von *Spinoza: Epistolae.* Nr XXIX (= Epistola XII nach Gebhardts Zählung): Sed quam misere ratiocinati sint, judicent Mathematici, quibus hujus farinae Argumenta nullam moram injicere potuerunt in rebus, ab ipsis clare distincteque perceptis. Nam praeterquam quod multa invenerunt, quae nullo Numero explicari possunt; quod satis numerorum defectum ad omnia determinandum patefacit: multa etiam habent, quae nullo numero adaequari possunt; sed omnem, qui dari | potest, numerum superant. Nec tamen concludunt, talia omnem numerum superare ex partium multitudine: sed ex eo, quod rei natura non sine manifesta contradictione numerum pati potest, ut ex. grat. omnes inaequalitates spatii doubus circulis AB et CD, interpositi, omnesque variationes, quas materia, in eo mota, pati debeat, omnem numerum superant. Idque non concluditur, ex nimia spatii interpositi magnitudine. Nam quantumvis parvam ejus portionem capiamus, hujus tamen parvae portionis inaequalitates omnem numerum superabunt. In: *Spinoza: Opera* (ed. Paulus). Bd 1. 530 f; *Spinoza: Opera* (ed. Gebhardt). Bd 4. 59 f. – (51 f: Aber wie kläglich ihre Schlußfolgerungen sind, das können die Mathematiker beurteilen, die sich durch Gründe von solcher Art nicht stutzig machen lassen bei Sachen, die sie selbst klar und deutlich begreifen. Sie haben nicht nur vieles gefunden, das sich durch keine Zahl erklären läßt, woraus sich schon das Unvermögen der Zahlen, alles zu erklären, ergibt; vielmehr haben sie auch vieles, das sich mit keiner Zahl vergleichen läßt, sondern jede mögliche Zahl übersteigt. Und doch ziehen sie daraus nicht den Schluß, daß derartige Dinge wegen der Menge ihrer Teile jede Zahl übersteigen, sondern nur deswegen, weil eben die Natur der Dinge nicht ohne offenbaren Widerspruch die Zahl zuläßt; wie z. B. alle Ungleichheiten des Raumes zwischen den beiden Kreisen A B und C D und alle Veränderungen, die eine darin sich bewegende Materie erleiden muß, jede Zahl übersteigt. Das schließt man doch nicht aus der übermäßigen Größe des Zwischenraumes, denn man mag einen noch so kleinen Teil davon nehmen, so werden doch die Ungleichheiten dieses kleinen Teiles jede Zahl|übersteigen.) An dieser Stelle ist die das mathematische Unendliche symbolisierende Figur in den Text eingeschoben. – In ausführlicherer Form findet sich dieses Zitat bereits in *Glauben und Wissen;* vgl. *Gesammelte Werke.* Bd 4. 357.

192,22–25 Vgl. *Spinoza: Epistolae.* Nr XXIX (= Epistola XII nach Gebhardts Zählung): Ac etiam, quia non distinxerunt inter id, quod infinitum dicitur, quia nullos habet fines; et id, cujus partes, quamvis ejus maximum et minimum habeamus, nullo tamen numero adaequare et explicare possumus. Denique quia non distinxerunt inter id, quod solummodo intelligere, non vero imaginari; et inter id, quod etiam imaginari possumus ... Clare enim tum intellexissent, quale Infinitum in nullas partes dividi, seu nullas partes habere potest; quale vero contra, idque sine contradictione. (47 f: . . .; ferner aus dem Grunde, weil man auch keinen Unterschied machte zwischen dem, was unendlich heißt, weil es keine Grenzen hat, und dem, dessen Teile wir, auch wenn es begrenzt ist und wir sein Maximum und sein Minimum haben, nicht mit irgendeiner Zahl vergleichen und durch sie erklären können; endlich aus dem Grunde, weil man keinen Unterschied gemacht hat zwischen dem, was wir allein erkennen, aber uns nicht vorstellen können, und dem, was wir uns auch vorstellen können ... Denn dann hätte man klar eingesehen, welches Unendliche in keine Teile zerlegt oder keine Teile haben kann, welches dagegen wohl und ohne Widerspruch.) und: Hinc clare videre est, cur multi, qui haec tria cum rebus ipsis confundebant, propterea quod veram rerum naturam ignorabant, Infinitum actu negarunt. (51: . . ., so wird damit auch der Grund klar, aus dem viele, die diese drei mit den Dingen selbst verwechselten, aus der Unkenntnis der wahren Natur der Dinge das wirklich Unendliche geleugnet haben.) In: *Spinoza: Opera* (ed. Paulus). Bd 1. 527, 530; *Spinoza: Opera* (ed. Gebhardt). Bd 4. 53, 59.

194,17   unten] Siehe 220,5–222,31.

196,4   oben] Siehe 182,8 ff, 186,32 ff.

196,15–20   Siehe die Anmerkung zu 197,15–36.

196,22   oben] Siehe 62,16–25.

196,29–32   Hegel bezieht sich auf die Auseinandersetzung um die Möglichkeit von Differenzialen höherer Ordnung; vgl. u. a. *Bernhardi Nieuwentiit Considerationes circa Analyseos ad quantitates infinitè parvas applicatae principia, & calculi differentialis usum in resolvendis problematibus geometricis*. Amstelaedami 1694. Auf diese Schrift hat Leibniz geantwortet: *Responsio ad nonnullas difficultates a Dn. Bernardo Niewentiit circa methodum differentialem seu infinitesimalem notas*. In: *Acta eruditorum*. Lipsiae 1695; vgl. *Leibniz: Mathematische Schriften*. Hrsg. von C. I. Gerhardt. Bd 5. Halle 1858. 320 ff.

197,15–36   Siehe *Newton: Principia mathematica*. 32 f: Praemisi vero haec Lemmata, ut effugerem taedium deducendi perplexas demonstrationes, more veterum geometrarum, ad absurdum. Contractiores enim redduntur demonstrationes per methodum Indivisibilium. Sed quoniam durior est Indivisibilium hypothesis, & propterea methodus illa minus Geometrica censetur; malui demonstrationes rerum sequentium ad ultimas quantitatum | evanescentium summas & rationes, primasque nascentium, id est, ad limites summarum & rationum deducere ... Objectio est, quod quantitatum evanescentium nulla sit ultima proportio; quippe quae, antequam evanuerunt, non est ultima, ubi evanuerunt, nulla est ... Et similiter per ultimam rationem quantitatum evanescentium, intelligendam esse rationem quantitatum non antequam evanescunt, non postea, sed quacum evanescunt. Pariter & ratio prima nascentium est ratio quacum nascuntur. (Ich habe diese Lehnsätze vorausgeschickt, um künftig der weitläufigen Beweisführung mittelst des Widerspruchs, nach der Weise der alten Geometer, überhoben zu sein. Die Beweise werden nämlich kürzer durch die Methode der untheilbaren Grössen. Da aber die Methode des Untheilbaren etwas anstössig (durior) ist und daher für weniger geometrisch gehalten wird, so zog ich es vor, die Beweise der folgenden Sätze auf die letzten Summen und Verhältnisse verschwindender und auf die ersten werdender Grössen zu begründen, . . '. Man kann den Einwurf machen, dass es kein letztes Verhältniss verschwindender Grössen gebe, indem dasselbe *vor* dem

Verschwinden nicht das letzte sei, *nach* dem Verschwinden aber überhaupt kein Verhältniss mehr stattfinde.... Auf gleiche Weise hat man unter dem letzten Verhältniss verschwindender Grössen dasjenige zu verstehen, *mit* welchem sie verschwinden, nicht aber das *vor* oder *nach* dem Verschwinden stattfindende. Eben so ist das erste Verhältniss entstehender Grössen dasjenige, *mit* welchem sie entstehen; ... (*Newton: Mathematische Prinzipien* (ed. J. Ph. Wolfers). 53 f.)) Hegel verdeutlicht den Hinweis Newtons auf die Methode der früheren Geometer durch die Nennung Cavalieris; vgl. *F. Bonaventura Cavalieri: Geometria indivisibilibus continuorum nova quadam ratione promota.* Bononiae 1635. sowie ders.: *Exercitationes geometricae sex.* Bononiae 1647. – Die von Hegel abgetrennten Bestimmungen, »die der Vorstellung der Bewegung und der Geschwindigkeit angehören«, finden sich bei Newton an der oben ausgelassenen Stelle zwischen nulla est und Et similiter: Sed & eodem ... motus cessat. (Aus demselben Grunde ... die Bewegung endigt.)

198,16–18 Siehe *Newton: Principia mathematica.* 33: Contendi etiam potest, quod si dentur ultimae quantitatum evanescentium rationes, dabuntur & ultimae magnitudines: & sic quantitas omnis constabit ex Indivisibilibus, ... (Es kann auch behauptet werden, wenn die letzten Verhältnisse verschwindender Grössen gegeben sind, werde auch ihre letzte Grösse gegeben und es bestehe so jede Grösse aus untheilbaren Stücken, ... *(Newton: Mathematische Prinzipien* (ed. J. Ph. Wolfers). 54.))

198,25–30 Siehe ebenda. 33 f: Ultimae rationes illae quibuscum quantitates evanescunt, revera non sunt rationes quantitatum ultimarum, sed limites ad quos quantitatum sine limite decrescentium rationes semper appropinquant; & quas propius assequi possunt quam pro data quavis differentia, nunquam vero | transgredi, neque prius attingere quam quantitates diminuuntur in infinitum. (Jene letzten Verhältnisse, mit denen die Grössen verschwinden, sind in der Wirklichkeit nicht die Verhältnisse der letzten Grössen, sondern die Grenzen, denen die Verhältnisse fortwährend abnehmender Grössen sich beständig nähern, und denen sie näher kommen, als jeder angebbare Unterschied beträgt, welche sie jedoch niemals überschreiten und nicht früher erreichen können, als bis die Grössen ins Unendliche verkleinert sind. (Ebenda. 54.))

198,34–36 Hegel variiert hier seine soeben gegebene Übersetzung von quantitatum sine limit decrescentium und diminuuntur in infinitum.

199,5–15 Siehe *Newton: Principia mathematica.* 224: Genitam voco quantitatem omnem quae ex lateribus vel terminis quibuscunque, in Arithmetica per multiplicationem, divisionem, & extractionem radicum; in Geometria per inventionem vel contentorum & laterum, vel extremarum & mediarum proportionalium, absque additione & subductione generatur. Ejusmodi quantitates sunt Facti, Quoti, Radices, Rectangula, Quadrata, Cubi, Latera quadrata, Latera cubica, & similes. Has quantitates ut indeterminatas & instabiles, & quasi motu fluxuve perpetuo crescentes vel decrescentes, hic considero; & earum incrementa vel decrementa momentanea sub nomine Momentorum intelligo: ita ut incrementa pro momentis addititiis seu affirmativis, ac decrementa pro subductitiis seu negativis habeantur. Cave tamen intellexeris particulas finitas. Particulae finitae non sunt momenta, sed quantitates ipsae ex momentis genitae. | Intelligenda sunt principia jamjam nascentia finitarum magnitudinum. (*Function* (Genita) nenne ich jede Grösse, welche aus gewissen Gliedern, in der Arithmetik durch Multplication, Division und Wurzelausziehung, in der Geometrie durch Aufsuchung des Inhalts und der Seiten, oder der äussern und mittlern Proportionalen, ohne Addition und Subtraction erzeugt wird. Grössen dieser Art sind: Produkte, Quotienten, Wurzeln, Rechtecke, Quadrate, Cuben, Quadratseiten, Würfelseiten und ähnliche. Diese Grössen betrachte ich hier als unbestimmt und veränderlich, und gleichsam durch eine beständige Bewegung oder Fluss fortwährend wachsend oder abnehmend. Ihr augenblickliches Increment oder Decrement begreife ich unter der Benennung *Moment,* so dass die Incremente als *additive* oder *positive,* die Drecremente als *substractive* oder *negative Momente* angesehen werden. Die Momente hören auf, Momente zu sein, sobald sie eine endliche Grösse erhalten. Man hat unter ihnen die eben entstehenden Anfänge endlicher Grössen zu verstehen, ... *(Newton: Mathematische Prinzipien* (ed. J. Ph. Wolfers). 243.) Die Übersetzung stimmt allerdings nicht vollständig mit dem lateinischen Text überein. Ihr liegt die Ausgabe von 1725 zugrunde, während Hegel sich auf die Ausgabe von 1714 bezieht. Cave... genitae kommt in der angegebenen Übersetzung nicht vor (Begreife sie in keinem Fall als endliche Partikel. Die endlichen Partikel sind keine Momente, sondern selbst aus Momenten erzeugte Quantitäten. (Übersetzung des Neuherausgebers)).

199,34 vorhergehenden Erfinder] Hegel denkt hier wahrscheinlich an Barrow, Fermat, Roberval, Gregor von St. Vincent, Wallis, Descartes. Vgl. die Anmerkung zu 204,20–27.

199,38–200,7 *Christianus Wolfius: Elementa matheseos universae.* Tomus I. Halae Magdeburgicae 1742. Elementorum analyseos mathematicae Pars II. Elementa analyseos infinitorum tradit. Sectio I. De calculo differentiali. Caput I. De natura calculi differentialis. Definitio 2. Scholion. 545 f: 5. Ut natura infinitesimarum rite intelligatur, ad sequentia animum advertisse juvat. Ponamus, te dimetiri montis altitudinem; dum vero per dioptras collineas, flatu venti pulvisculum abigi: montis ergo altitudo diametro unius pulvisculi censetur imminuta. Enim vero quoniam eadem altitudo montis invenitur, sive pulvisculus ille vertici ad|haereat, sive abigatur; quantitas ejus diametri in praesente negotio pro nihilo habenda, hoc est, infinite parva existit. – Auf dieses Werk verweist Hegel in der 2. Auflage, 327. In *Logik, Metaphysik, Naturphilosophie* verweist er auf Wolff *(Anfangsgründe der Algebra* §. 6); siehe *Hegel: Gesammelte Werke.* Bd 7. 18.

200,15 oben] Siehe 182,38–183,4.

200,29 Zu Newtons Definition vgl. 197,15–36.

200,30–33 In der 2. Auflage, 328,24 f, verweist Hegel in diesem Zusammenhang auf *Leonhard Euler: Institutiones calculi differentialis.* Petropolitanae 1755. Pars I, Caput III. Hegel bezieht sich insbesondere auf folgende Stellen: § 83. 77: Sed quantitas infinite parua nil aliud est nisi quantitas euanescens, ideoque reuera erit = 0. § 86. 79: Simili modo, si diuersa occurrunt infinite parua dx & dy, etiamsi vtrumque sit = 0, tamen eorum ratio non constat. Atque in inuestigatione rationis inter duo quaeque huiusmodi infinite parua omnis vis calculi differentialis versatur. § 89. 81: Hinc ergo infiniti ordines infinite parvorum existunt, quae etsi omnia sunt = 0, tamen inter se probe distingui debent, si ad earum relationem mutuam, quae per rationem geometricam explicatur, attendamus. Vgl. *Leonhard Euler's Vollständige Anleitung zur Differenzial-Rechnung.* Aus dem Lateinischen übersetzt und mit Anmerkungen und Zusätzen begleitet von Johann Andreas Christian Michelsen. Erster Theil. Berlin und Libau 1790. 79, 81 f, 84: § 83: Eine unendlich kleine Größe aber ist nichts anders als eine verschwindende Größe, und folglich in der That = 0. § 86: Auf eine ähnliche Art verhält es sich, wenn verschiedene unendlich Kleine dx und dy vorkommen. Denn wenn gleich beyde = 0 sind, so ist doch ihr Verhältniß nicht bekannt; und in der Bestimmung des Verhältnisses zwischen ieden zweyen solchen unendlich kleinen Größen besteht das ganze Geschäfte der Differenzial-Rechnung. § 89: Es giebt daher eine unendliche Menge von Ordnungen der unendlichen kleinen Größen, und man muß dieselben, ungeachtet jede = 0 ist, doch wohl von einander unterscheiden, wenn man die wechselseitige Beziehung derselben unter einander, welche man durch das geometrische Verhältniß ausdruckt, untersuchen will.

201,11–14 Siehe vorliegenden Band 199,23–25.

201,36–202,2 *Lagrange: Theorie der analytischen Funktionen.* 6: Aber diese Methode hat, so wie die Methode der Grenzen, wovon wir weiter oben geredet haben, und welche eigentlich nur eine algebraische Uebersetzung davon ist, die große Unbequemlichkeit, daß man die Größen in dem Zustande, wo sie so zu sagen aufhören, Größen zu seyn, betrachtet; denn wenn man gleich immer sehr gut das Verhältniß zweyer Größen sich vorstellen kann, so lange sie endliche bleiben, so giebt doch dies Verhältniß dem Verstande keinen deutlichen und bestimmten Begriff, sobald als seine beyden Glieder zugleich Null werden. – In der 2. Auflage, 329, verweist Hegel in diesem Zusammenhang auf *Lagrange: Théorie des fonctions analytiques. Introduction*. Hegel besaß die Neuauflage dieses Werkes (Paris 1813); für die erste Auflage der Seinslogik hat Hegel wahrscheinlich auf die oben zitierte Übersetzung von Grüson zurückgegriffen, die ebenfalls in seinem Besitz war. – Zu L'Huilier vgl. die Anmerkung zu 204,1–5.

202,6–14 Carnot behandelt dieses Problem in seinen *Betrachtungen über die Theorie der Infinitesimalrechnung*. § 42. 33. Hegel paraphrasiert hier aber nicht diesen Text, sondern eine Bemerkung von *S. F. Lacroix: Traité du calcul différentiel et du calcul intégral*. Tome premier. Paris 1797. 21. Diese Bemerkung wird von Hauff in der Vorrede zu seiner Übersetzung von Carnots Betrachtungen zitiert; vgl. II: „*Carnot* bemerkt in einer Abhandlung, worin er in (!) die Gründe der Differentialrechnung mit vieler Sorgfalt auseinandersetzt…, daß das *Gesez der Stetigkeit* es sey, vermöge dessen die verschwindenden Größen noch in demselben Verhältnisse bleiben, dem sie, vor dem Verschwinden, sich stuffenweise näherten."

203,10–15 *Lagrange: Theorie der analytischen Funktionen*. 10: Wir werden ferner eine Anwendung dieser abgeleiteten Funktionen auf die vorzüglichsten Probleme der Geometrie und der Mechanik, die zur Differenzialrechung gehören, machen, und dadurch der Auflösung dieser Probleme die Strenge der Beweise der Alten geben.

203,26–33 Ebenda. 6 f.

204,1–5 Siehe *Simon L'Huilier: Principiorum calculi differentialis et integralis expositio elementaris*. Tubingae 1795. 36: § 24. Maximopere vero cavendum est, ne credamus symbolum $\frac{d.x^n}{dx}$, quod formam magnitudinis ex duabus compositae prae se fert, revera esse symbolum compositum; ac designare fractionem, cujus termini sint $d.x^n$ & dx; quasi $d.x^n$ & dx denotent certas quantitates, … Expressio $\frac{d.x^n}{dx}$ incomplexa est atque peculiaris, ad designandos exponentes limitum rationum simultaneorum quantitatum mutabilium x^n & x incrementorum facilitatis causa introducta …

204,20–27 Hegels Darstellung stützt sich weitgehend auf die mathematikgeschichtlichen Ausführungen Hauffs in seinen Zusätzen zu *Carnot: Betrachtungen über die Theorie der Infinitesimalrechnung*.

Hauff skizziert die Methoden von Fermat (65–68) und Barrow (69–72) und erwähnt kurz ähnliche Methoden von Gregory und Sluse (73). Zu Barrow vgl. *Isaac Barrow: Lectiones geometricae: In quibus (praesertim) generalia curvarum linearum symptomata declarantur.* Londini 1670. Lectio X. 80 f; vgl. *The mathematical works of Isaac Barrow.* Edited for Trinity College by W. Whewell. Cambridge 1860. Darin: *Lectiones Geometricae.* X. 247. Zu Fermat vgl. *Œuvres de Fermat publiées par les soins de MM. Paul Tannery es Charles Henry.* Tome premier. Paris 1891. Darin: *Methodus ad disquirendam maximam et minimam;* insbesondere 135 f. Zu Leibniz vgl. Carnot. 73–76. und *Epistola D. Leibnitii ad D. Oldenburgium, cum D. Newtono communicando.* 21. 6. 1677: Seu, ommissis y^2-y^2 quae se destruunt, item ommisso quadrato quantitatis infinitè parvae (ob rationes ex methodo de Maximis &. Minimis notas,) erit $dy^2 = 2ydy$. … &. abjectis illis … quia in illis duae infinitè parvae in se invicem ducuntur … in: *Leibniz: Opera* (ed. Dutens). Bd 3. 81; *Leibniz: Mathematische Schriften.* Hrsg. von C. I. Gerhardt. Bd 1. Berlin 1849. 154 f. Die Formulierungen in 204,24–27 lassen vermuten, daß Hegel mit den Folgenden vor allem Euler meint; dies wird durch die Nennung Eulers in der 2. Auflage, 332, bestätigt. Vgl. *Euler: Institutiones calculi differentialis.* Petropolitanae 1755. Pars I, Caput III. §§ 88 f. 81: Si igitur vti in potestatibus fit, vocetur dx infinite paruum primi ordinis, dx^2 secundi ordinis, dx^3 tertii ordinis & ita porro, manifestum est prae infinite paruis primi ordinis, euanescere infinite parua altiorum ordinum. | 89. Simili modo ostendetur infinite parua tertii ac superiorum ordinum euanescere prae infinite paruis ordinis secundi; atque in genere infinite parua cuiusque ordinis superioris euanescere prae infinite paruis ordinis inferioris. Vgl. *Euler: Vollständige Anleitung zur Differenzial-Rechnung.* Aus dem Lateinischen übersetzt und mit Anmerkungen und Zusätzen begleitet von Johann Andreas Christian Michelsen. Erster Theil. Berlin und Libau 1790. 83: § 88. Wenn man daher, wie solches bey den Potestäten geschiehet, dx ein unendlich Kleines von der ersten Ordnung, dx^2 ein unendlich Kleines von der zweyten Ordnung, dx^3 ein unendlich Kleines von der dritten Ordnung, u.s.w. nennt, so fällt in die Augen, daß die unendlich kleinen Größen von den höhern Ordnungen gegen die unendlich kleinen Größen von der ersten Ordnung verschwinden. | § 89. Auf eine ähnliche Art zeigt man, daß die unendlich kleinen Größen der dritten und der höhern Ordnungen gegen die unendlich kleinen Größen der zweyten Ordnung, und überhaupt die unendlich kleinen Größen jeder höhern Ordnung gegen die unendlich kleinen Größen einer niedern Ordnung verschwinden.

205,13–20 *Newton: Principia mathematica.* Liber II, Propositio VII, Lemma II. 225: Rectangulum quodvis motu perpetuo auctum AB, ubi de lateribus A & B deerant momentorum dimidia $\frac{1}{2}$ a & $\frac{1}{2}$ b, fuit A $-\frac{1}{2}$ a in B $-\frac{1}{2}$ b, seu AB $-\frac{1}{2}$ aB $-\frac{1}{2}$ bA $+\frac{1}{4}$ ab; & quam primum latera A & B alteris momentorum dimidiis aucta sunt, evadit A $+\frac{1}{2}$ a in B $+\frac{1}{2}$ b seu AB $+\frac{1}{2}$ aB $+\frac{1}{2}$ bA $+\frac{1}{4}$ ab. De hoc rectangulo subducatur rectangulum prius, & manebit excessus aB + bA. Igitur laterum incrementis totis a & b generatur rectanguli incrementum aB + bA. (Ein durch beständige Bewegung wachsendes Rechteck
AB
war, als an den Seiten A und B die Hälften der Momente $\frac{1}{2}$ a und $\frac{1}{2}$ b fehlten

$$= (A - \tfrac{1}{2} a)(B - \tfrac{1}{2} b) = AB - \tfrac{1}{2} aB - \tfrac{1}{2} Ab + \tfrac{1}{4} ab,$$

und wird, wenn A und B um dieselben halben Momente zugenommen haben, = $(A + \frac{1}{2} a)(B + \frac{1}{2} b) = AB + \frac{1}{2} aB + \frac{1}{2} Ab + \frac{1}{4} ab$.
Subtrahirt man vom letztern Rechteck das erstere, so ergiebt sich der Rest

aB + Ab

Die ganzen Incremente a und b bringen daher im Rechteck AB das Increment

aB + Ab hervor.

(Newton: Mathematische Prinzipien (ed. J. Ph. Wolfers). 244.)) – Hegel verwendet eine andere Notierung als Newton: A entspricht x, a entspricht dx, B entspricht y, b entspricht dy.

205,31–33 Hegel denkt wahrscheinlich unter anderem an *Newton: Principia mathematica.* Liber II, Propositio X. 232 ff.; *Newton: Mathematische Prinzipien* (ed. J. Ph. Wolfers). 252 f.

206,2–13 Hegel verweist in der 2. Auflage, 335, im entsprechenden Zusammenhang auf *Lagrange: Théorie des fonctions analytiques.* Nouvelle édition. Paris 1813. Troisième partie, chapitre 4. Diesem Kapitel entsprechen in Grüsons Übersetzung der ersten Auflage von Lagranges *Théorie* die Paragraphen 201–205. Vgl. auch § 8: Wir werden aber zeigen, daß dieser Fehler eigentlich gar nicht von der Methode selbst herrühre, sondern allein daher gekommen sey daß *Newton* nicht alle Glieder, auf welche Rücksicht zu nehmen war, wirklich in Rechnung gebracht hatte ... Im Unterschied zu Hegel weist Lagrange darauf hin, daß sich dieser Fehler nur in der ersten Auflage von Newtons *Principia mathematica* findet, in der Newton sich der Reihenmethode bedient; in den folgenden Auflagen trägt Newton eine andere Lösung des Problems mittels der Differentialmethode vor; vgl. *Lagrange: Theorie der analytischen Funktionen.* §§ 8, 202.

Anmerkungen

206,33–36 Siehe *Simon L'Huilier: Principiorum calculi differentialis et integralis expositio elementaris.* Tubingae 1795. Caput primum. De limitibus quantitatum et rationum, seu de methodo exhaustionis. 27: Sit x^n potentia quaecunque quantitatis variabilis x, quae, mutatâ x in x $\pm \Delta$ x; fit

$$x^n \pm nx^{n-1}\Delta x + \frac{n}{1} \cdot \frac{n-1}{2} x^{n-2}\Delta x^2 \pm \frac{n}{1} \cdots \frac{n-2}{3} x^{n-3}\Delta x^3 + \frac{n}{1} \cdots \frac{n-3}{4} x^{n-4}\Delta x^4$$
$$\pm \cdots$$

Proinde potentia x^n, mutatâ x in x $\pm$ x, accipit mutationem,

$$\pm (nx^{n-1}\Delta x \pm \frac{n}{1} \cdot \frac{n-1}{2} x^{n-2}\Delta x^2 \frac{n}{1} \cdots \frac{n-2}{3} x^{n-3}\Delta x^3 \pm \frac{n}{1} \cdots \frac{n-3}{4} x^{n-4}\Delta x^4 + \cdots)$$

Jam vero ponatur, mutationem x posse fieri minorem quacunque quantitate proposita: dico, mutationem simul factam potentiae x^n etiam quacunque quantitate proposita fieri posse minorem. 28: In omni igitur casu mutatio $\frac{(x + \Delta x)^n - x^n}{x^n - (x - \Delta x)^n}$ potest reddi minor quacunque quantitate proposita.

206,36–207,3 Carnot spricht mehrfach davon, daß in der Infinitesimalrechnung notwendig zu begehende »Fehler« oder »Irrthümer« einander aufheben müssen; siehe *Carnot: Betrachtungen über die Theorie der Infinitesimalrechnung.* Insbesondere §§ 9 f.

207,13–24 Carnot betrachtet die unendlichen Größen als »Hülfsgrösen«; Gleichungen, in denen unendliche Größen vorkommen, nennt er »unvollkommene Gleichungen«. Aus den unvollkommenen Gleichungen erhält er vollkommen genaue, indem er an die Stelle der Hilfsgrößen andere setzt, die von ihnen unendlich wenig unterschieden sind. Vgl. ebenda. §§ 30–36. Er rechtfertigt diese Methode durch den Hinweis darauf, daß die Resultate nicht nur annähernd, sondern völlig genau werden, sowie auf den Nutzen (§ 6) und Vorteil (§§ 7, 29, 68) dieses Verfahrens.

207,15 oben] Siehe 197,14 ff.

207,34–36 Siehe *Lagrange: Theorie der analytischen Funktionen.* 19 f: Man kann also i so klein nehmen, ohne daß es Null sey, ... Da also | ... so folgt daraus, daß man dem i immer einen so geringen Werth geben kann, daß jedes Glied der Reihe ... größer werde, als die Summe aller folgenden Glieder; ... Man soll diesen Lehrsatz als einen der Fundamentalsätze der hier vorzutragenden Theorie ansehen ... Siehe auch 21.

208,3 vorhin] Siehe 206,19–25.

208,31 obigen] Siehe die Anmerkung zu 203,26–33.

208,38 oben] Siehe 198,6–16 und 202,10–19.

209,33 Siehe vorliegenden Band 204,1–5.

210,3–19 Hegels Kritik bezieht sich auf Newtons grundlegende Erörterungen *De Methodo Rationum primarum & ultimarum,* in:

Principia mathematica. Liber I, Sectio I; insbesondere Lemmata I–IX.; *Newton: Mathematische Prinzipien* (ed. J. Ph. Wolfers). 46–50.

210,14–15 quadrata rotundis] Hegel greift hier eine Redewendung auf, die sich u. a. auch bei *Leibniz: Essais de Theodicée.* Tome premier. 46. findet. Der locus classicus für diese Wendung ist *Horaz: Epistolarum liber primus.* Epistola 1. 100: Diruit, aedificat, mutat quadrata rotundis? In: *Q. Horatii Flacci Eclogae cum scholiis veterius castigavit et notis illustravit Gulielmus Baxterus.* Editio secunda emendatior. Lipsiae 1772. 493. (. . ., wenn er zerstört und aufbaut und das Viereck tauscht mit dem Kreisrund? *(Horaz: Sämtliche Werke.* Nach Kayser, Nordenflycht und Burger herausgegeben von Hans Färber. München 1964. Teil II. 141.))

211,36–38 Hegels Kritik richtet sich gegen Versuche, Kepler gegen Newton abzuwerten, wie sie sich beispielsweise bei Voltaire finden. Vgl. *Œuvres complètes de Voltaire.* Bd 31. Gotha 1786. *Elémens de philosophie de Newton.* Troisième partie. Chap. 5. 186–192. Zu Hegels Sicht des Verhältnisses von Kepler zu Newton vgl. auch *Hegel: Encyclopädie der philosophischen Wissenschaften im Grundrisse.* Dritte Ausgabe. Heidelberg 1830. § 270; *Hegel: Enzyklopädie der philosophischen Wissenschaften im Grundrisse.* Hrsg. von Friedrich Nicolin und Otto Pöggeler. Hamburg 1969. 224 ff.

212,6 öfters] Siehe vorliegenden Band 72,29–31 und ebenfalls 73,35 f.

212,18–22 Hegel denkt vor allem an die Kritik, die Goethe zunächst in: *Beyträge zur Optik.* Weimar 1791. §§ 10–12. und später ausführlich in seiner Farbenlehre geübt hat: *Zur Farbenlehre. von Goethe.* Des Ersten Bandes Zweyter, polemischer Theil. Enthüllung der Theorie Newtons. Tübingen 1810; *Goethe: Werke.* Hamburger Ausgabe in 14 Bänden. Hamburg 1949 ff. Bd 13. 527–529. Ähnliche Kritik an Newtons Optik findet sich u. a. bei *Oken: Über Licht und Wärme als das nicht irdische, aber kosmische materiale Element. Erste Ideen zur Theorie des Lichts, der Finsterniß, der Farben und der Wärme.* IV. Jena 1808. 10 f. – Vgl. auch *Musen-Almanach für das Jahr 1797.* Hrsg. von Schiller. Tübingen. *Xenien.* 242: *Menschlichkeiten. Vgl. Schillers Werke.* Nationalausgabe. Erster Band. Gedichte. Herausgegeben von Julius Petersen † und Friedrich Beißner. Weimar 1943. 330. Nr 172.

212,24–31 Eine ähnliche Einschätzung der Wirkungsgeschichte von Newtons Optik findet sich schon im *Musen-Almanach für das Jahr 1797.* Hrsg. von Schiller. Tübingen. *Xenien.* 241:
Exempel.
Schon Ein Irrlicht sah ich verschwinden, dich Phlogiston! Balde,
   O, Newtonisch Gespenst! folgst du dem Brüderchen nach.
Vgl. *Schillers Werke.* Nationalausgabe. Erster Band. Gedichte. Heraus-

gegeben von Julius Petersen † und Friedrich Beißner. Weimar 1943. 330. Nr 170.

222,33–223,4 Hegel denkt insbesondere an Schelling und Eschenmayer. In den *Vorlesungen über die Geschichte der Philosophie* bemerkt Hegel, daß Schelling die Lehre von den Potenzen von Eschenmayer aufgenommen habe; vgl. *Hegel: Werke*. Bd 15. 665. Hegel bezieht sich mit seiner Äußerung auf Schellings Vorerinnerung zur *Darstellung meines Systems der Philosophie*, in: *Zeitschrift für spekulative Physik*. Hrsg. von Schelling. Bd 2, H. 2. Jena und Leipzig 1801. XIII; vgl. *Schelling: Werke*. Abt. 1, Bd 4. 113. Schelling verweist dort auf *K. A. Eschenmayer: Dedukzion des lebenden Organism,* in: *Magazin zur Vervollkommnung der theoretischen und praktischen Heilkunde.* Hrsg. von Andreas Röschlaub. Bd 2, Stück 3. Frankfurt am Main 1799. 346. – Eine weitere mögliche Quelle der Potenzenlehre bildet *Jacobi: Ueber die Lehre des Spinoza in Briefen an den Herrn Moses Mendelssohn.* Neue vermehrte Ausgabe. Breslau 1789. Beylage I. Auszug aus Jordan Bruno von Nola ... II. Von dem materiellen Prinzip überhaupt; hernach insbesndre Von dem materiellen Prinzip als Potenz betrachtet. 277 bis 287. Vgl. *Friedrich Heinrich Jacobi's Werke*. Bd 4, Abt. 2. Leipzig 1819. 18–27. – Bereits im *System des transscendentalen Idealismus*. Tübingen 1800. 480 f. nennt Schelling die drei Formen der Selbstanschauung Potenzen; vgl. *Schelling: Werke*. Abt. 1, Bd 3. 631. In der *Darstellung meines Systems der Philosophie*, insbesondere § 50, entwirft Schelling ein »Schema aller Potenzen« als Stufenfolge von »Identität, Duplicität« und »Totalität«. In *Fernere Darstellungen aus dem System der Philosophie*, in: *Neue Zeitschrift für speculative Physik*. Hrsg. von Schelling. Bd 1, Stück 2. Tübingen 1802. § V. unterscheidet Schelling die »drei Potenzen des Endlichen, Unendlichen und Ewigen«, die er als Potenzen der Reflexion, der Subsumtion und der Vernunft interpretiert. In dem Zusammenhang seiner Ausführungen über »absolute und relative Cohäsion« unterscheidet Schelling sodann vier Potenzen; vgl. *Fernere Darstellungen*. § VIII. Ebenda 34 ff bzw. 106 ff; vgl. *Schelling: Werke*. Abt. 1, Bd 4. 412 ff bzw. 460 ff. An Schellings Formulierung der Potenzenlehre knüpft C. A. Eschenmayer an; vgl. *Die Philosophie in ihrem Uebergang zur Nichtphilosophie*. Erlangen 1803. Insbesondere 16–23. Zur »Quadruplicität der Potenzen« siehe ebenda. 49, 51, 53.

223,6   oben] Siehe 150,28–154,12.

224,19–21   Hegel bezieht sich auf *Kant: Kritik der reinen Vernunft*. B 266.

224,30–33   Vgl. die Reihenfolge der Definitionen III, IV und V in *Spinoza: Ethica*. Pars I, Definitio V: Per modum intelligo substantiae affectiones, sive id, quod in alio est, per quod etiam concipitur. (4:

Unter Modus verstehe ich die Affektionen der Substanz oder das, was in einem Andern ist, durch das es auch begriffen wird.) In: *Spinoza: Opera* (ed. Paulus). Bd 2. 35; *Spinoza: Opera* (ed. Gebhardt). Bd 2. 45.

224,35 Siehe vorliegenden Band 191,39–192,3.

225,39 Siehe vorliegenden Band 225,17–26.

230,7 oben] siehe 159,1–4.

230,24 Siehe vorliegenden Band 221,38–222,26.

230,30 oben] Siehe 225,17–19.

233,7 vorhin] Siehe 231,12–14.

237,7–9 Siehe *Galilei: Discorsi e dimostrazioni matematiche intorno a due nuove science.* Giornata terza. De motu naturaliter accelerato. Insbesondere Theorema II, Propositio II: Si aliquod mobile motu uniformiter accelerato descendat ex quiete, spatia quibuscunque temporibus ab ipso peracta, sunt inter se in duplicata ratione eorundem temporum, nempe ut eorundem temporum quadrata. In: *Le Opere di Galileo Galilei*. Volume VIII. Firenze 1965. 209. (Wenn ein Körper von der Ruhelage aus gleichförmig beschleunigt fällt, so verhalten sich die in gewissen Zeiten zurückgelegten Strecken wie die Quadrate der Zeiten. *(Galilei: Unterredungen und mathematische Demonstrationen über zwei neue Wissenszweige, die Mechanik und die Fallgesetze betreffend.* Hrsg. von Arthur von Oetingen. Darmstadt 1964. 159.))

237,9–12 Siehe *Kepler: Harmonice mundi*. Liber V, Capvt III. Insbesondere: Sed res est certissima exactissimaque, quòd *proportio quae est inter binorum quorumcunque Planetraum tempora periodica, sit praecisè sesquialtera proportionis mediarum distantiarum,* id est *Orbium ipsorum;* ... In: *Johannes Kepler: Gesammelte Werke*. Bd 6. Hrsg. von Max Caspar. München 1940. 302. (Allein es ist ganz sicher und stimmt vollkommen, daß *die Proportion, die zwischen den Umlaufzeiten irgend zweier Planeten besteht, genau das Anderthalbe der Proportion der mittleren Abstände, d. h. der Bahnen selber, ist,* ... *(Johannes Kepler: Weltharmonik.* Übersetzt und eingeleitet von Max Caspar. Darmstadt 1971. 291.))

237,26 Der vollständige Titel lautet: *Philosophiae naturalis principia mathematica. Auctore Isaaco Newtono, equite aurato.*

237,28–29 Hegels Kritik richtet sich besonders gegen Newton und Locke; vgl. *Hegel: Dissertatio philosophica de orbitis planetarum.* Ienae 1801. 21: Philosophiae autem illius experimentalis, quam Angliae indoles, atque ita Newton, Locke et reliqui qui eam indolem scriptis expresserunt, ... *(Hegel: Sämtliche Werke*. Bd 1. *Erste Druckschriften*. Hrsg. von Georg Lasson. Hamburg 1928. 379: Dafür aber, wie jene Experimentalphilosophie verfährt, die der englische Geist

Anmerkungen   315

und so auch *Newton, Locke* und die andern, die ihn in ihren Schriften zum Ausdruck gebracht haben, ...) Vgl. *Hegel: Gesammelte Werke.* Bd 5.

237,38–238,1 Siehe die Anmerkungen zu 237,7–9 und 237, 9–12.

238,8 oben] Siehe 211,29 f und 212,11–18.

238,15–17 Siehe die Anmerkung zu 211,36–38.

238,30 Siehe vorliegenden Band 235,11–18.

245,32 Siehe vorliegenden Band 245,15–23.

252,14–17 Vgl. *J. B. Richter: Anfangsgründe der Stöchyometrie oder Meßkunst chymischer Elemente. Erster Theil welcher die reine Stöchyometrie enthält.* Breßlau und Hirschberg 1792. 124: Wenn zwey neutrale Auflösungen ... mit einander vermischet werden und es erfolget eine Zersetzung ... so sind die neu entstandenen Produkte ... fast ohne Ausnahme ebenfalls neutrale, ... Zitiert in den Anmerkungen Ernst Gottfried Fischers zu einer Übersetzung: *Claude Louis Berthollet über die Gesetze der Verwandschaft in der Chemie.* Berlin 1802. 229. Berthollet und Fischer beziehen sich an dieser Stelle auf eine Abhandlung von Guyton de Morveau in den *Annales de Chimie.* Bd 25, in der Guyton unabhängig von Richter zu den gleichen Ergebnissen kommt.

252,17–20 Vgl. die Anmerkung Ernst Gottfried Fischers zu seiner Übersetzung von *Berthollet: Recherches sur les lois de l'affinité.* Paris an IX: *Claude Louis Berthollet über die Gesetze der Verwandschaft in der Chemie.* Berlin 1802. 229–235; 230: Ich komme nun auf die erheblichsten Folgerungen des Satzes. | 1. Die Quantitäten zweier alkalischen Grundlagen welche erforderlich sind, um gleiche Theile einer gewißen Säure zu neutralisiren, verhalten sich eben so gegen einander, als die Quantitäten eben der Grundlagen, welche erforderlich sind, um gleiche Theile von jeder andern Säure zu neutralisiren.

252,20–29 Hegel zieht hier die Summe aus Fischer, ebenda. 230–233. Fischer ermittelt hier die Proportionen von Säuren und Basen in Neutralitätsverhältnissen. Hegel verwendet das Wort Kali – in weiterem Sinne als Fischer – allgemein zur Bezeichnung von Basen.

252,29–35 Fischer bezieht sich auf *J. B. Richter: Anfangsgründe der Stöchyometrie oder Meßkunst chymischer Elemente. Erster Theil welcher die reine Stöchyometrie enthält.* Breßlau und Hirschberg 1792. 124. sowie ders.: *Ueber die neuern Gegenstände der Chymie.* Breßlau und Hirschberg 1791–1800. 10 Stücke. Stück 8. 22 f, 53 ff; Stück 10. 211 ff. Richter hatte die Verhältniszahlen für jedes Element empirisch ermittelt und zu mehreren Tabellen zusammengefaßt. Fischer hat diese Tabellen auf eine Tafel mit zwei Kolumnen für Basen und Säuren reduziert. Richter hatte diese Möglichkeit, aus aufgefundenen Verhältnissen weitere mittels der Regeldetri zu berechnen, jedoch schon erwogen, aber nicht darauf verzichten wollen, die berechneten Verhältnisse empirisch zu überprüfen, um etwaige Fehler in den empirisch ermittelten Ausgangsdaten korrigieren zu können. Siehe Stück 4. 69 f. – *C. L. Berthollet: Essai de statique chimique.* 2 Bde. Paris 1803. hat die bereits zitierte Anmerkung Fischers aus dessen Übersetzung von *Recherches sur les lois de l'affinité* leicht gekürzt und übersetzt in den *Essai* aufgenommen; vgl. Bd 1. 134–138.

252,36–253,28 Berthollet bezieht sich vor allem auf die Abhandlung über die Wahlverwandtschaft von *Torbern Bergman: De attractionibus electivis*, in: *Nov. act. Upsal.* Vol. II. 159 ff; auch in: *Opuscula physica et chemica pleraque seorsim antea edita, jam ab auctore collecta, revisa et aucta.* Vol. III. Uppsala 1783. 291–334. Vgl. die deutsche Übersetzung: *Torbern Bergman: Kleine Physische und Chymische Werke.* Aus dem Lateinischen übersetzt von Heinrich Tabor. Bd 3. Frankfurt a. M. 1785. 360–416. Vgl. *Claude Louis Berthollet über die Gesetze der Verwandschaft in der Chemie.* Berlin 1802. 3–7. – Berthollet führt den Begriff der Wirksamkeit einer chemischen Masse ebenda. 22 f. ein und nimmt ihn in der Introduction zu: *Essai de statique chimique.* Paris 1803. 1–22; vgl. insbesondere 16. wieder auf. Hegel faßt hier diese Einleitung zusammen; vgl. insbesondere 253,20 f: »Stärke der Kohäsion« mit Introduction. 11: force de cohésion; 253,21: »Unauflösbarkeit der gebildeten Salze« mit Introduction. 13: La différente solubilité des sels; 253,25: »Beseitigung dieser Hindernisse« mit Introduction. 20: cet obstacle vaincu.

255,37   Siehe vorliegenden Band 250,35–251,8.

259,26–35   Siehe vorliegenden Band 257,11–37.

270,2–271,15   Hegel bezieht sich in diesem Textabschnitt mehrfach auf seine Habilitationsschrift: *Dissertatio philosophica de orbitis planetarum.* Ienae 1801. Zur Kritik an der Annahme einer Zentrifugalbzw. Zentripetalkraft siehe 9 f, 12 f; *Hegel: Sämtliche Werke.* Bd 1. *Erste Druckschriften.* Hrsg. von Georg Lasson. Hamburg 1928. 359, 263 f. Zu 270,8–11 vgl. 13: phaenomeni motus corporum coelestium igitur constructio illa physica, quae totum phaenomenon gravitati tribuit, et gravitatis duos factores vim centripetam et centrifugam ponit, ... (367: Also ist dann jene physikalische Konstruktion der Bewegung der Himmelskörper, die zwar die ganze Erscheinung auf die Schwerkraft zurückführt, aber die Zentripetal- und Zentrifugalkraft als zwei Faktoren der Schwerkraft aufstellt, ...) Zu 270,11 f vgl. 13: Deinde vis centripetae lex, qua est in ratione inversa distantiarum, ... (367: Ferner schließt das Gesetz der Zentripetalkraft, wonach sie im umgekehrten Verhältnisse der Entfernung steht, ...) Zu 270,12–14 vgl. 14: oppositarum enim virium altera crescente altera diminuitur; ... (369: Denn wenn von zwei entgegengesetzten Kräften die eine wächst, nimmt die andere ab.) Zu 270,7–271,3 vgl. 31: sed vim suam, in orbitarum axem se constituens, et polaritatem in mutatione motus, ab altero polo retardati, ab altero accelerati exserit: in Aphelio retardat, in quo puncti culminantis sive solis maxima, in Perihelio autem accelerat, in quo minima illa, maxima autem insita corporis vis est. (397: ..., sondern sie zeigt ihre Kraft dadurch, daß sie sich in die eine Axe der Bahnen einsetzt und die Polarität im Wechsel der Geschwindigkeit bewirkt, die am einen Pol der Axe beschleunigt, am andern verlangsamt wird. Im Aphelium hält sie zurück, im Periphelium beschleunigt sie; in jenem ist die größte Kraft des Kulminationspunktes oder der Sonne, in diesem aber, wo jene Kraft am kleinsten ist, die größte dem Körper einwohnende Kraft vorhanden.) Zu 271,10–15 vgl. 15: tum eas (sc. vires) a tertia quadam vi pendere, quae earum est verum principium et identitas, vel potius neque vim centripetam neque centrifugam definiri, neque phaenomenon ex his factoribus construi, sed quantitatem totius motus phaenomeni poni. (369: ..., anderseits beide (sc. Kräfte) von einer dritten Kraft abhängen, die ihr wahres Prinzip und ihre Identität darstellt. Das aber bedeutet vielmehr, daß so weder die Zentripetal-, noch die Zentrifugalkraft bestimmt, noch die Erscheinungen aus diesen beiden Faktoren erklärt werden, sondern daß die Größe der Gesamterscheinung der Bewegung festgesetzt wird.) Vgl. die Edition der *Dissertatio philosophica de orbitis planetarum* in: *Hegel: Gesammelte Werke*. Bd 5.

270,36 oben] Siehe 269,9–15.

273,39 vorhin] Gemeint sind der erste und der zweite Abschnitt der Lehre vom Sein.

PERSONENVERZEICHNIS

Das Register gilt nur für den Textteil und nur für historische Personen. Stellen, die auf eine bestimmte Person anspielen, ohne sie namentlich zu nennen, sowie Hinweise auf Werke, deren Autor Hegel nicht nennt, sind unter dem Namen der entsprechenden Person in ( ) aufgeführt. Formen wie z. B. Kantisch, Spinozismus usw. sind bei den betreffenden Namen (Kant, Spinoza usw.) mitvermerkt.

Anaxagoras 17
Aristoteles 18

Bacon, Francis 237
Bardili, Christoph Gottlieb (128), (153)
Barrow, Isaac 204
Berthollet, Francis 252 f
Böhme, Jacob (82)

Carnot, Lazare Nicolas 202, 207
Cavalieri, Bonaventura 197

Demokrit (106)
Diogenes von Sinope 141

Eschenmayer, Adam Karl August (223)
Euler, Leonhard (188–190), 200, (204)

Fermat, Pierre 204
Fichte, Johann Gottlieb (14), (41–43), 102, (169), 171 f
Fischer, Gottfried 252
Fries, Jakob Friedrich 19

Galilei, Galileo (237), 237
Goethe, Johann Wolfgang (212)

Guyton de Morveau 252

Haller, Albrecht von 168
Heraklit 49, 106, 141

Kant, Immanuel 3, (12–14), 18, 23 f, 30 f, (50), 51 ff, 61, (72), (86), 102, 118–124, (132), 133–141, 167–170, 171–174, (174–177), 185, (186), (224)
Kepler, Johannes 211, (237), 237
Kiesewetter, Johann Gottfried Karl Christian (19)

Lagrange, Joseph Louis 201 f, 203, 206 f
Lambert, Johann Heinrich (20)
Landen, John 203, 208
Leibniz, Gottfried Wilhelm 102, 109 f, 132, 199, 204
Leukipp (106)
L'Huilier, Simon 201, 204, 206, 209

Maaß, Johann Gebhard Ehrenreich (22 f)

Newton, Isaac (196), 197–199, 200, 205–207, (210), 211, 238

Parmenides 49, 53, 55, 106, 141
Plato 17, 23, 71
Pythagoras 150

Reinhold, Karl Leonhard (36–38), (150), (153)
Richter, Jeremias Benjamin 252

Schelling, Friedrich Wilhelm Joseph (72), (172), (212), (222 f)
Spinoza, Baruch de 21, 87, 131, 191–193, 224, 271

Wolff, Christian 21, 199

Zenon von Elea (140)

G. W. F. Hegel in der Philosophischen Bibliothek

Enzyklopädie der philosophischen Wissenschaften im Grundrisse (1830)
PhB 33. 1975. LII, 506 S.
Kt. 32,–

Wissenschaft der Logik
PhB 56/57. 2 Bde. zus. 48,–
PhB 56. Band I. 1975.
VII, 405 S. Kt. 24,–
PhB 57. Band II. 1975.
VIII, 512 S. Kt. 30,–

Vorlesungen über die Philosophie der Religion
PhB 59/60 u. 61/63. 2 Bde. zus. 72,–
PhB 59/60. Band I: Begriff der Religion. – Die bestimmte Religion (1. Kap.)
1974. XVI, 340 S. u. VIII, 247 S.
Kt. 38,–
PhB 61/63. Band II: Die bestimmte Religion (2. Kap.). Die absolute Religion
1974. VIII, 256 S. u. X, 264 S.
Kt. 38,–

Glauben und Wissen
PhB 62b. 1962. IV, 128 S.
Kt. 12,–

Jenaer Realphilosophie
PhB 67. 1969. VIII, 290 S.
Kt. 26,–

Phänomenologie des Geistes
PhB 114. 1952. XLII, 598 S.
Kt. 28,–.

Grundlinien der Philosophie des Rechts
PhB 124a. 1967. XVIII, 434 S.
Kt. 28,–

System der Sittlichkeit
PhB 144a. 1967. 93 S.
Kt. 12,–

Einleitung in die Geschichte der Philosophie
PhB 166. 1966. XIX, 311 S.
Kt. 28,–

Vorlesungen über die Philosophie der Weltgeschichte
PhB 171a-d. 2 Bde. zus. 82,–
Band I: Die Vernunft in der Geschichte.
PhB 171a. 1980. XI, 294 S.
Kt. 28,–. Ln. 34,–
Bände II-IV (in einem Band): Die orientalische Welt; Die griechische und die römische Welt; Die germanische Welt.
PhB 171b-d. 1976. XVI, 690 S.
Kt. 62,–

FELIX MEINER VERLAG · HAMBURG

G. W. F. Hegel in der Philosophischen Bibliothek

Neue Studienausgaben auf der Grundlage
der historisch-kritischen Edition
„G. W. F. Hegel, Gesammelte Werke"

Jenaer Kritische Schriften (I)
Differenz des Fichteschen und Schellingschen Systems der Philosophie. – Rezensionen aus der Erlanger Literatur-Zeitung. – Maximen des Journals der Deutschen Literatur. Nach dem Text von G. W., Band 4.
PhB 319a. 1979. XXVIII, 180 S. Kt. 24,–

Jenaer Kritische Schriften (II)
Wesen der philosophischen Kritik. – Gemeiner Menschenverstand und Philosophie. – Verhältnis des Skeptizismus zur Philosophie. – Wissenschaftliche Behandlungsarten des Naturrechts. Auf der Grundlage von G. W., Band 4.
PhB 319b. 1983. XXXIX, 212 S. Kt. 32,–

Jenaer Kritische Schriften (III)
Glauben und Wissen. Nach dem Text von G.W., Band 4.
PhB 319c. 1986. XXV, 156 S. Kt. 28,–

Jenaer Systementwürfe I
Das System der spekulativen Philosophie – Fragmente aus Vorlesungsmanuskripten zur Philosophie der Natur und des Geistes. Nach dem Text von G.W., Band 6.
PhB 331. 1986. XXXVII, 238 S. Kt. 38,–

Jenaer Systementwürfe II
Logik, Metaphysik, Naturphilosophie. Nach dem Text von G.W., Band 7.
PhB 332. 1982. XXXIV, 388 S. Kt. 38,–

Jenaer Systementwürfe III
Naturphilosophie und Philosophie des Geistes. Nach dem Text von G. W., Band 8.
PhB 333. 1986. Ca. XXXVIII, 194 S. Kt. 38,–

Wissenschaft der Logik. Erster Band. Die objektive Logik. Erstes Buch. Das Sein (1812)
Nach dem Text von G. W., Band 11.
PhB 375. 1986. LIII, 320 S. Kt. 28,–

FELIX MEINER VERLAG · HAMBURG